南开经济调查丛书

中央高校基本科研业务费支持项目（编号：63182004）

中国的农村工业化和继续工业化

刘刚◎等著

中国财经出版传媒集团

中国财政经济出版社

图书在版编目（CIP）数据

中国的农村工业化和继续工业化 / 刘刚等著 . —北京：中国财政经济出版社，2018.12

（南开经济调查丛书）

ISBN 978-7-5095-8427-9

Ⅰ.①中… Ⅱ.①刘… Ⅲ.①农村工业化-研究-中国 Ⅳ.①F320.1

中国版本图书馆 CIP 数据核字（2018）第 176548 号

责任编辑：周桂元　　　　　责任校对：张　凡
封面设计：陈宇琰　　　　　责印印制：张　健

中国财政经济出版社 出版

URL：http://www.cfeph.cn

E-mail：cfeph@cfeph.cn

（版权所有　翻印必究）

社址：北京市海淀区阜成路甲 28 号　邮政编码：100142
营销中心电话：010-88191537　北京财经书店电话：64033436　84041336
北京财经印刷厂印刷　各地新华书店经销
787×1092 毫米　16 开　24 印张　341 000 字
2018 年 12 月第 1 版　2018 年 12 月北京第 1 次印刷
定价：89.00 元
ISBN 978-7-5095-8427-9
（图书出现印装问题，本社负责调换）
本社质量投诉电话：010-88190744
打击盗版举报热线：010-88191661　QQ：2242791300

《南开经济调查丛书》编委会

主　　　编：刘　刚

编委会成员：逄锦聚　周立群　盛　斌　张玉利

　　　　　　景维民　王玉茹　安虎森　段文斌

　　　　　　刘凤义　周桂元

经济学为什么要做调查研究?

——《南开经济调查丛书》总序*

刘 刚

调查研究是经济研究的基础方法。现代经济学源于 18 世纪中叶亚当·斯密对一个制针厂的造访(Susan Helper,2000)。[①]这次造访引发了斯密对劳动分工如何展开和推动经济增长的思考,其成果《国富论》成为现代经济学研究的起点。

时至今日,尽管数量经济学研究方法的发展可以使诸多理论研究不再依赖实际调查,但是几乎每一次原创理论的诞生都无不以调查研究为基础。例如,影响中国经济转型至深的新制度经济学,发端于 1932 年科斯在大学毕业前夕对美国通用汽车公司的实地调查。而对非洲人口生育状况调查的现场感,使布莱恩·阿瑟脑海中迸发出报酬递增率思想的火花。

中国经济学的教学和研究来自西方,而经济学的中国化和学术话语体系的出现却源于对中国经济实际情况的调查研究。把系统调查研究作为"立论之本",推动经济学中国化和学术独立,实现"知中国服务中国"的治学宗旨,早在 1927 年就在南开经济研究所确立,并转化经济研究的实践活动。

---

* 本丛书总序是作者在 2016 年 4 月 8 日为《南开经济调查》(www.nkear.com)网站开通而作的发刊词基础上稍作修改而成。

① Susan Helper. Economists and Field Research:"You Can Observe a Lot Just by Watching", Forthcoming, American Economic Review, May 2000.

中国的农村工业化和继续工业化
China's rural industrialization and continuing industrialization

以美国大学教育为蓝本，张伯苓先生创建了私立南开大学。在建校之初，除国文和中国历史之外，所有课程都使用英文原版教材。由于教学严重脱离中国实际，引起了学生的强烈不满。1926年6月，刚刚受聘为南开大学商科教授的何廉先生，发现当时中国大学的经济学教师都是留学欧美的留学生、教材普遍来自国外、教学内容几乎完全是关于西方国家的状况，主要是美国。当时中国流行的教学模式是"用西方经济学理论一成不变地向中国学生灌输"。①

何廉认识到，经济学教学严重脱离中国实际的原因是教学与科研的分离。1927年创建南开经济研究所的目的，就是试图通过学术研究来丰富和更新教学内容，利用中国素材解释所学的原理，使经济学中国化。② 在何廉的推动下，1928年春天南开大学明确了把建设"土货南开"作为南开大学办校的方针，确立了"知中国 服务中国"的办学理念，为经济学的中国化指明了方向。

从1927年开始，南开经济研究所以调查研究为基础方法，启动了经济学中国化和建立学术话语体系的历史进程。为什么经济学中国化必须从调查研究开始，何廉有着深刻的认识。他强调，中国经济研究"贵在能洞澈本国之经济历史，考察本国之经济实况"，"能如是斯可谓之中国化的经济研究"，而中国化研究的根本在于"一切研究均从实地调查入手"③，"故欲洞明真相，非实地调查不为功"。④

1929年1月受何廉的邀请，方显廷加盟南开经济研究所。在何廉和方显廷的领导下，历经十年的系统调查，南开经济研究所为经济学的中国化和学术独立作出了卓越的贡献，经济调查开风气之先，南开指数蜚声海内外，建国方略影响朝野。

除了编制和发布南开指数，对城市工业和乡村工业的调查是南开经济

---

① 方显廷. 方显廷回忆录 [M]. 方露茜译，北京：商务印书馆，2006：78.
② 何廉. 何廉回忆录 [M]. 朱佑慈等译，北京：中国文史出版社，1988：51.
③ 何廉. 本刊旨趣 [J]. 大公报·经济周刊，第1期，1930年3月3日.
④ 何廉，方显廷. 中国工业化之程度及其影响 [J]. 工商半月刊（2）3.1930年2月1日.

研究所20世纪30年代的主要研究工作。当时中国社会正值1929年经济危机爆发之际。西方列强通过向殖民地倾销过剩产品转嫁危机，不仅严重打击了城市工业，而且因冲击和瓦解家庭手工业生产使中国农村经济持续凋敝，濒临破产边缘。如何摆脱积贫积弱的状态，制定新的建国方略，需要理论研究的支撑。

基于系统的城市工业和乡村工业调查，南开经济研究所团队认为，中国是一个传统的农业大国，不存在所谓的"以农立国"或"以工立国"非此即彼的单一模式，而应当先农后工，在挽救农村经济的同时，以农促工，发展以手工业为主体的乡村工业，再以"以工兴国"实现农业大国的工业化，最终走向经济强国的道路。在以工业化为主导的建国方略研究中，与其他研究机构在方法上的最大不同，在于南开经济研究所始终强调实地调查。在方显廷关于中国工业化的研究中，每一次学术观点的提炼都是基于调查中所掌握的第一手资料。①

斗转星移，在经济发展已经步入大数据时代的今天，调查研究方法是否已经过时？答案是否定的。

马云在2014年12月6日的一次演讲中，对经济学家的预测能力提出质疑，指出经济学家总是在总结历史。对经济学家预测能力的质疑不是马云的专利，在经济学中早就存在有关经济政策的墨菲定律，"经济学家在他们知之最多且意见一致的领域，对政策的影响力最小；而在他们知之最少且争论不休的领域，对政策的影响力最大"。②

对如何避免预测失误的思考，再次让我们想到要拿起调查研究利器。基于系统调查的事实逻辑分析，是预测未来的前提。即使在大数据时代，调查研究作为经济研究基础方法的地位是不可动摇的。因为，绝大多数的大数据都是昨天的，即使瞬时产生的大数据，也可能是充满噪音和鱼龙混杂的。

---

① 纪辛. 寂寞事后事——写在经济学人方显廷《回忆录》出版之际[J]. 近代中国经济（17），2007。
② 转引自［比］热若尔·罗兰. 转型与经济学[M]. 北京：北京大学出版社，2002：16。

与其他经济研究方法相比较，调查研究方法最适宜前瞻性研究和原创性研究。原因至少包括两个方面：

第一，在许多情况下，对经济和社会发展前沿的研究是缺乏良好数据支撑的，尤其是历史数据。当研究处于没有或缺乏数据支撑的条件下，只能通过实际调查采集数据，做出符合实际的判断，提炼学术观点。

第二，原创性研究不仅与前沿研究相关，而且涉及以问题为导向的知识重组过程。无论是哪一种创新都需要在解答现实和理论问题的过程中，对现有知识体系进行重组。知识重组分为两种类型：一种类型的知识重组是局部的，只涉及局部知识的更新；另一种类型的知识重组是突破性的，涉及结构知识的更新。后一种知识重组往往伴随着原创性理论成果的诞生。而引发结构知识更新的新经济往往来自系统调查。

随着知识经济的到来，我们处在一个剧烈变革的时代，创新则成为经济结构持续变革和发展的根本动力。而赋予经济理论更强解释力的理论创新则来自对现实中正在发生的经济变革的系统调查。理论是灰色的，生命之树长青。如何通过调查研究让经济理论之树长青，真正实现中国经济学的学术独立，是《南开经济调查》丛书编辑的宗旨。

2018 年 3 月 16 日

于南开大学经济研究所

作者自序

自 1927 年成立，对工业化，尤其是农村工业化的系统调查和研究就是南开经济研究所经济学者"知中国服务中国"的主题。以何廉、方显廷两位先生为代表，南开经济研究所对农村工业化的研究独树一帜。一群拥有欧美留学背景的经济学者，扎根中国实际，为解决乡村危机探索国家振兴之路，为经济学的本土化找寻立论之本。历经十余年的探索，逐步认识到内生于中国特殊经济社会结构的乡村工业化是立国之本，系统调查中对中国国情的把握是立论之本。尤其是在经济学本土化中，南开经济研究所对乡村工业化的研究形成了中国特色的学术话语体系。

南开经济研究所坚持从中国国情出发，通过系统而深入的实际调查研究探寻立论之本和立国之本。何廉在为《经济研究周刊》所写的发刊词中指出："中国之经济研究，非仅明了经济学原理及国外之经济组织之制度，即为已尽能事，贵在能洞澈本国之经济历史，考察本国之经济实况，融会贯通，互相比较，以为发展学术，改进事业之基础。能如是斯可谓之中国化的经济研究。本会自民国十七年成立以来，一切研究均从实地调查入手。"①

自 1930 年至 1945 年，南开经济研究所先后在天津和河北的高阳、宝

---

① 南开社会经济研究委员会. 经济研究周刊（发刊词），1930（1）：1（《经济研究周刊》后改名为《经济周刊》）。

坻和静海①等地展开调查研究。经过深入的系统调查研究，何廉和方显廷认为：相比较城市工业，农村工业化才是立国之本。与发达国家不同，作为后发国家，中国的国情是人口众多而土地稀缺。早在鸦片战争之前，在封建土地关系下就出现了有限的土地难以养活众多人口的局面。为了解决饥饿问题，利用农闲发展家庭手工业是唯一选择。因而，以手工业为主体的农村工业化内生于中国特殊的经济社会结构。与之相比，城市工业则大都从国外移植而来，主要集中在天津、上海和无锡等沿海城市，缺乏经济和社会的根植性。积极应对国外工业产品的冲击，以加速发展以手工业为主体的农村工业化是20世纪30年代国家振兴和发展的基本路径。

在探索立国之本的过程中，南开经济研究所同时把对城市和农村工业的系统调查和研究作为立论之本，即构建中国化学术思想体系的基石。通过在各地的持续调查研究，南开经济研究所系统考察农村危机的根源、手工业发展的现状和可能的路径，运用现代经济学分析方法，提炼原创性假设，探索构建中国特色的研究范式和学术话语体系。

为了把立论之本和立国之本相结合，南开经济研究所先后在山东济宁和东北一些地区建立农村工业化"实验县"和"乡村工业实验所"，一方面收集和分析各种资料，另一方面聘请专家进行生产工艺改造，引进人才和培训村民，推广先进生产技术。作为一所私立大学和研究所，通过参政和建立实验站的方式，发展乡村合作社和推广"代纺代织"，南开经济研究所把学术研究和社会实验相结合，走出了一条独特的"知中国服务中国"的治学道路。

受南开经济研究所早期农村工业化调查的影响，作为一名后学，2001年到南开经济研究所从事研究工作之后，就开始在天津周边郊区县（武清、西青、津南、东丽、宝坻、静海、宁河和蓟县）开展农村工业化调查研究。2001年启动的第一个调查研究项目是武清南蔡镇和王庆坨镇的自行车产业。短短一年半的调查研究，现场感所带来的强烈冲击让自己深深地感受到理论的灰色。与理论相比，现实是高维度的，调查研究实际是把

---

① 宝坻和静海原属河北省，1973年8月划归天津市管辖。

高维度的现实投射为低维度的理论逻辑的根本途径。而基于文献的研究更多地表现为从低维度到低维度延续，不仅难以通过调查研究的事实逻辑还原提炼原创性假设，而且可能出现研究的封闭循环，甚至出现以讹传讹的现象。调查中的这些感悟让自己下决心把调查研究作为终生理论研究工作的源头和基石。

对天津自行车产业的调查研究源于政府和产业界对产业发展前景的分歧和争议。自2000年以来，以"飞鸽"为代表的国有自行车企业出现连年亏损，已经由利税贡献者变成政府负担。民营自行车企业因为质量问题和"非法经营"频频被国内媒体曝光，同时冲击国有企业的市场份额，成为"麻烦"制造者，屡屡被天津市和国内其他地区的国有自行车企业"围剿"。[①] 在这种背景下，天津市政府提出要放弃自行车产业的发展，重点利用外资发展包括电子信息在内的现代制造业。而民营企业和天津自行车行业协会却对产业发展前景充满期待，不仅认为自行车仍然是天津的优势产业，而且认为天津自行车拥有广阔的市场前景，能够成为世界自行车之都。

更有意思的是，官方和行业协会在统计数据方面差异甚大。天津统计年鉴中的数据显示2001年天津的自行车产量为600万辆，而行业协会的统计数据却是1300万辆。真实的情况究竟是什么？天津自行车产业究竟发生了什么？想了解真相的冲动促使笔者在没有任何课题经费支持的条件下对这个充满争议的行业展开调查。

短短一周的调查研究，就让笔者非常吃惊：一方面发现现实如此复杂，远不是经济学教材体系描述的那么简单和美感；另一方面蜻蜓点水式的调查无法还原事实逻辑，系统调查是找到事实真相的根本途径。从最早的冲动到清晰的事实逻辑还原，对天津自行车产业的调查研究整整花去一年半的时间。在一年半的时间里，自己对经济问题的认识已经不再局限于天津自行车产业，而是透过一个局部开始深入认识整个中国经济发展的脉

---

① 对民营经济的"围剿"不仅表现在自行车产业，只要是冲击到国有企业和外资企业的利益，都会通过各自手段对兴起和发展中的民营企业进行打击。

络。从 20 世纪 80 年代末到 2001 年，天津自行车产业发生了翻天覆地的变化，在"国退民进"的产业结构变革中，看到的不仅是经济微观主体的变化，而且观察到制度变革的特殊逻辑。

20 世纪 90 年代天津自行车产业民营化的过程异常艰难，其中的关键制约因素是行政管制。因为在产业变革过程中，民营企业的兴起和国有企业的衰落是一枚硬币的两个方面。天津自行车产业民营化的契机竟然源自国有企业规模扩张冲动所引发的利益格局变化。在改革开放初期，制约市场取向改革的关键因素是计划经济时期形成的国有企业部门所有制。政府的行政部门，尤其是经济管理部门不仅是行业的管理者又是所在行业国有企业的实际所有者。作为行业管理者，行业准入的行政审批权是经济管理部门的重要权限。为保护所管辖国有企业的垄断地位，经济管理部门往往采用行业管制的手段限制民营经济的市场准入。

1988 年之前，作为国有企业的飞鸽自行车厂隶属天津市第一轻工业局，第一轻工业局既是飞鸽的上级行政管理部门又是自行车行业管理部门。作为行业管理部门，第一轻工业局最重要的行业管理职能是自行车产品的检验检测和生产许可证的发放。只有获得生产许可证，民营自行车企业的生产和经营才是"合法化"的。作为行政管理部门，因为存在着与飞鸽的行政隶属关系，第一轻工业局没有动力为民营自行车企业发放生产许可证。

20 世纪 80 年代末，飞鸽自行车厂通过集团化努力成功脱离第一轻工业局成为市经委直属企业，在行政级别上与第一轻工业局一样属于副厅级单位。飞鸽集团的脱离一方面使第一轻工业局丧失了一个直属企业和利润大户，同时发现向民营企业发放生产许可证可以获得更大的收益。生产许可证，尤其是临时生产许可证的发放，① 一方面使一些民营自行车企业"合法化"，另一方面激励更多资本、科技和管理人才通过创业进入自行车行业。

---

① 20 世纪 80 年代，自行车生产许可证分为大证和小证，即正式的生产许可证和临时生产许可证。临时生产许可证每 6 个月要重新颁发一次。

作者自序

20世纪90年代到2001年,是天津自行车产业快速民营化的十年,形成了武清南蔡镇和王庆坨镇、北辰大毕庄、西青小南河和东丽军粮城若干个成规模的产业集群。其中,仅王庆坨镇2001年就拥有近300家自行车生产和销售企业。

在企业经营者队伍中,主要生产技术负责人大都来自国有企业,尤其是天津自行车二厂,即天津红旗自行车厂。资本方则比较复杂,包括当地的农民企业家、商业资本甚至外资。许多国有企业的技术人员利用自身掌握的技术和供应链人脉关系吸引资本进入自行车行业。

从天津自行车产业民营化的起源看,除个别企业以集体企业的面貌出现之外,大多数都是从家庭作坊开始的。从事家庭手工业和早期从事商业活动的农民企业家与国有企业技术人员的结合,是民营经济发展的关键。与早期南开经济研究所先贤的研究相比较发现,天津自行车产业的民营化过程同样源于中国特殊的经济社会结构。

与国有企业相比,民营企业充满活力,企业家精神令人敬佩。在调查研究中,每一个民营企业经营者都对行业充满信心,反而是国有企业的经营者对行业发展比较悲观。在王庆坨镇调查时,遇到一个50岁左右的大姐。① 当听说来自南开大学的老师到企业调研时,热情地接待了我们。她非常认真地提出了一个让我始料未及的问题:为什么国家只让她生产自行车而不能生产汽车?引起调查团队的哄堂大笑,笑过之后我的心里沉甸甸的。我觉得这位大姐说出了民营企业家的心声,对民营经济长期存在的行业管制,严重限制了企业家干事的积极性。

构建中国特色的学术话语体系的前提是系统的调查研究和事实逻辑发现。在调查研究中,许多现场感时刻冲击我的思维,激起一系列的理论思考。例如,在南蔡镇和王庆坨镇调查时,总是听到当地的小作坊用"攒"这个词代指自行车的生产和制造。因为大部分自行车企业都是从家庭小作坊开始组装自行车的,一开始根本没有生产流水线的概念。在民营企业的发展过程中,一开始更多地表现为裂变式的外部规模经济。每个企业都很

---

① 在天津,只要是女同志都可以称"姐姐",年龄稍长的可称"大姐"。

小，但是通过网络化和柔性化制造却表现出庞大的外部规模经济效应。通过在国内其他地区调查的比较分析，我们看到了中国农村工业化过程中的传统与现代的融合。在融合中，包括集群生产在内的一系列组织和制度变革是技术引进和创新的前提，是改革开放以来农村工业化成功和"中国奇迹"产生的关键。

自 2001 年第一次开展经济调查开始，每次调查中获得的知识和灵感让我一发不可收拾地持续展开了近 20 年的调查研究活动。在调查研究中逐渐丰富了自己对中国经济的认识和理解，尤其是对后续开展的创新创业研究产生了重大影响。从 2001 年至 2017 年，结合创新创业研究，又先后对天津市津南区、武清区崔黄口镇、宝坻区，山东省高唐县、庆云县、曹县大集镇，广东省普宁市和山西省长治县展开了农村工业化方面的调查研究。尤其是 2014 年对庆云县、2016 年对普宁市和 2017 年对曹县的调查发现，在经历前两次农村工业化之后，中国即将展开第三次工业化进程。而 2018 年党的十九大报告中提出了乡村振兴战略，吹响了第三次农村工业化的号角。

2016 年，在与中国财政经济出版社的编辑周桂元老师的交流中，提到想把对中国农村工业化的调查报告整理出来结集出版的想法，得到了周老师的鼓励和支持。因为诸事缠身，直到 2017 年底，才把之前所做的部分农村工业化调查研究报告整理出来。其中还有若干个调查因为时间关系，没有系统整理，只能期待之后公开发表。本书中的所有调查研究都得到了当地政府和企业的支持和帮助，特此向他们表示衷心的感谢！当然，本书的疏漏和不足，则归之于作者。

刘　刚

2017 年 12 月 28 日

于南开大学经济研究所

目 录

导 论 ……………………………………………………………… 1

第一章 20世纪70年代以来中国的农村工业化
　　　　——新产业区与新乡村工业化 ………………………… 15
　　第一节　新乡村工业化中的组织变革因素 ………………… 15
　　第二节　新产业区的起源和演化 …………………………… 19

第二章 集群形成和演进中的制度因素
　　　　——以自行车产业发展的"天津现象"为例 …………… 41
　　第一节　放松管制和天津自行车产业的民营化浪潮 ……… 42
　　第二节　产业民营化过程中的生产组织创新 ……………… 47

第三章 继续工业化与科技驱动的新型城市化道路
　　　　——基于津南区经济转型与发展实践前沿的调查 …… 57
　　第一节　正在发生的质变和农村工业化的新阶段 ………… 58
　　第二节　新阶段经济转型发展的内涵和原则 ……………… 68
　　第三节　继续工业化的基本战略和路径 …………………… 83

第四章 农村继续工业化中战略性新兴产业的发展
　　　　——低端创新：电动汽车产业启动和发展的山东模式 … 107
　　第一节　电动汽车的农村市场 ……………………………… 108

第二节　山东低速电动汽车产业的价值网络分析 …………… 123

第五章　山东省德州市庆云县县域经济的新发展 …………… 147
　　第一节　京津冀协同发展背景下庆云县的经济发展机遇 ……… 148
　　第二节　经济增长的动力来源 …………………………… 153

第六章　工业化进程中边缘中心城市的兴起和发展
　　　　——以山东省德州市庆云县县域经济发展为例 ………… 176
　　第一节　"信息通路"和经济活动的空间集聚 ……………… 176
　　第二节　庆云县继续工业化的驱动因素 …………………… 199

第七章　京津冀协同发展背景下天津涉农区县产业的创新发展 ……… 208
　　第一节　近年来天津市涉农区县的产业发展 ………………… 210
　　第二节　优势产业的分布和创新发展 ……………………… 224

第八章　扬州市杭集镇的产业升级和转型 …………………… 267
　　第一节　扬州市杭集镇产业发展的现状 …………………… 267
　　第二节　杭集镇产业升级的方向和重点领域 ………………… 279

第九章　新阶段普宁市经济发展新动力机制研究 …………… 294
　　第一节　处于转型期的普宁经济 …………………………… 295
　　第二节　转型发展的动力和机制 …………………………… 330

后　记 ……………………………………………………… 368

导论

一、引言

作为后发国家,农业国的工业化不仅指工业,特别是制造业或第二产业产值在国民生产总值中的比重不断上升,而是一个国家或地区从农业社会向现代工业社会转变的过程。在张培刚看来,一国的国民经济是由若干部门组成的有机体,在经济发展和起飞的过程中,包括农业、制造业和服务业在内的国民经济各个组成部分同样要保持密切的相互依赖关系。因而,工业化是指"一系列基本'生产函数'连续发展变化的过程,这种变化可以最先发生于某一个生产单位的生产函数,然后再以一种支配的形式形成一种社会的生产函数及遍及整个社会"。[①] 因而,工业化不仅指工业发展,而是指因新的技术投入("生产函数")而带来的由传统的以农业经济为主导的社会逐步演进为以工业经济为主导的社会的动态过程。[②] 新技术的运用不仅表现在工业领域,同样可以表现在农业和服务业领域,例如,农业的机械化。

鸦片战争之后,以英国为代表的西方发达国家工业产品对中国家庭手工业产品带来了巨大的冲击。中国的工业化,尤其是农村工业化源于对工

---

① 张培刚. 农业与工业化 [M], 武汉:华中工学院出版社,1984.
② 如果把人类社会划分为农业社会和工业社会,则工业化具有更加广泛的意义。在某种程度上说,当今的信息化只不过拓展了工业化内涵和外延。

业产品外部冲击的适应。更加有意思的是，英国的工业革命同样源于对中国家庭手工业产品冲击的响应。①

英国工业革命始于18世纪60年代棉纺织业领域的技术革新。当英国的棉纺织业与中国同样处于手工生产阶段时，产品没有竞争优势。例如，早在鸦片战争之前，英国的棉纺织品就开始向中国输出，但是并没有表现出明显的优势。直到鸦片战争前夕，因家庭手工业的繁荣，中国庞大棉布市场已经孕育出一个具有国际竞争优势的棉纺织产业。甚至在很长一段时期内，中国的棉纺织业对国际棉布市场产生了广泛影响，成为欧洲上层社会的炫耀品。亚洲棉布对英国的输出造成贵金属大量流出，引起了英国政府的高度关注。在某种程度上说，英国工业革命源于英国棉纺织业企业面对亚洲优质棉布的挑战而展开技术革新的结果。

二、20世纪20—30年代的"乡村危机"催生中国第一次农村工业化实践和理论探索

在鸦片战争之前，中国经济属于典型的以农业为主导的自然经济。由于人口的增长、土地的稀缺和传统土地关系的约束，20世纪初期，"饥饿问题"一直是困扰经济发展的"社会痛点"问题。费孝通指出，因为在传统土地制度下，佃农要把收入的相当一部分交给地主，自身却面临着收入不足的情况，"我们的土地已有大部分只能生产仅足维持劳动者的报酬，它们已到了收益的边际上，实际已不发生经济地租。这种土地应当是租不出去的，因为如果这（块）土地的收获中交出一半作地租后，所剩余的不够养活在这（块）土地上的劳动者"。②

在这种背景下，家庭手工业的兴起和发展成为解决"饥饿问题"的基本手段。通过发展家庭手工业，传统土地制度下的农村经济实现了基本的平衡。但是鸦片战争之后近代工业的出现和侵入，彻底打破了这种平衡。

随着国外工业品的输入和城市工业化的发展，首先改变的是农村内部

---

① 王翔. 清末民国时期的"土布"和"洋布"之战 [J]，民国春秋，1998 (4).
② 费孝通. 费孝通文集，第13卷 [M]. 北京：群言出版社，1999：212.

的经济平衡，包括地主在内的农村富裕阶层开始消费工业产品；其次改变的是城乡的均衡，除了农产品之外，城市居民消费工业产品主要由国外和城市厂商生产。两个方面的力量逐渐使农村的家庭手工业产品失去了市场，中国的"乡村危机"开始凸显。

自鸦片战争开始，中国农村问题一直处于不断加剧的阶段。到了20世纪30年代，中国的"乡村危机"达到了顶点。尤其是1929年世界经济危机的爆发，西方国家纷纷实行贸易保护主义，在构筑贸易壁垒的同时，向包括中国在内的亚洲国家大规模倾销工业产品和农业产品，一方面带来了中国国内农产品价格的下降，另一方面城市和农村的日用消费品市场充斥着舶来品，使农村家庭手工业市场快速萎缩。20世纪30年代的中国，一方面是城市的畸形发展，另一方面是乡村经济的快速衰败。无论是农村经济的内部平衡还是城乡之间的平衡，都处于崩溃状态。继"乡村危机"之后，"农村破产"成为政府、媒体和学术界普遍关注的问题。

发达国家廉价工业和农业产品的输入，给中国农村经济带来了冲击同时也带来了机遇，尤其促进了第一次农村工业化的发展。为了应对国际工业制成品的倾销，包括河北高阳在内的家庭手工业发达地区通过技术和组织创新，不断提升产品的竞争优势。例如，在家庭手工业阶段，制约中国棉纺织业竞争力提升的关键是织与纺的分离。其中纺环节的劣势是制约家庭手工业发展的关键因素。在河北高阳区，手工业者通过购买日本纺纱的方式，改进织布的技术和组织，通过构建完善的农村市场网络的方式，与发达国家的纺织品展开激烈的竞争。

为了挽救"农村破产"，20世纪30年代，一批经济学家、社会学家、乡村改良派以及政策专家展开了激烈的争论。一方面讨论中国"乡村危机"产生的原因，另一方面探索解决"农村破产"的道路选择。例如，晏阳初1926年以河北定县为重点，以翟城村为中心从事平民教育和乡村建设的"华北实验区"；1928年梁漱溟在山东开展的乡村建设实验；20世纪30年代前后张世文、李景汉在定县进行的农村工业调查；20世纪30—40年代刘大钧、唐庆增等人提出的乡村工业合作理论，等等。但是他们的理论探索和实验都存在不足和局限：晏阳初和梁漱溟的乡村建设实验更多突出教育，而忽视乡村经济复兴的基础；张世文和李景汉强调实地调查研究，但是却缺少复兴乡村经济的实际探索和实验；刘大钧和唐庆增对中国乡村经济建设的探索更加宏观，而对农村工业化作用的认识不足。

经过长期的探索和实践，作为拯救乡村危局的基本途径的农村工业化被正式提出，成为政府和学术界关注的焦点。在第一次农村工业化的理论研究和实践中，南开经济研究所的贡献独树一帜。

与其他学者的研究不同，南开经济研究所对农村工业化问题的理论研究和探索具有三个方面的突出特色：一是南开经济研究所对城市和农村工业化的研究是以一个学术群体的形式出现和存在的。这一研究群体的代表人物是何廉、方显廷、毕相辉、陈振汉、张纯明、吴颂先和王药雨。[①] 二是把对城市和乡村工业现状的系统调查作为学术立论之本。尽管南开经济研究所的主要代表人物均有留学欧美的经历，却质疑西方经济学体系能否适应中国国情。南开经济研究所一直探索在系统调查研究的基础上构建中国自己的学术体系，提出作为落后的农业国与城市工业化相比，农村工业化内生于中国经济的内在结构是真正的立国之本。三是不仅从事学术研究，充分利用难得的参政机会，把学术主张付诸实践。

从1927年至1945年，南开经济研究所对中国的城市工业和乡村工业开展了持续的系统调查研究。基于系统调查数据，南开经济研究所对中国农村工业化作出的主要理论贡献包括：

第一，面对国外工业产品的冲击，以手工业为主体的乡村工业的衰落是"乡村危机"出现的根源，农村工业的振兴和发展是立国之本。在方显廷的带领下，南开经济研究所的学者深入到华北的高阳、宝坻和静海等地对农民家庭、手工作坊、手工工场、行会、集镇、商埠进行系统调查，详细了解乡村工业的组织制度、历史沿革、生产技术、资本情况、成本利润、原材料供应和市场渠道。他们认为，手工业的衰落是

---

① 方显廷.吾人对于工业化应有之认识.载于《中国经济研究》（下）[M].上海：商务印书馆，1938：599.

"乡村危机"出现的根本原因，农村工业的发展是中国经济发展的方向。方显廷指出，由中国的国情所决定，城市工业主要是从西方移植而来，且主要分布在东部沿海少数地区，而非基于社会本身的结构性蜕变。① 而以手工业为主体的乡村工业则内生于中国特殊的经济和社会结构，"中国工业化根本就是乡村化的，所以无须乎学欧美，先把工业城市化起来，然后再乡村化。"② 因为调查研究的结果表明，中国工业的大部分集中在农村，而乡村工业是农闲时期的主要副业。③ 中国的乡村工业发源于家庭手工业，是土地边际生产力下降与人口增长的结果。

第二，尽管在技术上中国的乡村工业仍然处于手工业时代，但是却存在着复杂的经营管理制度。与西方的手工业不同，中国乡村工业的经营制度相对复杂。方显廷认为，中国乡村工业制度包括四种形态：家庭制、工匠制或手艺制、商人雇主制或散伙制和工厂制。其中工匠制又包括主匠制和家庭工匠制两种。基于实际调查和分析，方显廷认为中国乡村工业组织制度应当沿着"家庭制→工匠制→商人雇主制→工厂制"的路径发展，但是却因为乡村经济的复杂性和市场特殊性，中国乡村工业制度却从商人雇主制倒退到工匠制。

之所以出现这种现象，是因为乡村工业面对迅速发展的国际贸易冲击而做出的反应。④ 以高阳土布为例，顾琳认为，高阳的小城镇商人充分利用了新式铁轮织机技术革新和进口棉纱带来的机遇，依赖商人构筑起的连通乡村织布者和华北消费者的分销网络，通过小规模生产与国外和城市大规模工业生产相竞争，并取得竞争优势。这一过程被称为"勤勉革命"，即通过劳动密集化过程，而不是依赖技术和机器的规模生产获取竞争优势。参见表0-1。

---

① 方显廷. 乡村工业与中国经济建设 [J]. 南大半月刊，1934（13-14）.
② 方显廷. 华北乡村织布工业与商人雇主制度，载于李文海主编《民国时期社会调查丛编·乡村经济卷（中）》[M]. 福州：福建教育出版社，2009：494.
③ 方显廷. 乡村工业与中国经济建设 [J]. 南大半月刊，1934（13-14）.
④ 顾琳. 抗战前华北农村的"勤勉革命" [R]，中国社会科学报，2014-4-18（585）.

表0-1 南开经济研究所中国农村工业化研究成果一览

作者	调查研究成果名称	刊发的单位和时间
何廉、方显廷	中国工业化之程度及其影响	商务印书馆，1930年5月
方显廷	中国之棉纺织工商业及棉纺织品贸易	经济统计季刊，1932年第1卷第3期
	中国棉纺织业之历史及其区域之分布	同上，1932年第1卷第4期
	中国棉花之生产及贸易	同上，1933年第2卷第1期
	中国棉纺织品之制造及销售	同上，1933年第2卷第2期
	中国之乡村工业	同上，1933年第2卷第3期
	中国乡村工业与乡村建设	经济学季刊，1933年第4卷第3期
	乡村工业与中国经济建设	南大半月刊，1934年第13-14期
	中国之合作运动	政治经济学报，1934年第3卷第1期
	华北乡村织布工业与商人雇主制度（一）	同上，1935年第3卷第4期
	华北乡村织布工业与商人雇主制度（二）	同上，1935年第4卷第1期
	中国经济之症结与统制	同上，1936年第4卷第3期
	由宝坻手织工业观察工业制度之演变	同上，1936年第4卷第2期
	论华北经济及其前途	同上，1936年第4卷第4期
	中国乡村工业的出路	经济周刊，1935年第102期
	发展我国乡村工业的新途径	出版周刊，1936年第171期
	国民经济建设之途径	信托季刊，1937年第2卷第2期
	宁属之资源及其发展途径	新经济，1938年第1卷第1-12期
	中国工业化的途径	
	西南经济建设与工业化	
	抗战时期中国工业之没落及其复兴途径	
	中国工业资本之筹集与运用	
	吾人对工业化应有之认识	中国经济研究，商务印书馆1938年
	中国工业化发展迟缓之分析	
	中国之工业化与乡村工业	
	中国小工业之衰落及其复兴途径	经济动员，1939年第2卷第3期
	工业合作与乡村工业	服务，1940年第3卷第2-3期
	工业建设之商榷	西南实业通讯，1940年第1卷第3期
	论农业与工业之关系	西南实业通讯，1940年第2卷第2期
方显廷、陈振汉	中国工业现有困难的分析	教育旬刊，1933年第7卷第2期

续表

作者	调查研究成果名称	刊发的单位和时间
方显廷、毕相辉	川康纺织工业建设之途径	新经济半月刊,1940年第3卷第11期
	高阳及宝坻两个棉织区在河北省乡村棉织工业上之地位	中国经济研究,商务印书馆1938年
方显廷、顾浚泉	中国工业上的几个问题	西南实业通讯,1941年第4卷5-6期
吴知	从一般工业制度的演进观观察高阳的织布工业	政治经济学报,1934年第3卷第1期
	乡村织布业的一个研究	商务印书馆,1936年1月
	高阳土布工业的组织现状和改革的建议	大公报·经济周刊,第48、49、50期,1934年1月24、31日,2月7日
	高阳之土布工业	中国经济研究,商务印书馆1938年
毕相辉	乡村家庭手工业中商业资本运用之方式	中国农村,1935年第1卷第8期
	河北省宝坻县金融流通之方式	大公报,1934年7月11日
钟崇敏	四川手工业调查报告	中农月刊,1942年第3卷第2期
滕维藻	工业化对工业的影响	经济建设季刊,1944年第3卷第2期
	工业化与农业	贵州企业季刊,1944年第2卷第1期

资料来源:转引自彭南生、易仲芳.南开经济学人的乡村工业理论与实践[J].安徽大学学报(哲学社会科学版),2012(9).

除了学术研究,南开经济研究所还展开了包括建立乡村合作社、推广"代纺代织"的乡村手工业新模式和建立实验县及乡村工业实验所在内的一系列实践活动。经过20世纪30—40年代的探索和实践,以南开经济研究所为代表,对第一次农村工业化的调查和探索形成了独具中国特色的农村工业化理论和实践。

作为后发国家,中国的农村工业化道路具有中国特色:一是中国工业化有着自身的特殊国情,即人口众多和土地稀缺;二是与城市工业相比,农村工业化内生于中国特有的经济结构,是长期存在的家庭手工业的新发展;三是尽管受到国外工业产品的冲击而出现衰落,但是农村工业化代表着中国经济和社会发展的未来,是立国之本;四是农村和农业不仅是外部环境变化的被动接受者，同样是积极的应对者，农村工业化的发展不仅包括技术而且包括组织和制度方面的变革；五作为中国经济社会重要组成部分，农村工业化是广义的，不仅指工业分散于农村，或农村产品及副产品加工设备之推广，而且包括农业本身的机械化。

三、从人民公社到第二次农村工业化

中国的第一次农村工业化因抗日战争的爆发而中断。第二次世界大战之后，几乎所有的后发国家和社会主义国家都先后提出了工业化的目标，把工业化作为赶超发达国家的基本途径。1949年新中国成立之后，中国同样面临着如何通过工业化实现国家富强的任务。

从1840年鸦片战争到1949年新中国成立，中国没有建立起现代化工业体系。1950年，印度人均钢产量为4千克，美国为538.3千克，而中国1952年才达到2.37千克。1950年印度人均发电量为10.9千瓦时，美国为2949千瓦时，而中国1952年为2.76千瓦时。新中国成立初期，工业尤其是重工业的基础非常薄弱，是一个贫穷落后的农业国。

在存在知识瓶颈的条件下，也囿于当时的国际环境，中国领导人没有汲取已经形成的中国特色的农村工业化理论和实践，甚至摒弃了长期实践中形成的新民主主义经济纲领中关于经济建设的指导思想，选择借鉴苏联经验，走了一条以发展重化工业为导向的国家工业化道路。在1953年明确提出了"一化三改造"的过渡时期总路线：在一个相当长的时间内，一是逐步实现社会主义工业化；二是逐步实现对农业、手工业和资本主义工商业的社会主义改造。1954年开始，全国农村大办初级社，再到1958年之后人民公社体制在全国农村的普及。农村合作化不仅为国家工业化提供商品粮和原料，而且提供了所需的原始资本积累。在这一背景下，农村工业化再次被推迟，只是在人民公社的组织架构内局部和零星地存在和发展。[①]

---

① 作为第二次农村工业化的主体，部分乡镇企业来自人民公社体制下的社队集体企业。

导 论

改革开放以来，继联产承包责任制之后，以乡镇企业为主体的第二次农村工业化再次成为国家工业化的生力军。统计数据表明，非农乡镇企业对国内生产总值的贡献从1978年的4%上升到1998年的27%，同期对经济增长的贡献占国内生产总值的36%。[①] 农村工业化的快速发展同样带动了城镇化，陈锡文指出，"只要城乡二元体制不打破，'农村工业'的特殊性还将继续存在下去，同理，农村城市化也只是一句空话"。[②]

第二次农村工业化不仅满足了短缺经济条件下人民群众对轻工业产品的巨大潜在市场需求，更重要的是创造出包括动力、能源、原材料、中间产品和设备在内的重化工业市场需求，为城市工业化创造了条件。1998年之后，中国的工业化进入城市主导的阶段。之所以农村工业化没有继续扩展，根本原因在于政策的约束。例如，在开发区的设立上，基本上是以中等规模城市为门槛的。通过土地和税收一系列优惠政策，包括外商企业在内的重化工业在城市的聚集，使城市因农村工业化创造的新的市场而快速发展起来。

随着经济发展步入新常态，农村工业化呈现出新的特征，例如，农民工返乡创业，电商村和镇的出现，传统产业集群的转型升级，特色小镇的建设。尤其是发生在浙江的特色小镇的建设，以生态、生产和生活的融合发展为导向，代表了农村经济发展的新形态。农村经济发展的新趋势表明，农村工业化已经具有新的内涵，进入继续工业化的新时期。

但是在农村经济发展的关键时期，学术界却出现了对农村工业化前景的质疑声音。钟宁桦指出，在我国高度竞争的工业品市场上，农村的工业企业是没有优势的，因为它们缺乏城市工业的规模经济和集聚效应。[③] 甚至提出连乡镇企业的发展都是因为我国特殊的户籍管理制度和土地制度造成的，否则中国国家工业化的结果应当是城市工业部门的大规模发展，而不是农村工业化。因而，最终消除城乡二元结构的根本出路是改革现有的户籍制度、加强劳动力在城乡间的流动、培育完善的要素市场，而非继续鼓励农村工业化。

---

① 刘慧. 论农村工业化与区域发展 [J]. 农业现代化研究. 2003 (1).
② 陈锡文. 面对复杂的乡镇企业 [N]. 经济学消息报. 1998-04-04.
③ 钟宁桦. 农村工业化还能走多远？[J]. 经济研究. 2011 (1).

现实发展已经对学术界的质疑做出了回答。首先，在全球金融危机冲击下，与城市工业企业的"倒闭潮"相对应，在农村却出现了农民工返乡创业的热潮。一大批在城市工业部门打工过程中积累一定资金、技术与管理经验的农民，通过返乡创业成为农村继续工业化的推动者。表0-2的数据显示，从2008年到2011年，农村个体工商企业数量呈现快速增长的态势，虽然平均规模下降但纳税能力却显著提高。①

表0-2　　　　2007—2011农村个体工商户发展规模变动

年份	企业数（个）	增长率（%）	人数（人）	资本（万元）	缴税（万元）
2007	17915096		3.22	5.23	0.72
2008	20094059	12.16	2.94	4.69	0.77
2009	20889922	3.96	2.85	4.68	0.81
2010	21257578	1.76	2.86	4.46	0.94
2011	21994381	3.47	2.81	4.63	1.08

注：表中"人数"、"资本"、"缴税"皆为每家企业平均值。

资料来源：编辑部. 中国乡镇企业及农产品加工业年鉴 [M]. 北京：中国农业出版社，2008—2012年.

其次，随着交通基础设施的完善和电子商务的普及，无论是淘宝镇、淘宝村和村淘的兴起，都成为农村继续工业化的重要推动力量。阿里研究院发布的《中国淘宝村研究报告2015》中的数据表明，2015年，全国涌现出71个淘宝镇，同比增长274%，淘宝村的数量达到780个，同比增长268%。淘宝村销售额排名前三的行业或产品分别是服装、家具和鞋，排名第四到第十位的是汽车用品、箱包皮具、玩具、居家日用品、床上用品、户外用品和家装材料，主要是农村工业企业生产的产品。淘宝村的出现，不仅带动了经济发达地区而且带动了后发地区农村经济的发展，例如，国家级贫困县的淘宝村数量从2014年的4个增加到2015年的10个，省级贫困县淘宝村的数量达到166个。电子商务已经成为农村继续工业化，尤其是欠发达地区农村工业化的重要平台和媒介。

---

① 其中重要原因是生产设备的小型化和投资额的降低。

导 论

最后，在东部沿海地区，作为村镇经济典型的产业集群的转型升级和特色小镇建设，成为农村继续工业化的重点领域。改革开放以来，集群生产是农村工业化的基本组织形态，仅在浙江就涌现出产值超亿元的专业村和专业镇500多个，创造了全省50%的工业产值。目前的产业集群都是以加工制造为主导，在缺乏自主创新和核心技术的条件下，仅仅处于全球产业价值链的低端。随着国际和国内市场条件的变化，集群开始向产品的高端化和服务化转型。尤其是在特色小镇建设中，通过创新创业生态体系的构建，实现生态、生产和生活的融合发展，成为农村继续工业化和产业集群转型发展的方向。

四、新时代中国乡村的继续工业化

迄今为止，我国经历了二次农村工业化，即将进入第三次农村工业化阶段。尤其是随着国家乡村振兴战略的提出，以新农业革命为主导的新农村工业化必将使"三农"问题得到根本解决。

三次农村工业化都与经济全球化相关，其中第一次农村工业化是为了适应世界经济大危机对农村经济的冲击，第二次农业工业化则源于改革开放后国际经济大循环机遇的出现。与前两次不同，第三次农村工业化更多地表现为产品的高端化和高端农产品的进口替代。从驱动因素看，前二次农村工业化的驱动力都来自比较优势，而第三次工业化的驱动因素则是因自主创新而带来的竞争优势。从制度改革的重心看，第一次农村工业化是自由放任的，第二次农村工业化国家政策的重心是优化投资环境，而第三次农村工业化的国家政策重心则在于构建创新生态系统。表0-3对三次农村工业化进行了比较分析。

与城市工业的规模经济和集聚效应相比，是否仍然存在比较优势，是质疑农村继续工业化的关键因素。而学术界对农民工返乡创业、农村电商发展和特色小镇建设的理论研究表明，与城市相比，农村继续工业化不仅仍然保持着原有的比较优势，而且随着交通基础设施完善和电子商务的普及，新的驱动因素已经显现。例如，在对沙集模式的研究中，汪向东和梁春晓指出，信息化和电子商务的发展是促进农村工业化、城镇化和现代化

表 0-3　　　　　　　　中国三次农业工业化的比较

	市场需求	背景	驱动力	技术来源	制度	销售网络
第一次农村工业化	国内	以英国为主导的工业产品的冲击	比较优势	引进和自主创新	自由放任	农村网络
第二次农村工业化	国内 国际	低端嵌入全球供给链	比较优势	引进和吸收	投资环境的优化	广交会 小商品批发 专业批发
第三次农村工业化	国内 国际	高端化 进口替代	比较优势 竞争优势	自主创新	创新生态系统	专业批发 电子商务

的新兴力量。郝祺对山东曹县大集乡两个"淘宝村"的研究表明，网络经济是农村工业发展的新趋势。近期的研究表明，农民工返乡创业与金融危机后东部沿海地区城市工业企业的"倒闭潮"相关，农民工的企业家精神和政府制定的利好政策是推动农村继续工业化的重要因素。①②

作为农村继续工业化的新形态，特色小镇的快速发展代表了包括浙江在内的东部沿海发达地区产业集群转型和农村新经济形态的发展。李强（2015）指出，"特色小镇不是行政区划单元，而是产业发展载体，不是产业园区，而是同业企业协同创新、合作共赢的企业社区。"③

在经济新常态背景下，在城市工业发展面临劳动力、土地和环境约束越来越严重的条件下，农村继续工业化拥有比前期工业化更强的比较优势，集中表现在以下四个方面：

第一，与城市相比，农村继续工业化仍然存在着明显的劳动力和土地成本优势。无论是农产品的深加工还是工业产品的生产，农村工业一方面可以利用宅基地发展小规模的庭院经济，在节约土地使用的同时，降低了

---

① 张秀娥、王冰、张铮. 农民工返乡创业影响因素分析［J］. 财经问题研究，2012（3）.
② 吴碧波. 农民工返乡创业促进新农村建设的理论和现状及对策［J］. 农业现代化研究，2013（1）.
③ 李强. 用改革精神推进特色小镇建设［J］. 今日浙江. 2015（13）.

导 论

土地使用成本;① 另一方面劳动力主要来自本地,甚至是邻居和亲友,发展农村工业既有效地利用了农村闲置劳动力资源又降低了用工成本。

第二,以淘宝村和村淘为代表的农村电子商务的发展,降低了农村工业化的市场营销成本。电子商务对农村继续工业化的贡献表现在两个方面:一是为现有生产企业提供新的廉价营销渠道,例如,大部分的淘宝村都邻近专业镇和专业村,为本地产业集群提供服务;二是促进了农村工业化空间的扩展,尤其是在过去没有实现工业化的区域,电子商务推动了农村工业化的发展,例如,苏北的沙集镇和山东曹县的大集乡。

第三,设备小型化和农民工返乡创业不仅进一步降低了投资门槛而且提高了工业化的技术水平和管理水平。与城市相比,农村工业化除规模不经济之外,在技术和管理水平上始终处于劣势。但是随着适应柔性生产的小型设备的开发和拥有技术和管理经验的返乡农民工创业,大大提高了农村工业化的水平。因为随农民工一起回到农村的是他们在城市打工所积累的资金、技术水平与管理能力。②③

第四,与城市相比,农村的生态资源优势明显,为以特色小镇为代表的农村新兴经济形态的发展提供了优越条件。与大城市相比,农村乡镇的生态资源优势明显,在邻近大城市交通便利地区通过生态、产业和生活的相互融合,可以吸引包括新型金融、研发和互联网在内的新兴产业集聚,成为推动国家经济转型和发展的新引擎。

改革开放以来,第二阶段农村工业化主要立足比较优势和在克服比较劣势的基础上实现的。比较优势主要表现为土地、劳动力和生态环境资源

---

① 蔡云晨. 农村工业化视野下农民土地意识变迁研究——以江村为例 [J]. 山西农业科学,2015(11).

② 当然,管理水平的提高也没有改变农村工业的家族式经营模式。但是本书认为,家族式的经营模式具有快速决策、风险共担、亲情激励等优势,是当前经营包括家庭作坊和小企业比较适宜的管理模式。

③ 在调查研究中,研究团队选择的案例包括:扬州市杭集镇牙刷和卫生用品产业、广东普宁市纺织服装产业、天津武青区自行车产业、山东庆云县体育器材产业和曹县大集镇演出服装产业。为了论述的方便,本书主要采用了山东省庆云县崔口镇的调查数据进行实证分析。其他的案例分析另有专文讨论。

优势，比较劣势则主要表现在资本、技术、管理和营销方面。立足比较优势，紧紧抓住市场经济发展和国际经济大循环的历史机遇，通过集群组织方式中国农村实现了快速工业化进程，成为国家工业化的生力军。

在新的时代，乡村继续工业化无论是在内涵还是在外延上都与前期农村工业化存在质的差别。交通基础设施的改善、农村电子商务的发展、先进设备的小型化和农民工返乡创业所带来的成本节约和技术、管理水平的提高，不仅使原有比较优势得到增强，而且减弱了原有的比较劣势。

五、结束语

从20世纪20年代算起，中国的农村工业化已经发生和发展了近百年的时间。时至今日，"三农"问题仍然在困扰着我们，究竟是什么原因造成的呢？其中的答案就是我们没有长期以来对农村工业化给予足够的重视，甚至通过一系列政策限制和压缩它的发展空间。

通过历史的比较和分析，我们逐步清楚地认识到当年南开经济研究所提出的"农村工业化是立国之本"的重要历史意义和现实价值。从实际进程看，农村工业化不仅指乡村工业的发展，而且指农村经济和社会结构的变革，即农村的现代化过程。尤其是在中国特色社会主义新时代，把农村继续工业化作为乡村振兴的关键内容是最终破解"三农"问题的根本出路。

第一章

20世纪70年代以来中国的农村工业化
——新产业区与新乡村工业化

新产业区是20世纪70年代以来新乡村工业化的成功模式。与传统工业化以追求规模和范围经济为目的的大规模生产模式不同，新产业区强调生产的柔性化和持续创新。因而，新产业区在本质上是生产组织方式的创新，是对大规模生产的替代。新产业区的兴起和发展打破了传统发展经济学"城乡二元结构"和乡村发展依附城市的观点，表明20世纪70年代以来的新乡村工业化和乡村经济发展并不依赖城市，而是内生或相对独立的，拥有自身独特的发展路径。在新乡村工业化过程中，乡村经济的自组织所呈现出的报酬递增和路径依赖，构成了新产业区形成和发展的基本特征和内在机制。

第一节 新乡村工业化中的组织变革因素

一、问题的提出

20世纪70年代中期，面对福特制大规模生产的危机及其所引起的全球性经济萧条，新产业区的兴起及其所带来的区域经济繁荣引起了人们的广泛关注。皮埃尔和赛伯（Piore 和 Sable）根据这一产业发展的现象和趋势敏锐地指出，以柔性专业化生产为特征的新产业区的出现代表了人类制造业发展的第二个分水岭,预示着一个新的经济时代的到来。① 更为重要的是,伴随着计划经济的危机和市场趋向的改革,20世纪70年代末期以来中小企业在特定区域的空间集聚、结网和互动所形成的专业化产业区,是转型经济过程中国乡村工业化发展的基本组织形式,并成为中国经济快速增长和发展的重要支撑。

对新产业区的早期研究是基于"第三意大利"② 新乡村工业化的实践。③④ Becattini 指出,与传统工业化不同,20 世纪 70 年代"第三意大利"的新乡村工业化与 20 世纪初马歇尔所描述的"产业区"非常相似,并借用马歇尔的产业区理论考察了"第三意大利"的新乡村工业化模式。⑤⑥ 在 Becattini 看来,产业区是一个社会和地域的统一体,它以自然和历史形成的同一地域的社区人口与大量企业的生产性活动的集聚为特征,在产业区内,社会和企业有机融合并相互依赖。在对产业区做出上述界定的基础上,Becattini 概括出意大利产业区的四个基本特征:1) 产业区拥有相对一致的价值观、共享的知识和信念;2) 企业之间是高度专业化的,并在特定空间集聚和互动;3) 大量中小企业在特定区域的集聚,使产业区内部具有明显的外部经济效应;4) 存在着鲜明的专业化产业氛围,例如大量熟练工人和专业生产者的集聚,有利于相互学习和干中学。而高度的专业化、空间的邻近性和对同一文化的共享,有助于企业的创新、创业和技术诀窍的快速扩散。

---

① Piore, M. and Sabel, C. *The Second Industrial Divide:Possibilities for Prosperity*. New York:Basic Books, 1984.
② "第三意大利"是指意大利的东北部和中部地区,通过新产业区的兴起该地区在 20 世纪 70 年代快速崛起。"第一意大利"一般指意大利西北部传统工业发达的地区,而"第二意大利"则是指以农业为主的南部欠发达地区。
③ Bagnasco, A. *La Problematica Territoriale Dello Sviluppo Italiano*. Bologna:Ⅱ Mulino, 1977:1~6.
④ Carofoli, G. Politica ed Economia, 1983, 29 (14):57~60.
⑤ Becattini, G. Dal Settore Industriale al Distretto Industriale. Alcune Considerazioni Sull'unita di Indagine Dell'economia Industriale. *Rivista di Economia e Politica Industriale*, 1979, n. 1.
⑥ Becattini, G. The Marshallian Industrial District:An Socio – economic Notion. In F. Pyke et al:*Industrial Districts and Inter – firm Co – operation In Italy*, *International Institute for Labor Studies*, Geneva, 1990.

第一章
20 世纪 70 年代以来中国的农村工业化

在 Becattini 的研究中,一方面强调"第三意大利"新乡村工业化模式的特殊性,即把新产业区看作一个经济和社会结构的整体,尤其强调产业氛围和社会文化等因素对经济发展所发挥的重要作用;另一方面又试图概括出这一模式在经济结构上的一般特征,即中小企业集群生产的柔性专业化和网络化。

皮埃尔和赛伯对意大利学者的早期研究成果进行了理论抽象,把以柔性专业化为特征的"第三意大利"、德国南部的新产业区和日本丰田生产方式看作一种新的生产组织方式,即后福特制。后福特制生产方式是在新的市场条件下对福特制大规模生产的替代。波特则从产业竞争优势的角度,把新产业区进一步抽象为中小企业新的产业空间组织形式,即产业集群(industrial clusters)。[1][2] 波特把产业集群界定为,一组在地理上靠近的相互联系的公司和关联的机构,这些公司和机构同处于一个特定的产业领域,因为共性和互补性而联系在一起。在波特看来,中小企业集群生产中的网络化和互动中的默示性知识、关系和动机,是产业和区域竞争优势的根本来源。萨克森宁通过硅谷与 128 公路地区经济发展的对比,强调中小企业之间专业化和网络化的组织结构安排是硅谷信息技术产业快速发展和获得持续竞争优势的根源。[3] 尽管研究的视角存在差异,但是上述理论研究都把新产业区抽象为生产组织方式的创新。而马库森(Markusen)在结合美国的区域发展经验的基础上,通过产业区类型的划分把新产业区泛化为区域经济增长的模式。[4] 从近期的文献看,这种泛化趋势越来越明显,早期意大利学者所关注的新产业区的乡村工业化内涵逐渐消失,新产业区

---

[1] Porter, M. *The competitive Advantage of Nations*, The Free Press, 1990.
[2] Porter, M. Clusters and Competition: New Agendas for Companies, Governments, and Institutions. In *On Competition*, Michael E. Porter. Cambridge, MA: Harvard Business Review Books, 1998.
[3] Saxenian, A. *Regional Advantages: Culture and Competitive in Sillicon Valley and Route 128*. Cambridge: Harvard University Press, 1994.
[4] Markusen, A. Sticky Places in Slippery Space: A Typology of Industrial Districts. *Economic Geography*, 1996, 72.

概念被逐渐一般化为特定空间的企业和产业集聚。①

二、新产业区：新乡村工业化的组织形式

理论界对新产业区概念泛化研究的趋势至少说明两个问题：一是在经济全球化背景下，区域经济增长和发展的重要性；二是新产业区内涵的多样性，既可以从新乡村工业化的特定模式出发进行分析，也可以从区域产业发展和竞争优势提升的角度进行总结，因为新乡村工业化过程本身就是区域产业的形成、发展和获得竞争优势的过程。其中皮埃尔和赛伯对新产业区生产组织方式特征的概括，明确了20世纪70年代以来发生于第三意大利的新乡村工业化和日本的丰田制一样，在本质上是一次生产组织方式的革命。萨克森宁则证明了，同样的生产组织方式革命也发生在美国硅谷的高新技术产业领域。

综合上述研究，本章对新产业区做出一个基本的假定：从一般性上看，新产业区在本质上与日本的丰田制和美国的硅谷一样，是新的生产组织方式革命；而具体看，作为后福特制柔性生产方式的具体形式，新产业区是20世纪70年代以来新乡村工业化的成功模式。如果把福特制大规模生产看作第一次工业化的结果，新产业区则是新乡村工业化发展的成功范例。因而，20世纪70年代以来的新乡村工业化和新产业区形成和发展足以说明，与传统发展经济学"城乡二元结构"和乡村发展依附城市的观点不同，在新乡村工业化过程中，乡村经济的发展拥有自身独特的道路。

在上述假定的基础上，本章强调，新产业区作为20世纪70年代以来新乡村工业化的成功模式，是内生于乡村经济的生产组织方式创新和演化的结果。只有从生产组织方式创新的角度，才能真正解释新产业区的起源和演进。因而，考察新产业区起源和演进的理论意义和实践价值，在于揭

---

① 这种泛化研究很容易使人们混淆第一次工业化和新乡村工业化的区别，例如在Esposti and Sotte 的研究中，把新乡村工业化混同于城市化。参见：Esposti, R and Sotte, F. Institutional Structure, Industrialization and Rural Development: An Evolutionary Interpretation of the Italian Experience. *Growth and Change*, 2002, Vol. 33, No. 1: 3~41.

示经济全球化条件下新乡村工业化过程中生产组织方式创新的外在条件和内在机制。其研究的结论将有助于揭示欠发达国家或地区乡村工业化的一般过程和规律，也有助于我们深入探讨当前中国新农村建设中与乡村工业化相关的重大现实问题。

当把新产业区看作20世纪70年代以来乡村工业化的新模式时，要想解释新产业区的起源和演进过程，必须从理论上回答以下三个基本问题：一是为什么新产业区起源于20世纪70年代？其生产组织方式创新的外在条件是什么？二是为什么在相同的社会经济背景下，新产业区并没有出现在全球或一国的所有区域？而仅仅出现在少数地区，尤其是欠发达地区？三是新产业区是如何起源和演进的，其内在机制是什么？

对第一个问题的回答涉及新产业区诞生的社会环境尤其是市场环境的变化，对第二个问题的回答涉及对新产业起源的特定区域的经济和社会结构特征的分析，而第三个问题讨论的则是具有某种经济和社会结构特征的乡村如何实现工业化的路径和机制。与新产业区的早期研究相一致，对上述三个问题的回答需要一种历史的和演进主义的观点和方法。

第二节　新产业区的起源和演化

一、经济演化中的报酬递增和路径依赖

在人类社会的经济发展进程中，到目前为止曾经出现过两次工业化浪潮，而主导两次工业化进程及其结果的是生产组织方式的创新。由于第二次工业化主要发生于20世纪70年代以来的乡村，区别于以城市为依托的第一次工业化，本章把第二次工业化称为新乡村工业化。

在前工业化时期的制造业中占主导的生产组织方式是单件生产，其市场需求主要局限于本地，规模狭小且多样化。单件生产的技术基础是传统手工业，生产者是家庭和手工业作坊式的小企业，它们广泛地存在于工业化之前的乡村和城市。

中国的农村工业化和继续工业化
China's rural industrialization and continuing industrialization

第一次工业化首先发生在 19 世纪中后期到 20 世纪初期的英国和美国，在此次工业化过程中，诞生了以大机器和流水线生产为基础的福特制大规模生产，并逐渐替代了前工业化时期占主导的单件生产。现有的工业化理论主要基于第一次工业化的历史经验，着重考察市场、技术和生产组织方式变革对工业化和经济发展进程的决定性作用。

对第一次工业化过程如何从单件生产过渡到大机器生产，马克思曾作出过精辟的分析，"生产方式的变革，在工场手工业中以劳动力为起点，在大工业中以劳动资料为起点"。[①] 钱德勒对发端于 19 世纪中后叶的第一次工业化作出了详尽的分析和描述，他指出，工业资本主义的快速发展之所以出现于 19 世纪 80 年代，是因为在这一时期出现了铁路和电报、轮船和海底电报等一系列重大技术变革。[②] 交通运输和电报等通讯技术革命，首先打破了前工业化时期各自封闭的狭小的本地市场，市场需求不再是小规模和多样化的，而是转化为单一而快速增长的大规模需求。早在 1776 年出版的《国富论》中，斯密根据工业化初期的经验就明确指出，劳动分工或生产的专业化受到市场范围的限制，其中水运等交通条件的改善是市场规模扩张的基本驱动力。[③] 随着铁路、蒸汽机车和轮船的发明和广泛使用，工业产品的市场规模开始由国内迅速扩展到全球。其次，市场规模的扩张又催生了大规模生产技术的诞生和广泛运用，规模和范围经济成为企业和产业竞争优势的基本来源。最后，为了追求规模经济、范围经济和交易成本的节约，企业开始对能够充分利用规模和范围经济的生产设施、本国和国际市场销售网络和组织管理能力进行大规模投资，通过横向兼并和纵向扩张，从事标准化大规模生产的高度纵向一体化的大企业逐渐替代了

---

① 马克思. 资本论（第一卷）[M]. 北京：人民出版社，1975：408.
② 小艾尔弗雷德·D. 钱德勒. 企业规模与范围经济：工业资本主义的原动力[M]. 张逸人等译. 北京：中国社会科学文献出版社，1999：2.
③ 亚当·斯密. 国富论[M]. 唐日松等译. 北京：华夏出版社，2005：16.

第一章
20世纪70年代以来中国的农村工业化

家庭、手工业作坊和业主制中小企业,成为制造业中占主导的生产组织形式。①

经过近半个世纪的持续改进,1913年标准化流水线生产在福特公司海兰公园工厂的成功运转,标志着大规模生产在生产工艺上的成熟。1925年,针对大规模生产方式所面临的在追求规模和范围经济中多产品生产和销售的管理难题,斯隆创造性地提出了M型组织的构架,使大规模生产方式最终成熟。到1955年,大规模生产已经在世界各国得到普及。②

沃麦克、琼斯和鲁斯概括了成熟形态的福特制大规模生产所具有的四个典型特征:1)最大限度地运用了劳动分工的优势。通过详尽的劳动分工,大规模生产流水线上的生产者是半熟练的操作工。2)组织结构的高度纵向一体化。3)生产设备的高度专用性。为了实现单品种和大批量生产的规模经济,生产设备甚至整个生产流水线都仅仅是为某个单一产品设计、制造和安装的。如果产品需要转换,整个生产流水线都可能被废弃掉。4)产品的标准化和低成本。③ 在单一而稳定增长的市场需求条件下,为了追求规模和范围经济,福特制生产组织方式的唯一目标是如何廉价地制造。

在第一次工业化过程中,由大规模生产的内在要求所决定,制造业活动的空间分布趋向于拥有交通区位优势的商业城市,并把它发展为在一国经济发展中具有优势地位的工业城市。④ 一般而言,决定或影响制造业向某一特定空间集聚的主要因素包括自然资源、劳动力、交通和市场。由于大规模生产所需要的是流动性极强的半熟练工人,生产中的规模经济是由

---

① 在《企业规模和范围经济:工业资本主义的原动力》一书中,钱德勒同时指出了大规模生产在满足需求和式样变化上存在着不够灵活的缺陷,尤其是在劳动密集型工业中,大企业的优势并不十分明显。参见:小艾尔弗雷德·D. 钱德勒. 企业规模与范围经济:工业资本主义的原动力 [M]. 张逸人等译. 北京:中国社会科学文献出版社,1999:53.
② 沃麦克,琼斯和鲁斯. 改变世界的机器 [M]. 沈希瑾等译. 北京:商务印书馆,1999:48.
③ 沃麦克,琼斯和鲁斯. 改变世界的机器 [M]. 沈希瑾等译. 北京:商务印书馆,1999.
④ 尽管也存在着由自然资源,例如矿产资源形成的工业城市,但是这种城市在第一次工业化过程中并不占主导。

技术和市场决定的，因而交通运输成本的节约是传统工业化区位选择的首要因素。在第一次工业化过程中，交通条件优越的商业城市就成为制造业的聚集地。由于企业是高度纵向一体化的，企业之间的边界清晰，尽管存在着大规模生产在城市的空间集聚，但是在城市集聚体内部，企业之间却缺乏足够的结网和互动。

随着制造业向工业城市的集聚，"城乡二元结构"和乡村发展依附城市的格局逐渐形成。因而，第一次乡村工业化的结果是城乡分离的加剧、乡村对城市的依附和乡村手工业的衰落。Luta 和 Graziani 对 20 世纪 70 年代之前的意大利经济的研究表明，20 世纪 60 年代末期之前，意大利经济是典型的南北"二元结构"。① 北部是以制造业为主体的发达的城市经济，而南部则是以农业生产和手工生产为主体的落后的乡村经济。在第一次工业化过程中，南部意大利具有传统优势的乡村手工业逐渐被大规模生产所替代，到 20 世纪 50—60 年代，仅仅剩下以满足当地市场需求为目的的少数手工业作坊式的小企业。

传统工业化模式存在和持续发展的前提，是市场对单一而标准化产品的稳定需求。一旦这一前提条件发生了变化，福特制大规模生产的危机就开始显现。20 世纪 70 年代以来，随着消费者收入水平的提高、信息技术的发展和经济全球化程度的加深，市场的需求条件发生了重大变化，消费者的需求开始从标准化产品转向个性化和多样化非标准的定制产品，大规模生产的危机开始出现。安德森和派恩指出，当今的市场环境是多变的，为了取得经营成功，企业必须理解并低成本地满足单个客户不断增长的多样化愿望和需求。② 因而，能够满足客户个性化和多样化的柔性生产和追求以持续创新为核心的速度经济，是新的市场条件下生产组织方式变革的方向。在新的市场条件下，日渐衰微的乡村经济出现了新的发展契机，以

---

① 转引自 Alberti, F. *The Concept of Industrial District: Main Contributions*, 2006, Http://insme.org/documenti/.
② 大卫·M. 安德森, B. 约瑟夫·派恩二世. 21 世纪企业竞争前沿：大规模定制模式下的敏捷产品开发 [M]. 冯涓、李和良和白立新译. 北京：机械工业出版社, 1999：4.

第一章
20世纪70年代以来中国的农村工业化

"第三意大利"为代表的新乡村工业化和新产业区的起源和发展，正是这一时代背景条件下的产物。表1-1对人类经济发展过程中的两次工业化的市场条件和内在特征做出了简单的描述。

表1-1　　　　　传统工业化和新乡村工业化的比较

	前工业化	第一次工业化	新乡村工业化
市场需求条件	规模狭小且多样化	单一而稳定	个性化和多样化
占主导的生产组织方式	单件生产	福特制	后福特制
生产组织过程	非标准化 技艺精湛的工匠 简单的通用设备 松散的管理 生产者之间关系松散	标准化 半熟练操作工 专用设备和刚性生产详尽的劳动分工和严格管理 高度纵向一体化的大企业	定制化 熟练和多技能工人 柔性生产设备团队作业和人性化管理中小企业的专业化和网络化
基本经济规律	连续的固定收益	规模经济和范围经济	速度经济
结果	品种繁多和成本高昂，生产活动分散于城市和乡村	单品种、大批量和低成本工业城市的集聚	多品种、小批量、低成本和高价值新产业区

到目前为止，理论界对乡村经济的认识，仍然深受以第一次工业化过程中工业区位选择经验为对象的地理位置优势论的影响。无论是以韦伯为代表的传统区位理论还是以克鲁格曼为代表的新地理经济学，都把乡村看作是城市的对立物，强调距离和运输成本是决定制造业部门地理集中和农业部门地理分散的关键因素。①②③ 地理位置优势论认为，决定生产活动区位选择的主要因素包括当地市场需求规模、产品的可运输性、资源的可获得性、资源成本和资源的可运输性。尽管在生产和营销环节都存在的规模经济，但与生产相比，消费是分散的。同时资源的可获得和运输性本身

---

① 马克斯·韦伯. 工业区位论 [M]. 李刚剑等译. 北京：商务印书馆，1997.
② Krugman, P. Increasing Returns and Economic Geography. *Journal of Political Economy*, 1992, Vol. 99, No. 3: 483–99.
③ Krugman, P. Comples Landscapes in Economic Geography, *The American Economic Review*, 1998, Vol. 84, No. 2: 412–16.

中国的农村工业化和继续工业化
China's rural industrialization and continuing industrialization

属于运输成本问题,因而在生产的区位选择中,起关键作用的是交通运输成本,企业区位选择中的成本最小化本质上就是运输成本的最小化。

根据地理位置优势论的分析逻辑,与城市相比,乡村经济只能以农业生产为主,在发展工业上存在着距离遥远、技术落后和市场范围狭小的劣势。距离遥远增加了工业生产的交易成本,而技术落后和市场范围狭小则限制了乡村工业化可能获得的规模经济。因而,在"城乡二元结构"条件下,乡村经济受到城市经济的抑制,只能从事与城市经济相比具有比较优势的农业生产。尽管存在着随城市规模的扩张和产业的转移实现工业化的可能,但是受到与城市之间距离的限制,即使存在乡村工业化的可能,也仅仅限于城市的近郊。因而,在城市经济的抑制下,受到农业生产报酬递减规律的支配,乡村经济将越来越弱小,其发展只能依附于城市。除了服务于城市服务,乡村经济的发展只能靠城市和工业对农业的反哺。

但是20世纪70年代以来的现实情况却恰恰相反,无论是"第三意大利"还是中国的乡村工业,都是在与强大的城市经济的竞争中取得了乡村工业化的巨大成功。地理位置优势论存在上述局限的根本原因,在于它仅仅是对第一次工业化及其结果所进行理论总结。与第一次工业化不同,新乡村工业化表现为大量中小企业在特定乡村的空间集聚,并通过专业化和网络化进行柔性生产,其选择的区位不是城市,而是位于乡村的专业化产业区。同时,启动和支撑新产业区形成和持续发展的,不再是标准化和大批量生产的规模经济和范围经济,而是以柔性生产和持续创新为目的的速度经济。更为重要的是,新乡村工业化和新产业区的形成和发展并不依赖于城市,而是拥有自身独特的发展路径。

针对地理位置优势论的局限,许多学者从不同的角度探讨影响或决定新产业区起源和发展的关键因素。

Esposti 和 Sotte 试图从乡村经济的比较优势出发,强调能否达到工业生产的关键或最低规模经济要求是新乡村工业化成功的关键。[1] 他们认

---

[1] Esposti, R and Sotte, F. Institutional Structure, Industrialization and Rural Development: An Evolutionary Interpretation of the Italian Experience. *Growth and Change*, 2002, Vol. 33, No. 1: 3–41.

第一章
20 世纪 70 年代以来中国的农村工业化

为，尽管与城市经济相比，乡村经济存在着诸多劣势，但是乡村经济也拥有自身的比较优势，例如劳动力和土地的低价格。只有在要素的低价格抵消了交通运输成本劣势的情况下，乡村经济才可能吸引某些低技术工业企业的投资。同时只有吸引来的工业生产达到一个关键规模的时候，才能获得规模经济，并最终把乡村经济的比较优势转化为竞争优势。但问题的关键是，新产业区的行为主体是通过网络化集聚的大量中小企业，其竞争优势的首要来源不是规模经济和范围经济，而是生产的柔性专业化。即使存在着规模经济，更多地属于外部规模经济，它表现为已经获得市场成功的中小企业集聚和网络化的结果。

新熊彼特学派从技术创新的角度考察问题，认为新产业区的发展依赖于劳动密集型产业技术的创新和运用。Christensen 以钢铁产业的发展为例指出，中小企业通过技术创新把资本密集型技术还原为劳动密集型技术，从而创造性地破坏了大企业的竞争优势基础。[1] 新产业区的发展确实与技术创新有关，但是更重要的是通过生产组织方式的创新充分利用了现有的技术并引致新的技术创新。正如皮埃尔和赛伯已经指出的，产业技术的应用往往不依赖于科学和技术本身的发展逻辑，而在于市场的选择和有效的组织利用。[2]

新制度主义强调制度安排在新产业区形成和发展中的作用。Tappi 指出，新产业区的演化建立在正式和非正式制度网络嵌入的基础之上，影响新产业区发展的制度既包括传统习俗、文化和道德信仰在内的非正式规则，也包括银行、当地政府和法律规范在内的正式规则。[3] 布鲁斯科（Brusco）认为，构成新产业区活力及其发展基础的是企业之间的竞争与合作

---

[1] 克里斯坦森. 创新者的困境 [M]. 吴潜龙译. 南京：江苏人民出版社，2001.
[2] Piore, M. and Sabel, C. *The Second Industrial Divide: Possibilities for Prosperity*. New York: Basic Books, 1984: 4.
[3] Tappi, D. Evolutionary Path of Italian Industrial Districts: The Importance of Formal and Informal Institutions in the Background of Technological Innovation. *Working Paper*, Presented at the Schumpeter conference, Manchester, 28th June – July 2000.

关系，而这些竞争与合作关系是由一系列正式和非正式规则协调的。① 制度安排确实在新产业区的发展中发挥着十分重要的作用，但在许多情况下，这些制度或规则本身既主导着新产业区的发展的又是新产业区演化和发展的产物。

上述理论分别从规模经济的现实、技术和制度安排的角度，考察了影响或决定新产业区起源和发展的基本因素。但是问题的关键是，如何从理论上解释面对新的市场需求条件变化，为什么以柔性专业化为特征的新生产组织方式首先出现在乡村并演化为新产业区，而不是起源于已经具有诸多优势的城市？②

上述理论分析都是从新产业区的某一特征或因素出发，而不是把它当作一个经济、社会和区域的整体考虑问题。当从这个角度看问题时，我们会发现乡村不是一个抽象的空间概念，也不是由某一要素支配的机械组织，而是一个具有自身经济和社会结构特征的经济系统。新产业区的起源和发展，首先，是在乡村经济特定的经济和社会结构基础上进行生产组织方式创新，并引致经济系统持续演化的过程。其次，在经济系统的演进过程中，作为新产业区基本特征的生产的柔性专业化，既发源于乡村特定的经济和社会结构，又是乡村经济各行为主体面对新的市场机遇互动和重新组合的结果。最后，围绕着生产组织方式创新，与新产业区的形成和演进相伴随的是乡村经济的转型。因而，作为新乡村工业化成功模式的新产业区的起源和演化，是经济系统的演化和转型过程，更多地属于熊彼特所描述的"经济发展"。

熊彼特指出，与经济增长不同，经济发展是一个动态过程，是经济的一种质变或生产方法的新组合，是事物内部自行变化的结果。③ 所谓的新组合是指，对"经济体系中的现有生产手段的供应作不同的使用，因而，就其本质而言，所谓经济发展，在于对现有人力及土地的服务以不同的方

---

① 塞巴斯蒂安诺·布鲁斯科. 产业区的规则. 载安娜·格兰多里主编. 企业网络：组织和产业竞争力 [M]. 刘刚等译. 北京：中国人民大学出版社，2005.
② 从后福特制生产方式的创立过程看，无论是日本的丰田公司的所在地还是硅谷，都不是严格意义上的传统工业城市，而是带有更强烈的乡村经济特征的地区。
③ 熊彼特. 经济发展理论 [M]. 北京：商务印书馆，1990：71.

第一章
20世纪70年代以来中国的农村工业化

式加以利用"。① 从这个角度看，新产业区的起源和发展是一个动态演化过程，在本质上是一种生产组织方式的创新。生产的柔性专业化并不是因为在技术上出现了某种突破，而是因为实现了生产要素的新组合，即对人力、土地、技术和空间等要素的重组。与第一次工业化根本不同，新乡村工业化的新组合强调的不是规模和范围经济，而是以持续创新和柔性生产为特征的速度经济。为了实现持续创新和柔性生产，大量中小企业在特定的乡村空间集聚、结网和互动，其生产组织形式是专业化和网络化，而不是纵向一体化的。尽管这一新组合起因于外部市场需求的新变化，但是却是乡村经济内部各要素自发重组的结果。

但是上述基于熊彼特"经济发展"概念的思考仍然过于简单，更深入的分析则是要考察乡村经济内部的创新或新组合究竟是如何自发产生的，即从逻辑上解释新产业区的起源和演进的自发性和路径的独特性。而要做到这一点，必须弄清楚如下三个相互联系的关键问题：一是柔性专业化的基因信息是否隐藏或嵌入于某些乡村的经济和社会结构特征之中，这些基因是如何与外部环境的变化相耦合的？二是作为为各种经济行为个体的聚集体，如何从个体行为出发解释中小企业以及其他行为主体在新产业区中专业化生产的结网和互动，规范和主导这些中小企业结网和互动的制度框架是什么？它是如何形成的？三是中小企业在特定地理空间的结网和互动为什么能够把乡村经济的比较优势甚至是劣势转化为竞争优势，并形成与传统工业化和城市经济相抗衡的新乡村工业化模式？

马克思对资本主义生产方式产生和发展的历史演进主义分析方法，为我们的研究提供了启示。② 马克思指出，以劳动分工和机器生产为特征的

---

① 熊彼特. 经济发展理论 [M]. 北京：商务印书馆，1990：106.
② 在《资本论》第一卷第一版序言中，马克思就明确指出，"我要在本书研究的，是资本主义生产方式以及和它相适应的生产关系和交换关系"。参见：马克思. 资本论（第一卷）[M]. 北京：人民出版社，1975：8. 尽管在《资本论》中，生产方式一词具有比重涵义，但在产品的生产过程中的劳动组织方式涵义上与本章的生产组织方式是一致的。马克思对资本主义生产方式产生和演进的研究主要集中在第四篇"相对剩余价值的生产"，参见：马克思. 资本论（第一卷）[M]. 北京：人民出版社，1975：347－551.

资本主义生产方式起源于前资本主义的简单协作,"资本主义生产实际上是同一个资本同时雇用较多的工人,因而劳动过程扩大了自己的规模并提供较大量的产品的时候才开始的。较多的工人在同一时间、同一空间(或者说同一劳动场所),为了生产同种商品,在同一资本家的指挥下工作,这在历史上和逻辑上都是资本主义生产的起点。就生产方式本身来说,例如初期的工场手工业,除了同一资本同时雇用的工人较多而外,和行会手工业几乎没有什么区别。行会师傅的作坊只是扩大了而已"。① 但是在资本家的控制下,简单协作在量上的扩大所带来的生产资料的节约和个人生产力的提高或集体生产力的出现,使剩余价值和资本主义生产过程的产生成为可能。

在追求剩余价值的过程中,资本主义生产方式先后经历了工场手工业和机器大工业两个阶段。其中,工场手工业以劳动为起点,其发展表现为劳动分工的出现和不断细化。而机器大工业则以劳动资料为起点,其发展表现为机器的出现、分工和工厂制的建立。

与西方主流经济理论的分析不同,马克思的历史和演进主义的分析传统更多地被现代演化经济学的最新理论进展所继承。早在20世纪50年代初,阿尔钦(Alchain)对经济理论过多地关注对现有的已经尝试过的解决方案集合中选择或思考问题的思路提出了质疑,强调研究经济组织的起源对经济理论发展的重要性,因为经济组织起源中所包含的创新是过去人们没有经历过的。② 更为重要的是,在演化经济学看来,经济组织是由相互联系或适应的经济行为个体所构成的集合,经济组织的起源和演进内生于经济行为个体的行为及其互动,即经济组织的整体行为特征是个体之间相互作用中集聚和涌现的结果。③④

---

① 马克思. 资本论(第一卷)[M]. 北京:人民出版社,1975:358.
② Alchian, A. A. Uncertainty, Evolution and Economic Theory. Journal of Political Economy, 1950, 58: 211 – 222.
③ 约翰·H. 霍兰. 隐秩序:适应性造就复杂性[M]. 周晓牧、韩晖译. 上海:上海科技教育出版社,2000.
④ 约翰·H. 霍兰. 涌现:从混沌到有序[M]. 陈禹等译. 上海:世纪出版集团上海科学技术出版社,2006.

第一章
20 世纪 70 年代以来中国的农村工业化

霍兰把经济组织的起源和发展看作是组织中个体之间的互动以适应环境变化的自组织过程。环境的变化会引起经济行为主体与环境以及经济行为主体之间的相互适应性活动。在相互适应性活动中，涌现是协同的结果，而协同依赖于经济行为主体主观模型的改变或新的行为规则和惯例的形成。因而，决定经济组织起源和发展方向的创新表现新的行为规则的探索、试错、发现、信用分派和强化的过程。①② Pelikan 进一步讨论了导致组织起源和发展的新的行为规则或惯例的来源，他认为，经济组织的"自组织过程是指所需要的部分或全部组织过程信息由构成组织的个体自己来提供的"。③ 组织过程信息是指源于个体，并引导特定的经济行为主体形成某种组织，而不是别的组织的信息。这种信息能够被已经形成的组织所表达，因而，"探讨成功的经济组织的起源就是寻找组织形成过程中的组织过程信息的来源"。④ 从内涵上看，组织过程信息，就是关于组织行为规则或惯例的信息。因而，作为经济组织的起源和发展过程，新产业区的起源和演进是乡村经济系统适应外部环境变化，内部经济行为主体及其之间互动中主导重新组合或创新的新的行为规则或惯例的发现和强化的过程。新产业区的起源于面对新的市场条件变化的乡村经济内部的经济行为主体的个体行为及其之间的互动，而主导新产业区起源、演进和发展的组织过程信息来源于内部，并通过信用分派机制形成和转化为新的行为规则、惯例和制度安排。

同时，经济系统演化的自组织理论还对自组织过程的内在机制做出深

---

① 在霍兰看来，环境变化包括两个方面：一是组织的外部环境变化；二是内部环境变化，从每个组织成员个体看，其他成员的活动本身就构成了其活动的外部环境。
② 新的行为规则和惯例的形成本身就包含着新的组合，因而，霍兰的讨论与熊彼特在本质上是一致的。
③ 约翰·福斯特，J. 斯坦利·梅特卡夫. 演化经济学前沿：竞争、自组织与创新政策［M］. 贾根良、刘刚等译. 北京：高等教育出版社，2006：136.
④ 在更早的演化经济学企业理论研究中，Nelson and Winter 把引导经济组织起源和发展的规则和组织过程信息称为组织惯例，组织的起源和发展在本质上是一个组织惯例的探索、复制和创新的过程。参见：Richard R. Nelson and Sidney G. Winter. *An Evolutionary Theory of Economic Change*. The Belknap Press of Harvard University Press，1982.

入的讨论，强调经济组织的自组织过程是内部各行为主体在一定条件下的相互适应或互动中通过新的行为规则或惯例的发展，从无序中自发地形成有序结构的过程。经济组织起源和发展的自组织过程呈现出两个方面的特征：一是对初始条件的高度敏感性，因为初始状态是一个无序的结构，存在多种选择的可能性，外部环境的一个偶然扰动所引起的微小变化可能导致一个巨大的难以预期的结果；二是产生这一结果的前提是组织内部的个体之间的相互作用在新的规则或惯例主导下存在着正反馈。[1][2][3] 正反馈，使源于乡村经济内部的新产业区的起源和演进过程呈现出报酬递增和路径依赖特征。

根据上述演化经济学对经济组织起源和演化的相关论述，作者认为，作为新乡村工业化的成功模式，新产业区的起源和演进是内生的，经济行为主体及其互动结网中的正反馈，使新产业区的发展表现出报酬递增和路径依赖特征。作为一个经济系统的演化过程，新产业区的起源和演进的报酬递增和路径依赖表现为以下三个方面：

（1）在新产业区的孕育阶段，传统的乡村经济对某些外部初始条件的变化具有高度的敏感性。一个偶然的历史事件或外部扰动引起的经济主体的适应性行为所带来的微小变化或创新，可能启动新乡村工业化，并导致乡村经济的分化和新产业区的起源和发展。而启动新乡村工业化或新产业区起源和演进的组织过程信息，来源于传统乡村经济系统内部，它表现为主导新乡村工业化和新产业区起源和演进中经济行为主体之间的有序结网和互动的新的行为规则或惯例。

（2）作为中小企业在特定空间的柔性专业化生产组织，新产业区的起源和发展是一个复杂适应系统的自组织过程。在经济系统或组织的演进过程中，由多样性经济行为主体所组成的系统会通过对行为的预期对它们所

---

[1] Arthur, W. B. Competing Technologies, Increasing Returns, and Lock – in By Historical Events. *Economic Journal*, 1989, 99: 116 – 131.

[2] Arthur, W. B. Increasing Returns and the New World of Business. *Harvard Business Review*, 1996, July – Aug.

[3] Arthur, W. B. Complex and Economy. *Science*, 1999, 2 April, 284: 107 – 109.

创造的规则或模式做出适应或反应。在经济系统或组织多样性成员个体的相互作用中所形成的新的有效行为规则或惯例，主导着组织从无序到有序的演进过程。因而，作为一个复杂经济系统，新产业区的有效行为规则或惯例所主导的经济行为主体之间有序的结网和互动，推动了乡村经济和社会结构转型，并表现出与传统工业化不同的模式。

（3）新产业区从产生到发展壮大的关键是新的行为规则或惯例主导下的经济行为主体与环境以及主体之间的相互作用存在正反馈。新产业区的起源和演进过程中的正反馈包括两个方面：一是新的行为规则或惯例的强化；二是在新的行为规则和惯例的约束下，企业之间的协同所带来的企业和产业竞争优势的持续改进和提升。在新乡村工业化过程中，报酬递增和路径依赖是新产业区起源和演进的内在机制。

二、生产组织方式创新与新产业区起源和演进

在演化经济学经济组织起源和演化理论的基础上，为了简化分析，本章把新产业区的演进划分为三个阶段：新产业区的孕育、形成和发展。其中，新产业区的孕育主要考察新工业化初始阶段乡村经济行为主体的经济和社会结构特征，其中某些特征包含了新产业区起源和演进中新的行为规则相关的组织过程信息，决定了乡村工业化产生的可能。

但是对于工业化过程而言，初始状态的乡村经济行为主体之间的关系是机械的和无序的，组织过程信息是隐藏的。但是外部环境的变化打破了乡村经济活动中的既有秩序，经济行为主体由于新的行为规则的出现开始重新组合，隐藏于特定乡村经济中的潜在组织过程信息被激活，并引导经济行为主体之间的结网和互动，形成中小企业柔性专业化集群生产。在中小企业专业化集群生产中所形成的新规则或惯例，主导着特定区域的经济活动，并诱致乡村的经济结构转型和新产业区的形成。随着外部条件的不断变化，新产业区通过经济行为主体结网和互动持续发展和演化。新产业区起源和演进的内在机制表现为，在特定行为规则主导下各经济行为主体之间的结网和互动中的适应、学习、模仿和创新性模仿中的报酬递增和路径依赖。图1-1描述了新产业区起源和演进的过程及其机制和路径。

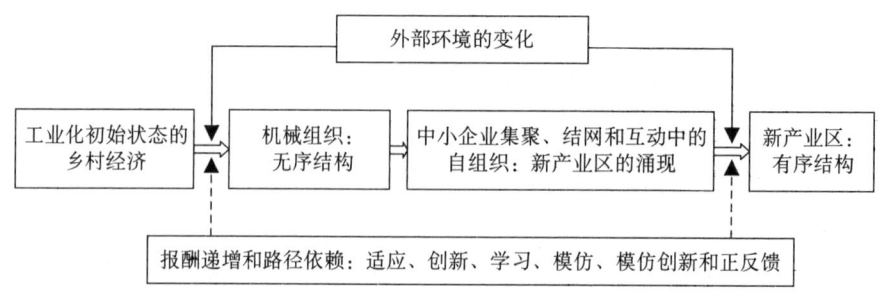

图 1-1 新产业区起源和演进的机制和路径

20世纪70年代之前,在福特制生产组织方式占主导的传统"城乡二元结构"条件下,乡村存在着诸多发展工业的劣势或不足,例如地理位置遥远和本地市场规模狭小。由于人口分散,狭小而多样化的市场需求难以达到传统工业生产所要求的最低规模水平。而与城市距离的遥远,使乡村发展工业面临着高昂的运输成本约束。因而,在福特制条件下,以农业生产为主、经济活动水平及就业人口的持续下降和对城市经济的依附,是乡村经济发展的常态。

然而,即使在福特制条件下,乡村经济中仍然蕴含着某些发展工业的潜在优势,其中最重要的优势包括关键要素的低价格和发展空间的充分弹性。

相对于城市较高的土地和劳动力价格,乡村经济的土地和劳动力的使用是低成本的。更为重要的是,由乡村经济特定的经济和社会结构所决定,与以大规模生产为主体的刚性的城市经济相比,乡村经济在制造业生产组织方式的选择上具有充分的柔性,尤其是在小农经济为主的国家或地区。Esposti 和 Sotte 把决定乡村经济柔性生产特征的关键因素归结为小社区的范围经济。① 在"城乡二元结构"条件下,乡村经济是一个相对封闭的经济系统,② 其内部市场需求既是规模狭小的又是多样性的。为了满足小社区内规模狭小而又多样化的市场需求,在农业生产的基础上,家庭和

---

① Esposti, R and Sotte, F. Institutional Structure, Industrialization and Rural Development: An Evolutionary Interpretation of the Italian Experience. *Growth and Change*, 2002, Vol. 33, No. 1: 3-41.
② 根据作者对中国乡村工业化的实际观察,作为一个相对封闭的经济和社会系统的乡村共同体,大致的范围相当于一个乡镇。

第一章
20 世纪 70 年代以来中国的农村工业化

手工作坊式的小企业同时从事多种手工业生产。家庭和手工作坊的生产活动具有两个方面显著的特征：一是在一般情况下，无论是家庭还是手工作坊都是采取自我雇佣的方式从事生产和经营。自我雇佣中内含的风险意识和市场意识，孕育了新乡村工业化过程中最为重要的集体企业家精神；二是由于生产是多样性的，传统手工业的生产者大都是多技能的，因而他们具有很强的柔性生产能力。

柔性生产能力及其手工业生产中内含的集体企业家精神来源于传统乡村特定经济和社会结构下的生产者自身的行为特征，它们构成了新乡村工业化和新产业区起源和演进的基因或组织过程信息，从而使乡村可以充分利用经济转型过程中出现的新的市场和技术发展机遇，实施生产组织方式创新。从发展的角度看，与刚性的城市经济相比，由于柔性生产的基因的存在，乡村经济是一个具有多种选择弹性的经济系统。①

作为一个演化的经济系统，乡村经济中的经济活动主体不仅包括家庭、手工作坊式的小企业，还包括乡村基层政府、银行和其他中介机构。对于工业化过程而言，乡村经济中的各行为主体之间的关系是机械的或无序的，乡村经济的上述优势仅仅处于潜在状态。如何适应外部环境的变化，充分利用经济转型中出现的新的市场和技术变化的机遇，围绕着乡村经济中特殊的生产柔性特征，通过各行为主体的结网和互动进行生产组织方式的创新和形成新的行为规则，从而把乡村经济的比较优势转化为竞争优势，是解释 20 世纪 70 年代以来的新乡村工业化和新产业区形成和发展的关键。

假设一个偶然的因素，家庭或手工业作坊式的小企业通过创新或技术引进，开始生产与城市竞争的产品。由于缺乏规模经济效应，乡村小企业产品的竞争优势只能来源于两个方面：一是土地和劳动力的低价格带来的低成本优势；二是与城市产品相比的差异化优势，即产品满足客户的个性化或多样化需求的能力。

---

① 根据经验，当然不是所有的乡村经济都具有充分的柔性，尤其是那些在农业生产中引入大规模生产的国家和地区，例如美国和加拿大。

单纯的低成本优势难以成为20世纪70年代以来新乡村工业化的主要推动力，① 主要原因有三个：一是与第一次工业化根本不同，20世纪70年代的世界经济正因为生产的普遍过剩而陷入长期经济萧条，市场上充斥着大批量生产的价格低廉的工业产品；二是乡村企业的低成本在20世纪70年代之前就已经长期存在；三是即使通过低成本扩张达到了城市企业相同或更大的规模经济，如果生产的产品是过剩的，在运输成本约束下也难以获得持续的发展。因而，一般情况下，新乡村工业化的启动常常是因为乡村企业通过生产工艺、产品或技术创新，生产出低成本的差异化产品，通过柔性生产快速满足客户的个性化或多样化的市场需求，从而抓住了20世纪70年代出现的市场条件变化所带来的机遇。

再假设乡村中的某个企业通过创新生产出差别化的产品并取得市场成功，由于集体企业家精神的存在，相邻的生产者会通过学习和模仿生产相同或类似的产品，分享创新企业带来的市场成功。因为在乡村工业化初期，无论是产品还是工艺方面的创新相对而言是简单的，主要表现为产品生产中的某种工艺诀窍、技巧和新的产品创意，其他拥有大致相同技术和经验的生产者很容易学习和模仿。更为重要的是，任何企业的学习和模仿都不是简单的学习和模仿，因为在许多情况下，技术和诀窍属于默示性知识，企业在解读其他企业的成功诀窍的过程中往往结合自己的实际经验做出主观的猜测和改进，从某种意义上说，任何成功的学习和模仿都是创造性模仿，学习和模仿本身就带有创新的内涵。对成功企业的学习、模仿和创造性模仿，导致企业在某一特定乡村空间的集聚。由于集聚所带来的市场规模扩张，特定空间的企业结构开始发生变化，即出现横向和纵向的扩散。横向扩散表现为同类产品中生产不同品种企业的增加，而纵向扩散则

---

① 当然，处于从计划经济向市场经济转型中的中国经济有些例外，在20世纪70年代末中国新乡村工业化启动阶段，中国经济是典型的因为计划经济的低效率所造成的短缺经济。在这种背景下，乡村的低成本优势成为中国新乡村工业化的最初推动力，但是随着乡村工业化的深入推进，能否形成具有柔性生产能力的专业化产业区是新乡村工业化最终成功的关键或标志。对于这一特殊现象，限于本章的篇幅，作者将另设专文讨论。

第一章
20世纪70年代以来中国的农村工业化

表现为产品零部件等相关配套厂商的出现和增加。

在不考虑市场需求变化的条件下，新乡村工业化对企业组织结构和生产组织方式的选择至少存在着两条路径：一是某个成功的企业通过自身的发展和兼并其他企业实施横向和纵向一体化，最终形成高度一体化的大企业；二是大量集聚于某一特定空间的中小企业采取专业化和网络化的方式相互协作，通过柔性生产和持续创新中所产生的外部规模经济效应实现市场的扩张。但是在新的市场需求条件下，只有后者才最终能够发展为新乡村工业化成功的典型模式。为了清楚地说明问题，本章借用诺特鲍姆（Nooteboom）对创新周期变化及其对企业组织选择影响的分析，解释为什么20世纪70年代以来的新乡村工业化采取的是"专业化和网络化"的集群生产这种特殊生产组织方式。① 图1-2中的中间部分是诺特鲍姆对创新周期的描述。

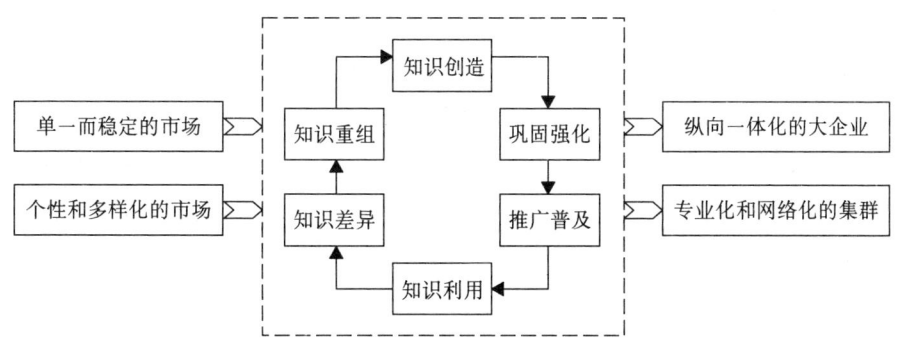

图1-2 市场需求和产品创新周期变化对生产组织方式选择的影响

一个完整的创新周期包括知识创造和知识利用两个阶段，其中知识创造表现为新技术和新产品的产生，而知识利用则表现为新技术和新产品的规模和范围的扩张。当新知识出现后，为了使新技术或新产品获得市场成功，企业会通过新知识的强化和推广普及实现生产的规模经济。当新技术或新产品在市场上通过推广普及获得成功时，企业又会试图把这种新技术

---

① 巴特·诺特鲍姆. 网络的动态效率. 载安娜·格兰多里. 企业网络：组织和产业竞争力 [M]. 刘刚等译. 北京：中国人民大学出版社，2005.

或新产品运用于不同的市场或领域，以实现范围经济。新技术或新产品在不同市场或领域的运用将导致知识的差异化，当这种差异化达到一定的程度时，就会出现知识重组，并导致新的知识创造。

在市场需求是单一而稳定的条件下，创新周期相对慢长。企业完全可以在内部通过巩固强化、推广普及、差异化和重组实现规模经济和范围经济，并再次进行知识创新。知识的外溢或扩散对知识创新企业而言，意味着竞争优势的削弱和利润的流失。

而在市场需求是个性化和多样化的条件下，市场的快速多变导致创新周期的缩短，持续创新和柔性生产成为企业竞争优势的来源。为了快速实现新知识创造所蕴涵的规模和范围经济，企业发现外包、分包、合资和战略联盟等网络化组织的效率远远高于纵向一体化组织结构安排。而在新乡村工业化过程中，在特定空间集聚的中小企业将面临同样的选择。问题的关键是，在新乡村工业化过程中，中小企业是如何通过自组织形成专业化和网络化的组织安排，并实现持续创新和柔性制造的。

首先，有关新产业区形成和演进的关键组织过程信息就潜藏于乡村经济的小社区范围经济及其生产组织活动之中。为了满足规模狭小而又多样化的小社区需求，无论是家庭还是手工作坊式的小企业，都必须保持生产的充分柔性所需要的多技能和应变能力。乡村经济中适应新的市场变化的成功者在总结其成功的经验时，不断认识到保持持续创新和柔性生产并低成本地满足市场的个性化和多样化需求是企业成功的关键。对成功者而言，上述信息会不断得到强化，而对于学习和模仿者而言，会通过观察、分析和判断破解和掌握这一关键信息。通过不断的试错，生产者会通过信用分派机制不断强化新乡村工业化过程中持续创新和柔性生产的重要性，并把它作为一项主导生产行为的新的行为规则。

其次，面对城市经济激烈的竞争压力，乡村经济中的生产者在实践中意识到，企业之间相互结网、互动和协作不仅有利保持持续创新和柔性生产能力，而且有利于通过外部规模经济和范围经济降低生产和营销成本。

为了应对不断变化的市场需求，企业发现通过横向和纵向分包网络，能够快速而低成本地满足市场需求，有效地实现转瞬即逝的规模经济和范

第一章
20世纪70年代以来中国的农村工业化

围经济。同时，大量中小企业在特定空间的结网和互动，在生产者之间知识储备存在差异的条件下，将产生更多的知识重组和知识创造的潜在机会和可能。经过生产实践中的试错和信用分派机制，专业化和网络化而不是纵向一体化逐渐成为新乡村工业化中主导生产者行为的另一项新的重要行为规则。

在特定乡村空间的集群生产中，生产者之间的结网和互动中上述两个基本行为规则构成了新乡村工业化的制度框架基础，并主导着新乡村工业化进程和新产业区的形成和演进。这些行为规则是生产者主观模型的基本组成部分，决定或规范着他们之间的相互适应性行为。在新的行为规则的主导和约束下，新乡村工业化过程中的各经济行为主体的行为是有序的，表现为新产业区形成和发展中持续的自组织过程。新行为规则主导下的生产者之间包括适应、创新、学习、模仿和创造性模仿在内的合作与竞争行为的协同呈现出正反馈，并使新乡村工业化表现出报酬递增和路径依赖特征。

新乡村工业化过程中的报酬递增和路径依赖，可以解释在同样面对20世纪70年代的市场条件变化的条件下，为什么只有少数乡村地区尝试工业化并最终形成新产业区。

首先，一般而言，启动新工业化的地区都是具有小社区范围经济特征的乡村地区。因为只有这种类型的乡村才存在着柔性生产和持续创新的基因或组织过程信息。根据已有的经验研究，这些地区往往拥有长期从事手工业生产的历史和传统，具有创新所必须的企业家精神或氛围。

其次，一旦某个企业洞察到市场需求的变化并实施了创新，并不一定都会取得市场成功。因为初始的创新性活动具有高度的不确定性，受到各种条件的限制，创新可能是失败的。只有获得初步市场成功的创新，才会吸引当地众多生产者的学习和模仿，并引发中小企业在特定乡村空间的集聚、结网和互动。

最后，在对环境和其他企业的相互适应中，企业必须通过试错、学习、模仿和信用分派，形成主导新乡村工业化过程中生产者有序活动的有关竞争与合作的基本行为规则和制度安排。其中，构成新产业区的基本规则是"持续创新和柔性生产"和"专业化和网络化"。这些新的行为规则的形成和强化,是在新产业区形成和发展中出现报酬递增和路径依赖的关键。

在新产业区的形成和演进过程中,对初始条件的依赖和早期创新的成功是引发报酬递增和路径依赖的前提。而对早期成功者的学习、模仿和创造性模仿所带来的一系列市场成功,使报酬递增效应开始显现和放大,使路径依赖得到强化。归纳起来,新产业区的形成和演进过程中的报酬递增和路径依赖效应主要表现在以下几个方面:

第一,无论是对早期成功者的学习和模仿,还是企业之间的相互学习和模仿,都会使产业区积累大量的有关持续创新和柔性生产的默示性知识。这些知识积累不仅使区域内企业获得"远方的竞争者所无法匹敌的当地要素:知识、关系和动机",[1] 而且使产业区内部的创新活动更为活跃。

第二,关键要素、供应商和营销的网络效应。大量中小企业在特定空间的集聚、结网和互动,吸引和积累了大量具有多种技能的熟练劳动力、专业的供应商和营销商。无论是作为熟练劳动力的人力资本还是专业供应商和营销商的投资,对产业区的企业而言都是专用性的。投资的专用性不仅有利于企业通过外部规模经济降低成本,而且有利于企业的产品创新和新企业的孵化。产业区产品的市场成功和共同的营销网络,有利于企业降低新产品进入市场的进入成本,产地的品牌效应很容易使新产品获得客户的认同。新产业区的上述网络效应,不仅降低了企业的生产成本而且降低了企业的市场交易成本。

第三,企业在结网和互动中对有效行为规则的惯例遵循,使得生产网络的非线性作用产生巨大的协同效应。新产业区是大量中小企业的集聚,企业之间的适应、学习、模仿和协作中的协同是实现持续创新和柔性生产的关键,而协同生产的前提是企业之间特定行为规则主导下的有序互动和协作。对这些特定行为规则的惯例遵循,不仅可以减少各行为主体之间无效或低效率的冲突,提高专用性投资和降低交易成本,更重要的是能够通

---

[1] Porter, M. Clusters and Competition: New Agendas for Companies, Governments, and Institutions. In On Competition, Michael E. Porter. Cambridge, MA: *Harvard Business Review Books*, 1998.

第一章
20世纪70年代以来中国的农村工业化

过正反馈放大某一网络和产业链节点出现的比较优势和竞争优势，使企业和产业获得持续的竞争优势。

因而，在新乡村工业化过程中，报酬递增和路径依赖是新产业区把乡村经济的比较优势转化为竞争优势和持续放大竞争优势的内在机制。

本章小结

本章的研究表明，新产业区是20世纪70年代以来新乡村工业化的成功模式。与以城市为依托的传统工业化的大规模生产方式根本不同，新产业区在新的市场条件下通过大量中小企业在特定空间的专业化和网络化集群生产，实现了以持续创新和柔性生产为目的的速度经济。因而，新产业区的起源和演进，在本质上是生产组织方式的创新和发展过程。

围绕着生产组织方式的创新，新产业区的起源和演进是一个经济系统的自组织过程，其发展和演化的基因是隐藏于乡村小社区范围经济中的家庭或手工业作坊式小企业所特有的柔性生产能力。在新的市场条件下，新乡村工业化的启动表现为乡村经济中柔性生产基因的激活和重组，通过各经济行为主体之间的结网、互动和正反馈，传统乡村逐渐通过经济转型和演化为新产业区。与传统发展经济学的"城乡二元结构"和乡村发展依附城市的观点不同，20世纪70年代以来的新乡村工业化和新产业区的起源和演进是内生的，拥有自身独特的发展路径。

对于新产业区的有序结构而言，新乡村工业化之前，乡村经济各行为主体之间的关系是机械的。为了适应新的市场条件变化，某个企业早期创新活动的成功及其所引发的学习和模仿行为，启动了乡村工业化进程。为了追求持续创新和柔性生产，企业之间的专业化结网和互动中特定行为规则或惯例的形成促进了集群生产中合作与竞争关系的涌现和发展。围绕着集群生产，乡村经济中各行为主体的适应和互动带动了整个乡村经济和社会的转型，并最终形成新产业区的有序结构。其中各行为主体之间结网和互动中对已经形成的有效行为规则的惯例遵循带来的协同效应，使新产业区的发展呈现出报酬递增和路径依赖特征，从而把乡村经济中的比较优势转化为竞争优势。

对中国而言，新产业区已经成为转型经济条件下中国乡村工业化的重要组成部分。从中国经济转型和未来的发展看，新乡村工业化和新产业区是中国新农村建设的重要依托。对20世纪70年代以来新乡村工业化和新产业区起源和演进的研究，将有助于我们深入思考中国新农村建设的若干重大问题。

第二章

集群形成和演进中的制度因素
——以自行车产业发展的"天津现象"为例[*]

随着政府、国有经济的退出和民间投资的启动，1990年到2001年十年间，天津自行车产业在所有制结构和市场结构上发生了根本性的变化，实现了整个产业从比较优势向竞争优势的转变。对自行车产业的"天津现象"的实证分析表明，政府和企业自组织行为的有效集成及其制度和组织的持续创新是天津自行车产业成功再造和演变的关键。

面对1997年以后出现的经济不景气，如何启动民间投资并带动居民收入、就业和消费的增长是各地区经济能否持续增长的决定性因素。而在从计划经济向市场经济的转型过程中，政府是否能够从国有经济和权力经济中顺利退出，并依赖企业的自组织行为推动经济发展又是启动民间投资和发展民营经济的关键。自行车产业的"天津现象"从产业演变的角度为上述问题的实证研究提供了一个典型的案例。

---

* 2001年9月到2002年12月，笔者带领团队对天津自行车产业进行了为期1年多的调查研究。

中国的农村工业化和继续工业化
China's rural industrialization and continuing industrialization

第一节 放松管制和天津自行车产业的民营化浪潮

一、概况

1990年以前,自行车被天津市人民政府列为天津市重点发展的支柱产业。1980年到1990年,为了扶持以"飞鸽"和"红旗"两大品牌为主体的国有自行车企业的发展,市政府先后投入技术改造基础建设基金2.22亿元,新建和改建厂房7万多平方米,更新改造设备3737台(条),引进设备220余台(套)。① 但是,巨额的投资并没有带来预期的经济收益和国有经济的发展壮大。在江浙沪和广东等地以民营经济为主体的自行车同行业竞争冲击面前,20世纪90年代初天津国有自行车企业的产量和效益连年下滑。飞鸽集团在1992年出现初次亏损,亏损额80万元,截至2001年底,已累计亏损3亿元。官方统计资料显示,天津自行车的年产量从1990年的536.69万辆持续下降为1999年的244.3万辆。② 产品出口由1980年的19万辆(全国出口排名第二,仅次于上海),下降到1990年的不足5万辆。在国际市场上,天津自行车几乎销声匿迹。③

但是,和官方统计资料显示不同,天津自行车产业并没有因国有企业的不景气而消亡。在2000年4月27日举行的上海"第十届中国自行车展览会"上,天津自行车产业的再次崛起引起了国内外同行的广泛关注。在此次展会上,天津展团有39家厂商参展,成交自行车120.94万辆,零配件32.895万套,意向订单1241个,金额高达4169.8万元。江浙和广东的

---

① 飞鸽集团. 天津自行车工业发展简介(内部稿). 1985.
② 国家统计局. 天津统计年鉴[M]. 北京:中国统计出版社,1990—1999. 由于缺乏对民营企业产量的全面统计,该数字只代表国有和部分民营自行车企业的产量变动情况。
③ 天津外经贸委. 关于我市自行车出口增长情况的调研报告(内部稿)[R]. 天津:2002(6).

第二章
集群形成和演进中的制度因素

同行感受到来自天津自行车企业前所未有的竞争压力，认为天津自行车已走出生产的低潮，进入到一个产量大、产品质量好、技术水平高和款式新的高速发展时期。日本的 *Cycle pres* 和中国台湾地区的《自行车市场快迅》等专业杂志在对天津企业参展的盛况做出报道的同时，指出"天津将成为中国乃至世界最有发展前景的自行车生产基地"。与此同时，自行车出口也出现快速增长，1998年出口6.1万辆，2000年出口45.6万辆，2001年猛增到111.8万辆，在全国各省市自行车出口排名中提升到第五位。[①]

为什么已经被认定走向衰落夕阳产业在政府放弃保护或退出后又焕发出勃勃生机？自行车产业的上述"天津现象"引起了学者和政府官员的关注。经过一个月深入调研，我们发现，从1990年到2001年，天津自行车产业经历了一场脱胎换骨的产业再造活动。在从计划经济向市场经济的转轨过程中，天津自行车产业发生了三个根本性的转变：

第一，国有经济逐步退出，民营经济替代国有经济成为产业的主导者。

根据天津市自行车行业协会的不完全统计，截至2001年底，天津市拥有自行车生产厂家655家，其中，国有企业8家，仅仅占总数的2%，而民营企业有647家，占总数的98%。在1300万辆的自行车产量中，国有企业为80万辆，仅占总产量的6%。实际上，从1990年到2001年的十年间，天津自行车的产量并不像官方统计资料所显示的那样存在显著的下降趋势，而是经历了一个先恢复再加速增长的过程。图2-1描述了这十年来天津市自行车产业和国有飞鸽集团自行车产量的变动情况。图中两条曲线加速扩大的"剪刀差"描述了民营经济替代国有经济并迅速发展壮大的轨迹。飞鸽集团的产量从1988年历史最高峰的661.25万辆下降到2001年的80万辆。而民营企业的产量则从1988年的0猛增到2001年1220万辆。1997年天津自行车产量已恢复到1988年600多万辆的水平，而国有

---

① 天津外经贸委. 关于我市自行车出口增长情况的调研报告（内部稿）[R]. 天津：2002（6）.

自行车产量却下降到不足 60 万辆。见图 2-1。

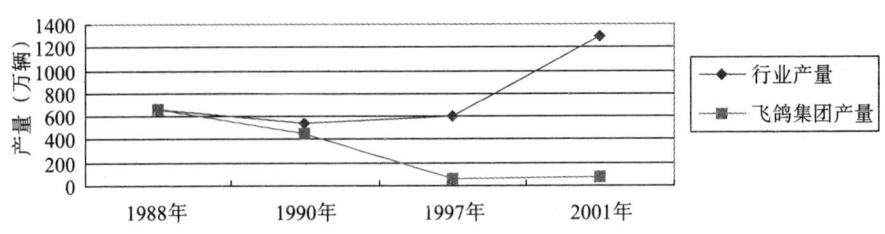

图 2-1 1988—2001 年天津自行车产量变化情况

资料来源：《天津统计年鉴》1990—2000 年（中国统计出版社）、《天津自行车工业发展简介》（飞鸽集团内部稿，1985 年）和《天津自行车产业的发展之路》（天津自行车行业协会内部稿，2002 年）。

第二，企业的规模结构发生了根本性转变。从 1990 年到 2001 年，天津自行车产业从只有飞鸽集团唯一一家国有大型企业发展为 655 家中小企业，这种企业规模结构的变化意味着天津自行车产业已由国有完全垄断转变为以中小企业为主体的竞争性市场结构。同时也意味着资源配置方式的根本转变：即以市场为基础的资源配置方式对行政配置资源方式的替代。

1990 年以前，在政府的多次行政干预下，天津自行车走的是国有企业不断规模扩张的"大而全"的纵向一体化道路。1988 年飞鸽集团的组建是行政干预的最高峰，集团的产量曾达到 661.25 万辆，是全国自行车行业单个企业的年最高产量。但是，这种行政干预下的"造大船"运动的顶峰恰恰是天津国有自行车企业走向衰落的转折点。而 90 年代民营经济替代国有经济的产业再造过程中，却走了一条非一体化或专业化的道路。为了分享专业化所带来的分工经济和规模效益，600 多家民营企业分别形成了北仓王秦庄工业区、北仓王庄工业区、北辰小淀辛侯庄工业区、西青杨庄子工业区、大毕庄工业区、西青边村—南河工业区和王庆坨镇自行车工业园区七大专业化生产群落。其中的典型是王庆坨镇自行车工业园，该园区聚集了 200 多家自行车整车及零部件生产厂家。其整车生产中所需的零部件的 90% 以上由园区内的零部件厂商提供。在企业的群聚生产中，起主导作用的是市场或企业自组织行为的协调，而政府则完全退出了资源配置过程。

第二章
集群形成和演进中的制度因素

第三，以民营经济为主体，通过企业的自组织行为推动企业的专业化生产的深化和技术水平的提升，实现了天津自行车产业从比较优势向竞争优势的转变。

根据上述分析，我们认为，自行车产业的"天津现象"是转型期产业组织再造的一个成功范例。国有经济的退出或民营经济替代国有经济和政府的退出或市场替代行政计划配置资源是产业组织再造的两大主题，其成功的关键是以放松管制为主要手段的政府退出行为和企业自组织行为的不断加强两种效应集成的结果，而伴随其中的是持续的制度创新和组织创新。对"天津现象"进行全面的理论剖析可以抽象出转型期产业组织转型、发展和演变的一般规律，为其他产业和整个经济体制改革的深化提供理论借鉴。

二、以放松管制为主导的政府退出和民间投资的启动

20世纪90年代初，全国的自行车市场尚属于卖方市场。但是，在广东、江苏、浙江和上海自行车企业的市场冲击下，因为产品品种单一、高成本和高价格，天津国有自行车企业已经开始出现产量和效益的下滑。国有自行车企业僵化的经营机制、居高不下的成本状况和由于产量的下降而造成的零部件生产能力的过剩为民营企业进入天津自行车产业提供了有利条件。

受到资金规模的限制，民营企业的进入首先选择的是自行车的组装环节。当时国有企业出厂的是散装产品，到了流通领域后再组装成整车出售。因而，在当时的供销社系统存在着一大批技术纯熟的组装工人。这部分组装工人首先感受到天津自行车市场的变化和自行车生产的潜在的市场收益，他们的一部分和不景气国有企业的下层经理成为民营经济进入该行业的早期创业者。民营企业出现以后，由于没有国有企业的历史负担和采取灵活的生产经营机制，以低成本和低价格赢得了市场。在创业的早期，因为产量有限，民营企业生产的自行车主要在天津及周边市场销售。但是，随着企业生产规模的扩大，民营企业遇到了第一个政策性制度壁垒——工业产品生产许可证。由于没有生产许可证，天津自行车民营企业

的市场扩张行为受到了极大的限制。尤其是在开拓天津以外国内市场的过程中，外地地方政府和当地自行车生产企业联合起来以生产许可证为借口经常查封天津民营企业的自行车产品，实施地方保护主义。

1989年之前，自行车生产许可证由国家轻工业总局发放，之后归国家质量监督检验检疫总局。生产许可证分为两类：一类是由国家轻工业总局或之后的国家质量技术监督局核发的正式生产许可证，俗称"大证"；另一类是由地方轻工业局或之后的地方质量监督检验检疫局核发的临时生产许可证。由于正式生产许可证需要6个月的申请期，为了解决企业在申请国家正式生产许可证期间的生产经营问题，国家授权地方政府相关机构为正在申请正式生产许可证的企业核发临时生产许可证。拥有临时生产许可证的企业可以在正式生产许可证申请下来之前从事生产和经营活动。临时生产许可证的有效期为6个月，到期的临时生产许可证可以在政策允许的范围内继续申请。

国家关于临时许可证的有关规定为地方政府的退出对国有经济的保护和启动民间投资提供了制度创新的空间。因为，刚刚起步的天津民营自行车企业还没有足够的实力获得国家正式生产许可证，临时生产许可证则可以消除民营企业发展和市场扩张的政策瓶颈。

但是，1990年之前，天津自行车民营企业并没有享受到临时生产许可证的政策优惠。因为当时临时生产许可证的核发单位是天津市轻工业局，而所有的国有自行车企业都是天津轻工业局的下属单位。给民营自行车企业发放临时生产许可证必将冲击其下属国有企业并损害轻工业局的自身利益。

天津市政府进行制度创新的转机出现在1989年。1988年成立的飞鸽集团在1989年被市政府批准为计划单列的副局级单位，由一轻局转为直属市经委管辖。利益结构的调整消除了临时生产许可证发放的障碍。1990年开始，轻工业局开始向天津民营自行车企业大量核发临时生产许可证。其中，有一部分企业随着生产规模的扩张和经济实力的提高申请到国家正式生产许可证，而有些小企业则充分利用政策优惠的空间以6个月为期通过不断申请临时生产许可证维持企业的生产和经营。截至2001年底，天津市 655 家自行车企业当中，取得国家正式生产许可证的有 118 家，占总数的 18%，取得临时生产许可证的有 206 家，占总数的 31%。①

充分利用临时生产许可证制度推动民营经济发展的典型是王庆坨镇。王庆坨镇发展自行车产业起步于 20 世纪 90 年代初，当时全镇只有几户家庭作坊式的自行车组装厂，创始人主要是原供销社的组装工人和 90 年代初发家致富的小商贩。随着自行车厂产量和规模的扩大，没有生产许可证和零部件供应不足成为制约王庆坨镇自行车产业发展的两大因素。为此，镇政府成立了王庆坨镇自行车管理中心，一方面利用政府渠道和市里的国有零部件厂家打交道，为本镇的企业供应零部件；另一方面协调市政府各部门的关系，为企业提供从建厂办照、注册商标、封样、送检、验厂到申请生产许可证全过程的一条龙服务。截至 2001 年，经过近十年的发展，在不到 2 平方公里的范围内，集中了 200 家自行车生产企业（其中，整车厂 95 家，18 家取得正式生产许可证，77 家拥有临时生产许可证），生产自行车 420 万辆，占天津市自行车产量的 1/3，形成了典型的群聚生产效应。作为王庆坨镇的支柱产业，全镇 3 万人口（1.5 万人为外来人口）中的 1.5 万人口从事自行车的生产和经营。

在天津市自行车产业的发展和演变过程中，政府通过以发放临时生产许可证为中心制度创新活动放松管制和退出对启动民间投资起到了关键作用。通过这一制度创新，适时地把资源配置权由政府转移给了市场，而民营企业（包括王庆坨镇政府）则充分地把握了制度创新所提供的有利条件迅速发展起来并逐步替代国有企业成为天津自行车产生的主导。

第二节　产业民营化过程中的生产组织创新

一、国有经济的完全垄断困境和最终退出

和民营企业在市场调节下的专业化生产相反，天津国有自行车企业则

---

① 龚孝燕．天津市自行车产业的发展之路（天津自行车行业协会内部稿），2002.

在政府的行政干预下走了一条通过不断纵向和横向一体化进行规模扩张的道路。

1956年之前，天津自行车产业的生产是分散的，拥有天津自行车厂（1949年成立，主要生产"飞鸽"牌自行车）和300多家私营、集体等小自行车零部件厂家。1956年通过公私合营等方式政府把这些小厂合并组建为天津市车俱公司，生产"双喜"牌自行车。1962年，在车俱公司的基础上组建了天津第二自行车厂（1969年开始生产"红旗"牌自行车）。1963年，天津自行车厂划入车俱公司，并于1965年把车俱公司更名为自行车工业公司，隶属一轻局。随着生产规模的扩大，70年代先后从整车厂分离出飞轮、链条、鞍座、辐条、车闸、脚蹬等零部件专业生产厂，但都隶属于自行车工业公司。到1985年，自行车工业公司拥有天津自行车厂和自行车二厂两个整车厂和15个零部件厂，初步形成了"大而全"的生产格局。

1986年4月，天津市人民政府撤销自行车工业公司，组建飞鸽自行车零部件总厂、天津自行车厂和天津自行车二厂，三个企业独立核算都由一轻局直接管辖。这是天津国有自行车企业在退出自行车产业之前唯一一次非纵向一体化行为。但是，好景不长，1988年4月，天津市人民政府撤销飞鸽自行车零部件总厂，组建飞鸽自行车集团公司，天津自行车厂和自行车二厂又重新划归集团公司领导。飞鸽集团成立以后，先后组建了天津斯塔特自行车组装厂和直属供销公司、进出口公司、振飞房地产开发公司，拥有四个整车厂和15个零部件厂。之后，为了扩大企业规模，又先后调入工农兵电器厂、红卫五金厂、摩托车厂、和平之路大队、农机厂、永红工艺厂、第三冷拉拔管厂、第八机床厂、钟表铜材厂、第十四半导体厂、微型蓄电池厂、南开铸造厂、金星机械厂、制锨车等非自行车产业的厂家。①

经过多年精心的行政干预和调整，天津自行车产业终于形成了由国有飞鸽集团一家完全垄断该产业的"大而全"的生产格局。1988年，飞鸽集团实现了661.25万辆的全国单个企业最高年产量水平。1990年，集团

---

① 飞鸽集团. 天津自行车工业发展简况（内部稿），1985.

第二章
集群形成和演进中的制度因素

拥有资产16.5亿元，占地125.3万平方米，建筑面积77.78万平方米，在职职工3.25万人。

在外省市自行车企业的竞争冲击下，行政干预下的"造大船运动"并没有给天津自行车产业带来辉煌，相反，1990年以后，天津自行车产业开始步入了艰难的再造之路。

图2-2描述了1992年到1997年飞鸽集团下属企业单位数、产值和产量的变动情况。可以清楚地提到，飞鸽集团的企业单位数和其产量、产值呈反向变动关系，即随着飞鸽集团的纵向和横向一体化扩张，其产量和产值则呈明显的下降趋势。

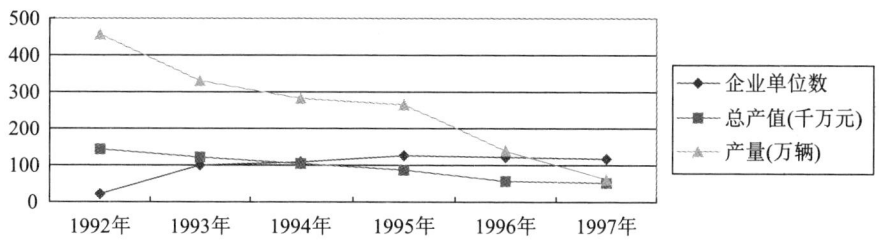

图2-2　1992—1997年天津飞鸽集团若干重要经济指标的变动情况

资料来源：国家统计局. 天津统计年鉴1993—1998 [M]. 北京：中国统计出版社.

从1990年到1995年，飞鸽集团仍处于快速的规模扩张之中，1992年，飞鸽集团下属企业21家，1993年猛增到98家，1995年再次增加到125家，而产量则从1992年的457.4万辆下降到1995年的266.6万辆。[①]1997年，飞鸽集团的产量下降到历史最低点，不足60万辆。国有企业行政干预下的规模扩张差点葬送了天津自行车产业。

截至1998年，飞鸽集团已连续5年亏损，累计亏损额高达3亿元。在这种情况下，飞鸽集团被迫进行改制。改制首先在生产"飞鸽"牌自行车的天津自行车厂开始，从1993年到1998年，天津自行车厂进行了多次企业内部管理体制的改革。1993年实行了"风险抵押经济目标承包责任制"，1994年又进行了人事、用工和分配三项制度改革。上述内部管理体

---

① 国家统计局. 天津统计年鉴1993—1998 [M]. 北京：中国统计出版社.

制改革的短期效果不可能阻止国有企业经济效益的长期下滑趋势。1998年1月，在天津自行车厂的基础上组建国有独资公司的天津飞鸽自行车公司。但是，这次改制并没有从国有经济退出自行车产业的角度设计改革方案，不可能从根本上解决企业的自生能力和经营机制的转换问题。由于是国有独资公司，新旧企业之间的产权关系并没有理清，新公司根本没有办法摆脱天津自行车厂的债务和冗员等历史包袱。新公司的资金不断被挪用解决原自行车厂的债务和社会负担。此外，国有独资身份也使新公司难以摆脱原企业僵化的经营机制。飞鸽自行车公司在成立不到1年半后，就陷入了资金枯竭、市场萎缩、信誉危机和濒临破产的绝境。"飞鸽"品牌和部分设备成为企业唯一有价值的资产。

为了盘活这部分存量资产，1999年6月，在政府的政策支持下，天津自行车厂调整思路进行了第二次改制。由天津自行车厂、西青腾达公司和经委华泽投资公司共同出资，各占37%、26%和37%的股份，成立飞鸽自行车股份有限公司。新公司在管理、财务和用工上和天津自行车厂彻底分开。由投资的三方组成董事会，实行董事会领导下的总经理负责制，从而把新公司改造为具有独立法人资格的和多元投资主体的新型股份制企业。在此基础上，公司确立了新的用工和分配体制，在天津自行车厂几千名职工中挑选出140名工人进入新企业，并和外用工一样实行合同化管理。

通过这次比较彻底的改制，部分国有经济开始成功退出天津自行车产业。新公司在一年多的经营中也显示了生命力。2000年实现产销自行车60万辆，同比增长90.4%；工业总产值13800万元，同比增长56.3%；实现利润403万元的好成绩。在市场上，重新树立起"飞鸽"的品牌形象。与此同时，飞鸽集团的下属企业纷纷通过改制试图走向市场，拉开了国有经济最终退出天津自行车产业的序幕。

二、从"斯联"模式向专业化群聚生产方式演变中企业自组织创新

1980年到1990年，天津自行车产业发展过程中出现了零部件的配套能力大于整车的生产能力，即零部件供过于求的失衡问题。1985年，市

第二章
集群形成和演进中的制度因素

政府提出"七五"期间实现自行车产量突破 800 万辆的规划目标。为了解决可能出现的零部件供应不足问题，飞鸽集团先后投资近 1 亿元对零部件厂进行技术改造，分别对车铃厂、第三零件厂、第二零件厂、车闸厂、钢珠厂、飞轮厂、链条厂和整车厂的车架车间进行以提高产能为目的的专项资金改造。到 1990 年，飞鸽集团形成了 800 万到 1000 万辆整车的零部件配套生产能力，而当时的整车产量不到 600 万辆。零部件配套能力的过剩或零部件供求的失衡为天津自行车产业的再造和产业组织的创新和演变提供了重要的前提条件。

天津自行车产业的再造首先是从消化过剩的零部件生产能力的整车组装开始的。1992 年，由日本商人、中国香港商人和天津自行车厂、天津信托投资公司四家联合投资成立了斯联公司，充分利用天津自行车生产能力过剩的条件，打破传统国有企业"大而全"、"小而全"的生产方式，只进行自行车产品的市场开发和销售，采用租用国有企业闲置的厂房和设备，外购所有的零部件的方式进行生产和经营。由于精心的管理、严格的成本核算、灵活的用工机制和有效的市场开发，获得了良好的市场回报。这种和传统国有企业完全不同的经营方式被称为"斯联"模式。1993 年先后成立的丹华自行车有限公司和天津富士达自行车有限公司等民营企业大都是采取这种模式进入天津自行车产业的。而 20 世纪 90 年代初开始创业的王庆坨镇也是以从组装开始生产自行车的，只不过是小型的"斯联"模式。

"斯联"模式的主要优点是投资少、见效快，能够在短期内实现原始资本积累。借助"斯联"模式，天津自行车产业由飞鸽集团独家垄断的局面迅速被打破。从 1990 年到 1995 年，一下子涌现出上百家民营自行车企业，到了 1998 年，则增加到 400 多家，天津自行车产业已由国有独家垄断转变为充分竞争的市场结构。

随着产业内民营企业的增加和竞争的加剧，1995 年"斯联"模式的固有局限开始暴露出来：一是由于零部件采购来自多个生产厂家，尤其是主要零部件货源不稳定，增加了企业组装成本和市场交易成本，产品的质量难以有效控制；二是企业在开发新产品的过程中必须不断地协调和零部件厂家的关系,既增加了产品的开发成本,也难以做好新产品上市前的保密工作。即使产品成功上市,零部件厂家也会在利益驱动下向竞争对手出售相同的零部件,大大减少了竞争对手的模仿成本和周期,降低了新产品开发企业的盈利空间。

但是,从天津自行车产业再造的全过程看,作为一种过渡形式,"斯联"模式有两个突出贡献:一是通过"斯联"模式民营资本大量进入该产业;二是在消化了国有零部件企业过剩的生产能力的同时,稳定了零部件厂家的生产预期,为形成天津整车和零部件厂家之间的专业化协作关系的良性循环奠定了基础。

1995年以后,采用"斯联"模式的企业开始分化:一部分完成资本原始积累并形成相当实力的企业,开始对自行车生产的主要零部件和工艺进行纵向一体化,逐渐从事车架、前叉和烤漆等主要零部件和工艺的生产,只是把一些次要的零部件生产外购或下包给其他零部件企业。我们把这类企业称为"后斯联"模式企业。"后斯联"模式企业通过纵向一体化在确保产品开发的保密性的同时,提高了企业的规模效益水平,并开始逐步积累企业的核心知识和能力。"后斯联"模式的典型是吉港、富士达和科林等民营企业。另一部分规模较小的中小企业则转向了群聚生产方式,走上了进一步专业化协作的道路。而仍然采用"斯联"模式的企业则在1998年以后,退出了天津自行车产业。

必须要指出的是,在天津自行车产业的发展过程中,"后斯联"模式企业和群聚生产是并行不悖的。成功的"后斯联"模式企业往往是某个群聚生产的龙头企业。如果把天津作为一个大的自行车生产群落的话,"后斯联"模式企业对带动天津自行车产业的产品升级和内部专业化协作的深化具有举足轻重的作用。

随着"后斯联"模式企业和群聚生产的发展,天津自行车市场出现了分化。"后斯联"模式企业主要从事中高档自行车的生产,通过规模扩张和品牌战略巩固和扩展自己的市场占有率,富士达、科林、飞鸽和吉港四家企业2001年的产量就达到300万辆,占天津自行车产业总产量的近1/4。他们生产的富士达、赛克、飞鸽和黑马牌自行车已经得到了国内外市场的

第二章
集群形成和演进中的制度因素

广泛认同。而以王庆坨镇为代表的中小自行车企业则依托群聚生产的优势着重发展中低档自行车。这些中小自行车企业产量一般在10万辆以下，只有一到二条的组装生产线。整车生产厂家负责产品的市场开发，客户则根据厂家开发的样车签订单。整车生产厂家再根据订单向群聚生产中的其他企业购买零部件和烤漆等专业化服务，然后在自己的组装线上进行整车生产。在群聚生产中，自行车的生产完全是专业化的，整车厂只负责市场开发和组装（少数上规模的企业也从事部分主要零部件的生产），零部件则通过外包或采购。

从天津自行车产业发展的现状看，群聚生产是"后斯联"模式企业竞争优势的重要来源。他们在通过采购本地廉价零部件生产具有市场竞争力的高档自行车的同时，向质量较好的中小企业贴牌生产中档车，扩大自己的市场份额和品牌的影响力。

在天津自行车的群聚生产当中，最能体现企业自组织行为的是整车厂和零部件厂家之间的专业化协作关系。

在群聚生产中，整车厂的主要功能是根据市场需求开发适销对路的产品，样车开发出来并有订单以后，再把零部件的生产下包给零部件生产厂家。向零部件生产厂家下分包订单实际上是一个市场信息的纵向传递过程，因为订单本身已经包含了零部件的价格、质量和改进设计等一系列市场信息。通过这些信息，零部件生产厂商可以感知到市场的变化和零部件发展的方向。而零部件质量的提高和成本的下降又会提高整车厂的市场竞争力并支持其市场扩张行为。这种专业化协会关系的良性循环带来了两个重要结果：

第一，随着群聚生产产量的扩大，市场占有率的提高，整车厂和零部件生产厂商的规模也随之扩大。而随着零部件生产厂商生产规模的扩大，生产成本的降低，整车厂的产品在价格上具有更强的竞争力，这将进一步促进群聚生产产量的扩大。这种良性循环是天津自行车产业群聚生产规模不断扩张的重要根源。表2-1以王庆坨镇为例，描述了这种专业化协作良性循环的动态结果。

表2-1 1995—2001年王庆坨镇自行车群聚生产的若干指标的变动情况

指标 \ 年份	1995	1998	2001
单个自行车的平均价格（元）	210	180	170
单个自行车的生产成本（元）	150	140	130
总产量（万辆）	100	250	500
总净收益（亿元）	0.6	1.0	2.0

注：单个自行车的平均价格是出厂价。单个自行车的平均价格和生产成本是根据王庆坨镇自行车行业管理中心提供的典型企业的相关数据估算出来的。

通过表2-1可以清楚地看到，1995年到2001年，在激烈的市场竞争面前，自行车的单价是下降的。但是，由于专业化群聚生产的上述良性循环的作用，王庆坨镇自行车的单车成本也是下降的。单车成本下降的竞争优势推动了整个群聚生产产量的不断扩张和总净收益不断增加。

1990年王庆坨镇自行车产业刚刚起步的时候，所需的零部件主要依靠镇经委协调从飞鸽集团下属零部件生产企业集中采购解决。但是，随着组装厂产量的增加，开始出现自己的零部件生产厂商。随着这些零部件生产厂商生产成本的降低和质量的提高，原来天津国有自行车零部件企业生产的零部件逐渐被替代。此后，零部件生产厂商产量的增加、质量的提高和成本的降低，又进一步增强了整车厂的市场竞争力和产生的扩张。经过近十年的发展，王庆坨镇已拥有95家整车厂和115家零部件生产厂商，产量从1995年的100万辆发展到2001年的近500万辆。

第二，整车厂和零部件生产厂商之间的专业协作的良性循环在促进产业规模扩张的同时，也提高了天津整个自行车产业的技术升级，使天津自行车产业原来所具有的比较优势转变为竞争优势。

1995年以后，天津自行车产品重新开始进入国际市场，采取的主要形式是和国际知名自行车厂商技术合作并贴牌出口。由于天津自行车产业的零部件质量和设计难以跟上国际市场的需要，这些厂商所需的零部件主要从江浙等地采购。高昂的采购成本减弱了天津自行车企业在国际市场上的竞争力。随着国内自行车行业出口竞争的加剧，降低零部件采购成本，用天津本地产的零部件替代外地零部件就成为出口企业的必然选择。同时，由于高档零部件存在较高的盈利空间，出口企业对零部件的需求也得到许多零部件生产厂商的响应。本地零部件生产厂商的加入，降低了整车厂的采购成本，提高了出口企业的竞争力。1999年到2001年，自行车的出口价格从每辆44美元下降到33美元，而天津的出口并没有因此而下降，从1999年的6.1万辆增到2001年的111.8万辆。

2000年以来，随着天津自行车在国内外市场的扩张，新一轮以民营企业为主体的固定资产投资热潮出现。许多龙头企业已经拥有世界一流的自行车生产设备。随着设备投资和技术更新的加快，天津自行车车逐步实现了从比较优势向竞争优势的转换。

本章小结

总之，如何增加就业、刺激消费和启动经济增长是当前理论界讨论的焦点和热点问题。事实上，保持经济长期稳定增长的关键是增加居民收入，而启动民间投资、发展民营经济是增加居民收入和决定各地区新一轮经济增长最重要的决定因素。因为，随着我国经济从计划经济向市场经济的过渡，民营投资的主体必将逐步替代政府，成为经济活动的主体。通过深化改革，政府从国有经济和近年来形成的与民争利的权力经济中退出是启动民间投资的前提条件。自行车产业的"天津现象"显示了政府的退出、民营企业的进入和依靠企业自组织能力的不断进行制度和组织创新再造和发展一个产业的过程。通过这个典型案例的剖析，可得出以下三点结论。

第一，政府管制的放松或政府从传统国有经济中退出是启动民营经济的基本条件，[①] 而对政府各部门的改革和利益格局的调整又是政府放松管

---

① 政府退出和国有经济退出是两个不同但是相互联系的概念。国有经济的退出是指国有资产存量的调整。而政府退出则包括政企分开和市场替代政府在资源配置中起基础性作用。从逻辑上看，政府退出是国有经济退出的必要前提。而国有经济的存在又是政府退出的主要障碍。

制或退出的前提。20世纪90年代初期政府取消对民营企业发放临时生产许可证的限制是民营经济进入和扩张的重要契机。我国的国有制实质上是政府部门所有制，国有企业基本上都隶属于政府的各委局。各委局则从自身利益出发，通过设置政策壁垒保护其下属企业的利益。在这种情况下，民营经济很难进入被国有经济控制或主导的产业领域。其中，生产许可证就是各部门保护下属企业的手段之一。通过深化改革，彻底实行政企分开，割断政府部门和国有企业之间的利益关系才会为国有经济真正退出相应产业创造条件，并杜绝政府压制民营经济的发展、与民争利的现象，使政府真正从权力经济中退出。

第二，政府一旦退出某个产业启动民营经济的进入，在以后的产业发展过程中，应当放手让企业在市场调节下进行自组织活动，这是天津自行车产业成功再造并获得发展壮大的关键。

在民营经济为主导的产业中，企业会在市场上不断发现潜在的盈利机会，并通过持续的制度和组织创新把这些潜在的盈利机会变成现实的利润。而政府所谓的规范和管理市场的行为往往演变为与民争利的寻租行为，并可能导致整个产业的衰落。在天津自行车产业的发展过程中，政府顶住了来自国有自行车企业要求规范市场的压力，发挥企业的自组织行为的作用。这是天津自行车产业最终兴旺发达的根本原因所在。

第三，有效的产权制度和社会化改革是国有经济退出竞争性行业的根本途径和基本前提。在竞争性行业，国有经济遭遇的困境不仅是经营机制的问题，还包括历史上形成的沉重的债务包袱和社会负担。因而，提升自主、生存能力和竞争能力是国有企业改革的重要目标。解除债务包袱和社会负担只是解决企业自生能力和生存能力的两个基本条件之一，另一个是通过产权多元化和民营化形成有效的法人治理结构和经营机制。而企业竞争力的提升是建立在拥有企业自生能力、生存能力以后所进行的持续制度创新、组织创新和技术创新的基础上的。

第三章

继续工业化与科技驱动的新型城市化道路
——基于津南区经济转型与发展实践前沿的调查*

2006年以来，津南区制定和实施了"9341"四大奋斗目标①和"东进、西连、南生态、北提升"②新的区域发展战略。随着城乡一体化进程的快速启动，海河教育园建设的逐步推进、新城市功能的形成和经济结构调整步伐的加快，围绕着新型城市化道路的探索，津南区经济转型和发展的进程已经启动。在过去的五年中，发生在津南的经济和社会变迁集中表现在以下几个方面：1）新的科技创新中心城市功能正在形成；2）以示范镇建设为代表的城市化道路的快速推进；3）以生产性服务业和新兴产业

---

* 2011年1月，为了编制津南区"十二五"规划，南开经济调查研究团队与津南区人民政府办公室合作成立的联合调查研究小组对津南区的经济和社会发展展开了近6个月的调查研究，2011年5月18日完成调查研究报告的撰写。调查研究由南开大学经济研究所刘刚教授和津南区政府李广文区长共同主持，课题组成员为津南区政府办公室王文锦副主任，黄双全科长，南开大学经济研究所李强治、周建波、荣欣、李炎荦、邢佳。课题组先后得到了小站镇、葛沽镇、八里台镇、辛庄镇、双港镇各位领导的支持和帮助，提出了许多非常有价值和远见的观点和建议，特此感谢，本报告中存在的不足和疏漏责任则在课题组。

① "9"是指津南区重点建设以泰达（津南）微电子工业区为代表的9个工业园区；"3"是指以"小站练兵园"为代表的三个特色旅游产业区；"4"是指基本建成双港、葛沽、八里台和小站四个新型城镇；"1"是指基本建成津南新城。

② 东进是指以葛沽镇为基点，把津南区融入滨海新区；西连是指连接泰达（西青）微电子园，积极引进资源要素；南生态是指以南部湿地和历史文化为依托，保护生态和发展文化旅游产业；北提升则是指提升津南区新城至双港镇北部地区的城市化形象。

为代表的新的经济结构调整步伐的加快；4）以"村改居"为中心的社会管理职能的转变；5）以"小站练兵"、"军屯"和"葛沽商业文化"为代表的创新创业文化的集中发掘；6）围绕生态景观保护和开发而展开的商务花园城市的规划和建设。

正在发生的质变表明，与前期要素驱动的工业化阶段不同，随着中心城区部分功能的外移，包括津南区在内的大都市的郊区甚至远郊区开始进入新的发展阶段，即继续工业化阶段。其中，探索走科技驱动的新型城市化道路是处于继续工业化阶段的津南经济转型和发展的方向，承担国家和天津科技创新中心功能的创新型新兴城市是津南城市化的目标，创新型企业的涌现和快速成长是津南经济持续发展的动力来源，生产性服务业和高端制造业的加速聚集和发展是津南产业发展的基本形态，未来科学城和商务花园城市是津南城市发展的主体功能定位。与工业化驱动的城市化道路不同，津南的经济转型和发展需要不同的动力机制和发展路径。对津南经济转型和发展的驱动因素、动力机制和发展路径的科学认识和把握，是制定和编制津南经济和社会发展战略和科学规划的前提。

本书以新一轮国际化和国内经济发展的新趋势为背景，对津南正在发生的质变进行科学的概括和抽象，对津南区经济转型和发展的驱动因素、动力机制、发展路径、空间组织形态和发展目标做出探索，揭示津南经济转型和发展道路的深刻内涵，使正在发生的质变沿着科学的轨道发展，实现津南科技驱动与生态文明相互融合，建设成为创新型新兴城市。

第一节　正在发生的质变和农村工业化的新阶段

津南区位于天津东南，北依津城，南向大海，自古以来就是创造奇迹的地方。古代的渔盐之利和漕运的兴盛，造就了千年古镇葛沽。外国列强坚船利炮下的近代练兵，使名不见经传的小站扬名海外。改革开放以来，津南对乡村工业化和城镇化进行了艰辛的探索。2006年，津南区的经济和社会发展进入到一个新的阶段，其中的标志是津南正在探索一条新型城

第三章
继续工业化与科技驱动的新型城市化道路

市化道路,科技正在成为城市化的主要驱动力量,津南进入到一个全面经济转型和发展的新时期。在新的发展阶段,一座崭新的教育、科技、文化名城和生态商务花园城市的诞生将再次续写津南的历史传奇。

一、五年来津南区经济和社会发展的质变

2006年以来,津南区充分利用滨海新区开发开放纳入国家战略和天津城市功能空间布局调整带来的历史机遇,先后制定和实施了"东进、西连、南生态、北提升"的区域发展战略和"9341"四大奋斗目标。经过五年的努力,津南区的经济和社会发展出现了一系列质的变化,不仅经济实力明显增强,而且在调整经济结构和经济发展方式转变上取得了实质性进展。正在发生的质变,充分表明津南区的经济和社会发展开始步入到一个新的发展阶段。

(一)五年来津南区经济和社会发展的成就

1. 经济实力明显增强。"十一五"期间,津南区经济发展速度明显加快,综合经济实力明显增强。2010年津南区实现地区生产总值287.49亿元,是2005年的3.5倍,地区生产总值的年均增长率达到28.74%,比"十五"期间的年均增长率高出12.57个百分点。2010年实现财政收入92.63亿元,是2005年的5.1倍,年均增长38.64%,比"十五"期间高出10.69个百分点。从2000—2010年津南区地区生产总值和财政收入两项指标看,以2006年为标志,津南区的经济发展呈现出明显的阶段性差异。见图3-1、图3-2。

2. 经济结构调整步伐加快。"十一五"以来,津南区按照"精一强二兴三"的产业发展思路,以抓项目、调结构、上水平为手段,不断推进经济结构优化升级,成为津南经济转型和结构调整的重要驱动力量。

在经济结构的变化中,尤其值得关注的是生产性服务业的快速发展。津南区生产性服务业在第三产业所占比重自2007年以来开始出现稳步提升的发展态势。津南区第三产业的增长主要是由生产性服务业的快速发展带动的,生产性服务业的发展已经成为津南区新型城市化的新的驱动力量。见表3-1、图3-3。

中国的农村工业化和继续工业化
China's rural industrialization and continuing industrialization

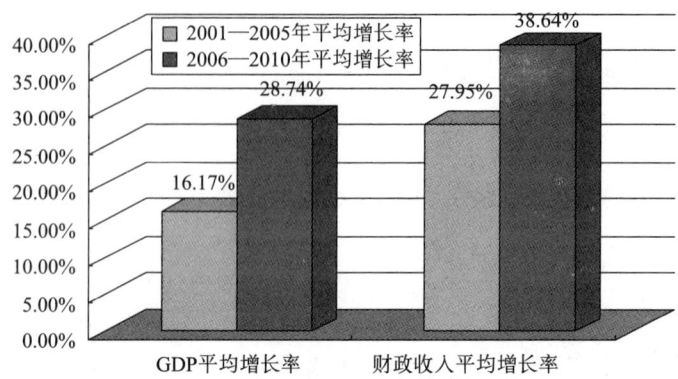

图 3-1 津南 GDP 和财政收入平均增长率的变化

数据来源：天津市津南区统计年鉴 2000．天津市津南区统计年鉴 2009．津南统计信息月刊 2010 年 12 月．津南区 2000 年至 2010 年政府工作报告．

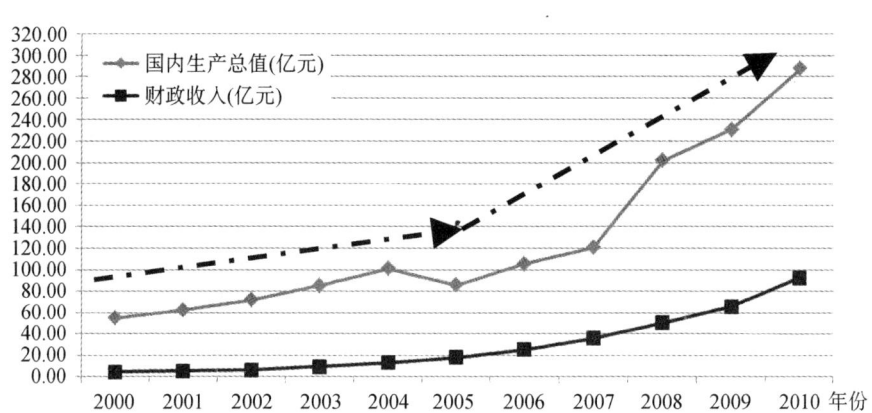

图 3-2 2000 年以来津南区国内生产总值和财政收入增长趋势

表 3-1 2004—2010 年津南区三次产业产值及其占国内生产总值比重

项目	第一产业（亿元）	第二产业（亿元）	第三产业（亿元）	地区生产总值（亿元）	第一产业所占比重(%)	第二产业所占比重(%)	第三产业所占比重(%)
2006 年	2.91	64.25	36.92	104.08	2.80	61.73	35.47
2007 年	3.15	76.24	44.88	124.27	2.53	61.35	36.11
2008 年	3.48	104.01	53.88	161.37	2.16	64.45	33.39
2009 年	3.48	122.61	75.85	201.94	1.72	60.72	37.56
2010 年	4.25	172.13	111.11	287.49	1.48	59.87	38.65

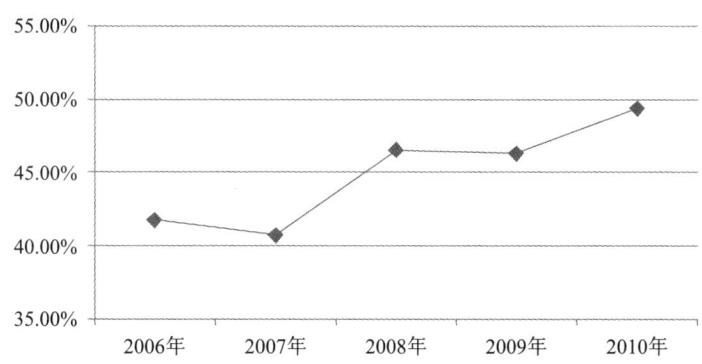

图3-3　津南区生产性服务业占第三产业比重变化走势图

3. 经济发展方式转变取得了实质性进展。津南区通过高端项目引进、传统工业园区的改造、文化资源的开发和环境保护等一系列措施的实施，使津南区经济发展方式正在实现从要素驱动向科技驱动转型。科技进步在津南经济增长中的贡献率不断上升，劳动贡献率大幅下降，资本贡献率稳中有升。"十一五"期间科技进步平均贡献率达到16%，比"十五"高出了14个百分点，成为津南经济持续发展的不竭动力。见图3-4。

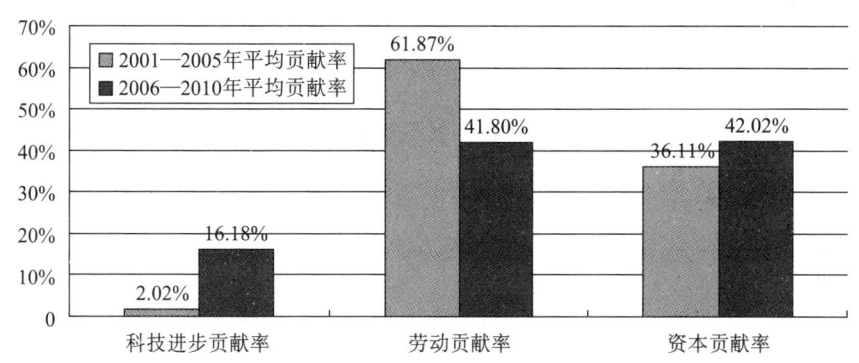

图3-4　津南区经济增长贡献率变化情况

4. 示范镇建设快速推进。近年来，津南区紧紧围绕市委、市政府关于加快示范小城镇建设的总体部署，快速推进示范小城镇建设，取得了明显成效。按照各镇还迁房建设计划，到2012年底全区87个村、16.38万农民将全部迁入新居。

示范小城镇建设的快速推进使津南区在城乡一体化发展上走在了天津

市前列,大幅提升了津南区的城市化水平,使津南农村地区的发展跳出了一般的由乡村工业化而城镇化的发展道路,为津南未来的经济转型和发展提供了空间。见表3-2。

表3-2 津南区示范小城镇建设进度表(截至2011年3月)*

指标	总拆迁户数（户）	已拆迁户数（户）	拆迁完成率（%）	已还迁入住户数（户）	还迁完成率（%）
—	60970	35477	58.18	21453	35.19
指标	规划建设面积（万平方米）	已开工面积（万平方米）	开工完成率（%）	已竣工面积（万平方米）	竣工完成率（%）
—	1083	718.05	66.3	307.36	28.38

*其中,公建已开工85.06万平方米,竣工44.36万平方米;还迁房开工632.99万平方米,竣工263万平方米。

注:拆迁完成率=已拆迁户数/总拆迁户数;还迁完成率=已还迁入住户数/总拆迁户数;开工完成率=已开工面积/规划建设面积;竣工完成率=已竣工面积/规划建设面积。

5. 社会管理方式加速转型和管理水平的提高。随着津南区示范小城镇建设进程的加快,原有的农村转变为城区、村委会转变为居委会、农民转变为城市居民。与快速的城市化进程相伴随的是社会管理方式的转型,原有的村委会管理体制逐渐向街道居民委员会体制转变。

在津南区社会管理方式转型的过程中,社会公共管理水平得到了较大的提高。津南区大力推进平安津南建设,完善公共安全应急体系,建立健全应急处理工作机制。整合各种社会资源和力量,推进城乡和谐社区建设。加强社会问题的源头治理和社会治安的综合治理,强化打防控一体化的治安防控体系建设,形成社会各方面力量参与的治安防控大格局,确保社会安定。

在推进示范小城镇建设的同时,津南区大力建设社会公共服务设施,以公共服务均等化为目标,让农民享受与城里人一样的公共服务。通过教育培训,提升农民素质,转变农民的生产生活方式,使其快速适应和享受城市环境带来的便利和生活品质的提升。

6. 文化软实力大幅提升。津南区文化软实力的提升,首先表现在

第三章
继续工业化与科技驱动的新型城市化道路

"政风"的转变上。通过大力弘扬"五加二、白加黑"、"宁可掉肉也不掉队"的拼搏奉献精神,形成"攻坚克难、奋发图强、拼搏进取"的干事创业文化。"政风"的转变和对"民风"的积极影响所形成的干事创业精神,已经转化为津南经济和社会发展的不竭动力。

其次,通过历史文化的挖掘和现代文化的引入,在打造津南创新创业文化氛围的同时,启动了文化创意和文化旅游产业的发展。通过小站练兵和军屯文化、漕运和商业文化的发掘与大学科学精神和人文关怀的结合,共同打造津南的创新创业文化氛围。同时,泉圣阁文化展示中心、小站练兵园、北方石林园、星耀五洲旅游度假区、天山米立方等特色文化旅游线路的开辟和《小站风云》电视连续剧的拍摄,使文化创意和文化旅游逐步发展为津南新兴产业形态。

在建设"干事创业"和"创新创业"文化的同时,津南区政府同样关注群众文化生活品质的提升。通过津南文化艺术中心、津南图书馆、街镇文化中心、社区文化活动室、本土风情和文化展示活动,不断增强群众对津南发展的认同感和归属感,提高城市的凝聚力,有效地促进津南区的和谐发展。

7. 生态环境的保护和开发。津南区位于海河下游,区内河道纵横,形成了密集的城市和乡村湿地景观。随着工业化的发展,主要湿地和水体均遭受到不同程度的破坏和污染。在2006年区委区政府提出的"东进、西连、南生态、北提升"区域发展战略中,生态的保护和开发工作已经提升到区域发展战略的高度。

津南区生态环境的保护和开发的总体指导思路,是紧紧围绕着建设生态商务花园城市而展开的。为了给海河教育园区建设和高科技产业发展提供良好的生态环境支持,津南区集中在三个方面进行生态环境的保护和开发:第一,通过开发,把废弃的津南水库改造为集居住、旅游、休闲和水量调节功能于一体的商务活动功能区;第二,规划和建设海河故道湿地景观公园,为津南中心商务区的开发打造良好的生态环境;第三,引进国外先进技术,依托宝成集团成立中日水循环处理研究所,启动中日环保示范区项目,把环境保护开发和新兴产业的启动和发展相结合。

8. 新城市功能区的形成。随着2009年3月北洋园的开工建设和2010年南开大学、天津大学宣布新校区建址津南，天津高等教育资源的集聚，将使津南区成为承担国家和天津高等教育和科技创新中心功能的新的城市功能区。

与全国其他地区的大学城不同，在海河教育园的规划中，明确加入了以高研园为代表的产业孵化和发展功能。围绕着海河教育园的开发和建设，津南将成为承担国家和天津科技创新中心功能的未来科学城，是支撑天津未来经济和社会发展的核心功能区和新的增长极。

（二）正在发生的质变昭示津南区新的发展阶段的到来

从津南区经济数据所反映的变化趋势看，"十一五"期间是津南经济发展速度和质量整体飞跃的转型期。从速度上看，"十一五"期间津南区的经济发展速度有大幅提高，地区生产总值和财政收入的平均增长率与"十五"期间相比都超过了两位数的增幅；从质量上看，"十一五"期间科技进步对经济增长的贡献率较"十五"期间也有大幅提高，达到了14个百分点。

发生在津南的质变，不仅表现在一系列数字上，而且表现在经济结构的调整、经济发展方式和社会管理职能的转变、文化软实力的提升、环境的保护开发和新的城市功能形成之中。经济、社会和文化领域的一系列质变充分表明，以2006年为标志，津南区已经进入到一个新的发展阶段——继续工业化阶段：津南区正在从农村工业化的要素驱动走向科技驱动、文化驱动和生态驱动的经济转型和发展道路。对津南区五年来发生的巨大变化的深入分析和解读，探索津南经济和社会转型和发展的内在规律，不仅对津南的未来发展具有重大现实意义，而且能够为其他区县的发展提供借鉴。

二、新型城市化道路的新探索与新实践

（一）改革开放以来津南区的乡村工业化和城镇化

自改革开放到2005年，津南的经济和社会发展主要沿着乡村工业化进而乡村城镇化的道路发展。经济发展的主要驱动因素是乡村工业化，基

第三章
继续工业化与科技驱动的新型城市化道路

本空间组织形态由传统制造业聚集的工业园区、乡镇居民聚集区和分散的村落构成。

充分利用位于城市近郊的区位优势和资源禀赋,以镇为主体通过引进中心城区优势产业资源发展乡村工业,先后形成了冶金、金属制品、汽车配件、机械装备、微电子、服装和化工等产业,在乡村工业化和工业园区的建设上走在了前列。与国内其他地方类似,乡村工业化的发展并没有使津南顺利实现城市化。城市化的滞后,使津南难以抢抓2000年以来中国加入WTO带来的新一轮国际化和深度工业化机遇,严重制约了津南的经济和社会发展。

(二)"十一五"经济发展战略的制定和新的城市化发展道路的实践

以2006年中共津南区第九次党的代表大会召开为标志,津南区进入一个新的发展阶段。在该次大会上,区委、区政府科学地分析了滨海新区开发开放带来的机遇,在认真总结历史发展经验的基础上,提出了"9341"四大奋斗目标和"东进、西连、南生态、北提升"区域发展战略。在新的区域发展战略中,明确提出了工业园区改造、文化旅游发掘、示范小城镇建设和生态环境保护等经济社会发展目标。新的发展战略的制定与实施表明,津南区在将工业园的改造提升和城市化看作是经济转型和发展的两个基本支撑的同时,明确了文化和生态环境同样是区域经济发展的重要驱动力,这标志着津南区开始启动了经济社会的全面转型和新的城市化发展道路的实践。

(三)海河教育园的开发建设和新型城市化道路的探索

2009年3月北洋园的开工建设和2010年南开大学和天津大学正式宣布新校区建址津南,意味着津南新的城市功能的形成和城市化新阶段的到来。与中国改革开放30年典型的工业化驱动城市化的发展道路根本不同,津南的经济转型和发展探索的是一条科技驱动的新型城市化道路。

2010年3月8日,在全国"两会"期间,国家教育部和天津市人民政府在北京共同签署了两份协议:国家教育部与天津市人民政府共建南开大学、天津大学新校区和国家职业教育改革创新示范区。这两份协议的核心指向是把津南的海河教育园区建设成国家高等教育和职业教育改革创新示范区。

在协议签署仪式上,时任中共天津市委书记张高丽指出,天津始终要把教育摆在优先发展的战略地位,是区域经济可持续发展能力的重要组成部分,通过与教育部合作共建,努力把南开大学和天津大学建设成世界一流的大学。教育部部长袁贵仁强调,部市共建南开大学、天津大学新校区和国家职业教育改革创新示范区,是深入贯彻落实中共中央关于深化教育改革精神的重大举措,是落实即将颁布实施的《国家中长期教育改革和发展规划纲要》的一项实际行动,不仅为促进天津教育实现新跨越,而且对促进当地经济和社会发展,对推动全国教育事业的改革创新,都具有十分重要的战略意义。

海河教育园的建设对津南的实质意义在于,津南区将成为代表天津城市发展未来的核心功能区,拥有了新型城市化的核心资源和新的驱动力。津南城市化和经济转型和发展的动力,不再是传统的工业化和城镇化,而是科技和教育。世界城市发展的历史一再表明,高品质科技和教育资源的引入意味着创新型新兴城市的诞生和快速崛起。海河教育园区的建设意味着津南开始走上一条科技驱动的新型城市化道路,津南的经济转型和发展将围绕着这条新型城市化道路逐步展开。围绕着新型城市化道路,津南经济转型和发展的目标是,国家和天津的科技创新中心、生产性服务业和新兴产业的聚集区和生态商务花园城市。

因此,2006年以来,津南区新的发展阶段的实质是对科技驱动的新型城市化道路的探索与实践。迄今为止,任何一个区域的经济转型几乎都是围绕着城市化而展开的。城市化一直被看作对人类社会影响最大的经济和社会变迁过程,是一个国家和区域现代化和经济增长的关键衡量指标。城市化不是自然发生的,而是一个复杂的经济和社会变革过程,追求更大的财富和价值创造是城市化的主题和始终追求的目标。在不同的历史时期和发展阶段,城市化的驱动因素是不同的,军事、政治、商贸和工业都曾经扮演过重要角色。其中,军事、政治和商贸是早期城市发展的主要驱动力,工业革命之后,工业化成为城市化及其发展的主要驱动力。20世纪70年代以来,随着以IT为代表的新兴产业的发展,人类进入到知识经济时代,科技成为驱动创新型新兴城市兴起和发展的主导因素。进入 21 世纪,围绕着知识创造及其商业化,生产性服务业的集聚和快速发展逐渐成为中国新的城市化和城市改造提升的关键驱动因素。

在不同的发展阶段,外部环境的变化和内在条件决定了不同区域经济转型的城市化进程是不同的,其中,探索出一条符合本地实际的城市化道路,是顺利实现经济转型和发展的关键。对经济转型和发展道路的探索包含着对特定发展阶段某一地区城市化驱动因素、发展机制和路径的洞察和科学认识,是科学规划的前提。值得关注的是,对城市化和经济发展的科学规划不是为了追求所谓的理想国,而是要致力于财富创造和满足居民不断增长的物质和文化需求。

从人类社会城市化发展的历程看,城市化的类型大致可以划分为三类:一是因军事、政治和贸易活动的集聚而兴起的城市,古代和近代发展起来的城市基本上都属于这种类型;二是由工业化和工业活动的集聚而兴起的城市,自 1840 年工业革命以来,工业化驱动的城市化是近现代城市发展主要类型;第三类是科技驱动的城市化,表现为科技教育活动的集聚和高科技产业的发展。科技驱动的城市是 21 世纪城市的代表和发展方向。见表 3-3。

表 3-3　　　　　　三种类型城市形成和发展的比较

项目	贸易城市	工业城市	科技城市
城市化的驱动因素	贸易	工业和制造业	教育和研发 高科技产业
经济活动的组织者	商贸组织	工业企业	生产性服务组织
主导产业形态	商业和手工坊	传统和现代制造业	生产性服务业和高科技产业
决定空间形态的关键	物的交易	制造和物流	知识和信息
典型代表	威尼斯	底特律	硅谷的圣何塞

2006 年以来,津南经济转型和发展所选择的城市化道路代表了 21 世纪城市发展的方向。从表 3-4 中可以看出,20 世纪 70 年代发展起来的科技驱动的创新型新兴城市,例如,硅谷的圣何塞,西雅图和奥斯汀等都快

速发展为美国最富裕的城市,它们代表了美国经济和社会转型和发展的方向。

表 3-4　　　　2004 年美国最富的 25 万人口以上城市

名次	城市	家庭平均收入（美元）
1	San Jose（圣何塞），CA	71765
2	Anchorage（安克雷奇），AK	61565
3	San Francisco（旧金山），CA	60031
4	Virginia Beach（维珍尼亚海滩），VA	55781
5	San Diego（圣地亚哥），CA	51382
6	Anaheim（阿纳海姆），CA	49622
7	Raleigh（罗利），NC	47878
8	Seattle（西雅图），Washington	46650
9	Washington, DC（华盛顿）	46574
10	Honolulu（檀香山），HI	46500
11	Oakland（奥克兰），CA	46190
12	Charlotte（夏洛特），NC	46082
13	Boston（波士顿），MA	45892
14	Arlington（阿灵顿），TX	45712
15	Austin（奥斯汀），TX	45508
16	Colorado Springs（科罗拉多斯普林斯），CO	45388
17	Riverside（河边市），CA	44866
18	Las Vegas（拉斯维加斯），NV	44737
19	Aurora（奥罗拉），CO	44480
20	Minneapolis（明尼阿波利斯），MN	44116

资料来源：美国国家统计局网站，2005-09-08。

第二节　新阶段经济转型发展的内涵和原则

一、津南区经济转型和发展道路的基本内涵

对津南区近年来一系列新的经济和社会实践及其发展趋势的研究表

第三章
继续工业化与科技驱动的新型城市化道路

明,津南区已经进入到一个新的发展阶段。正在探索和形成的经济转型和发展道路的基本内涵为:在科学发展观的指导下,以教育和科技创新中心新的城市功能形成和发展为契机,走科技驱动、文化驱动和生态驱动的新型城市化道路,通过创新创业环境的构建,建设代表未来城市发展方向、具有广阔发展前景和辐射带动能力强的创新型新兴城市,实现科学发展、率先发展和和谐发展。津南区经济转型和发展道路的基本要点包括:

1. 科技驱动的新型城市化。津南区新型城市化的主要驱动因素不再是乡村工业化,而是科技和教育。科技驱动的城市化紧紧围绕着新知识的创造及其产业化,产业的主导形态不是一般的制造业,而是以教育和科技研发、金融服务和高科技新兴产业为代表的生产性服务业。在科技驱动的基础上,新型城市化更加强调文化和生态环境因素在经济转型和发展中的突出作用。

2. 经济转型和发展的驱动因素:科技、文化和生态。在中国30年的改革开放中,传统的城市化道路强调工业化驱动城市化,工业化发展主要依赖廉价劳动力、土地和自然资源。津南的新型城市化依赖的不再是廉价的劳动力、土地和自然资源,而是新知识的创造及其产业化。在新知识的创造及其产业化的过程中,浓厚的创新创业氛围和优美的生态环境将发挥十分重要的作用。文化和生态不仅是城市环境的重要组织部分,文化的发掘和生态环境的保护和开发同时又是某些新兴产业发展的重要契机和源泉。

3. 教育和科技创新中心城市功能。在津南新型城市化的发展过程中,关键是教育和科技创新中心城市功能的形成和发展,这是津南城市化发展的最终归宿和经济转型和发展不竭动力。教育和科技创新中心城市功能不是自封的,而是教育部和天津市政府对津南城市发展的定位。从教育和科技创新中心城市功能的形成和发展看,津南未来的城市定位将是未来科学城,即创新型新兴城市。

4. 创新型新兴城市。创新型新兴城市的核心功能是国家和区域的教育和科技创新中心。依托教育和科技创新中心功能,创新型新兴城市的产业形态是以教育和科技研发、金融服务、高科技新兴产业为主导的生产性服务业。

5. 创新创业环境和文化软实力。在创新型新兴城市的环境建设中，最重要的不是建设硬件环，而是软环境和文化软实力。在软环境建设中，最重要的是创新创业环境的构建。创新创业环境鼓励围绕新知识的创造及其商业化而展开的创业活动，创业者和创业精神是创新型新兴城市发展的关键支撑。为了鼓励创新创业，政府的政策取向不仅是简单放松管制和优化投资环境，而是在创新和试错中创造财富。

二、津南区未来发展的基础和条件

1. 交通区位优势。津南区位于天津市东南部，海河下游南岸，是联结中心城区和滨海新区的关键枢纽。区政府所在地咸水沽镇是天津的卫星城镇，距天津市中心区12公里，距天津港30公里，距天津滨海国际机场20公里，距铁路天津站27公里，距京津塘高速公路12公里，到北京仅需1小时车程。

除了得天独厚的区位优势，津南区还拥有四通八达的道路交通网络，主要包括"四横"、"六纵"和"一轻轨"（见图3-5）。"四横"为横向过境的津晋、唐津两条高速公路、天津大道以及津沽公路。"六纵"为纵向过境的津港公路、津港高速、津歧公路、科海路、汉港快速路和蓟汕联络线。"一轻轨"为轻轨津港线沿津岐公路纵向贯穿津南区，满足产业人口的通勤需求。优越的交通区位优势为津南区汇聚创新创业人才，建设科学城奠定了坚实基础。见图3-5。

2. 海河教育园和新的城市中心功能的形成。随着海河教育园区的建设，特别是南开大学和天津大学的迁入，天津新的城市功能——科技创新中心将逐渐在津南形成。以海河教育园区为依托新的城市中心功能区的形成和建设，将改变外界对津南未来发展的预期，为津南的未来发展提供了广阔的机遇和空间。

3. 人才基础。随着海河教育园区7所高职院校和南开大学、天津大学的陆续进驻，将在津南聚集10万名左右的大学生和研究生。作为国家高等教育和职业教育改革示范区，海河教育园将为津南的经济转型和发展提供雄厚的人才资源。

第三章
继续工业化与科技驱动的新型城市化道路

图 3-5 津南区交通格局图

4. 产业基础。工业经济总量进一步扩大。津南区实现工业总产值 710 亿元，增长 21%，逐步形成了以现代冶金、石油钻采装备制造、电子信息、节能环保等主导产业。第三产业呈现出良好的发展态势。商饮业向高档化发展，天邦购物乐园、天滨利园酒店相继开业；文化旅游业发展提速，小站练兵园、天山米立方海世界（本书简称"米立方"）加快建设；现代物流、中介服务、创意经济等新兴业态方兴未艾，教育经济、体育产业初见端倪。

津南区工业企业技术中心、产学研联合体的快速建立，第三产业特别是生产性服务业的有序发展为津南区建设科学城提供了坚实的产业支撑。

5. 文化积淀。津南区拥有丰富的历史文化积淀，如葛沽漕运商业文化，小站练兵的创新文化，军屯的农耕文化，周公祠的创业文化等。历史文化和民俗文化的传承与弘扬为津南的发展提供了良好的文化氛围，与此同时，通过历史文化中创新创业基因的发掘，构建创造创新创业的文化氛围，激励全区人民干事创业。

6. 商务和生态环境。随着众多著名的房地产开发企业进驻津南，津南区先后建成了天津碧桂园、星耀五洲、京基领域、金地叁拾峰等众多宜居的房地产项目。天滨利园酒店的建成营业，碧桂园和京基等星级酒店建设的有序推进，将逐渐改善津南的商务条件。宜居的地产项目和商务酒店的陆续建成开业，一方面为预期落户津南创新创业的高科技人才提供了优良的居住条件，另一方面也为高科技企业的集聚和发展提供了优越的商务环境。

经过多年的保护和限制开发，津南区良好的生态环境资源得以保留。在津港路和唐津高速以南、海河中游地区仍然保留着相对密集的城市和乡村湿地，为绿色和自然景观的建设提供了充分的条件。2006年以来，津南区先后建成和建设了小站练兵园、米立方、天嘉湖旅游度假区、星耀五洲、北方石林园、渤海观音、生物谷和中滨生态城等景点。优越的商务和生态环境也为津南区加快生产性服务业的集聚和发展、科学城的建设的提供了必要的支撑。

三、津南区发展的战略定位

津南区未来发展的战略定位应以科学发展观为指导，紧紧围绕走科技驱动的新型城市化道路，建设以科学城为内涵的创新型新兴城市，实现区域经济的创新驱动和内生增长。

（一）城市功能定位

根据津南区正在发生的质变和国际科学城建设发展的经验，津南的城市功能定位为：承担国家和天津科技创新中心功能的未来科学城、具有产业辐射力的生产性服务业和高科技产业的集聚区、拥有浓厚创新创业氛围的文化名城和生态型商务花园城市。经过10年的努力，将未来津南区建设为教育名城、科技名城、文化名城和生态名城。

——科技创新中心。以南开大学和天津大学新校区的建设为契机，将津南现有的工业园区改造成为津南科学城科技创新园区，快速集聚科技创

第三章
继续工业化与科技驱动的新型城市化道路

新资源，积极引进国家重点实验室、科研院所、企业研发中心等知识创造机构，大力建设大学科技园、科技孵化器、创业支持中心等知识转化机构，将津南建设成为天津的科技创新中心和创新型新兴城区，使之成为国家和天津实施科技创新和发展战略性新兴产业的基地。

——高教名城。以海河教育园区为依托，大力发展高等教育和职业教育，积极引进海内外知名学府和教育培训机构，将津南建设成为天津高等教育资源最密集、知识创造活动最活跃的地区，使之成为国家高端人才和高级职业技能人才培养的基地，国家高等教育和职业教育改革示范区。

——文化名城。积极发掘津南的漕运文化、明清商业文化、军屯和农耕文化、近代练兵和军事文化等，使文化发展与津南的城市和经济转型相适应，把文化旅游、文化创意等发展为津南实现创新驱动和内生增长的重要力量，把历史文化要素转化为津南区域发展的精神内涵与动力。

——商务花园城市。实施乡村和城市自然景观的保护和开发，将自然景观打造成为津南城市形象的重要符号，推进沿路沿河景观环境整治，形成人文环境、自然环境与商务环境相融合的商务花园城市。

(二) 产业发展定位

从津南区的城市功能定位与津南区正在移入的科技创新资源的实际出发，津南区重点发展的产业领域为生产性服务业、新兴产业和高端制造业。通过生产性服务业和新兴产业的发展，逐渐把津南区发展为高科技研发企业的总部基地、科技研发服务和新兴产业的聚集区。

1. 科技研发和转化服务业。为支撑津南区科技名城和科技创新中心的定位要求，津南区应大力发展科技研发与转化服务，为科技创新成果的涌现和创新成果的商业化提供支撑。针对重点发展的产业领域和科技型企业的创新需求，积极引进企业技术中心、科研院所、重点实验室、工程技术研究中心等机构，支持设立公共技术平台，推进公共信息服务平台建设；建设各种类型的会议中心、展示中心和交易中心，积极组织各类展示活动、成果推介活动，建立科技型企业与资本、市场的联系机制，推动高科技企业的发展。

2. 创新型企业总部经济。创新型企业总部是产业高端化的重要着力点。实施高端企业总部大厦和科技型中小企业总部大厦建设，引进和集聚具有发展潜力和代表未来产业发展方向的创新型企业总部，吸引国内外知名企业总部落户津南，聚集大批科技型中小企业在津南生根发展。依托总部经济发展生产性服务业，大力推进以服务创新型总部企业为核心的高端服务企业，为津南和天津经济发展和转型提供支撑。

3. 科技金融业。根据津南区的功能定位，津南区应大力发展为以科技创新服务为导向的科技金融业。大力发展风险投资和产业发展基金，积极引进银行和保险等金融机构，营造良好的金融生态环境，吸引各类金融机构在津南集聚发展，为津南区科技型企业的发展提供金融支持。

4. 专业服务业。围绕着总部经济、金融、科技研发和转化等活动，积极发展包括法律、会计、检测及评估、监理、投资银行、管理顾问及其信息咨询等在内的各种专业服务业。

5. 文化旅游和文化创意产业。充分发掘津南的漕运文化、明清商业文化、军屯和农耕文化、近代练兵和军事文化等，大力发展文化旅游和文化创意产业，拓展文化价值链，将影视传媒、动漫创意、电子商务等纳入津南产业发展的重点。

6. 电子商务与新兴服务业。新兴服务业是以现代信息技术为手段，替代传统的交易或服务方式，具有高端、快捷、高效等特性。津南区应大力发展以国际观赏鱼展示交易为依托的专业网络交易平台，推动津南区电子商务、信息服务等新兴服务业的发展。

（三）空间发展布局

在津南区的空间布局上，要紧紧围绕着承担天津和国家创新中心功能的科学城概念，以海河教育园和津南新城为中心，以各镇及其科技创新园区和自然、文化景观的开发为支撑，形成符合津南未来发展需要的空间组织形态。

在津南区的空间发展上，要形成一个理念核心、一个城市中心和多个扩展节点的规划原则。核心是指在整个城市规划中必须贯彻科学城建设理念，一个中心是指海河教育园区和中心商务区建设，多个扩展节点是指各镇及科技创新园区、文化和自然景观节点。详见图3-6、图3-7、图3-8。

第三章
继续工业化与科技驱动的新型城市化道路

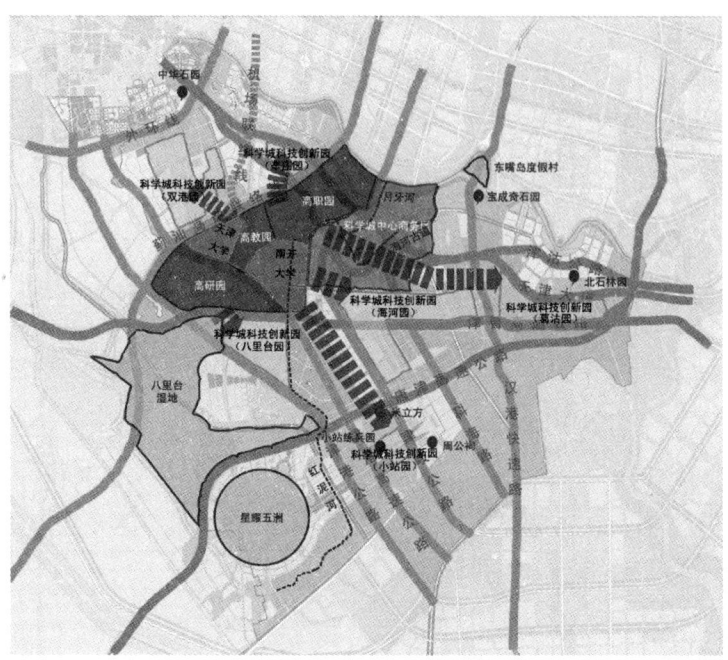

图 3-6　津南科学城空间规划总图

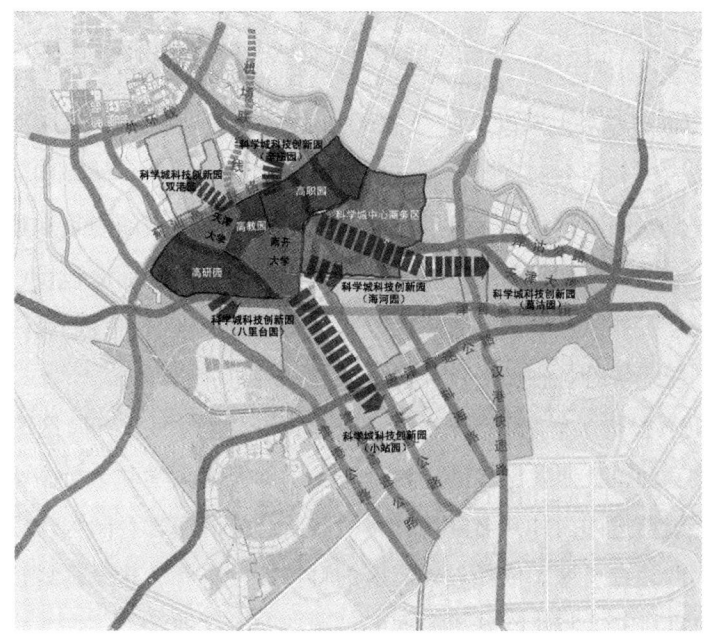

图 3-7　津南科学城科技创新园区的布局

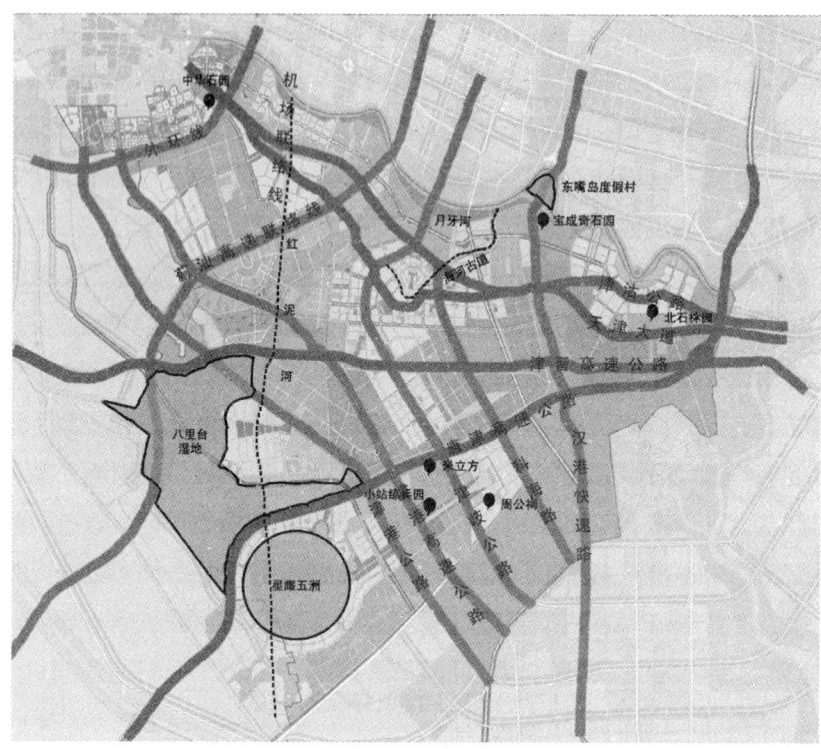

图 3-8 津南区生态商务花园城市重要节点分布

1. 津南科学城。科学城是津南空间布局和规划的核心，无论是教育园区和城市中心商务区、工业园区的改造和提升，还是自然景观的保护和开发都要紧紧围绕着科学城这个核心展开。津南科学城的规划和建设首先要突出科学城的科技创新中心主体功能上，使海河教育园区建设、中心商务区建设、工业园区改造等紧紧围绕高教科研聚集区与科技创新园区建设的核心，统筹协调各种城市功能的形成和发展。

2. 高教科研聚集区和城市商务区中心区。以海河教育园区为依托建设高等教育和科技研发聚集区。以南开大学、天津大学和 7 所高职院校为主体，继续引进国内外知名院校和科研院所，把海河教育园区建设为中国乃至世界的教育名城。依托教育园区的科技研发资源，建设高科技研发和转化聚集区，成为战略性新兴产业的策源地和发祥地。

3. 津南新城和中心商务区。依托津南咸水沽原有的中心商务区建设津南科学城中心商务区（CBD），发展为金融、商贸、会展等机构聚集区。中心商务区建设不仅要着眼于服务津南现有的城市人口和即将迁入海河教育园区的30万人口，而且要服务和支持科技研发和新兴产业的发展。

4. 科技城科技创新园。科技城科技创新园，是科技研发服务、创新型企业总部、科技型中小企业的集聚区，以海河教育园区的大学和科研机构为依托，建立大学科技园、孵化器、创业中心、公共服务平台等一系列"官产学研"一体化的新型混合组织，有效地促进科技成果转化和高新技术产业发展。

津南科学城科技创新园，是津南科学城建设的重要节点，主要承担津南科学城的产业发展功能，其发展的方向和速度直接决定了津南未来的发展方向和速度。根据津南产业发展的实际，将津南科学科技创新园区建设与传统工业园区的改造提升相结合，将津南所有的工业园区整合在一起成立津南科学城科技创新园，下设科技创新园双港园、辛庄园、八里台园、海河科技创新园等。用统一的概念整合现有资源，形成吸引优质项目的合力。

5. 文化休闲旅游区。通过对小站练兵园的创新文化、周公祠的创业文化、葛沽漕运的商业文化等津南历史文化景观的挖掘和渤海观音、米立方等现代旅游休闲项目的开发，以及海河古道、天嘉湖等城市生态湿地景观的挖掘，将津南科学城打造成为生态环境独特、文化资源丰富的商务花园城市。

四、新的发展阶段津南区经济转型和发展的基本原则

在新的发展阶段，制定津南区的经济转型和发展战略必须遵循以下基本原则，才能推动新型城市化的快速发展。

（一）以增量创新带动存量调整

尽管在过去的30年津南区的乡村工业化取得了巨大的成就，但是面对外部环境的巨大变化，原有的以乡村工业化驱动城市化的发展思路，已经不再适应津南区今后的发展。为了实现津南区的经济转型和发展的科技驱动，无论是在思维观念还是在具体的动力机制和发展模式上，都需要创新。通过增量创新带动存量调整是津南区发展战略制定中必须坚持的原则。

增量创新是指,通过科技资源和新兴产业的引入和集聚,探索经济转型和发展的动力来源、发展机制和路径。存量调整是指通过明确新的发展道路,转变发展思路,改造提升原有的乡村工业化成果和产业基础,转变为新型城市化道路的积极推进因素。以增量创新带动存量调整原则,强调的是通过创新思路和新的驱动因素的引进,带动现有经济结构和产业基础的调整和改造提升,加快津南区的经济转型和发展的步伐。

从产业发展的角度看,增量创新表现为新兴产业的引进。无论是从天津还是从津南区未来发展的趋势看,近期内着重引进的新兴产业资源是生产性服务业。生产性服务业的发展决定着津南经济转型的步伐和对其他区域经济发展的辐射带动作用的强弱。

增量创新的关键是加快生产性服务性的引进、发展和集聚,带动高科技产业和现有企业的转型和升级。从天津和津南区经济和社会发展的实际情况看,生产性服务业的快速发展是"十二五"经济和社会发展的主要支撑力量。作为中间投入品,生产性服务业的发展不仅来自于制造业的高端化,而且来自传统服务业和信息技术水平的提高。在新的发展阶段,津南区生产性服务业发展的主要途径包括以下几点:

第一,依托制造企业总部经济发展生产性服务业。从国内和国际的成功经验看,20世纪70年代以来,许多先进城市生产性服务业的快速发展主要依赖制造企业总部经济和生产性服务业务活动的扩展和独立化,通过新的业务增长提升企业和产业的国际竞争力。服务业在许多跨国公司的营业收入和利润中所占比重越来越高,例如,2003年以来,服务业收入占通用电气公司营业收入的比重超过60%。通过发展总部经济,制造企业的总部将业务活动扩展到生产性服务业,在实现制造企业战略柔性的同时,驱动区域生产性服务业的快速发展。在总部经济的发展过程中,充分利用制造业企业拥有的品牌、技术、研发、人力资源、财务实力等关键能力,积极发展商务金融、信息技术、物流和研发服务等生产性服务业,形成企业和产业新的经济增长点。

第二，拓展产品销售业务，通过产品和技术服务及成套解决方案的提供发展生产性服务业。多样化和个性化是21世纪客户需求发展的趋势，在这种背景下，从产品销售转变为提供技术服务和提供整套解决方案，将成为生产性服务业发展的重点。20世纪90年代中期，IBM公司在硬件业务上陷入增长困境。为了突破困境，IBM成立了全球服务部门，在前总裁郭士纳的带领下启动从硬件向软件服务的战略转型。随着战略转型的成功，IBM的服务业务占到公司营业收入的50%，从而发展为世界上最具影响力的信息技术服务企业，集服务提供、外包提供、咨询服务和产品支持于一身，创造了科技企业发展的新模式。

第三，通过跨区域和跨国经营，促进某些企业实现从制造企业向服务提供商的转型，发展生产性服务业。随着劳动力成本的进一步上升，津南区的传统优势企业可以学习NIKE公司，通过产业链重组，逐渐将制造环节转移到拥有比较优势的后发地区，重点发展流程控制、产品研发、市场营销、客户管理、品牌维护、现代物流等生产性服务业，从制造企业转变为服务提供商。

第四，利用信息通过技术变革，尤其是"三网合一"的历史机遇，依现有高科技产业优势，引进、启动和发展包括数字内容、电子商务和移动媒体等新兴产业，推动现代服务业的发展和产业的高端化。

（二）以高端引进带动内生增长

津南现有的企业和产业基础主要是冶金、金属制品、化工和服装等传统产业，难以支撑新的城市化进程。更重要的是，随着津南新的城市化进程的推进和发展，有些传统产业还存在着逐渐外迁的可能。未来津南经济转型和发展的速度主要取决于两个方面的因素：一是引进新的产业和高端项目；二是现有企业和产业的转型升级。

内生增长主要指现有企业的转型升级，充分利用引进和集聚的高科技资源，通过嫁接改造和企业向总部经济的转型，推动区域的经济增长和发展。高端引进主要指新兴产业资源和高端项目的引进，尤其是以总部经济、金融服务、科技研发和新兴产业为代表的生产性服务业的发展。高端引进带动内生增长强调的是，近年工作的重点在于大力引进包括总部经济、教育研发、金融服务和高科技产业等新兴产业资源，促进和带动现有企业和产业的改造提升和转型升级，实现经济结构的调整和经济发展方式的转变。

对发展生产性服务业带动经济转型而言，不仅是津南区而且是整个天津市"十二五"发展的重心。从历史的经验看，产业升级和结构转型对同一个城市不同空间区位的影响是不同的，城市内部各区位之间的不均衡发展将是未来的客观趋势，关键是谁最先发展起来，并出现生产性服务业发展和空间集聚的报酬递增效应。

从历史的经验看，影响城市空间布局最为关键和长期的因素是产业结构的转型和升级。其中，生产性服务业的发展既是城市经济转型的重心和方向，也是产业结构调整和升级的引擎。但是，生产性服务业的发展对同一座城市不同城区的影响是不一样的，因为与制造业的发展相比，以知识和信息的加工和交易为对象的生产性服务业具有更强的空间集聚性和黏着性。在新一轮产业结构调整和发展的过程中，在某个城市中心出现经济繁荣的同时，却可能造成其他城区的衰落。

20世纪70年代中期开始到90年代，美国经历了一次新的产业结构调整和经济转型过程。其中，以IT产业为代表的高新科技产业和生产性服务业的快速发展代表了产业结构调整的重心和方向。在新一轮产业结构调整过程中，以IT为代表的高新科技产业的发展使硅谷、北卡三角园和奥斯汀地区成为国际知名的新兴城市和最富裕的城市，而纽约则通过面向世界的现代服务业发展，成功完成了后工业化转型，成为具有国际辐射力的世界城市。新一轮产业结构调整对空间经济发展和聚集的影响，不仅表现在不同城市之间，而且表现在同一个城市的不同城区之间。因为在纽约的经济转型中，与曼哈顿美国中枢地位不断提升相比，其他四区则步入逐渐衰败和被边缘化的境地。

美国的产业结构调整表现出两个方面的趋势：一是第二产业比重下降和第三产业比重上升。第二产业及其就业人口占GDP和就业总人口的比重逐步下降，与第二产业相比，第三产业的相应比重则明显增加；二是第二产业传统部门的衰落和高科技部门的崛起，与之相对应，第三产业则出现面向消费者的传统服务业增长缓慢和面向生产的现代服务业的快速增长的局面。第二产业中的传统产业，尤其是劳动密集和资源密集的传统产业增长速度明显下降，而以 IT 为代表的高科技制造部门的增长速度则明显提高。而在第三产业内部，而以通讯、金融、保险、商业服务、房地产、卫生保健、教育和文化娱乐部门为代表的，面向生产消费和以提高经营管理和科学教育水平为目的的现代服务业，尤其是生产性服务业呈现快速发展的势头，而以餐饮、家庭服务和零售业等为主体的传统服务则增长缓慢。

美国新一轮产业结构调整对经济空间布局的影响表现在三个方面：一是制造业传统部门向城市郊区、其他后发地区和国家的转移，使许多转型受到阻滞的传统工业城市步入衰落的行列；二是高科技产业的快速发展催生了一批创新型新兴城市的崛起；三是以生产性服务业为主体的新兴服务业的快速发展和空间集聚，使某些城市或城区发展为具有区域和国际辐射力的现代城市。

产业结构的调整对纽约的影响是美国城市经济转型的一个典型。纽约曾经是美国著名的制造业中心，但是随着新一轮产业结构调整，传统制造业的转移和增长速度的下降使纽约出现了剧烈的衰退趋势。1969 年至 1977 年，纽约制造业的就业人口减少了 30 万人，工业公司总部大批外迁，但是现代服务业的快速发展却从根本上扭转了纽约的衰退势头。1977 年之后，现代服务业，尤其是生产性服务业的发展带动了城市经济转型的步伐，逐渐发展为国际商务中心、金融中心和公司总部聚集区，成长为极具国际辐射力的世界城市。见表 3-5。

表 3-5　　　　　　　　美国纽约 1977 年前后的产业结构

1977 年之前的产业结构	1977 年之后的产业结构
服装鞋帽	金融
印刷	生产服务或专业服务
皮革加工	房地产
食品	商业服务
机械制造	文化旅游
金属制品	教育
家具	电子信息和服装

纽约有五个城区，它们分别是曼哈顿、布朗克斯、布鲁克林、昆斯和里士满。在纽约新一轮经济结构调整中，曼哈顿抓住了机遇，一枝独秀，而其他四个城区却没有跟上城市转型的步伐，逐渐走向衰落。其中的关键因素有两个：一是在纽约制造业和传统服务业的转移过程中，并没有出现从曼哈顿向其他城区扩散的现象，而是直接蛙跳到城市郊区或其他后发地区；二是与传统制造业不同，现代服务业以知识和信息的生产和交易为基础，更强调空间的集聚和邻近，最初的集聚和邻近会产生报酬递增效应，带来新一轮集聚。

因而，尽快通过科学城的规划和建设，启动和发展以科技商务服务为中心的高研区和科技创新园区，发展总部经济区、科技金融、研发与转化和新兴产业，尽早形成现代服务业的空间集聚趋势，并对未来发展形成良好预期，是津南区快速发展的关键。

（三）以长远规划引领近期开发

从目前的实际情况下，津南的开发开放尚处于起步阶段，如何通过科学的长远规划形成良好发展预期，对吸引和集聚生产性服务业和新兴产业资源具有非常重要的意义。对津南的长远规划而言，至关重要的是建设未来的科学城和科技创新中心，应当尽快启动津南科学城规划，明确教育研发、科技商务服务和高科技产业的空间布局和组织形态，确定与之相匹配的生态和文化环境。

在津南的长远规划中，不仅要注重硬件和空间的规划，更要重视创新创业软环境和信息交流网络的规划。在长远规划的基础上，有选择地进行近期开发，要为科技产业的发展预留足够的空间。无论是长远规划还是近期开发，规划和开发的核心是创造更大财富和城市未来价值。

（四）优化投资环境与构建创新创业环境相结合

着眼于科技和产业资源的引进，津南在优化投资环境上还需要进一步下功夫，打造一流的招商引资环境。津南着眼于本地孵化和引智创业，将更加注重创新创业环境的构建。优化投资环境和构建创新创业环境相结合，强调的是通过招商引资和引智创业的共同发展，创造津南经济和社会发展的美好未来。

第三节 继续工业化的基本战略和路径

一、津南区经济转型和发展的基本战略

在走新型城市化的道路上,未来津南经济转型和发展的主要驱动因素为科技、文化和生态。科技驱动是指通过教育和研发资源的引入,聚集科技创新型企业,将科技作为经济转型和发展的主要驱动力量;文化驱动是指通过津南历史文化要素与创新型新兴城市的发展需要相结合,不仅要打造干事创业和创新创业的浓厚氛围,而且为新兴文化创意产业的发展提供素材;生态驱动是指津南固有生态景观的保护和开发,不仅为生产性服务业的发展提供宜居宜业的商务环境,而且为新兴产业的启动提供机遇。科技、文化和生态驱动构成了津南经济转型和发展的基本战略。

(一)科技驱动

1. 科技驱动。津南区城市和经济转型的必然选择。工业革命后,工业化推动的城市化始终是国家和区域经济发展的主导力量。改革开放以来,工业化驱动的城市化仍然是中国经济发展的主要力量。20世纪70年代,随着知识经济时代的到来,以美国硅谷、日本筑波、韩国大德等为代表的新兴城市的兴起,昭示着科技在城市的形成和发展过程中已经发挥着越来越重要的作用。在金融危机的冲击下,科技驱动的城市化将成为中国经济新一轮转型的动力和源泉。随着南开大学、天津大学等高等院校和科研资源的移入,走科技驱动的新型城市化道路,打造科技驱动的创新极核,汇集高端科技人才,构建完善的创新创业环境,将津南建设成为天津未来的科技创新中心和创新型新兴城区是津南的必然选择。

2. 津南实施科技驱动战略的着力点。从国际经验看,科技资源的聚集是科学城形成和发展的核心要素。在科学城集聚的科技资源包括大学、科研院所、公共研究机构、企业研发中心、大学科技园、科技孵化器、公共技术平台等,它们的相互联系和作用所形成的创新网络将成为科学城持

续发展源源不断的动力来源。结合津南目前城市化的实际，科学城形成和发展的途径主要包括四个方面。

（1）积极引进高等院校和科研机构。高等院校和科研机构是新知识创造的重要来源。国外创新型新兴城市的发展经验表明，大学及研究机构的存在和引入对科技城的形成和发展起着至关重要的作用。一方面，高等院校和科研机构将为高科技产业的发展提供科技研发服务和高端人才支持，成为科技城主导功能形成的重要极核；另一方面，更为重要的是它们可以直接启动和孵化出一些新兴产业领域。因此，津南应始终将高等学府和科研机构的引入作为科学城建设的重点，为津南区生产性服务业及战略性新兴产业的启动和发展奠定坚实的基础。

（2）完善科技孵化功能。科技孵化器是为科研成果提供转化服务的专业服务机构，通过提供必要的办公、商务及科研条件，保障和促进科技成果由实验室走向市场。从国内外科技型企业创业和成长的经验看，科技孵化器已经成为科技创新型企业和新兴产业成长壮大的摇篮。因此，津南应加快建设或引入世界一流科技孵化器，加速科技创新型企业在津南的聚集和成长。

（3）搭建科技研发和转化服务平台。科技研发和成果转化服务是科技驱动战略的核心内容。研发服务平台和转化服务平台建设在推动新知识创造及其商业化过程中发挥着关键作用。对于促进科技型创新型企业的涌现和快速成长，吸引和聚集创新型企业总部落户津南都有十分重要的作用。未来津南科学城要搭建的科技研发和转化服务平台主要包括：官产学（或产业）联盟办公室、建设支持科技创新的公共技术和服务平台、大学科技园和企业技术创新中心、科技型企业创业指导中心等。

官产学（或产业）联盟办公室。官产学（或产业）联盟办公室由政府牵头，大学、研究机构和企业共同发起成立的区域创新组织。其目的是促进官产学的互动和融合，使政府和大学由传统的被动式适应产业发展的需求转变为主动寻找与产业发展的合作机会。

建设支持科技创新的公共技术和服务平台。针对重点发展的产业领域和科技型企业的创新需求，积极引进科研院所、重点实验室、工程技术研究中心等机构，支持其设立相关信息、研发、展示、交易等公共技术平台，为高科技企业的成长和高科技成果的转化提供支撑。

大学科技园和企业技术创新中心。大学科技园和技术创新中心主要接收从各种孵化器毕业进入成长期的企业，其目的不是为了营利，而是为了加强大学和产业界的联系，为区域经济发展服务。围绕着大学科技园和技术创新中心，吸引和集聚相关的企业的进驻，形成产业聚集区和发展带。

科技型企业创业指导中心。由政府资助设立，主要功能是科技创业项目征集和推介、创业指导、创业培训和政策咨询等功能在内的科技中小型新企业的创业平台。

（4）积极发展以总部经济为代表的生产性服务业。总部经济是生产性服务业发展的主要形式。以总部经济为代表的生产性服务业具有孵化新兴产业和对其他产业的辐射带动能力。在未来的发展中，津南要布局的企业总部必须符合津南区城市和产业发展定位的要求，主要引进和集聚具有发展潜力和代表未来产业发展方向的科技创新型企业总部。立足津南本土新兴产业中已经成长起来的科技型企业，在津南建设联合总部大楼，发展和构建津南高科技企业和科技创新型中小企业总部基地，为本土快速成长的科技型企业的发展提供空间。积极引导高科技企业和科技型企业将总部功能和研发功能落户津南，使之成为津南未来经济发展的中坚力量。

3. 津南区实施科技驱动战略的保障。构建创新创业环境。构建创新创业环境有利于激励创新主体的创新行为和城市创新能力的提升。创新型城市发展的各种政策是其创新能力形成的重要驱动因素，它影响和决定着创新主体的创新行为。政府在构建创新创业环境的政策服务主要包括人才引进政策、创新政策、融资政策等。上述政策形成一个政策体系，共同支撑着创新型新兴城市的形成和发展。津南区目前正处于创新型城市形成过程中的起步阶段，各种创新政策是否完善有效对津南创新型新兴城市的形成和发展起着关键作用。

（1）人才政策。从津南科学城建设发展的战略高度，制定创新创业人才的引进政策，鼓励高层次人才来津南创新创业，为津南创新企业和科研机构提供良好的高端人才支撑。针对科学城建设发展的需要，津南区未来应制定和实施的人才政策主要包括高层次创业人才扶持政策、高层次创新人才扶持政策、创新创业项目产业化推进政策等。

高层次创业人才扶持政策是吸引海内外高科技人才来津南区创业发展的专项扶持政策。以招商引智为依托，通过开展智力与技术合作鼓励更多的高层次人才来区创业。

高层次创新人才扶持政策是吸引海内外高层次的科研创新人才到津南区的大学或研究机构从事产业化研发创新活动的专项扶持政策，是津南科学城打造为区域研发创新和服务中心的重要支持政策。

创新创业项目产业化推进政策，是为进一步推进海内外高层次创新创业人才政策的实施，加快创新创业项目的产业化，培育一批战略性新兴产业和具有示范带动作用的高新技术企业。该政策应重点扶持技术含量高、市场竞争力强、能有效促进津南战略性新兴产业发展和提升产业质量水平的创新创业项目。

（2）创新政策。创新机构是高端人才创新创业的载体。津南科学城建设过程中，制定一系列的创新扶持政策，加速创新机构的移入和聚集是构建创新创业环境必然要求。未来津南科学城应制定和实施的创新政策主要包括：企业研发中心设立及引进政策、大学及科研机构引进政策、官产学研一体化组织扶持政策等。

大企业研发中心设立及引进政策。吸引包括央企、民企和外企研发中心入驻津南科学城。企业研究机构的入驻是增强科技城研发创新能力，构建区域创新中心的重要内容之一，同时企业研究机构也是科技研发人才落户聚集发展的重要载体之一。

大学及科研机构引进政策。吸引国内外知名的高等院校到津南科学城设立分校或建立大学科技城；吸引国内外研究机构来津南科学城成立分院或建立专业研究院。加快引进境内外大学、科研院所落户，共同建设重点实验室、研发中心、技术转移或转化中心、中试基地等科技创新人才的发展载体。

官产学一体化组织扶持政策。为促进科技研发成果在津南孵化和成长，对大学科技园、科技孵化器、官产学研联盟、创业指导中心、专利转化办公室等官产学研一体化组织进行专项扶持。

（3）融资政策。融资政策是为解决科技创新型企业资金短缺问题，通过引入银行、贷款担保、风险投资等机构为其提供融资服务，为中小科技企业的科技研发和成果产业化提供有力的资金保障。

创新融资政策需要包括的政策要点：1）建立科学城"科技型中小企业信用贷款扶持资金"，对科学城重点企业进行担保贷款融资。2）制定"科学城支持企业改制上市资助资金管理办法"、"科技城非上市股份有限公司进入代办股份转让系统改制和挂牌资助资金管理办法"等，鼓励科学城企业上市融资。3）建立"科学城创业风险投资基金"，鼓励科技创业，完善创业环境。4）推进"专利权融资实施办法"，为科技型企业提供专利抵押贷款融资业务。

（二）文化驱动

1. 创新创业文化驱动科学城建设。从硅谷、大德、新竹等发展的成功经验看，科学城的形成和发展过程都始终贯穿着的浓厚的创新创业文化，这种城市文化成为推动知识创新、财富创造和高端人才聚集重要力量。如，以硅谷科学城为代表的"硅谷文化"强调的就是一种用于冒险、干事创业的企业家精神，这种精神一方面直接营造了企业家创业的文化氛围，另一方面聚集和吸引着怀揣着创业梦想各方人才，这种文化驱动力已经成为硅谷独具特质且难以复制的宝贵财富。因此，在津南未来的城市发展中，应充分发掘津南历史文化和现代文化中的创新创业精神，使其服务于津南经济的转型、文化品质的提高、城市形象的提升和人民生活水平的改善，使文化成为津南科学城建设的重要驱动力之一。

2. 津南科学城建设的文化驱动战略。津南有着深厚的历史文化积淀，小站练兵、葛沽漕运等孕育和形成了津南人民干事创业的文化基因。随着海河教育园的入驻和天津新的城市功能中心的形成，具有现代气息的创新创业文化也将成为津南文化的重要组成部分。古为今用、兼收并蓄，浓厚的创新创业文化将成为津南科学城建立和发展的巨大驱动力。

为使这一驱动力促进津南科学城的发展，需要做好两方面的工作：1）传统创新创业文化的挖掘和弘扬；2）新引入文化的内化和提升，并使之与传统文化相融合。

（1）津南传统民俗文化的挖掘和弘扬。津南的传统民俗文化资源丰富，且开发利用价值极高，在促进津南科学城建立的同时，也可以作为文化创意产业发展的灵感来源。传统文化中创新创业精神的挖掘与弘扬，将有力推动津南科学城的建设和发展。结合津南发展实际的需要，在传统民俗文化挖掘和对外宣传中需要注意以下几个问题：

第一，要紧紧围绕"科技创新中心、高教名城、文化名城、商务花园城市"的定位和发展目标来进行。

第二，要将开发和保护两方面工作结合起来。

第三，在挖掘和开发过程中要回避封建迷信，挖掘其中积极的成分，使其服务于津南的经济发展和文化品位的提升。

为创造适应科学城发展的创新创业文化氛围，津南应加速传统民俗文化的挖掘和开发，特别是以葛沽妈祖、小站练兵、小站稻培育、周公祠等为代表的传统创新创业文化。

葛沽妈祖文化：传统漕运、商业文化的典型代表，象征着对企业家冒险精神的认可和鼓励。企业家精神是激发创新创业的一个原动力，而妈祖文化事实上倡导的就是一种对企业家冒险精神的保护和庇佑。正确引导，走出迷信误区，使妈祖文化成为干事创业精神的向导。

小站练兵园：体现着创新创业精神和对外来文化积极学习并内化提升的文化传统。小站练兵是中国近代军事开放和创新创业文化的一个典型代表。它充分体现了洋为中用，积极引入先进的外部文化，并与中国传统、当时现实相融合的精神，在学习中内化并提升的魄力。

小站稻的移植：近代军屯、农耕文化的典范，是成功的创新和实践。小站稻在津南的成功种植，充分体现了一种创新的思维，实践的精神。尽管在这个过程中，当时的军民遇到了许多问题，但是因为有创新和实践这两种精神所在，使得重重的困难被克服了，成功成为一种必然。

周公祠：弘扬对人才的尊重，对开拓、务实、创业和为民服务精神的褒奖。周氏兄弟不仅仅是为政者的楷模，同时也是所有有志于开拓一方经济发展的有识之士的精神支柱，周公祠的保护与开发表达了一种对开拓、务实创新和与民为善的精神的敬佩和推崇之情。

（2）海河教育园和科技资源的引进所带来的新的文化融合。海河教育园的建设，尤其是南开大学和天津大学两所知名高校新校区的移入，给津南带来的不仅仅是高素质的人才和高端的文化品位，更带来了科技创新、开拓进取的精神，给津南的创新创业文化注入新的活力。这种新的文化的引入和融合将进一步完善津南科学城创新创业的文化氛围，成为传统创新创业文化的重要补充。在促进文化发展的同时，推动津南经济的腾飞。发展这部分文化的关键是要将其内化到津南的文化体系中，使之与传统文化互为补充，协调发展。

（三）生态驱动

1. 宜居宜业的生态商务环境是科学城的重要组成部分。城市生态环境的保护与开发是城市综合发展的重要一环，不仅关系到人们居住环境的改善，更关系到经济发展质量的提升。随着社会经济的发展，生产性服务业在经济发展中的地位日趋显著。生产性服务业对生态环境的要求与传统制造业不同。传统制造业是以加工制造为主要内容，与之相对应的企业结构和人口结构决定了其对生态环境的要求很低。而生产性服务业则是以科技创新型企业和高端科技人才为依托，对生态环境要求较高。因此，打造宜居宜业的生态商务环境是科学城建设的重要内容。

2. 生态驱动战略的内涵及措施。生态驱动战略的内涵是指通过城市的生态环境的保护与开发，提高城市生态宜居水平，驱动科技、文化、旅游、商务等服务功能的形成与发展。结合津南生态资源与城市及产业定位的实际，津南区实施生态驱动战略至少要实施以下四项措施：

（1）城市湿地景观的保护。津南区是天津市南部的生态涵养区，拥有丰富的水系、湖泊和罕见的城市湿地。城市湿地不仅具有调蓄水量、调节气候、净化污水、提供丰富资源等多种功能和价值，而且其对于城市整体形象与环境的提升具有重要意义。充分认识城市湿地景观保护的价值，统筹规划、审慎开发，使城市建设不影响现有的自然生态系统，将海河故道、洪泥河、天嘉湖等打造为城市湿地公园，使城市湿地景观成为津南一张靓丽的城市名片。

（2）城市公园的建设。城市公园是城市居民进行文化休息以及其他活动的重要场所，对美化城市面貌和平衡城市生态环境、调节气候、净化空气等均有积极的作用。城市公园融生态、文化、科学、艺术为一体，能更好地促进人类身心健康，陶冶人们的情操，全面提高人民的生活质量。选点布局、统筹规划，将城市公园建设成为津南的城市绿地，使津南布满绿装。

（3）商务花园的开发。商务花园是一种花园式办公方式，可同时满足人们创业、居住和休闲的需要。其建筑多为低层低密度的商务花园式的办公形态。通常是坐落在城市边缘，其园区内为规划有序的工作室或厂房的有机组合，是提高生活质量并以优美的绿色园林景观激发工作人员灵感的地方。通过商务花园的开发，逐步实现产业园区的生态化与高端化，实现城市功能的协调发展。

（4）社区和道路环境的整治。加快社区和道路环境整治，提高城市绿化率，提升城市综合发展环境，为津南科学城城建设提供良好的城市生态环境，将津南科学城建设成为公园式的商务花园城市。

3. 节能环保产业驱动经济转型和发展。由生态环境保护与开发所衍生的环保技术的研发与应用，可以直接衍生出相关的新兴环保产业，通过循环经济、节能减排等新兴技术的产业化推动节能环保产业的发展，从而直接推动经济发展方式的转变。

二、津南区经济转型和发展的机制和路径

（一）津南区城市和经济转型的动力机制

随着大学和科研机构等科技创新资源的移入，未来津南区城市和经济转型的驱动力来自于新的官产学一体化的新型混合组织。与传统的企业、政府和大学相对独立的创新模式不同，新的创新机制需要新的组织模式和制度结构创新。

20世纪70年代新经济兴起和发展的国际经验表明，新知识的创造及其产业化的主要驱动力是官产学之间职能边界重叠区域所创建的新组织。官产学混合组织中三个部门在履行传统的知识创造、财富生产和政策协调

职能之外，因相互之间的互动衍生出的一系列新的职能，最终成为知识经济条件下新兴高科技产业启动和发展的根本动力来源。这些新的职能不属于各自的传统职能，更多地表现为相互交叉和渗透而产生出的新功能。为了承接这些新功能，新的组织的出现将成为新兴产业创业和发展的主要推动者，是区域创新系统的核心单元或创新的极核。

从政府、大学和产业之间的分工看，在官产学一体化推动新兴产业的发展过程中，大学和产业易成为新兴产业启动和发展的主导者，政府的主要职能是包括提供资金资助和政策支持在内的创业环境的构建。当然，当大学和产业缺乏主动性的条件下，政府也可以承担官产学一体化的主导者。官产学在创新体系中的分工，只是新知识创造及其产业化的前提。只有当三者在互动和渗透中产生协作时，才能真正推动新兴产业的创业和发展。

（二）津南区城市和经济发展的路径

科学城的形成和发展大致要经历三个阶段：第一个阶段是科技创新中心和科学城所需基本元素的移入和集聚；第二个阶段是新兴产业发展所需的创新极核网络的出现或形成；第三个阶段是围绕着创新极核的扩张和动态发展，各种创新和创业机制的出现和培育，创新型企业的涌现、集聚和快速发展，新兴产业的形成和发展，以及和与之相适应的城市功能的形成、发展和完善。

津南科学城创建和发展的路径，必须立足于津南现有的高科技产业资源，充分利用和发挥官产学一体化创新动力机制和组织模式。图3-9对具有区域特征的津南科学城科技创新中心形成和发展的路径给出了描述。

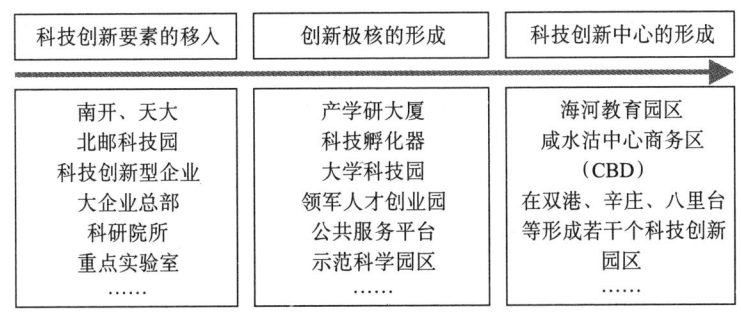

图3-9　津南科学城形成和发展的路径

在科学城建设的第一阶段，引起创新元素集聚的因素或条件主要包括空间区位优势、当地要素的丰富或低成本、硬件基础设施的可获得性和地方政府的产业发展优惠政策。其中，产业发展优惠政策是掌握在政府手中的变量，如果能够通过有意识地产业政策优惠吸引新兴产业发展要素的进入和集聚，则为下一步的发展提供了有利条件。但是要引起关注的是，尽管这一阶段还没有形成真正的高新技术产业，它的最大优势是空间发展的弹性。如果因为缺乏规划使一个地区丧失新兴产业发展的弹性时，将影响到未来产业发展的质量。

第二阶段的重心是新兴产业极核网络的识别和培育。这一阶段的关键是围绕新兴产业的核心技术而展开的知识创新活动及创业活动和官产学一体化混合组织的创建。一般情况下，最早的创业者都是从事新兴产业知识创造的研发人员，而不是外来者，创建的企业大都是中小企业。官产学一体化混合组织，是有效促进中小企业创业和快速成长的主要推动者。由创新型中小企业、研发机构和混合组织共同构成的创新网络，是高新技术产业发展最初的极核。在这一阶段，政府的主要作用不再是优化投资环境，而是构建创业环境。通过一系列培育和支持，有效地促进新知识的创造者从事创业活动和建立自己的企业。随着知识外溢性的增加和扩散，新企业不断诞生，并引起外部企业的进入和集聚。

在第三阶段，政府的作用主要表现在根据创新极核网络的扩张和发展对当地要素、机制、制度规则和空间发展的需求，提供有效的支撑和服务。

从目前的发展情况看，津南区正处于科技创新要素的移入阶段。主要项目有：

大学科技园开始建设：2010 年 8 月八里台镇政府与北京邮电大学举行了北京邮电大学科技园天津分园项目签约仪式，目前该项目也正在建设当中。而吸引其他国内外大学在津南建立科技园还处于设想阶段。

研究型大学开始移入：南开大学、天津大学新校区建设项目于 2010 年启动，2013 年破土动工，2016 年秋正式落成招生；两所大学的研究性功能的移入及其未来对津南科技发展支撑作用的发挥还需要 3—5 年的时间。

第三章
继续工业化与科技驱动的新型城市化道路

科技创新型企业的星星之火：津南现有的四个示范工业园区正在汇集和孕育科技创新型企业的星星之火，一些代表新兴产业发展方向具有成长潜力的科技型企业开始出现，然而这类企业尚未在津南形成聚集态势。

总部经济引领经济转型：在津南各个工业园区的改造提升规划中，发展总部经济成为实施经济转型工作的重要切入点。目前津南区已经开始大力改造传统工业园区，建设为现代企业总部服务的商务环境、政务服务、研发服务等发展环境。但针对总部企业的招商工作也才刚刚起步，其成效尚未有明显成效，未来需进一步加强总部企业的招商工作。

科研院所的吸纳与引进尚在设想当中：科研机构是津南区实现城市和经济转型发展的题中应有之义，为国家及地方或企业研究机构提供优良的环境，做好科学规划，是实现科技创新中心的必由之路。

因此，当前津南区应围绕津南科学城的总体定位，不断完善津南的硬环境和软环境，将代表新兴产业发展方向，符合科技创新中心功能的国内外科技创新要素的吸引和移入为主。

随着科技创新要素的移入，津南应着手开始打造快速推动津南经济转型和发展的创新极核。创新极核的形成将标志着津南的城市和经济发展进入了由外生引入向内生增长的转变，由吸纳转向孵化和扩散。

（三）津南区经济转型和发展的表现

按照津南科学城的总体定位和规划，随着科技创新要素的移入和创新极核的形成，津南区城市发展和经济转型将进入一个可持续增长轨道，集中表现为创新型企业的涌现和快速成长、生产性服务业和新兴产业的爆发式增长和天津新的城市中心功能的形成。

1. 创新型企业的涌现和快速成长。以科技创新型中小企业为主体的创新型企业的聚集和涌现是科学城活力和成长性的重要体现，是科学城未来发展的中坚力量。从科学城发展的国际经验来看，不论是美国硅谷、还是韩国大德、中国台湾新竹，在科技创新要素汇集、科技创新环境初步形成之后都进入了一个创新型企业快速涌现的时期。

这些创新型企业的聚集和涌现动力主要来自两个方面：一是区域内创新要素和创新极核的吸引力，二是创新要素和创新极核的孵化力。首先，创新型企业的一个显著特征是对研发的依赖,靠近与其技术相关的科研院所或相关企业是其生存和发展的重要环境之一。随着大学、科研机构、企业技术中心、大学科技园、公共服务平台等科技创新要素的汇集,将会大大增加一个地区对科技创新型企业的吸引能力。其次,创新要素和创新极核的首要内容就是其创造新知识的能力,而这些新知识的每一次转化都预示着科技创新型中小企业的诞生与成长,孵化能力的提升也是科学城内生发展、持续进步的动力。因此,随着科技创新要素的移入和创新极核的形成,津南科学城将会成为创业人才汇聚、创业环境完善、创业企业涌现和快速成长的地区。

2. 生产性服务业和新兴产业的爆发式增长。科技要素的聚集和科技企业的涌现是科技城发展微观层次的体现,而这些微观主体的创新创业活动在中观层面上带来了生产性服务业和新兴产业的爆发式增长。

与新兴科技企业发展相关的研发服务、技术服务、转化服务、信息服务、金融服务、软件服务、展示服务、物流服务、人才服务、培训服务、商务服务等生产性服务业将成为未来津南科学城产业形态的主导。这些生产性服务组织因教育和科技发展而汇聚,因教育和科技发展而兴盛。

3. 天津新的城市中心功能的形成。津南科学城的启动和建设,直接决定了未来津南的城市定位和在天津市整体城市功能定位中的作用。随着津南科学城启动和发展,津南将成为天津新的城市功能中心,成为服务整个天津的高教名城、科技名城、文化名城和生态名城。津南区再经过5—10年的发展,将津南科学城打造成为一个成熟的科技创新中心,具有带动和辐射整个天津的科技创新功能。

三、政策建议

为了顺利实现津南区的经济转型和发展,科学地规划津南的未来发展,针对津南的近期工作,本研究提出五个方面的政策建议:1)以整个津南区为空间范围,以双港、辛庄和八里台为基础,启动津南科学城规划,打造天津的未来科技创新中心;2)依托科学城,实施现有工业园区的改造提升计划,转型升级为科学城科技创新园;3)明确要保护和开发的生态景观,启动以生态景观保护和开发为主题的商务花园城市规划;4)挖掘和整理津南的历史文化素材,结合科学城发展的需要,启动城市创新力软环境规划;5)转变传统的招商观念,明确招商的对象和目标,成立新的招商引资和引智创业平台。

(一)加快启动津南科学城的规划和建设

在后金融危机时代,走中国特色的自主创新道路已经上升为国家战略。科学城的规划和建设,是国家自主创新战略的重要支撑,是启动和发展战略性新兴产业、提升传统产业国际竞争力的策源地。作为北方经济中心,依托现有的优势教育和科技资源,规划和建设代表未来经济发展方向的科学城,是天津"十二五"期间的重中之重。随着南开大学和天津大学新校区的入驻,津南将拥有建设未来科学城的核心资源。在津南的"十二五"规划中,要充分地预见科学城建设的需要,做好天津未来科学城建设的前期规划工作。

1. 科学城是驱动中国未来经济发展的新引擎。进入21世纪,特别是金融危机以来,以制造业驱动的传统经济发展模式遇到严峻挑战。加快转变经济发展方式,大力培育和发展战略性新兴产业成为后危机时代的必然选择。从国际经验看,20世纪70年代以来世界范围内迅速崛起了以硅谷、大德等为代表的一批科学城,这些城市依托科技创新及其产业化驱动经济发展,不仅实现了自身的经济繁荣,更成为区域乃至国家经济发展的强劲引擎。因此,加快科学城的建设是后危机时代我国发展战略性新兴产业的必然要求,作为高新技术产业和生产性服务业重要载体的科学城也必将成为驱动我国未来经济发展的新引擎。有鉴于此,北京、广州、武汉已经开始大力建设科学城,力争抢占新一轮经济发展的制高点。在这样的形势下,作为我国北方的经济中心,天津科学城的建设对于实现制造经济向创新经济过渡,进而推动地区经济实现又好又快的可持续发展具有至关重要的战略意义。在天津的各区县和功能区中,伴随着城市高等教育功能的转移,地处双城双港中心发展带的津南区是建设天津科学城的最佳区域。

2. 津南已初具建设科学城的基本条件。以南开大学、天津大学为首的海河教育园区落户津南代表着天津城市高端教育科研功能模块的转移,也预示着津南将会形成天津新的城市中心,这一变化将极大地改变人们对津南的投资预期,从而加速科技创新资源和人才的集聚,进而逐渐演化为带动津南科学城快速发展的强劲的极核。此外,津南区优越的区位条件,便捷的交通网络、初具规模高科技产业基础、一流的商务和生态环境也都标志着津南已初步具备建设科学城的基础条件。因此,加快启动津南科学城的规划建设,实现高科技产业和生产性服务业的高效聚集和快速成长,已经成为津南和天津实现经济社会科学发展的最佳选择。

3. 加快津南科学城的规划和建设步伐。根据实地调研和走访,同时比照硅谷、新竹、大德等科学城的发展经验,课题组认为,津南科学城应大力建设以下功能模块:

高教科研模块。高教科研模块包括海河教育园区和科技研发服务区两个子模块,主要承担科技人才培养、高新技术研发、高新技术企业孵化等职能。海河教育园区是高等院校聚集区,以南开大学、天津大学和高职院校为主体的高教和高科技新资源聚集区,是津南区创新经济发展的人才库和智力库。科技研发服务区围绕海河教育园区建设,主要为科技创新成果的涌现和创新成果的商业化提供支撑。科技研发服务区要根据重点发展的高科技产业领域,建设大学科技园、高新技术企业孵化器、创业中心、公共研发和服务平台等一系列官产学研一体化的新型混合组织,同时积极引进高科技领军人才,组建产业技术联合研究院,有效促进津南区科技创新成果的研发转化和产业化。高教科研模块将为津南科学城提供人才及科技研发服务。

科学城科技创新园模块。科技创新园模块是津南科学城发展高新技术产业和生产性服务业的主要载体,将集聚大量从事高科技产品的研发制造和提供生产性服务的企业。本模块的建设是在津南原有传统工业园区和四个示范工业园区的基础上实现的。首先,要依托高新技术加快对津南原有以传统制造业为主的工业园区的改造提升;同时要加快吸引高新技术企业

第三章
继续工业化与科技驱动的新型城市化道路

和生产性服务业企业向示范工业园区①集聚,实现津南创新型科技产业和生产性服务业的快速发展,从而助推津南向创新经济发展模式转型。

中心商务区模块。中心商务区模块是商业和商务活动的聚集区,服务于津南现有人口和主要聚集于海河教育园区的高科技创新创业人才,主要发展生活性服务业,承担休闲娱乐、餐饮住宿、商贸、文化等城市功能。

生态文化旅游模块。生态文化旅游模块依托于津南现有的小站练兵园、米立方、天嘉湖旅游度假区、星耀五洲、北方石林园等著名景区,以及津南特有的密集的乡村和城市湿地发展生态、旅游、文化产业,既为高科技产业和生产性服务业的发展提供优越的环境支撑,同时也构成津南科学城的重要生态驱动引擎,将极大地促进津南经济社会的全面转型。

4. 近期需要展开的工作。津南科学城的建设是一项复杂的系统工程,要在明确科学城的发展定位、产业支撑、模块构成等基本内涵的基础上,科学领导、严密组织、统筹安排,从而实现科学城建设高效有序展开。针对津南经济发展的实际,本报告提出以下政策建议:

(1) 由津南区政府牵头尽快成立津南科学城规划建设委员会,全面负责科学城的规划建设,重点推进海河教育园区、科技研发转化区、科技创新园区等科学城核心节点的规划建设。

(2) 加快津南现有传统工业园区的改造提升,将津南现有的工业园区统一命名,即命名为津南科学城科技创新园(海河园)、津南科学城科技创新园(双港园)、津南科学城科技创新园(八里台园)、津南科学城科技创新园(小站园)等,统一的命名和形象设计有助于科学城科技园知名度的提升和影响范围的拓展。

(3) 积极与国内外的高校和科研院所合作,成立虚拟研究机构,为高科技资源的汇集提供强大的研发服务平台。

(4) 围绕着要发展的重点产业领域,加快引智创新和创业的软环境建

---

① 津南现有的四个示范工业园区包括海河工业园、八里台工业园、双港工业园和小站工业园。四个示范工业园区都把大力发展人工智能、物联网、光电信息、新能源等作为产业发展的重点和主攻方向。这四个示范工业园区无疑将成为津南吸引和承接高新技术企业和生产性服务业企业落地集聚的首要载体。

设。加快制定并出台有利于高科技产业和高端人才加速聚集的产业、人才等方面的优惠政策,为科技领军人才的创新和创业创造优越的条件和环境,为科学城的建设提供政策保障。

(二) 改造提升现有工业园区为科学城科技创新园区

与传统工业化驱动城市化根本不同,津南的新型城市化道路是科技驱动的。无论是从现有的资源禀赋和优势还是从未来的发展趋势看,传统工业园区不仅难以承载津南经济和社会发展的需求,而且可能成为阻碍和影响津南未来发展的因素。围绕着科学城的规划和建设,如何把现有工业园区改造提升为科技城科技创新园区,是津南区"十二五"面临的重要课题。

1. 将现有传统工业园区改造为科技创新园区是津南经济转型的必然选择。津南的经济和社会转型是紧紧围绕着科技驱动的新型城市化进程而展开的,为了建立与津南未来的战略发展定位相适应的产业园区,将原有的传统工业园区改造为科技创新园区成为津南经济和社会转型的必然选择。

(1) 海河教育园的入驻,给津南带来的是高素质的人才和科研机构的聚集、科技创新成果的增多以及津南整体知名度的提升。随着科技创新要素的移入以及由此引起人们对津南整体发展预期的转变,为将津南现有的传统工业园区改造为科技创新园区创造了条件。

(2) 在津南,目前有些镇的传统产业已经开始出现衰落的现象(如葛沽的不锈钢和服装产业),继续依靠传统产业来带动津南经济的发展,已经不再适应津南未来的经济发展趋势。

(3) 高端配套设施和服务业的发展为实现这种转变创造了条件。津南区目前在基础交通网络建设、商贸流通、休闲旅游、餐饮住宿、办公楼宇建设方面都有了长足的发展,一系列高端配套设施和服务业的发展,改善津南的整体投资环境,提升津南的整体形象和文化品位,进一步改变人们的投资预期。

2. 传统工业园区改造为科技创新园区的整体思路。通过横向比较,总结国内外科技创新园发展经验和教训的基础上,与津南实际相结合,本

第三章
继续工业化与科技驱动的新型城市化道路

书提出津南如何将现有示范工业园区发展转化为科技创新园区的思路。

（1）创新管理体制和机制。建立统一的科学城科技创新园协调委员会，主要职能为统一品牌打造和招商宣传，对各分园区的招商进行协调。同时，发挥各分园区的积极性，根据各园区的优势发展优势产业。

（2）在园区改造的初期，要以官产学研一体化组织的引入作为园区改造升级的关键触发因素。随着官产学研一体化组织的进入，形成津南科学城启动和发展的创新极核。

（3）在引入官产学研一体化组织之后，要充分发挥它的三方面作用：产业化作用，内生性作用和辐射力作用。依托已经引入的官产学研一体化组织，聚集和孵化一批具有成长潜力的科技创新型企业。

（4）通过科技创新要素的引入和聚集，逐步引导传统产业改造升级，使传统企业的"二次创业"成为津南调整经济结构的重要推动力量，逐渐减少传统低技术含量的制造业在园区整体经济中的比重。

（5）在园区改造、转变、升级的过程中，应该做好相关配套服务：园区楼宇建设、旧厂房改造、园区配套设施改善、生态环境提升、园区管委会服务职能的完善和园区以外配套服务设施的完善等。

3. 传统工业园区改造和科技创新园区建设的实施步骤。在津南科学城的建设过程中，应将传统工业园区的改造与津南科学城科技创新园区的建设统一起来，将津南现有的双港、辛庄、八里台、小站、葛沽、海河等工业园区升级改造为科学城科技创新园区。其改造和建设实施步骤大致如下：

（1）起步示范区。在双港、辛庄、八里台、葛沽等基础较好的现有工业园内划定起步示范区，为引领和带动整个工业园区的改造和科技创新园区的建设奠定基础。起步示范区的规划建设，应按照国际知识城（科技城）建设规划的标准，融入高端总部、科技研发、孵化转化、商务服务、花园城市等新兴城建设理念，打造若干个国际商务花园。

（2）延伸拓展区。以起步示范区为中心，将传统工业区进行区块划分，根据改造升级的难易程度，有步骤地进行企业改造和土地整理。延伸拓展区，一方面继续用于吸纳外部科技创新组织和科技创新企业的进驻，另一方面为起步区企业的进一步发展提供足够的空间。

（3）配套服务区。科学城的建设应与当地的居民区、生态环境、交通环境协调融合，做好配套服务设施的规划建设，如图书馆、艺术馆、体育健身馆、音乐厅、电影院、大型购物中心、城市中心公园等。

（4）预留用地。将工业区内或工业区外尚未开发利用的部分土地实施严格的控制措施，以应对未来经济发展趋势的变化，特别是当津南科学城形成一定规模之后，许多全球高端项目就会要求落户津南，因此，要为可能出现的更优质的项目或本地成长起来的优秀的企业提供空间载体。

（三）加快启动商务花园城市的规划和建设

加快商务花园城市建设是津南科学城建设中的重要组成部分，是落实生态驱动战略的重要措施。从世界科学城的发展实践来看，无论是硅谷、新加坡、还是剑桥科技城都是著名的商务花园城市。从国内实践看，北京昌平未来科技城、广州知识城等也都在全力打造宜居宜业的商务花园城市。津南科学城的建设过程也就是津南商务花园城市的建设过程，两者构成津南创新型新兴城市建设的逻辑主线。

1. 商务花园城市是科学城建设的重要内涵。商务花园城市是知识经济条件下一种新型城市发展理念和模式，强调经济社会与自然的有机融合和协调发展，可满足人们创业、居住、休闲的需要，是科技驱动的新型城市化内涵之一。目前，欧美发达国家的科技城市，例如硅谷、新加坡等在商务花园城市的建设和发展方面已经进行了成功的探索，取得了令人瞩目的经济、社会和生态效益。

津南区商务花园城市建设要立足津南生态环境的保护和开发，通过生态环境、人文环境和科技环境的融合，打造宜居宜业的商务花园城市，为高端人才的创新创业活动、商务活动和生活休闲活动提供优质的环境和服务。

2. 商务花园城市的特征。

（1）在商务花园的位置选择方面注重与城市规划紧密结合。商务花园的特征之一就在于其位于城市边缘区域。但是仅仅在城市郊区，土地成本相对较低是不够的。商务花园布局需考虑的另一个特征就是交通的通达

第三章
继续工业化与科技驱动的新型城市化道路

性,特别是快速交通系统网络是否完善。这使得商务花园既能保持自身郊区的环境特色,又能与城市紧密相连,而不致成为缺乏人气的野外荒郊。

(2)在商务花园内部规划中注意各地块商业价值的均等性。在商务花园内的地块划分方面,基本上保证每个地块都能临近内部道路。这使每块地都有很好的交通可达性,同时也保证了地块内的建筑都具有自身的展示面。这种规划方法保证了每个地块都具有很好的商务价值。

(3)注重对商务花园的配套设施的规划。为了避免商务花园建设成为变相的商业开发,需要对商务花园的配套设施的类别及比例做出详细规定,如:独立于写字楼之外的配套设施,其规模最大到不超过商务花园总建筑面积的15%;写字楼内部的配套设施(如底层商业),其规模可以为总建筑面积的15%—40%等。

3. 近期工作建议。津南商务花园城市规划和建设应特别注重以下工作环节:

(1)城市湿地和河道景观的保护。津南区是天津市南部的生态涵养区,拥有丰富的水系、湖泊和罕见的城市湿地。城市湿地不仅具有调蓄水量、调节气候、净化污水、提供丰富资源等多种功能和价值,而且对于城市整体形象与环境的提升具有重要意义。充分认识城市湿地景观保护的价值,统筹规划、审慎开发,使城市建设不影响现有的自然生态系统,将海河故道、洪泥河、天嘉湖等打造为城市湿地公园,使城市湿地景观成为津南一张亮丽的城市名片。

(2)海河中游的综合开发。津南区地处天津市海河中段,是海河中游综合开发的直接载体。津南区应与市政府保持密切沟通,使海河中游的开发融入津南科学城与商务花园城市建设的大环境中。

(3)城市公园的建设。城市公园是城市居民进行文化休息以及其他活动的重要场所,对美化城市面貌和平衡城市生态环境、调节气候、净化空气等均有积极的作用。城市公园融生态、文化、科学、艺术为一体,能更好地促进人类身心健康,陶冶人们的情操,全面提高人民的生活质量。选点布局、统筹规划,将城市公园建设成为津南的城市绿地,使津南布满绿装。

(4) 商务花园的开发。商务花园是一种花园式办公方式，可同时满足人们创业、居住和休闲的需要。其建筑多为低层低密度的商务花园式的办公形态。通常是坐落在城市边缘，其园区内为规划有序的工作室或厂房的有机组合，是提高生活质量、并以优美的绿色园林景观激发工作人员灵感的地方。通过商务花园的开发，逐步实现产业园区的生态化与高端化，实现城市功能的协调发展。

(5) 社区和道路环境建设。加快社区和道路环境整治，提高城市绿化率，提升城市综合发展环境，为津南科学城城建设提供良好的城市生态环境，将津南科学城建设成为公园式的商务花园城市。

（四）启动津南科学城软环境规划和建设

中国改革开放近四十年来，大部分地区走的是一条工业化而城市化的道路。为了引进外资和启动民间资本发展制造业，城市规划的重心是以交通基础设施为代表的投资环境的优化。与工业化驱动的城市化发展道路不同，科技驱动的新型城市化道路的目标是建设创新型新兴城市。新知识的创造及其产业化，是城市环境规划的重心。以创新创业环境为中心的软环境规划，是创新型新兴城市发展的重要支撑。

1. 软环境：未来经济发展环境建设的核心。经济发展，除所具备的硬环境外，软环境建设的水平，直接决定了地方经济发展的速度和质量。软环境建设正在成为未来经济发展环境建设的核心。

(1) 软环境建设是适应中国经济从制造经济向创新经济转型的内在要求。制造经济与创新经济的经济主体，即主导的经济形态是不一样的。制造经济以大规模的制造业企业为主，追求规模经济和范围经济；而创新经济则为知识创造及其商业化为主要内容，科技创新型企业是主导的企业形态。由于主导的企业形态不同，这些企业对发展环境的要求也是不一样的。制造业企业要求大片标准化厂房，为生产配套的基础设施等硬环境要求较高；而科技创新型企业除了优越的工作环境外，更重要的是一种科技创新创业的环境氛围。

(2) 软环境建设是适应科学城建设发展的内在要求。科学城是以科技创新为主要驱动力的创新型新兴城市，汇集大量的高校、科研、创新型企

第三章
继续工业化与科技驱动的新型城市化道路

业和服务机构，这些机构及相应的高端人才对城市发展环境的要求已远远超过生产性组织对环境的要求，它们对创新政策、人才政策、政务服务、社会服务、信息环境、科研环境、人文环境等软环境的要求更多。

因此，探究经济发展软环境建设的对策和措施，加快推进区域软环境建设，对于促进和加强区域经济发展显得格外的迫切。津南区在启动科学城建设过程中，应同时启动软环境建设规划，加快制定和落实具体的政策和办法，为科技创新资源的聚集、区域经济发展方式的转变和社会的和谐发展营造良好的地方经济软环境。

2. 大力推进以构建创新创业环境为核心内容的软环境建设。以无锡"530"计划为主要代表的创新创业环境构建，在聚集高端人才、创新型企业，推动经济转型和发展方式转变上效果显著。自2006年该计划实施到2010年3月止，已经有276个"530"项目落户无锡，共引进海外归国创新和创业人才1200名。"530"项目已经成为支撑无锡物联网、新一代IT技术和生物医药产业发展的核心资源。无锡在新城建设过程中，将招商投资环境建设与创新创业环境建设相结合，在构建优越的工作、生活环境的同时，全力打造信息服务平台、资源共享平台、政务服务平台、创新创业平台等软环境建设，变招商引资为引智创业，实现经济发展速度和经济发展质量质的突破，使无锡走在了全国经济转型和经济发展方式的前列。

要将津南科学城建设成为天津的科技创新中心、创新型新兴城市和商务花园城市，就必须在软环境建设上下足功夫，突出以构建创新创业环境为核心内容的软环境建设，将津南变为科技创新创业人才的沃土。

（1）构建有利于创新型企业创业与成长的政策体系。创新型企业是国家实现创新驱动和内生增长的主导力量，是提升自主创新能力和发展战略性新兴产业的关键环节，更是津南科学城建设的中坚力量。针对创新型企业不同发展时期的特征和需求制定一整套促进创新型企业创业和成长的政策。该项政策体系以扶持创新型企业由小做大为目标，强调政府扶持的过程的动态化，针对企业发展的不同时期，制定不同的扶持政策。简单地说就是为创新型企业的创业和成长制定一整套政府扶持方案。这种政策体系的作用主要体现在三个方面：一是对创新型企业发展的直接促进作用，通过一系列政府政策支持，引导社会资源向创新型企业聚集，提升企业的创新能力和市场适应能力，实现企业的快速发展；二是向创新人才和创业者全面展示其未来发展过程中可能遇到的一系列问题的整套政府扶持方案，降低其对未来创业风险的预期，对激活区域创新和创业活动有重要作用；三是对招商引资的带动作用，创新政策体系的构建进一步完善津南区的创新创业环境，对吸引外地企业到津南科学城投资新项目、新事业将起到重要作用。

（2）充分发掘津南的历史文化中创新创业精神，为津南科学城建设打造良好的人文环境。无论硅谷还是新竹，在整个科学城的形成和发展过程中始终贯穿着浓厚的创新创业氛围，并由此形成的勇于冒险、开拓进取、兼容并包、容忍失败的创新创业文化极大地推动着知识、财富的创造和高端人才的聚集。这些地方也成为当今所有"淘金者"梦想之地。在津南未来的城市发展中，应充分发掘津南近代军事文化、农耕文化和葛沽的商业文化中的创新创业精神，使其服务于津南经济的转型、文化品质的提高、城市形象的提升和人民生活水平的改善。

（3）打造科研、信息、金融等服务平台。随着南开大学、天津大学等高等学府的进驻，新知识的创造及商业化是未来津南科学城的主导的创造活动。为新知识的创造及商业化提供科研服务平台（公共技术平台、开放实验室服务等）、信息技术平台（云计算、科研数据库等）、金融服务平台（产业基金、风险投资、联保担保等）等优质的知识创造及转换服务平台，为科技人才的创新创业活动提供必要支持。

3. 适应科学城建设发展需要，建设服务型政府。在硬件设施差距逐渐缩小的今天，招商的主要竞争手段是服务。谁拥有最优质高效的服务，谁就能吸引更多的投资者。营造服务环境，很重要的是表现在政府服务的质量和办事效率方面。政府领导经济工作的方式要由管理型向服务型、责任型转变，政府的公务员也要真正实现"管理员"向"服务员"的角色转变。要把提高政府工作效率作为营造良好的创业环境的突破口来抓。政府要以规范的方式为客商提供快捷便利的服务，让企业进入一个平台就可以办成一系列的事情，从而减少企业的交易成本。如北京市成立的投资促进局,集企业投资前咨询、投资中服务、投资后投诉受理为一体,形成全程服务。政府工作人员要换位思考,客商投资要尽快出效益,一切环节都要力争提速,让速度的压力来催化每位办事人员的责任与服务意识。

(五)适应科学城发展需要打造新的招商引资和引智创业平台

建设高水平科学城是津南经济社会实现"创新驱动,内生增长"式可持续发展的必然选择。以南开大学、天津大学为首的天津城市高端教育科研功能模块的南迁,已经为津南科学城的未来发展装上了强劲的创新极核,进一步的工作则在于加快高水平科研机构、高技术人才、高科技企业等创新元素的引进速度,以期尽快铸就高效的创新研发网络,为津南科学城的长足发展奠定坚实支撑。根据津南目前招商工作的实际,同时结合国际国内经验,本课题组认为提升招商引智水平,建设高素质的招商引智队伍和高效率的招商引智平台已经成为津南亟待解决的头等要务。鉴于此,本课题组提出"四个建设"的政策建议:

1. 机构建设。建设全区统一的招商引智机构,直接对主管区长负责。同时各镇建设相应招商引智机构,既对所在镇负责,同时接受区级招商引智机构的协调考核。招商机构在职能上划分为招商模块和引智模块两部分,以期实现招商引智的精确指导。招商模块负责高科技企业的接触和引进;引智模块负责研发机构和有创业意向的高科技人才的引进。

2. 队伍建设。加强教育培训力度,提升现有招商队伍整体素质。通过教育宣讲、集中培训、必要的学习考察等手段,切实提高现有招商队伍的认识水平。同时积极招聘引进经验丰富的招商引智人员,进一步充实和强化招商引智队伍的整体水平。同时加强对招商人员的绩效考核力度,将目标任务分解到人,切实做到奖罚分明。

3. 思想建设。通过教育培训,切实转变招商人员以往一味注重引进所谓"大项目"① 的思维模式,更加注重高科技企业、研发机构和高科技

---

① 按照一般理解,"大项目"往往指能够带来短期经济效益,但却并不一定代表产业发展未来,同时可能对环境带来较大负面影响的项目。从实践经验来看,污染严重的重工业项目、严重依赖于廉价劳动力的劳动密集型项目等等往往被称作"大项目",如富士康、荣程钢铁等等。

人才等既代表产业发展未来又具有极大内生增长潜力的"好项目"的引进。只有切实转变观念才能最终实现创新节点在津南高密度、高水平、高效率聚集，为津南科学城的建设奠定坚实基础。

4. 配套建设。招商引智工作离不开配套政策体系的建设，完善的配套政策是招商引智工作高效运行的基本保障。尽快出台类似于无锡"530政策"的有利于引智创业的人才政策。加大对高科技企业和研发机构的扶持力度，在税收、土地等方面出台更大力度的优惠政策，从而切实实现津南高科技创新元素高密度聚集的"洼地效应"，为津南的招商引智工作和科学城的建设提供一流的软环境支持。

第四章

农村继续工业化中战略性新兴产业的发展
——低端创新：电动汽车产业启动和发展的山东模式*

  随着国际国内市场条件的变化、要素成本的上涨和资源环境约束的加强，从要素驱动向创新驱动转变过程中，发展战略性新兴产业不仅是城市经济转型升级的方向，同时也是农村继续工业化的方向。山东电动汽车产业的发展就是一个典型的范例。与合资和国有企业不同，山东电动汽车企业前身都是第二次农村工业化过程中发展起企业，尤其是传统的农用车企业。因为了解农村市场对电动汽车的需求，他们选择了一条从低端产品开始的战略性新兴产业发展道路。

  本研究表明，与传统对电动汽车产品市场需求前景的认识不同，以低速电动汽车为代表的低端创新拥有广阔的市场前景。随着市场的逐渐成熟和产品向高端化的发展，中国低速电动汽车产业的市场前景将达到 1 亿至 2 亿辆的规模。市场需求是否能够释放，还取决于产品、技术和产业政策

---

* 本报告是由南开大学经济研究所刘刚教授和山东省汽车工业协会常务副会长魏学勤共同主持完成的。课题组成员包括：山东省汽车工业协会郭金娜副秘书长，南开大学经济研究所博士研究生李强治、王超贤和荣欣。在查阅大量文献的基础上，2012 年 1 月 28 日完成本报告，2010 年 5 月至 2011 年 11 月 28 日，课题组陆续对山东省电动汽车整车和关键冷部件企业进入了深入的调研和访谈。调研和访谈的主要企业包括时风、唐骏欧铃、宝雅、比德文、英克莱、泰丰汽车、广生新能源、黑豹、哲人、梅亿、喜特恩特等整车企业，圣阳、久力、润峰、海特、威能等动力电池企业，荣佳、休普、德普达等主要驱动电机企业，申普等其他零部件企业。感谢企业和各地政府管理部门对课题研究的大力支持和帮助。

条件的完善和成熟。

现有数据表明，山东电动汽车产业已经形成了较为完善的生产和研发网络，拥有发展为新的主导产业的基础和能力。但是，与其他省市的比较分析表明，山东省电动汽车产业目前拥有的竞争优势并不明显。更为重要的是，因为缺乏区域创新网络的支撑和可能存在的技术研发上的逆向选择倾向，有可能延缓山东电动汽车产业的技术升级速度和产品发展方向。综合分析的结果表明，山东省要珍视产业发展初期已经获得的市场和技术领先优势，通过开放式区域创新网络的构建，扩大领先优势，最终形成支撑产业发展和扩张的竞争优势。

第一节 电动汽车的农村市场

一、电动汽车产业启动和发展的山东模式

随着资源和环境约束的不断加强，包括电动汽车在内的新能源汽车将逐步替代传统汽车成为代表经济发展方向的战略性新兴产业。作为新兴产业，电动汽车的研发和制造涉及包括机械、电子、新能源、计算机、汽车、信息科学在内的诸多高新科技的集成和产业化，属于系统创新。与局部创新根本不同，系统创新强调对新技术组合的探索，面临技术和市场的双重不确定性。作为探索性活动，在系统创新的初始阶段，新兴产业的发展往往面临着技术开发路径和市场需求的多样性选择。如何从实际出发，尤其是以实现市场需求为导向，选择恰当的技术组合和新产品开发路径，是新兴产业顺利启动和发展的关键。

作为系统创新，电动汽车产业的发展不仅与传统产业技术存在根本差异，例如，在能源补给系统、能源系统、驱动系统和整车系统上的巨大差异，而且需要更新的科学和技术支持体系。因而，电动汽车产业的发展不属于局部创新，而是一个涉及新的产业结构调整和区域创新体系发展的系统工程。电动汽车系统结构和所需要的科学和技术支持体系如

第四章
农村继续工业化中战略性新兴产业的发展

图 4-1 所示。

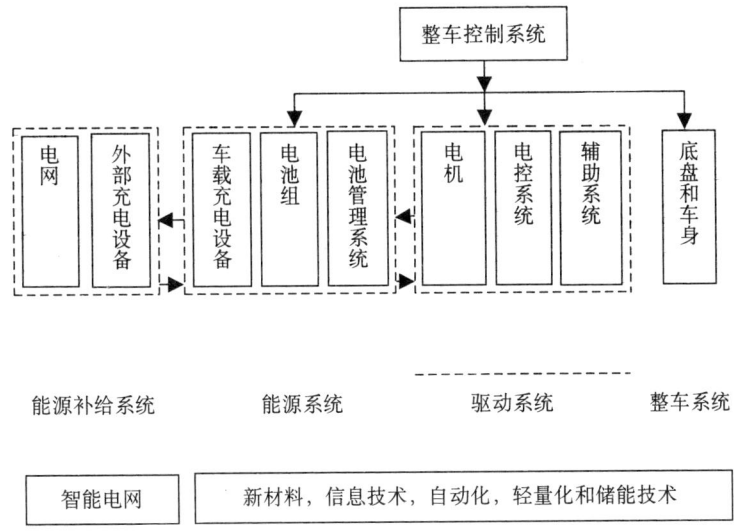

图 4-1 电动汽车系统结构图和相关科学和技术支持体系

在电动汽车产业发展的技术路径选择上，国内一直存在两种观点：一种观点认为，中国电动汽车产业的发展应当从高端产品的研发开始，产业发展的目标是替代传统燃油汽车；另一种观点认为，从技术的可获得性出发选择低端产品的研发，产业发展的目标首先是满足农村和城市低端消费人群，然后通过吸收新技术，逐渐走向产品的高端化。前者被称为高端创新，强调以新技术为主导进行新技术组合的探索和新产品研发。后者则被称为低端创新，强调以现有成熟技术为主导进行新技术组合的探索和新产品研发。无论是高端创新还是低端创新，对新兴产业的发展而言，都属于系统创新。

作为低端创新，山东低速电动汽车产业的发展依赖的是以现有成熟技术为主导的新技术组合探索和新产品研发。对新兴产业的发展而言，低端创新同样属于系统创新。这是因为，一方面低速电动汽车属于新产品，另一方面低速电动汽车产业的发展及其向高端产品的演化，同样需要包括新材料、新能源和新一代信息技术等科技体系的支撑。

结合国际和国内新兴产业发展的成功经验，本报告认为，山东省正在探索一条依靠低端创新启动和发展电动汽车新兴产业的新模式。对中国战略性新兴产业的启动和发展而言，山东模式具有十分重要的借鉴和示范意义。

山东模式的基本内涵包括：

第一，从现实市场需求出发，探索现有技术的新组合研发和制造新产品。电动汽车产业的量产之所以率先在山东实现，根本的原因是山东电动汽车产业的发展不是着眼于所谓新技术的未来可能市场空间，而是现实市场需求，尤其是满足即将进入汽车社会的消费人群的现实市场需求。在技术选择上，山东电动汽车企业强调现有技术的新组合及其应用，而不是一味地强调所谓高新技术的研发和应用。

从现实市场需求出发和充分考虑现有技术的新组合，使山东在启动电动汽车的过程中，降低了新兴产业发展过程中一般都要遇到的市场和技术双重不确定性，实现了产业顺利启动和快速发展。

第二，在新兴产业的启动阶段，低端创新着眼于现有技术的可获得性，但这并不意味着技术的凝固化和逆向选择，而是在产业的发展过程中通过不断吸收新技术成果，逐渐实现产品的高端化。

从技术的可获得性看，中国电动汽车产业的发展主要受电池技术的制约。因而，在电动汽车产品的研发和设计上，存在着两种技术路径选择：一是以现有的成熟电池技术为主导设计和研发低速电动汽车；二是以包括锂电在内的新技术为主导设计和研发与传统燃油汽车相媲美的电动汽车。从目前的技术条件看，后一种技术路径面临更大的不确定性，而前一种路径是符合山东省产业发展实际的技术选择。

从现有成熟技术的组合开始，在产业启动和发展的过程中，不断吸收新技术，从低端走向高端，是山东省电动汽车产业发展的现实路径选择。但是，在低端创新的过程中，山东省要高度关注有可能出现的产业发展技术路径的逆向选择问题。技术路径的逆向选择是指，某些具有影响力的企业因为过度强调低端市场的重要性，阻碍了新技术成果的有效吸收，当新技术逐渐成熟发展为突破性技术的时候，现有企业和产业将丧失原有的竞争优势。

第四章
农村继续工业化中战略性新兴产业的发展

第三，与其他省市相比，在依托低端创新启动和发展电动汽车产业的过程中，山东省的创新主体是多元的，表现出创新的集群和网络效应。在调研中，课题组发现山东省电动汽车产业的创新主体不仅来自传统的农用车生产企业，而且来自电动自行车、汽车零部件、电池和从事国际贸易的企业。更为重要的是，这些企业基本上都是民营企业，对市场具有高度的敏感性。

在低速电动汽车产业的发展过程中，多元化而集群的创新主体通过新产品的研发和生产不断构建新的价值网络。山东低速电动汽车研发和生产的价值网络，以整车企业为主体，包括关键零部件企业、科研院所、中介组织和政府相关部门。尽管存在着以本地企业为主体的发展趋势，但是目前的价值网络仍然是开放的，其中的关键零部件仍然来自其他省市。同时，科研院所的加入有效地提高了新价值网络的知识和技术吸收能力。以山东省汽车工业协会为代表的中介组织，在新价值网络的形成和发展过程中，发挥了至关重要引导和组织功能。

第四，与成熟产业的发展根本不同，缺乏相关的产业政策是新兴产业发展早期阶段的基本特征。从发达国家启动和发展新兴产业的成功经验看，从新兴产业启动和发展的实际出发，制定符合产业发展内在规律的产业政策，是促进新兴产业健康发展的关键。

在缺乏国家产业政策的条件下，山东省政府和行业协会积极探索新兴产业发展的规律，制定了符合低速电动汽车产业发展实际的区域产业政策，提出了"在发展中规范和规范中发展"产业管理思路，有效地推进了山东低速电动汽车产业的发展。这为其他省市战略性新兴产业的启动和发展提供了示范和借鉴。

二、电动汽车低端产品的市场需求

依据山东低速电动汽车产品发展的实际和发达国家的经验，在本报告的分析中，首先对低速电动汽车做出一个规范性的定义：低速电动汽车是指最高时速在40—70公里的电驱动四轮车。

（一）低速电动汽车的产品定位

在已经上市销售的新能源汽车中，低速纯电动汽车的续航里程一般在

100—150 公里，高速纯电动汽车的续航里程一般在 150—300 公里，混合动力则在 400 公里以上（见表 4-1）。在高速纯电动汽车中，目前市场销售表现最好的是 Leaf，其最佳状态的续航里程也只有 160 公里，实际有效里程与现有低速纯电动汽车相比差距不大；而 E6 之所以能够实现 300 公里的续航，在于牺牲汽车轻量化实现的，据报道，E6 的电池重量约 600 公斤，而 Leaf 只有 280 公斤，高出一倍多。从总体上看，当前技术条件下，除混合动力汽车外，纯电动汽车都只能满足平稳路况的短途出行需求。

表 4-1 已上市的主要新能源汽车性能比较

厂商	车型	最高车速（公里/小时）	续航里程（公里）	
低速纯电动汽车				
时风	GD04A	45	100—150	
宝雅	雅贝	50	150	
高速纯电动汽车				
日产	Leaf	145	160	
比亚迪	E6	140	300	
混合动力汽车			纯电	综合
通用	Volt	160	80	560
比亚迪	F3DM	150	80	450

因此，根据低速电动汽车的定义以及低速电动汽车当前的性能表现，低速电动汽车是一种新的低速短途交通工具，可以满足上下班、接送孩子、购物等短途出行需求。根据这一功能界定，低速电动汽车的竞争性产品主要包括：电动自行车[①]、轻便摩托车、农用车[②]和低端传统汽车。见表 4-2。

---

① 包括电动摩托车，本报告以电动自行车统称之。对于最高时速在 20—50 公里的电动两（三）轮车如何界定还存在标准之争的问题。但国家标准管理委员会公布新的《电动摩托车和电动轻便摩托车安全要求》，将时速高于 20 公里的电动自行车划入轻便摩托车类进行管理。

② 2004 年新出台的《机动车运行安全技术条件》取消了农用车这一类别，将原来的三轮农用运输车和四轮农用运输车统一划为低速汽车类进行管理。本文为理解方便，仍将这类汽车统称为农用车。

第四章
农村继续工业化中战略性新兴产业的发展

表 4-2　　　　　　　　　各类交通工具的比较

对比产品		速度与范围	与低速电动汽车关系
低速两（三）轮车	自行车	超低速、超短途	互补性
	电动自行车	低速、短途	竞争性
	轻便摩托车	低速、短途	竞争性
低速汽车	农用车	低速、短途	竞争性
	低速电动汽车	低速、短途	——
高速汽车	低端传统汽车	高速、短途	竞争性
	高速纯电动汽车	高速、短途	竞争性
	混合动力汽车	高速、长途	互补性
	中高端传统汽车	高速、长途	互补性

基于以上分析，本书认为，低速电动汽车的产品定位应该是介于低速两（三）轮交通工具与高速四轮交通工具之间的一种新的满足短途交通需求的中间型产品。

（二）低速电动汽车产品的竞争性分析

低速电动汽车作为一种新的交通工具，其市场开拓还需要需求主体的产品认知和市场体验过程。与其他各类短途交通工具相比，低速电动汽车不仅能够满足低速和短途的行驶要求，还具备许多使用上的优势。

1. 作为电动自行车使用者的替代。电动自行车是一种理想的低速代步工具。过去十年里，电动自行车获得了飞速发展，[①] 这取决于电动自行车的一系列优点：第一，使用方便，电动自行车由于小巧轻便，可以在非机动车道行驶，不会面临轿车使用过程中碰到如堵车、停车难等问题；第二，电动自行车的电池轻而且可拆卸，方便城市和农村家庭充电；第三，价格便宜，一般电动自行车的价格在 1000—3000 元，绝大部分中低收入人群都有这个支付能力；第四，使用成本极低，当前低速电动自行车百公

---

① 据中国自行车行业协会理事长马中超介绍，"截至 2011 年 1 季度止，城镇居民家庭平均每百户电动自行车拥有量为 31.2 辆，江苏省已率先每百户接近 80 辆，全社会的保有量接近 1.3 亿辆。我国成为世界上最大的电动自行车生产、消费和出口国，产量和出口量都占世界总量的 95% 以上"。

里耗电仅为1.2千瓦时,按照居民用电价格0.52元/千瓦时计算,百公里仅需要花费0.62元,如果一个人一天的使用里程为50公里,日均使用成本为0.3元,几乎可以忽略不计。由于具有这些优点,电动自行车已经成为满足人们在家、学校、公司、近距离客户、菜市场、商场等地点之间的重要代步工具。

但是电动自行车也有其固有的缺点,例如不能遮风挡雨防晒,不够舒适,不安全。与电动自行车相比,低速电动汽车作为一种低速短途代步工具,不仅能够满足电动自行车的使用需求,而且还存在许多新的优势:第一,四轮行驶,安全性稳定性更好;第二,可遮风挡雨、防暑避寒,不受一般天气影响。因此,低速电动汽车可以成为部分上班族或接送孩子的代步选择,这样会替代一部分电动自行车的需求。

但低速电动汽车不能完全替代电动自行车。这主要是由于与电动自行车相比,低速电动汽车存在许多不足,主要表现在:第一,价格相对较高,低速电动汽车的价格一般在3万—6万元,比电动自行车1000—3000元的价格高出近20倍,一般中低收入群体不能够一次性为一种短途代步工具支出这么多,他们可能会继续保留使用电动自行车作为代步工具;第二,日常使用、维护成本高,每月需要支出500元左右,和电动自行车相比这也是一笔巨大的开支;第三,大中城市中配套设施不完善,低速电动汽车充电不方便,这限制了目前其在大中城市中的使用;第四,低速电动汽车可能存在停车、交通拥堵等问题。

2. 作为轻便摩托车的替代。摩托车是一种理想的短途代步工具。随着人们生活水平的不断提高,摩托车也成为人们较为普及的一种短途代步、载货交通工具,这主要是由于摩托车具有一系列优点:1)能源成本低:一般110毫升排量的摩托车百公里油耗为2升,按照7.2元/升计算,摩托车百公里能源成本为14元;2)使用方便,适合各种路况和城市空间,与自行车一样能到"汽车不能到的地方"、"没有公汽的地方"、"厂矿、社区、学校不让进的地方",同时,还有可能免除堵车、停车的烦恼;3)摩托车动力性能好,可爬坡、载物,因而是部分地区理想的短途交通工具。

第四章
农村继续工业化中战略性新兴产业的发展

但是,摩托车也有其固有的缺点。例如:1)政策和市场环境因素影响,例如中国有170多个城市出台有禁限摩政策,使得摩托车上牌照难;2)摩托车操作复杂,而且安全系统数低,18岁以下的青少年学生、50岁以上的老人以及中青年妇女被排除在使用范围之外;3)购买成本和使用成本相对高;4)摩托车排放污染严重,噪音超标;5)不能遮风挡雨防晒,不够舒适。与摩托车相比,低速电动汽车作为一种低速短途交通工具,不仅能够满足摩托车的一些使用需求,而且还存在许多新的优势:1)四轮行驶,安全性稳定性更好;2)可遮风挡雨、防暑避寒,不受一般季节气候因素影响;3)驾驶简便,老人、妇女以及青年都可以很快熟练操作。因此低速电动汽车可以成为部分上班族上班、老人妇女接送孩子与购物等的代步选择,这样会替代一部分摩托车的需求。

但低速电动汽车不能完全替代摩托车。这主要是由于与摩托车相比,低速电动汽车也存在许多不足,主要表现在:1)价格相对较高,低速电动汽车的价格一般在3万—6万元,比摩托车5千至1万元的价格高出3倍以上,一般中低收入群体不能够一次性为一种短途代步工具支出这么多,他们可能会继续保留使用摩托车作为代步工具;2)日常使用、维护成本高,每月需要支出500元左右,和摩托车相比这也是一笔巨大的开支;3)大中城市中配套设施不完善,低速电动汽车充电不方便,这限制了目前其在大中城市中的使用;4)低速电动汽车在城市中使用时可能面临停车、交通拥堵等问题;5)低速电动汽车在当前技术条件下因受动力限制,很不适合在山地、丘陵等地区使用。

3. 作为低速农用车的替代。低速农用车,包括三轮汽车和低速货车,已经成为我国农村实现人流和物流移动的重要交通工具。2004年,我国出台了新的《机动车运行安全技术条件》将低速农用车划归汽车类进行管理,逐步取消农用车这一称谓。低速农用车正是介于低速两轮车和高速汽车之间的一种中间型产品,具有价格低廉、质量可靠耐用、中低速度、中小吨位等特点,较好适应了农民的经济收入水平、使用水平及对运输工具的要求,也较好满足了农村各种用途的需要,从而使之具有了巨大的市场潜力和现实需求。

然而，近年来由于市场低水平竞争和政府政策的影响，低速农用车的销售受到较大影响，年销售量维持在200万辆上下。随着我国农村道路条件的改善及低速电动汽车的技术进步，低速电动汽车正成为低速农用车的重要替代产品。与低速农用车相比，低速电动汽车的使用存在许多新的优势：1）购买成本相当，但使用成本低；2）操作简便、噪音小；3）清洁能源、污染少。

4. 作为低端传统汽车的替代。为了适应高油价时代的到来，各路汽车厂商都推出了价格较低的节油型的小排量微型汽车，以满足中低收入者或一般工薪阶层降低汽车消费成本的需求。根据小排量微型车针对的目标市场，低速电动汽车将有十分巨大的潜在市场空间。

从使用用途来看，小排量微型车的需求主要是用来满足：1）低收入群体的有车需求；2）上下班；3）接送孩子；4）购物；5）其他短途需求等。而这些需求正是低速电动汽车完全可以满足的，同时，低速电动汽车还拥有小排量微型车无法比拟的优势：1）清洁能源、污染少；2）购买成本相当，但使用成本极低。

与低端传统汽车相比，低速电动汽车的购买价格相当，但使用成本只有其三分之一。为了相对准确地说明低速电动汽车与低端传统汽车在各项成本上的差异，表4-3中对各项条件进行了假定，并在此基础上进行了分析。根据表4-3的数据分析，在购买成本相当的情况下，消费低速电动汽车比消费小排量微型车平均每年要少支出8500元左右。并且随着低速电动汽车及关键部件的技术进步，这一差距还将扩大，根据表4-3假定的技术进步速度，消费低速电动汽车每年将节约10500元，平均每月使用成本仅300元不到。因此，与低端传统汽车相比低速电动汽车拥有绝对的性价比优势。这大大降低了消费低速电动汽车的收入门槛，使得更加广泛的低收入群体也能够消费汽车，使汽车成为一种真正的大众消费品。见表4-3。

（三）低速电动汽车的市场空间

低速电动汽车作为一种新的中间型产品，由于使用成本低、环保无污染、操作简便等优点，使其成为理想的低速短途代步工具，具有广阔的市

第四章
农村继续工业化中战略性新兴产业的发展

表 4-3　小排量微型车与低速电动汽车的成本比较

一、假定条件

	能耗	保养	使用年限	8年保值率	电池	电机	续使里程
小排量微型车	6升/百公里，油价7.2元/升	5000公里保养一次，每次保养费200元	8年	40%①	—	—	60公里/天×360天=21600公里/年
低速电动汽车（当前技术水平）	15千瓦时/百公里，电价0.5元/千瓦时			5%	成本8000元，2年更换一次，30%的残值	成本4000元，4年更换一次，无残值	
低速电动汽车（考虑技术进步）				10%	成本8000元，4年更换一次，30%的残值	成本4000元，8年更换一次，无残值	

二、成本比较

		小排量微型车	低速电动汽车（当前技术水平）	低速电动汽车（考虑技术进步）
购买成本（元）	市场价格	40000	40000	40000
	购置税	3419②	0	0
	上牌费	500	0	0
	合计	43919	40000	40000
二次成本（元/年）	能源部件更换	0	2100	700
	动力部件更换	0	500	0
	合计	0	2600	700
日常使用成本（元/年）	车船使用税	480	0	0
	保险③	4089	0	0
	能源消费	9331	1620	1620
	保养费	864	864	864
	合计	14764	2484	2484

① 小排量汽车的5年保值率一般在50%—55%，参考：http://fx.db2car.com/S-m1-Infor-InforShow-9-12670.html
② 小排量汽车购置税已经取消，现在按10%的税率征收。
③ 包括交强险和常规商业保险。

续表

二、成本比较				
		小排量微型车	低速电动汽车 (当前技术水平)	低速电动汽车 (考虑技术进步)
保值收益(元)		16000	2000	4000
平均综合成本①	(元/年)	18254	9834	7684
	(元/月)	1521	820	640
平均使用成本②	(元/年)	14764	5084	3184
	(元/月)	1230	424	265

场空间。然而低速电动汽车的潜在需求能否进一步转化为有效需求,还需要具备一定的条件。

1. 潜在消费者的年龄限制更宽。在现有的满足短途出行需求的交通工具中,绝大多数的使用者是18—60岁的中青年人群。根据2010年全国第六次人口普查数据显示,15—59岁的人口为9.40亿人,占总人口的70%,作为更有使用优势的低速电动汽车也将以满足这部分人群的短途出行需求为主。

除此之外,占中国人口近1/7的老年人群几乎被传统交通工具忽略了。这部分人群中有接送孙辈上学、购物、串门等短途代步工具的使用需求,但可能因为传统车操控难或使用成本高,电动自行车等又不稳定易受天气影响,所以现有的短途代步工具无法满足这一需求。而低速电动汽车拥有操作简单、安全稳定、驾驶舒适、轻便环保、价格便宜、使用成本低等特点,使得其成为老年群体十分理想的代步工具。根据2010年全国第六次人口普查数据显示,我国60岁及以上人口为1.78亿人,占13.26%,其中65岁及以上人口为1.18亿人,占8.87%。同2000年第五次全国人口普查相比,60岁及以上人口的比重上升2.93个百分点,65岁及以上人口的比重上升1.91个百分点。③ 根据联合国公认的标准,中国已

---

① 综合考虑购买成本、二次成本、日常使用成本和残值收益。
② 只考虑二次成本和日常使用成本。
③ 2010年第六次全国人口普查主要数据公报.

第四章
农村继续工业化中战略性新兴产业的发展

经步入"老龄化社会"。这样一个庞大的群体，满足他们的出行需求，将成为低速电动汽车大有可为的空间。

因此，总体上看，低速电动汽车的潜在消费者几乎包括了所有年龄层次的人群，可以满足占中国总人口83%，即近11.18亿人口的短途出行需求。

2. 潜在消费者的收入约束更低。收入水平是影响人们购买意愿的重要因素。对于有短途代步使用需求的消费者来说，其剩余可支配收入（这里指扣除必要生活支出之后的收入）越高消费能力也就越强，那就越有可能成为低速电动汽车的有效需求者。根据前文对低速电动汽车购买和使用成本的分析，综合考虑消费者可能面临的其他生活支出情况，本部分对消费低速电动汽车所需要的最低收入水平（税后可支配收入）进行了相对客观地说明。

由于不同地区不同人群的生活成本存在差异，本报告将分析范围大致分为城镇地区和农村地区。一般来说城市地区居民的生活支出要高于农村地区居民的生活支出，因此，城市居民要成为潜在消费者的最低收入水平要高于农村地区居民。

根据《中国统计年鉴2011》公布的统计数据显示，2010年我国城镇居民的人均消费性支出①为13471元；农村居民的人均生活消费支出②为4382元，人均生产消费支出③为2000元。如果城市以3口之家、农村以4口之家计算，城市和农村的家庭总支出分别为3368元/月和2127元/月。同时，考虑家庭的预防性货币储备，城镇和农村分别为400元与200元。

假设消费低速电动汽车最初需一次性支出4万购买成本。为方便估算，假设消费者可以通过5年期贷款买车（首付30%，年利率6.9%）。

---

① 包括：食品、衣着、居住、家庭设备用品及服务、交通通讯、文教娱乐用品及服务、医疗保健、其他商品及服务方面的支出。
② 包括：食品、衣着、居住、家庭设备用品及服务、交通通讯、文教娱乐用品及服务、医疗保健、其他商品及服务方面的支出。
③ 包括：家庭经营费用支出、购买生产性固定资产、财产性支出。本报告计算时，不考虑税费支出（规模太小）和转移性支出（一般为非现金支出）。

这样消费者需攒够12000元首付款（消费者至少有这个储蓄，否则不会考虑买车），每月月供553元。除购车成本外，消费低速电动汽车，在当前技术条件下，每个月需支出424元的使用成本；如果考虑技术进步，使用成本将进一步降低至265元。

根据以上假设，本文在表4-4中对城镇居民和农村居民消费低速电动汽车所需的最低收入进行了估算（表中数据是上文数据的取整）。

表4-4　　　消费低速电动汽车最低收入水平核算情况　　　单位：元/月

区域	首付	月供	家庭总支出	预防性持有货币	平均使用成本		家庭最低收入水平	
					当前技术水平	考虑技术进步	当前技术水平	考虑技术进步
城镇	1.2万	553	3368	400	424	265	4745	4586
农村			2127	200			3304	3145

从估算结果来看，在当前技术条件下，城镇居民的家庭收入水平达到4800元/月、农村居民的家庭收入水平达到3300元/月，即城镇家庭夫妻人均收入达到2400元/月，农村家庭夫妻人均收入达到1650元/月，就可能成为低速电动汽车的潜在消费者。

低速电动汽车的低使用成本使其比传统汽车拥有一个更广阔的消费群体，它将所要求的最低收入水平降低了800元左右（根据表4-4的分析，小排量微型车与当前技术水平的低速电动汽车之间的使用成本相差800元左右），使众多更低收入水平的人可以成为有车一族，而且随着低速电动汽车的技术进步，其可能的消费群体将进一步扩大。

按表4-5中估计的当前技术水平下家庭最低收入水平计算，城镇家庭年人均收入达到18980元，农村家庭年人均收入达到9912元，就可以成为低速电动汽车的潜在消费者。2010年我国城镇和农村的年人均收入分别为19109元（可支配收入）和8119元（总收入）。两组数据比较说明，城镇居民当中能消费得起低速电动汽车的人口比例比农村地区高。一个简单（但并不十分准确）的估计是，在城镇人口中有超过50%的人，在农村人口中有不到50%的人能够消费得起低速电动汽车。根据这一简单估计，以及两组数据之间差距的大小，可以认为，城镇居民当中有55%的人口有能力

第四章
农村继续工业化中战略性新兴产业的发展

消费，农村居民中有40%的人口有能力消费。根据2010年全国第六次人口普查数据，我国城镇和农村地区潜在消费群体大致为3.66亿人和2.70亿人。

表4-5　　　　　　　　　收入衡量的潜在市场空间

区域	全国平均人均年收入（元）	全国最低人均年收入（元）	第一列减第二列（元）	估计潜在消费者比例（%）	2010年人口普查数量（亿人）	潜在消费群体（亿人）
城镇	19109	18980	129	55%	6.66	3.66
农村	8119	9912	-1093	40%	6.74	2.70

3. 市场空间测算。低速电动汽车拥有广大的潜在消费群体，这些消费群体转化为实际消费群体仍然需要一些条件。从现阶段看，这些条件至少包括：1）政策许可；2）技术水平；3）配套设施；4）交通状况等。

低速电动汽车的广泛使用，首要的前提条件就是政策的许可，只有获得合法性身份，投资者才会大胆地开展技术研发、产品开发、厂房建设等活动，消费者也才会更放心地购买和使用。因此，本报告在做市场预测时，首先不考虑政策条件，即假设其合法性已得到认可。

根据对影响潜在需求转化的影响因素分析，可以将低速电动汽车的使用环境分为当前使用环境和未来使用环境，以更加客观地预测潜在市场空间。当前使用环境是指，现有的技术条件、现有的配套设施和现有的交通状况等；未来的使用环境是指，成熟的技术条件、完善的配套设施、改进的交通状况等。

第一，从使用区域看，在当前使用环境下，农村和小城镇更适合市场开发，因为这些地区充电的便利性较好、交通拥堵程度也较低、停车更方便等。而在未来使用环境下，城市的充电便利性等限制会得到明显改善，但交通拥堵、停车便利性等问题依然存在。在表4-6的四个因素中，充电便利性是消费者选择与否的首要因素，其次是道路状况；而交通拥堵和停车便利性是任何四轮交通工具都面临的问题。因此，未来使用环境下，随着城市充电配套设施的改善，城市需求将逐步释放。见表4-6。

表 4-6　　　　　　　　　不同使用条件下区域环境

	充电便利性	道路状况	停车便利性	交通拥堵程度
当前使用条件下				
城市	较差	较好	较差	较高
农村和小城镇	较好	多数地区较好	较好	较低
未来使用条件下				
城市	明显改善	较好	无明显改善	无明显改善
农村和小城镇	较好	明显改善	较好	较低

第二，从收入水平看，在当前使用环境下，低速电动汽车的产品性能还不成熟，主要以很低的购买价格和很低的使用成本来拓展市场。从山东市场的销售情况看，现有技术产品主要销售给收入水平较低的群体，这部分市场群体对产品的质量、设计、性能等要求不高，但对价格和成本比较敏感。未来随着使用环境，特别是技术性能和设计水平的提高，向更高收入群体，特别是城市高收入群体的第二辆车需求等进行拓展将大有可为。见表4-7。

表 4-7　　　　　　　不同收入人群对产品性能要求的差异

	价格敏感性	安全性要求	操控性能要求	质量要求	外观设计要求
低收入群体	较高	较低	较低	较低	较低
高收入群体	较低	较高	较高	较高	较高

根据以上分析，在当前使用环境下，低速电动汽车的市场空间主要在农村和小城镇地区的低收入人群为主。这部分中拥有购买意愿的主要包括这些地区的老人、打工者、小生意人和妇女等，而这部分人群正是农村的主体。在未来使用环境下，所有地区都将适合低速电动汽车的市场开发，同时，高收入人群也将加入低速电动汽车的消费。据此，图表4-8对低速电动汽车的市场空间进行了预测：在当前使用环境下，市场总需求在1亿辆左右；在未来使用环境下，市场总需求在2亿辆左右。

表 4-8　　　　　　　　　低速电动汽车市场预测

地区	人口数量（亿人）	达到购买年龄群体	最低收入负担群体	有购买意愿		市场空间（亿人）
当前使用环境下						
农村	6.74	80%	40%	悲观	10%	0.21568
				中性	30%	0.64704
				乐观	50%	1.0784
城镇	6.66		55%	悲观	5%	0.14652
				中性	15%	0.43956
				乐观	25%	0.7326
未来使用环境下						
农村	6.74	80%	40%	悲观	20%	0.43136
				中性	40%	0.86272
				乐观	60%	1.29408
城镇	6.66		55%	悲观	20%	0.58608
				中性	40%	1.17216
				乐观	60%	1.75824
合计（单位：亿人）						
	悲观		中性		乐观	
当前	0.362		1.087		1.811	
未来	1.017		2.035		3.052	

第二节　山东低速电动汽车产业的价值网络分析

一、山东低速电动汽车产业发展的现状和特点

（一）山东低速电动汽车产业发展的特点

本部分以山东低速电动汽车产业价值网络的结构为主，分析这一产业在山东发展的现状和特点。新兴产业价值网络是指以新技术研发和新产品制造为主导逻辑，通过合作、并购、联合、采购等形式建立起的技术研发网络和生产配套体系。山东低速电动汽车产业作为低端创新启动发展战略

性新兴产业的典型代表,首先表现为产业价值网络的构建和扩展过程,主要反映在生产网络和研发网络两个方面。经过多年的发展,特别是以时风、宝雅等为代表的整车企业大规模进入低速电动汽车产业,加速了山东低速电动汽车产业价值网络的形成。当前山东低速电动汽车产业主要表现出以下特征:

1. 山东低速电动汽车产业形成了基本完善的研发和生产合作体系,呈现以整车企业为研发和生产核心、同时与零部件企业在关键部件的研发与生产上协同,并与省内外科研院所广泛合作。

山东低速电动汽车产业的整体价值网络、生产网络和研发网络分别如图4-2、图4-3和图4-4所示。

从整体网络来看,除少数节点外,山东低速电动汽车产业的各主体之间基本形成了一个互有关联的价值创造与价值实现网络,包括了以时风、宝雅、泰丰、唐骏、英克莱为主的整车企业,以天能、超威、圣阳、威能为主的电池企业,以休普、德普达、常州常乐、常州常捷等为主的电机企业,以同济同捷等为主的车型供应企业。

整车企业之间主要是一种竞争关系,一般没有直接的合作,而是通过一些共同合作的关键零部件企业或科研院所形成相对松散的关系网络,而这些联系纽带成为山东电动汽车产业网络快速形成与扩张的重要机制。通过对图4-2中所有节点的中心性程度①进行分析,这些关键的联系纽带主要是圣阳、天能、德普达、休普、威能、超威、山东大学和哈尔滨工业大学。

从生产网络来看,山东已经形成了以时风、宝雅、唐骏欧铃、泰丰、英克莱、比德文、广生新能源为核心,以德普达、休普、常乐、天能、圣阳、英博尔为主要零部件供应企业的生产配套体系。整车企业往往拥有共同的关键零部件供应企业。

从研发网络来看,宝雅、唐骏欧铃、泰丰、时风是推动研发网络形成的关键力量,通过它们将整个山东的研发网络向省内外的各个机构扩展。

---

① 一个节点的关系数量总和。数值越大,体现其在网络中的位置越重要。

第四章
农村继续工业化中战略性新兴产业的发展

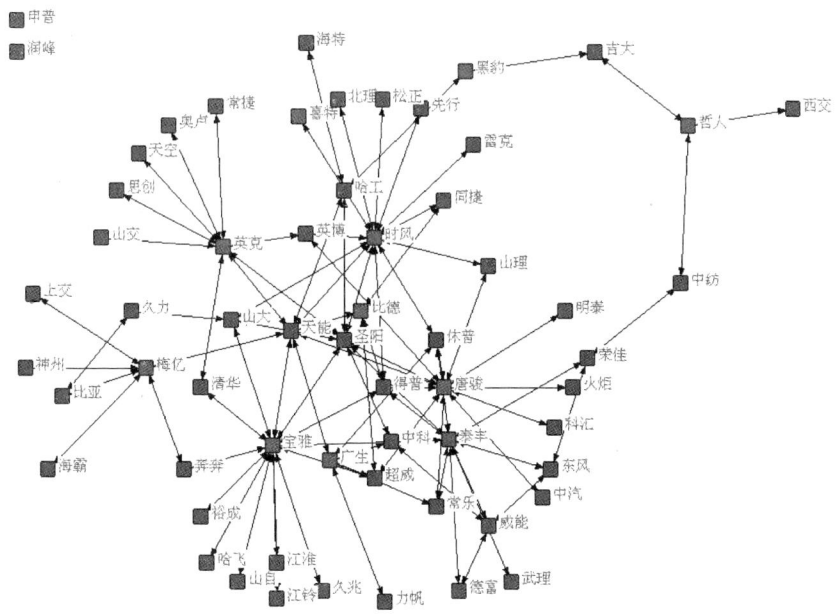

图 4-2　山东电动汽车整体价值网络

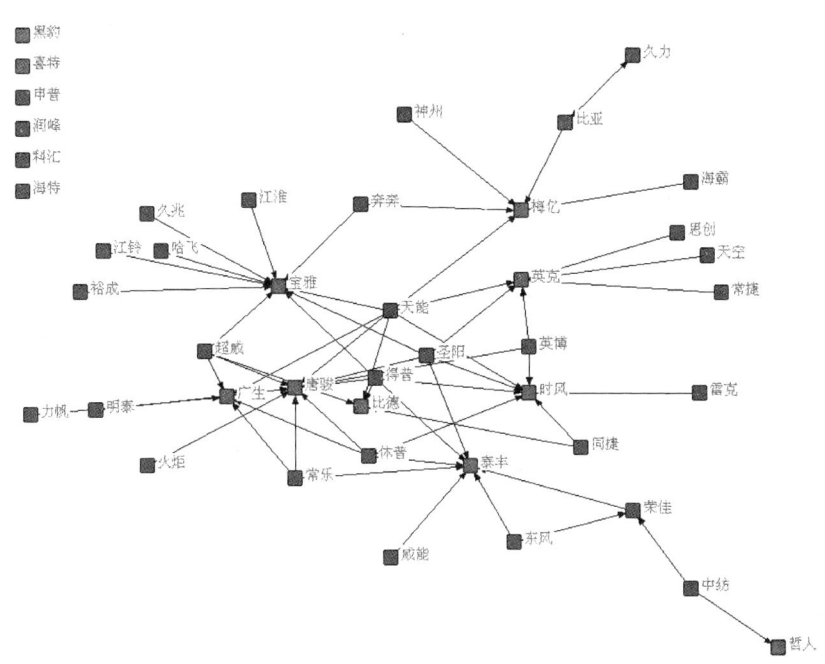

图 4-3　山东电动汽车的生产网络

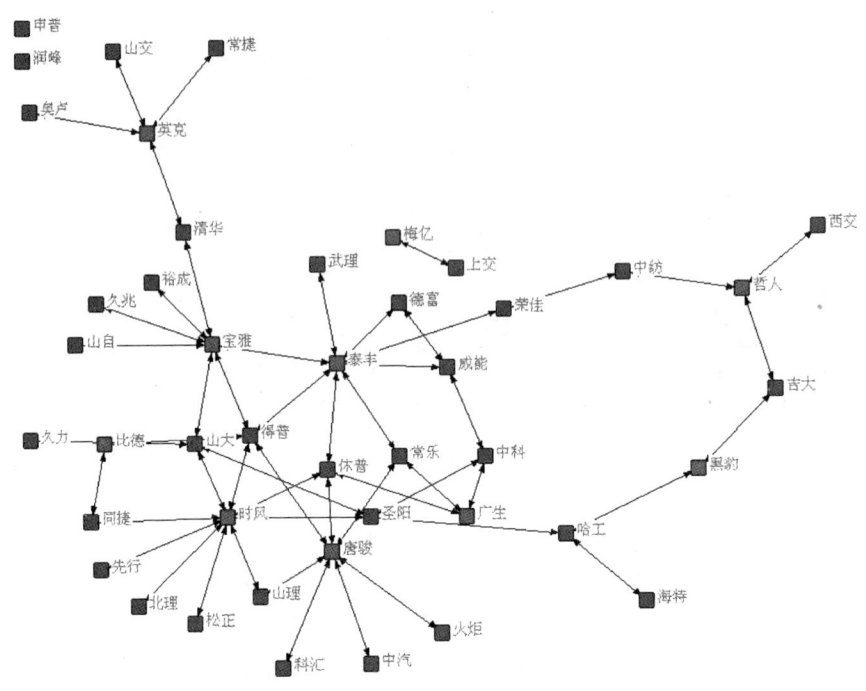

图 4-4　山东电动汽车研发网络

2. 从区域分布来看，山东主要形成了以潍坊、济南、济宁、淄博、聊城为主的整车生产基地，并与济宁和长兴的电池企业、淄博和常州的电机企业、珠海的电控企业建立了密切的合作关系。

图 4-5 展示了以产品的地域属性为网络节点的价值网络。从中可以看出，核心区域内的节点主要是潍坊、济南、济宁、淄博、聊城的整车企业，淄博、常州的电机企业，济宁、长兴的电池企业，珠海的控制器企业，山东省内外的科研院所以及提供车型设计的传统整车企业和其他省市的专业汽车设计企业。而枣庄、潍坊、济南和其他省市的锂电企业，威海、滨州的整车企业，威海的电机企业等都没有与山东的核心区域网络建立密切的关系。

表 4-9 对数据进行小团体分析，可以充分显示山东低速电动汽车产业的现状。以小团体内成员数量为 7，且每个成员至少与小团体中其他 3 个成员有关系，得到 31 个小团体（排除掉科研院所的 8 个小团体）。通过综合分析，可见显示其最主要的节点包括：淄博整车、潍坊整车、聊城整

第四章
农村继续工业化中战略性新兴产业的发展

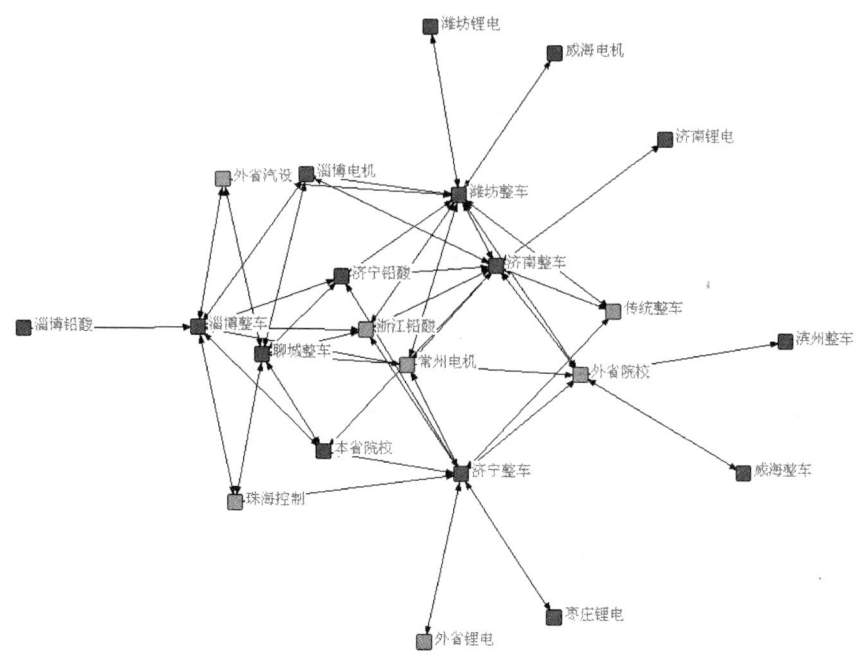

图 4-5 山东电动汽车产业的区域网络

车、济南整车、淄博电机、济宁铅酸、浙江铅酸、外省汽设、常州电机、传统整车。

表 4-9　　　　　区域网络的小团体分析

1	淄博整车 潍坊整车 聊城整车 济南整车 淄博电机 济宁铅酸 浙江铅酸
2	淄博整车 潍坊整车 聊城整车 济南整车 淄博电机 济宁铅酸 外省汽设
3	淄博整车 潍坊整车 聊城整车 济南整车 淄博电机 浙江铅酸 外省汽设
4	淄博整车 潍坊整车 聊城整车 济南整车 济宁铅酸 浙江铅酸 外省汽设
5	淄博整车 潍坊整车 聊城整车 淄博电机 济宁铅酸 浙江铅酸 外省汽设
6	淄博整车 潍坊整车 济宁整车 济南整车 济宁铅酸 浙江铅酸 常州电机
7	淄博整车 潍坊整车 济南整车 淄博电机 济宁铅酸 浙江铅酸 常州电机
8	潍坊整车 济宁整车 济南整车 济宁铅酸 浙江铅酸 常州电机 传统整车

3. 山东低速电动汽车产业的快速启动过程中，不论是生产关系的构建，还是研发网络的扩展，都大量利用了其他省市的行业领先力量。

山东低速电动汽车产业价值网络形成的一个显著特征是大量利用了其

他省市的行业领先力量。通过对本文中提出的价值网络的统计显示，外部节点数量占到总体节点数量52%，研发网络中为41%，生产网络中为43%；如果扣除网络中离散的节点和整车企业节点，这一比例将分别达到64%，56%，66%。由此可见，在山东的低速电动汽车产业价值网络中有一半以上的合作单位来自其他省市。

从图4-6和图4-7中可以直接看出山东低速电动汽车产品关键部件的外部供应来源。在动力电池上主要依赖浙江长兴的天能和超威进行配套，在驱动电机上江苏常州的常捷、裕成、常乐是其重要的配套企业，在控制器上主要依赖珠海的英博尔，而在车型设计上全部依赖其他省市的传统整车企业或专业的汽车设计机构。

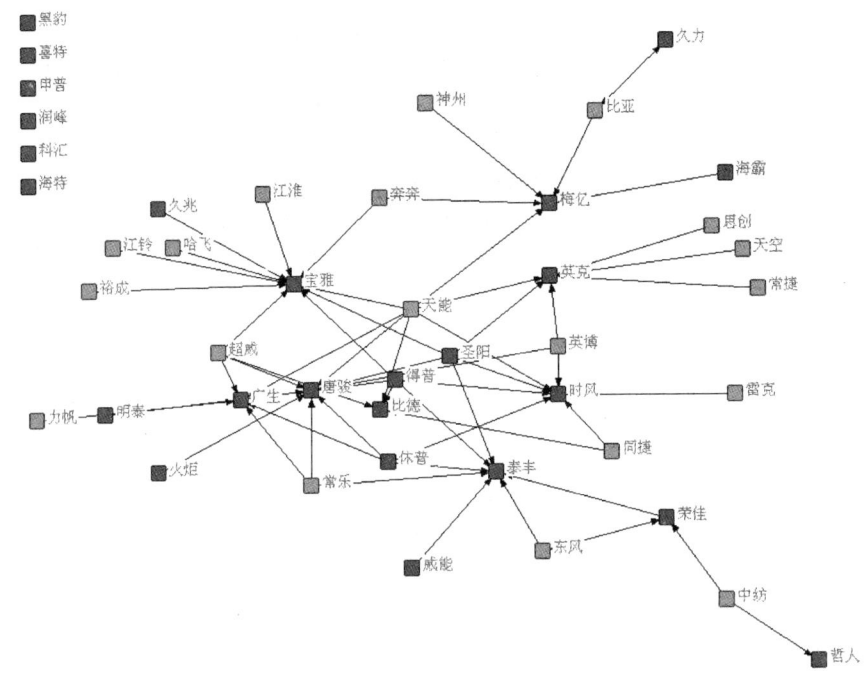

图4-6 生产网络的内外部节点

4. 当前山东低速电动汽车产业价值网络构建的主导逻辑是适应当前市场的成熟技术组合，但各创新主体在适应未来市场方向的新兴技术领域也进行了广泛的布局。

第四章
农村继续工业化中战略性新兴产业的发展

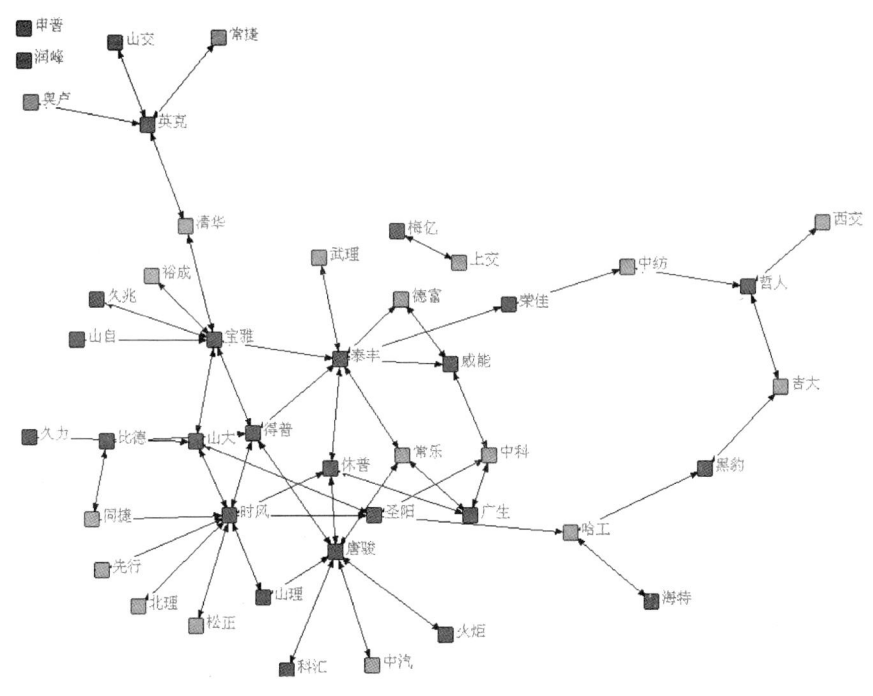

图 4-7 研发网络的内外部节点

从表 4-10 可以看出，以外向程度中心性①大于 3 的结果显示，当前给时风、宝雅、唐骏、英克莱等实现量产的整车企业进行大规模配套的关键零部件企业主要是天能、圣阳、超威等铅酸电池企业和德普达、休普、常州常乐等直流电机企业。而润峰、海特、久力等锂电企业，荣佳、科汇等新兴电机企业都没有与这些低速电动汽车整车企业建立广泛的配套关系。可见，当前山东低速电动汽车产业价值网络构建的主导逻辑是适应当前市场的成熟技术组合，而锂离子动力电池、开关磁阻电机等新兴技术相关企业还没有进入低速电动汽车的产业化。见表 4-10。

尽管当前，山东低速电动汽车的主导设计还是以铅酸电池和直流电机为主的成熟技术组合产品，但各个创新主体都通过各种形成在新兴技术领

---

① 一个主体给其他主体供货的关系数量之和。如天能的外向程度中心性值为 7，表示在此网络中天能给 7 家企业供应自己的产品。

表 4-10　　　生产网络中主要配套企业的配套广度

企业名称	外向程度中心性	企业名称	外向程度中心性	企业名称	外向程度中心性	企业名称	外向程度中心性
天能	7	奔奔	2	明泰	1	神州	1
圣阳	5	同捷	2	久力	1	火炬	1
得普	5	东风	2	哈飞	1	威能	1
休普	4	中纺	2	雷克	1	江淮	1
超威	4	比亚	2	力帆	1	申普	0
英博	3	海霸	1	思创	1	润峰	0
常乐	3	常捷	1	江铃	1	科汇	0
荣佳	2	裕成	1	久兆	1	海特	0

域进行研发和投资，为新的更广阔的市场开发做准备。从研发网络中合作单位的中心性分析结果看（见表 4-11），山东大学、中国科学院、哈尔滨工业大学、清华大学、山东理工大学、吉林大学、北京理工大学等科研院校已经广泛地加入了山东电动汽车产业的研发，同时，威能环保、中纺锐力、德国富瑞格、荣佳电机、科汇电机、海特电子、久力电子等在锂离子动力电池、高性能电机以及控制器领域进行高水研发的企业在研发上开始参与到山东整个电动汽车产业的发展。

表 4-11　　　研发网络中主要合作企业的合作广度

企业名称	程度中心性	企业名称	程度中心性	企业名称	程度中心性	企业名称	程度中心性
山大	4	荣佳	2	火炬	1	久兆	1
中科	3	山理	2	久力	1	山交	1
威能	3	吉大	2	中汽	1	上交	1
哈工	3	科汇	1	奥卢	1	山自	1
中纺	2	海特	1	先行	1	润峰	0
清华	2	北理	1	松正	1	申普	0
德富	2	武理	1	西交	1		

5. 山东在低速电动汽车领域形成了相对成熟和紧密的生产配套网络，而研发网络处于构建和形成过程中，以此形成了以物质交流为主、知识信

第四章
农村继续工业化中战略性新兴产业的发展

息交流为辅的价值交流结构。

通过对生产网络和研发网络①一些主要指标的考察，山东省的这两个网络存在一定的差别。如表4-12所示，仅从结构关系考察，生产网络的紧密程度要好于研发网络。而从调研的情况来看，山东确实形成了相对成熟的和紧密的生产配套网络，而研发网络正处于构建和形成过程中。因此，从低速电动汽车价值网络节点间交流的内容来分析，现阶段节点之间的交流内容主要是以零部件配套为主的物质交流，同时辅以一定程度的知识和信息交流。

表4-12　　　　　　生产网络与研发网络主要指标比较

指标	生产网络	研发网络
平均中心度	3	2.524
中心度差异	6.158	4.107
网络集中度	19.97%	16.59%

现阶段山东低速电动汽车产业价值网络的发展处于生产网络快速扩张时期，此时价值网络发展过程中的关键活动是建立起一个稳定的零部件配套体系，在这个体系中价值网络节点间的交流内容主要体现为整车企业与一系列配套零部件企业之间的物质交流。另外在生产网络的快速扩张时期，经常出现产品生产一致性问题，需要企业进行大量的生产试制，同时在现有主导的"改装"生产方式下，除了零部件的采购，还需要解决关键零部件之间的集成匹配问题，所有这些活动需要企业内部各部门间以及整车企业与关键零部件间进行大量的知识和信息交流才能够完成，它们构成了该阶段价值网络节点间知识和信息的交流的主要内容。

6. 创新主体来源是多样化的，众多创新主体依托国外和国内两个市场的驱动以及以低技术组合实现低成本制造而快速进入低速电动汽车这一新兴领域。

从本次调研的结果发现，进入山东低速电动汽车产业的创新主体来源

---

① 都剔除了网络中离散的节点，只关注有关联节点的联系程度。

于不同的行业领域,多种类型企业向低速电动汽车产业转型已经成为山东新兴产业发展的重要力量。这种创新主体来源多元化的现象,既是山东低速电动汽车产业发展的重要特征,同时这一现象也对山东低速电动汽车产业的发展产生了极大的影响。

从现实来看,目前山东省企业在进入低速电动汽车前所从事的产业多种多样:有的拥有低速汽车(农用车和轻卡)生产资质和经验,如时风、唐骏欧铃、五征和黑豹等,这些企业在进入低速电动汽车领域时,可以利用其原有的汽车设计和生产能力,具备低成本生产的经验;有的是我国电动自行车领域的佼佼者,如比德文、英克莱和澳柯玛等,这些企业没有参与过整车制造,但对市场的了解和适应能力很强,并且熟知动力电池和驱动电机等领域的资源整合;有的企业长期做外贸,通过对国外市场的感知而转向专业的低速电动汽车制造,如哲人等;有些是在动力电池领域深耕多年,如海霸和久力等;有些是传统乘用车的零部件配套企业,如泰丰企业等。

低速电动汽车是一种根本性创新产品,从产品的设计开发到制造销售都需要许多新的资源和能力,这些企业(或团队)由于拥有不同的背景,在初始进入低速电动汽车领域时所具备的初始资源和能力存在很大的差别,而这些初始条件的差别使得各自在进入电动汽车领域时所需要弥补的环节存在差异。因此,本书依据这些创新主体在进入低速电动汽车领域时所具备原有资源和能力与新领域所要求的新资源和能力的重合程度做出排名,如表4-13所示。

表4-13　　　　　　　对各创新主体初始资源和能力的评估

	所需能力	时风	唐骏	宝雅	泰丰	比德文	英克莱	哲人
关键资源	整车设计与制造	有	有	无	无	无	无	无
	电池及其控制器研发与制造	无	无	无	无	无	无	无
	电机及其控制器研发与制造	无	无	有	无	无	无	无

第四章
农村继续工业化中战略性新兴产业的发展

续表

	所需能力	时风	唐骏	宝雅	泰丰	比德文	英克莱	哲人
一般资源	其他汽车配件的研发与制造	有	有	无	有	无	无	无
	汽车模具的研发与制造	有	有	无	有	无	无	无
互补资源	国外营销网络	无	无	有	无	有	有	有
	国内营销网络	有	有	无	无	有	有	无
	综合评价	高	较高	一般	较低			低

（二）山东率先发展低速电动汽车产业的条件

本部分我们将从市场需求条件、产业基础条件、政策扶持条件三个方面分析山东率先发展低速电动汽车产业的优势条件。

1. 市场需求条件。根据前文市场部分的分析，率先启动市场运营的地区应从两个方面来考虑：第一，市场空间方面：市场空间要大，所在地区人口收入状况相对较好，潜在消费群体比重高，比较容易打开市场。第二，使用环境方面：一是充电便利性好，不需要大规模的充电设施建设，解决消费者使用便利性问题，便于快速启动市场；二是交通密度较低，对交通拥堵和停车不造成冲击，不至于引起较大的社会问题，便于有效管理市场；三是气候条件要合适，不能在温度过高或过低的地区率先使用，以保证电池的使用寿命和性能；四是道路不平稳，颠簸路、山地路等不适合使用，保证低速电动汽车的使用性能和寿命尽可能不受道路条件的影响。根据这两个方面的条件：低速电动汽车应在收入水平较高、道路状况较好的农村和小城镇地区率先启动。

首先，根据以上限定条件，我们对各省市进行初步筛选：1）根据市场空间原则，排除掉农村和城镇收入水平都排在后面的省份，即：宁夏、西藏、贵州、青海、新疆、甘肃；2）根据充电便利性和交通密度原则，排除以大城市为主的地区，即：北京、上海、天津、香港、澳门；3）根据气候条件原则，排除温度太低的地区，即：黑龙江、吉林、辽宁、内蒙古；4）根据道路平稳原则，排除山区较多的地区，即：重庆、云南、广西、四川。

根据前面估计的最低家庭年人均收入水平①,进行初步筛选后对剩下的 14 个省份的城镇居民和农村居民的人均年收入水平进行了排序,并与全国平均水平和前文估算的最低收入水平进行了比较。根据这 14 个省份的收入水平差异情况,将城镇收入划分为两个层级,第一层级包括浙江、广东、江苏、福建和山东,假定的潜在消费群体比例为 55%;第二层级即为剩下省份,假定的潜在消费群体比例为 45%。将农村收入划分为四个层级,第一层级为浙江和江苏,第二层级为广东、福建、山东,第三层级为河北、湖北、江西、湖南、河南、安徽、海南,第四层级为山西和陕西,且假定各层级潜在消费群体的差异比例分别为 55%、45%、40%、35%,并以此对各省市的市场空间做出初步估算,估算结果见图 4-8、图 4-9。

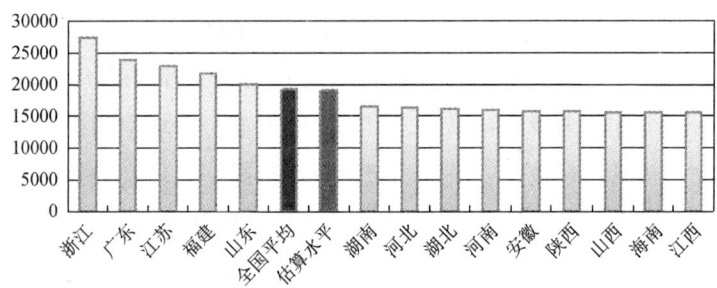

图 4-8 各省市城镇居民人均年收入(元)

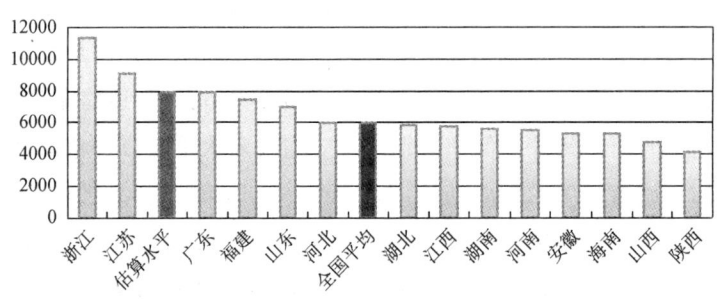

图 4-9 各省市农村居民人均年收入(元)

---

① 其中,农村要求的最低收入水平中扣除生产性支出的影响,因为,现有统计年鉴中只有扣除生产性支出的纯收入。尽管这种计算方式不甚精确,但这样便于更客观的比较。农村家庭人均年收入水平为 9912 - 2000 = 7912(元)。

第四章
农村继续工业化中战略性新兴产业的发展

如果综合考虑城镇和农村市场①,表4-14显示,最适合率先启动的市场地区是山东、江苏、广东、河南,其次是河北、浙江、湖南、安徽、湖北,再次是江西、福建、陕西、山西,最后是海南。如果将率先启动的市场仅定位在农村地区,则依据农村市场估算的结果,最适合率先启动的市场地区是山东和河南,其次是广东、河北、江苏、湖南、安徽,再次是湖北、浙江、江西、山西、福建和陕西,最后是海南。

因此,从以上两种排名的综合来看,最适合率先启动市场的地区为山东、河南、广东、江苏、河北;其次为湖南、安徽、浙江、湖北;再次为江西、福建、山西、陕西;最后为海南。

表4-14　　　　十四省份当前条件下市场空间预测　　　　单位:万辆

省份	城镇	农村	合计
山东	2111	2564	4675
江苏	2622	1706	4328
广东	2444	1824	4268
河南	1691	2484	4175
河北	1385	1781	3166
浙江	1845	1149	2994
湖南	1382	1608	2990
安徽	1148	1357	2505
湖北	1281	1151	2432
江西	885	998	1883
福建	1159	713	1872
陕西	768	710	1478
山西	515	815	1330
海南	154	221	375

2. 产业基础条件。低速电动汽车是一种系统创新产品,作为一个新兴产业领域,需要在整车、电池、电机、控制器等各个领域都拥有一定基

---

① 因为年鉴统计中的城镇人口也包括中小城市和小城镇的人口,因此,也需要将综合考虑城镇和农村市场的排序最为最终的依据。

础的地区才有可能具备率先发展低速电动汽车的基因,而山东在针对农村市场的农用车和轻卡产品、在传统电机领域和成熟的铅酸电池领域拥有较好的基础条件。具体表现在:

(1) 在农用车和轻卡等产品上积累的整车制造和汽车配件体系。作为下一代汽车产业发展的重要方向,要从事一种新的复杂产品的生产和构建一个广泛的一般配套体系,就必须在汽车的整车生产和汽车相关配件的研发和配套上具备良好的基础。山东是全国最大的农用车生产基地和重要的轻卡汽车生产基地,形成了完整的汽车生产四大工艺和完善的汽车配件供应体系,为山东低速电动汽车产业的发展奠定了重要基础,这些创新主体也成为山东低速电动汽车创新和发展的关键力量。

(2) 在传统电机领域积累了成熟的电机及其控制技术。山东淄博是我国重要的电机研发和生产基地,拥有休普、德普达、淄博电机等众多电机研发和生产企业。这些电机生产企业基本满足了现阶段低速电动汽车技术和生产的需求,成为山东构建低速电动汽车产业价值网络的关键资源。

(3) 拥有成熟的铅酸电池产业基础。铅酸电池是一项拥有100多年历史的成熟技术,圣阳等山东本土企业自20世纪90年代开始就从事铅酸电池的研发和生产,拥有领先的产品和设备。

(4) 在电动自行车、电动观光车等电动车领域积累了丰富的产品设计和市场开发经验,直接推动了电动自行车用动力电池和驱动电机在电动汽车领域的应用。

3. 政策扶持条件。到目前为止,中国尚未就低速电动汽车产品做出明确的定义,也未就低速电动汽车的生产和使用做出明确规范。在低速电动汽车快速发展的山东地区,为引导低速电动汽车产业规范有序发展,2009年8月1日由山东省经信委、公安厅、质监局起草的《山东省低速电动车管理办法(试行)》正式实施,该办法将低速电动汽车界定为"整车整备质量不超过1000kg,乘员不超过4人,总质量不超过1200 kg,最高速度不超过50km/h。"2011年8月11日山东省新能源汽车技术创新联盟正式发布了国内首个行业自律性文件《低速电动汽车通用技术条件》,该文件将低速电动汽车界定为"车速在35—60km/h,最高车速不超过

第四章
农村继续工业化中战略性新兴产业的发展

70km/h，续航里程不小于70—100km"的电驱动四轮车。

特别是在山东省政府出台《山东省低速电动汽车管理办法（试行）》之后，聊城、淄博、济宁、潍坊等地都纷纷出台了电动车管理暂行办法，对低速电动汽车的上路合法化问题提供指导方案。表4-15汇总了山东省出台的鼓励和支持低速电动汽车企业与允许低速电动汽车上路行驶的文件[①]。

表4-15　　　山东发展低速电动汽车的相关规范文件

机构或地区	文件名	主要内容
山东省经信委、公安厅、质监局	《山东省低速电动车管理办法（试行）》	技术、生产、管理要求
山东省新能源汽车技术创新联盟	《低速电动汽车通用技术条件》	技术要求
聊城市	《聊城市电动车管理暂行办法》	上路许可
淄博市	《淄博市电动车管理暂行办法》	上路许可
济宁市	《济宁市电动车管理暂行办法》	上路许可

（三）山东电动汽车产业发展中存在的问题

山东低速电动汽车产业在国外和国内两个市场需求的驱动下，不断克服政策、技术、制造等各个方面的障碍获得快速发展。然而，就山东目前的状况来看，这种从低端产品切入的产业发展模式在为电动汽车产业提供了新的发展思路的同时，如果不能正确引导各创新主体发挥正确的作用，也可能使山东电动汽车产业的发展陷入低技术和低成本的陷阱，这是山东尤为需要警惕的。具体来看，山东在电动汽车产业发展中存在如下问题：

1. **重低成本制造轻新技术应用。**通过成熟的技术组合创造出新的产品适应新的市场需求从而创造企业利润，不论是对于新创企业还是成熟企业来说，都是值得肯定的创业行为。因此，不论是时风这类农用车企业的转型，还是宝雅这样的新创企业通过低技术整合开发出满足低端市场需求的低速电

[①] 从法规效力来看，地方政府出台法规允许小型低速电动汽车辆上牌，但上路其实并不合法。因为根据《道路交通安全法》，道路交通安全、车辆注册及交通管理工作属于全国管理的范畴，地方的相关法规并不具备实际的效力。但是地方政府的暂时承认，却使低速电动汽车的合法性至少在当地得到了暂时的承认。

动汽车产品是符合一般创业规律的行为。但这也正决定了山东目前所表现出来的一个将影响长期可持续创新与发展的问题,即在低速电动汽车新的关键技术尚未突破,低速电动汽车主导设计尚未确立的时候,就通过大规模生产和低性能部件来达到绝对的低成本,使企业的技术水平较难提升,并且运行风险加大,这是山东电动汽车整车企业面临的主要问题。

以时风为代表的山东低速电动汽车企业都在急于扩张产能,其目标是实现规模经济,进一步降低成本,以获取竞争优势,达到防止其他厂商进入的目的。这种扩张行为的目的和心态都反映了这些企业目前的产品只是一种简单的成熟的技术组合产品,不可能从技术上达到获取竞争优势的目的,因此,唯有降低成本,以在绝对的低价水平保持获利能力。这种低成本战略在成熟的产品领域是一种十分成功而有效的竞争战略,但电动汽车产业是一个快速变化的新兴产业领域,目前的主导设计尚未出现,其关键技术的成熟方案尚未出现,如动力电池、驱动电机等都存在多种可选的新技术领域,一旦在这些关键领域出现突破性技术创新,那么,在企业没有建立起快速吸收能力的情况下,很可能被竞争对手击败。

2. 省内关键技术供应商的竞争力不强。山东省内电池、电机和电控等关键技术供应商的竞争力不强。山东省低速电动汽车产业虽然通过率先启动而具有先发优势,但形成先发优势的原因主要是由于地方政府为低速电动汽车提供的地方合法性以及山东汽车本身所具备的低成本基因,这种先发优势能否转化为持续的竞争优势与创新主体及关键部件技术供应商的市场竞争力直接相关。但是从山东省内关键部件的技术供应商来看,无论是成熟技术的铅酸动力电池,还是未成熟技术的锂离子动力电池,抑或是永磁电机和控制系统等,山东都不具备较明显的技术领先和持续创新优势。一旦其他省份也放开低速电动汽车的销售许可,则其他省市企业完全可以通过购买本身更具竞争优势的关键技术供应商的产品而进入该产业,从而削弱山东省低速电动汽车企业的竞争优势。

因此,不管是从整车企业还是关键零部件供应商来看,山东省内低速电动汽车产业未来能否维持良好的竞争优势,取决于从现在到全面放开政策的"机会窗口"时期能否在关键技术以及整车生产上积累具有竞争优势的技术和组织能力。

3. 缺乏完善的技术创新网络。从山东低速电动汽车产业的研发网络来看，企业在整车和关键零部件上除自己研发外，还大量与省内外的大学和科研院所建立合作关系，共同进行低速电动汽车相关技术研发。但从整个研发网络交流的内容和效率来看，没有形成促进低速电动汽车技术快速发展的创新网络。这表现在多个方面：

第一，现有的整车企业与锂电企业、高性能电机企业等之间没有建立起实际的合作关系，真正实现共同研发、生产配套的合作关系不多。一个最明显的表现是，枣庄是山东最主要的动力电池基地，特别是在锂离子动力电池等新兴电池技术上在山东首屈一指，但这些企业大多与省内的低速电动汽车企业没有建立有效的合作关系，而在走自己的发展之路。

第二，省内缺乏实力较强的电动汽车技术研发单位，主要依靠其他省市的大学和科研机构进行合作，没有构筑起山东自身的技术研发能力。

第三，与第二点相伴的是，山东当前十分缺乏电动汽车方面的技术研发人才，在关键技术的突破上显得力量不足。

二、与其他省市低速电动汽车产业发展的比较分析

（一）其他省市电动汽车产业网络已经形成

目前其他省市低速电动汽车产业发展迅猛，浙江、河南、江苏等省低速电动汽车已经形成产业网络。这些省的电动汽车产业网络，都包含了电动汽车所有主要的网络节点，因此这些省的电动汽车，基本上依靠省内的网络就可以生产一辆电动汽车。

1. 浙江省电动汽车网络。见表 4-16。

表 4-16　　　　浙江省电动汽车关键节点的研发及生产单位

电动汽车主要节点		主要企业
电池节点	铅酸电池企业	天能集团、超威电源有限公司
	磷酸铁锂电池企业	万向集团、塞恩斯能源科技有限公司、巨易新能源有限公司、杭州赛诺索欧电池有限公司（正极材料）
	镍锌电池企业	杭州富池动力能源有限公司

续表

电动汽车主要节点	主要企业
电机节点	万向集团、浙江正宇机电有限公司
电控节点	赛恩斯能源科技有限公司、万向集团、浙江正宇机电公司
整车节点	金华众泰控股集团、浙江康迪车业有限公司

2. 河南省电动汽车网络。见表4-17。

表4-17　河南省电动汽车关键节点的研发及生产单位

电动汽车主要节点		主要企业
电池节点	铅酸电池企业	河南超威电源有限公司、安阳成翔电器有限公司
	磷酸铁锂电池企业	中国电子科技集团公司第二十七研究所、金龙集团中科科技有限公司（隔膜）、河南环宇电源股份有限公司（电池材料）
	超级电容企业	凯迈嘉华（洛阳）新能源有限公司
电机节点		河南海奥通新能源科技有限公司、南阳嘉远特种电机有限公司、中国电子科技集团公司第二十七研究所
电控节点		三门峡速达交通节能科技有限公司、中航锂电（洛阳）有限公司、中国电子科技集团公司第二十七研究所
整车节点		海马（郑州）汽车有限公司、三门峡速达交通节能科技有限公司

3. 江苏省电动汽车网络。见表4-18。

表4-18　江苏省电动汽车关键节点的研发及生产单位

电动汽车主要节点		主要企业
电池节点	铅酸电池企业	江苏超威电源有限公司、江苏苏中电池科技发展有限公司
	磷酸铁锂电池企业	江苏力天（苏州）科技公司（电解液）、江苏乐能电池股份有限公司（正极材料）
	镍锌电池企业	江苏春兰清洁能源研究院、江苏奇能电池公司、南通海四达电源有限公司
电机节点		江苏微特利电机制造有限公司、常州市裕成富通电机有限公司
电控节点		江苏力天（苏州）科技公司、江苏春兰清洁能源研究院有限公司
整车节点		常州益茂公司、南京嘉远公司

（二）其他省市电动汽车新技术研发发展迅猛

为了更好地发展电动汽车技术，将电动汽车技术推向新的高度，其他省市的电动汽车企业不仅积极与科研院所进行相关的合作，还积极通过自身建立技术中心和国家级实验室吸引和集聚了大量的科研人员，提高了自身的技术水平，带动了本省电动汽车技术的发展。

1. 浙江省电动汽车新技术研发。见表4-19。

表4-19　　　　　浙江省电动汽车新技术研发情况

新技术节点	企业名称	新技术	新技术特点
电池节点	天能集团	稀土硅胶电池	该电池充一次电，汽车可连续行驶120公里以上，还具有使用寿命长、重量轻、容量大、价格低、安全性高等优点
	万向集团	聚合物锂离子动力电池	单体循环寿命从500次提高到2000次，成本下降48%，成组电池里程寿命达到10万公里，电动轿车连续行驶里程达到380公里，最高时速达到126公里
	超威电源有限公司	新型的铅酸蓄电池用胶体电解液	攻克了铅酸蓄电池在零下35℃和高温55℃以上的温度条件下不能正常使用的技术瓶颈，同时使电池循环寿命达到国标一倍以上
电控节点	赛恩斯能源科技有限公司	新型电控系统	锂动力电池系统的动态一致性高达1%水平；静态一致性达到1‰水平，有效延长了锂动力电池组的使用

2. 河南省电动汽车新技术。见表4-20。

表4-20　　　河南省电动汽车新技术研发情况

新技术节点	企业名称	新技术	新技术特点
电池节点	凯迈嘉华（洛阳）新能源有限公司	超级电容器	超级电容器产品具有非常好的一致性，可以串联起来获得更高的工作电压，并联起来获得更高的能量存储，也可以通过串并混联的方式同时获得更高的工作电压和能量存储，从而可以更为广泛的应用于各种应用储能装置的领域
	金龙集团中科科技有限公司	纳米微孔锂电隔膜	拥有完全的自主知识产权，打破了日本、美国企业在国内的技术垄断和市场垄断
电机节点	河南海奥通新能源科技有限公司	双定子磁悬浮直流驱动电机	主要解决现有电动汽车中直流电机噪音大、能耗高、不能提高电动汽车续驶里程问题

3. 江苏省电动汽车新技术。见表4-21。

表4-21　　　江苏省电动汽车新技术研发情况

新技术节点	企业名称	新技术	新技术特点
电池节点	江苏苏中电池科技发展有限公司	聚核硅朊高能免维护电动车蓄电池	具有容量大、自放电小、比能量高、使用寿命长的卓越性能
	南通海四达电源公司	特快充氢镍动力电池	特快充氢镍电池国际最高水平是15分钟充电达额定电量的90%，与国际先进水平持平

（三）比较分析

目前山东与其他省市企业在电动汽车的产业网络比较中，体现出了两个特点。

1. 山东电动汽车产业核心能力不足。从价值网络分析，山东目前电动汽车的核心能力主要体现在低价格上。形成低价格的因素主要体现在利用自身的技术整合能力，实现了低成本的生产技术。这种低成本技术虽然帮助山东企业满足了低端消费群体的需求，但是这种技术是容易模仿的，其他省份的电动汽车企业也在开始不断地生产低成本的电动汽车。

2. 山东现有的技术水平较低。山东在现有成熟技术的电池和电机的技术研发不足，没有给予充分重视。山东电动汽车的价值网络主要是以成熟技术的组合为基础，开发低速电动汽车，即以传统铅酸电池和直流电机为基础生产低速电动汽车。但是山东的电池和电机技术，还是处于一种低水平发展状态，还没有展开更加有针对性的系统研发。

3. 山东省在电动汽车产业发展上的技术储备不足。目前山东在技术研发上，过多关注的是现有成熟技术的应用和研发，新型动力电池、新型电机和电控的研发上尚处于起步阶段。包括浙江、江苏、河南、广州和天津在内的其他省市企业在新型动力电池、电机、电控的研发上走在了前列。更为重要的是，其他省市在强大的区域创新体系的支持下，电动汽车产业发展的技术储备相对充足，可能出现依赖技术储备实现赶超的可能和趋势。

三、政策建议

针对山东省在发展低速电动汽车表现出的一系列问题，课题组经过讨论后，提出如下建议。

（一）坚持对低速电动汽车实施分类管理的发展理念

欧美国家在低速电动汽车的市场与产品开发上早于中国，并较早出台了管理和规范低速电动汽车生产和使用的国家标准。1998年，美国交通部国家交通安全管理局发布低速汽车安全标准《联邦机动汽车安全标准49 CFR PART 57》，规定低速电动汽车最高设计时速高于32公里且低于40公里、具备基本安全装备，只允许在限速56公里（个别州放宽到72公里）的公路上行驶低速电驱动汽车。2002年欧洲委员会发布框架指引2002/24/EC取代92/61/EEC，把低速四轮小型电动汽车划入轻便摩托车类，规定最高时速为45公里。日本汽车工业协会标准规定，低速电动四轮车的最高时速应不超过50公里；且车长不超过2500毫米，车宽不超过1300毫米。

到目前为止，中国尚未就低速电动汽车产品做出明确的定义，也未就低速电动汽车的生产和使用做出明确规范。在低速电动汽车快速发展的山东地区，为引导低速电动汽车产业规范有序发展，2009年8月1日由省山东省经信委、公安厅、质监局起草的《山东省低速电动车管理办法（试行）》正式实施，该办法将低速电动汽车界定为"整车整备质量不超过1000kg，乘员不超过4人，总质量不超过1200 kg，最高速度不超过50km/h。"进一步的，山东省新能源汽车技术创新联盟于2011年8月11日正式发布了国内首个行业自律性文件《低速电动汽车通用技术条件》，该文件将低速电动汽车界定为"车速在35—60km/h，最高车速不超过70km/h，续航里程不小于70—100km"的电驱动四轮车。见表4-22。

表4-22　　　各地区对低速电动汽车的规定及管理方式

国家和地区	规范性文件	最高车速限定（km/h）	管理方式
美国	《联邦机动汽车安全标准 49 CFR PART 57》	32—40	划为低速汽车类分类管理
欧盟	框架指引2002/24/EC	45	划入轻便摩托车类进行管理
日本	日本汽车工业协会标准	50	分类管理

从以上的分析看，尽管各个国家和地区对低速电动汽车的定义并没有统一的标准，但发达国家都已出台了规范性文件对低速电动汽车进行界定和分类管理，在中国遵循这一趋势是可行且必要的。

（二）重点培育一批在关键技术上具有竞争优势的企业

通过分析山东自身的发展动因及其他省市的比较，充分表明，当前山东在低速电动汽车上的成功源于先发优势，即到目前为止除山东这样大刀阔斧地推动低速电动汽车产业发展外，没有第二个省份有如此大的力度，这也就使得山东的企业在投资和销售上得到了地方政府的大力支持。而且在产品组织战略上，山东主要是通过成熟技术的组合实现低成本制造从而满足低端市场需求而获得竞争优势。对于一项不论是在政策还是在技术上都存在巨大不确定性的新兴产业而言，一旦政策或技术环境出现变化，持续竞争优势的来源可能并不仅仅是成熟技术组合的低成本制造，而是新兴技术组合的低成本制造，因此，对于山东而言培育一批在关键技术上具有竞争优势的企业尤为重要，这决定了山东未来的产业竞争优势。

为此，在山东省应积极跟踪其他省市及国外最新的技术发展动向。政府在政策资金的扶持上，要向关键技术企业有所倾斜，不能只对整车企业进行补贴，省内动力电池、驱动电机、整车设计、控制系统等方面的关键技术企业也需要重点支持。

（三）组建山东省电动汽车研究院作为产业发展平台，实现高端技术和人才引进和系统研发

针对山东在电动汽车技术研发上过多依赖其他省市研发资源以及技术研发力量不足的情况，山东省应从长远发展的角度考虑，进行必要的技术储备以应对电动汽车技术的快速发展，一个有效的战略举措是成立省级的低速电动汽车研究院。该研究院的主要作用有三点：1）成为山东进行专业人才落户的基地；2）成为山东进行技术引进与孵化的平台；3）成为山东在电动汽车技术关键技术上的重要供应商。这一平台的建立有利于减低省内企业获取技术知识的成本，促进研发活动在企业间的分工与合作，提高企业产品创新效率，并在整体上提高山东整个低速电动汽车产业的产品创新能力，推动产业价值网络由生产网络向创新网络的转化，提升整个山东低速电动汽车产业的技术水平。

具体操作可以依托山东省现有低速电动汽车产业联盟，联合山东大学、山东理工大学等院校的科研力量。研究院下可以设多个研究所，覆盖低速电动汽车各关键技术，还需要设立多方位的技术服务中心，如各种技术咨询、技术培训、专利申请等等，要形成研发—中试—产业化—技术服务一条龙推进的全程服务体系，形成一种"政府主导，企业主体，院校支撑，市场化运作，社会化服务"的运行模式，通过融合省内外相关科研院所、大学、企业的优秀人才和技术力量，形成了强大的低速电动汽车产业科技创新攻关和优质服务的力量，有力地引领低速电动汽车产业的科技进步和产业发展。

（四）实施"link"计划，依托电动汽车的设计和研发，构筑与新兴产业发展相适应的区域创新体系

针对山东在电动汽车技术的研发合作与新技术应用上的脱节，山东省有必要实施一个强有力的政策，来推动新技术研发企业和整车企业之间的合作，在推动技术进步的同时，促进新技术成果的应用，构筑行之有效的区域创新体系。

所谓"link"计划就是指：政府成立专项的技术研发和转化扶持基金，实行项目制，申请企业要想获得支持就必须联合至少一家院所和一家企业进行合作，并要保证这项技术在新产品中的应用。该项计划的实施有利于提升山东电动汽车技术的水平，有利于促进新技术产品的市场化，有利于增强新技术研发与市场需求之间的匹配性。为此，建议山东省政府实施"link"计划，构筑起互补性企业之间的技术合作和与科研机构之间的共同研发。

第五章

山东省德州市庆云县县域经济的新发展*

庆云县是山东省最北端的县,毗邻河北省。作为曾经的国家级贫困县,经过 30 多年的发展,逐渐形成为以工业和商贸业为主导的县域经济。随着京津冀协同发展战略的实施,庆云县成为京津工业的承接地。面对新的发展机遇,庆云县不仅要积极主动承接京津的产业转移,而且要立足比较优势为京津发展提供包括文化旅游、农产品和生态保护在内的支持和服务。

在新的发展阶段,充分立足自身的比较优势。庆云县县域经济发展的定位为:辐射周边县域经济发展的黄河三角洲地区的区域边缘中心城市,承接和服务京津冀和山东半岛城市群城市功能转移的卫星城。面对新的机遇和挑战,做好县域经济发展的规划工作,是庆云县的当务之急。规划能否为县域经济发展创造价值的关键是明确未来发展思路、框架和改变投资预期。

庆云县经济增长和发展的新动力主要包括:1)包括体育器材产业在内的现有优势产业的转型和升级;2)商贸物流产业的发展;3)文化旅游产业的发展;4)工业园区开发模式的转变。围绕着新发展动能,培育和发展适应县域经济发展的区域创新创业生态系统是重中之重。在未来的发展中,包括农民在内的大众创新创业,是推动庆云县经济发展的关键驱动

---

* 2015 年 1 月至 12 月,南开经济调查研究团队深入庆云县展开系统调查研究。调查研究由刘刚教授主持,课题组成员包括:张尧标(庆云县人民政府副县长)、马成亮(庆云县人民政府县域经济研究中心主任)、马云泽(南开大学滨海开发研究院研究人员),南开大学经济研究所博士生崔鹏、洪卫、朱云羲(女)、王宁和刘婕(女)。研究报告的完稿时间为 2015 年 12 月 15 日。

力量。同时，搭建中小企业的融资平台、建设全区域电子商务体系和品牌培育及提升，是庆云县经济发展战略的重要内涵。

庆云县位于京津冀、黄河三角洲高效生态经济区和半岛蓝色经济区三大国家区域接合部，是山东省对接京津的桥头堡。作为国家战略，京津冀协同发展的基本内容包括创新驱动发展战略的实施、区域产业分工和协作新格局的形成、交通一体化、环境保护和治理，这些战略内容对庆云县的经济和社会发展将会产生深刻影响。从实际出发，抢抓新的战略机遇，实现县域经济的跨越发展，是"十三五"时期庆云县经济和社会发展的战略取向。

第一节　京津冀协同发展背景下庆云县的经济发展机遇

一、庆云县经济发展的新机遇

（一）京津冀协同发展战略

京津冀协同发展的基本目标是通过京津冀城市群之间的专业化分工与合作，在有效疏解北京非首都核心功能和解决北京"大城市病"的同时，调整优化城市布局和空间结构，构建现代化交通网络体系，推进产业升级转移，推动公共服务共建共享，加快市场一体化进程，打造现代化新型都市圈，实现共建世界城市的梦想。

世界城市又称全球城市（Global City），是指在社会、经济、文化或政治层面直接影响全球事务的城市。在西方传统视野中，英国伦敦、美国纽约、法国巴黎和日本东京被称为是"四大世界级城市"。

随着国际金融危机后世界经济政治格局的重心向东转移的趋势，把北京建设为世界城市是中国经济发展的必然。但是，城市发展的历史经验看，世界城市的建设往往不是一个城市的力量能够建成的，而是要依赖都市圈内部城市之间的专业化协同。例如，纽约、伦敦、巴黎和东京在成为世界城市的发展过程中，都依赖整体都市圈的共同发展和进步。围绕着世界城市建设，都市圈内部往往形成一系列规模不等和功能各异的城市群。城市群之间通过

第五章
山东省德州市庆云县县域经济的新发展

专业化分工协作，形成具有全球控制和影响力的产业体系。从发展现状看，与天津协同发展为世界城市，是北京城市建设和发展的现实选择。

从经济全球化背景下中国经济发展的趋势看，制定和实施创新驱动战略是必然选择。实施创新驱动发展战略，需要打造一个引领国家创新发展、参与国际创新竞争的核心区域。京津冀地区具有得天独厚的优势，集聚了全国1/3左右的国家重点实验室和工程技术研究中心，拥有超过2/3的"两院"院士，"985工程"大学数量约占全国总数量的26%，"211工程"大学数量占全国总数量的25%，聚集了以中关村国家自主创新示范区为代表的14家国家级高新区和经济技术开发区。通过京津协同，实现科学知识和生产知识的融合，是建设全球科技创新中心的根本途径。

在建设世界城市的过程中，北京受到"大城市病"的严重困扰。中央把京津冀协同发展上升为国家发展战略的重要原因之一就是通过城市群之间的专业化分工，解决经济发展与人口增长和环境保护之间的矛盾，化解北京的"大城市病"。尤其是通过北京非首都功能的疏解，在带动周边城市发展的同时，共同建设世界城市。

在《京津冀协同发展规划纲要》中，京津冀整体定位是"以首都为核心的世界级城市群、区域整体协同发展改革引领区、全国创新驱动经济增长新引擎、生态修复环境改善示范区"。

三省市定位分别为：北京市为"全国政治中心、文化中心、国际交往中心、科技创新中心"；天津市为"全国先进制造研发基地、北方国际航运核心区、金融创新运营示范区、改革开放先行区"；河北省为"全国现代商贸物流重要基地、产业转型升级试验区、新型城镇化与城乡统筹示范区、京津冀生态环境支撑区"。

在整个空间布局中，以"一核、双城、三轴、四区、多节点"为骨架，推动有序疏解北京非首都功能。

"一核"即指北京。把有序疏解北京非首都功能、优化提升首都核心功能、解决北京"大城市病"问题作为京津冀协同发展的首要任务。

"双城"是指北京、天津，这是京津冀协同发展的主要引擎，要进一步强化京津联动，全方位拓展合作广度和深度，加快实现同城化发展，共同发挥高端引领和辐射带动作用。

"三轴"指的是京津、京保石、京唐秦三个产业发展带和城镇聚集轴，这是支撑京津冀协同发展的主体框架。

"四区"分别是中部核心功能区、东部滨海发展区、南部功能拓展区和西北部生态涵养区，每个功能区都有明确的空间范围和发展重点。

"多节点"包括石家庄、唐山、保定、邯郸等区域性中心城市和张家口、承德、廊坊、秦皇岛、沧州、邢台、衡水等节点城市，重点是提高其城市综合承载能力和服务能力，有序推动产业和人口聚集。

（二）包括庆云县在内的德州市是京津冀协同发展战略的重要节点

在《京津冀协同发展规划纲要》中，明确提出"支持山东德州建设京津冀产业承接、科技成果转化、优质农产品供应、劳动力输送基地和京津冀南部重要生态功能区"。德州作为山东全省唯一纳入规划的城市，"一区四基地"战略地位正式确立。

无论从地形、交通、人口和产业分布看，包括庆云县在内的德州市都在京津冀协同发展的范围。其中，包括沧州和德州在内的南部地区是产业转移和协同发展的重点地域。见图5-1。

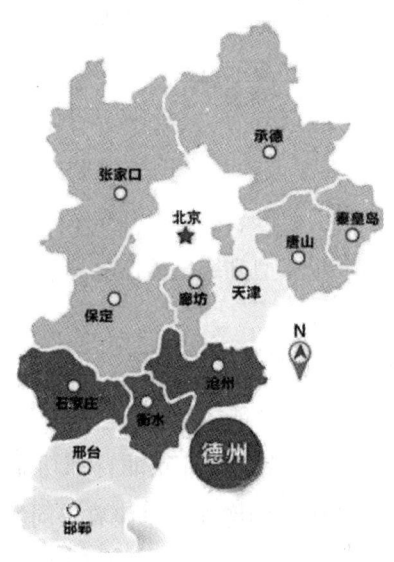

图5-1 德州在京津冀协同发展中的空间位置

第五章
山东省德州市庆云县县域经济的新发展

从地形、人口和交通基础设施等条件下,在黄河以北的京津以南包括保定、石家庄、唐山、沧州、黄骅、德州、滨州在内的平原地区发展北方制造业基地,是京津冀协同发展的重要内容。通过南部地区制造业的发展,能够在保护生态环境的条件下,形成京津科技创新中心与南部制造业基地之间的良性循环,为世界城市和第三增长极的建设提供坚实的基础。见图5-2。

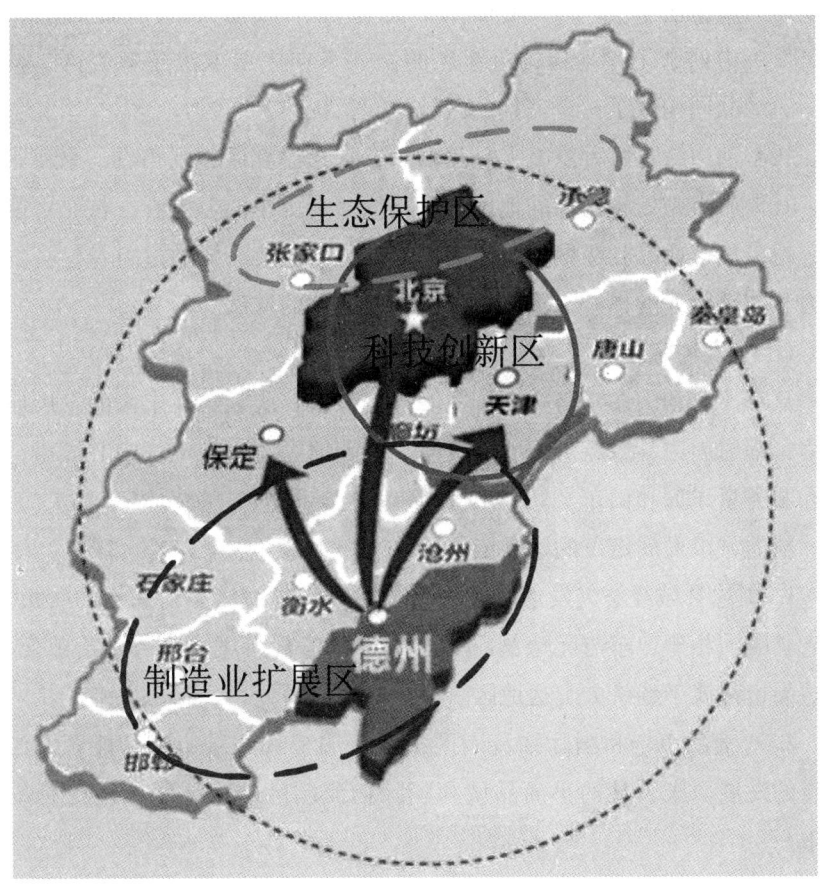

图5-2 京津冀协同发展功能区分趋势

作为南部制造业发展带的重要节点,庆云县拥有发展制造业的交通、人口和产业基础。2008年之后,以红云高新技术产业开发区的建议为契机,已经率先开始了对接京津产业转移和发展的工作。

二、庆云县发展的功能定位

（一）边缘的中心

在区域经济发展中，核心——边缘描述的是区域经济活动在空间上相互作用和扩散的状态。其中，核心和边缘是区域经济发展的基本结构要素，核心区是地域组织的一个次系统，能够产生和吸引大量的创新，而边缘则是另一个次系统，与核心区相互依存。在传统意义上，核心区在区域经济发展中处于主导地位，边缘区的发展方向主要取决于核心区，核心——边缘共同构成了一个完整的区域空间系统。

核心和边缘在某种意义上是相对的，从京津冀区域视角看，京津是核心，其他城市则处于边缘的地位。但是从一个更小的范围看，核心可能是某个地级城市或者县级城市。作为边缘的中心城市，要通过自身经济发展活力和创新能力的提升，辐射和带动周边区域的发展。

（二）发展定位

从京津冀和山东半岛城市群发展的趋势看，庆云县在未来的发展应定位为：辐射周边县域经济发展的黄河三角洲地区的区域边缘中心城市，承接和服务京津冀和山东半岛城市群城市功能转移的卫星城。

新的城市发展定位的基本依据：

1. 周边县域经济欠发达。庆云县与河北省的海兴、河北省的盐山县、海兴县隔河相望，东与无棣县毗邻，南与阳信县接壤，西与乐陵市交界，周边县市都属于经济欠发达地区。

2. 小商品市场和国际物流园区都属于服务周边县市的功能区。经过多年的发展，庆云县的小商品城和国际物流园区的主要服务地区是周边县市。

3. 周边区域的文化中心。随着包括海岛金山寺和庆云宫的建设和开发，庆云县逐渐成长为周边区域的文化中心。尤其是海岛金山寺不仅在本地有影响，也是天津和河北等地佛教徒活动的重要场所。

第五章
山东省德州市庆云县县域经济的新发展

第二节　经济增长的动力来源

一、新的经济增长来源

面对新的机遇和挑战，在"十三五"期间，庆云县的经济发展的动力不仅来自传统产业的发展，而且来自商贸、物流和文化旅游业的发展。面对新的产业转移趋势，在转变工业园区管理运营模式的同时，要围绕着现有产业的转型升级和新兴产业的发展，搭建创新平台和制定、实施创新创业支持计划。

（一）现有产业的创新发展

经过近20年的积累，庆云县已经形成包括体育器材、低压电器、装备制造和食品加工等产业。尤其是体育器材和食品加工具有明显的扎根性特征。如何通过创新平台建设加快转型步伐，是"十三五"时期制定和实施产业发展战略的关键。本书以体育器材产业为例，分析庆云县工业的发展趋势和方向。

2014年国务院出台《关于加快发展体育产业促进体育消费的若干意见》（国发〔2014〕46号）正式把发展体育事业和产业上升为国家战略，在2015年的国务院《政府工作报告》中再次强调扩大教育文化体育消费，发展全民健身、竞技体育和体育产业的国民经济发展中的重要作用。作为新的经济增长点，在政府政策的激励下，体育器材产业将迎来新的发展机遇。

经过近30年的发展，庆云县体育器材产业取得了长足的进展。从事体育器材生产的企业主要分布在北部的崔口镇和县经济技术开发区。全县共有体育器材企业200家，规模以上企业50家，获国家体育认证企业1家。其中，崔口镇拥有规模以上企业21家，配套企业50多家，形成了明显的集群效应。

基于系统的调查和分析，得出的基本结论为：1）庆云县体育器材企业是内生的,是农民集体创业的结果,属于典型的扎根产业;2)庭院经济是现有体育器材产业发展的基础,家庭作坊和中小型企业的相互竞争与合作,是产业集群的基础;3)室外器材的高端化和向室内器材的拓展代表了产业集群发展的方向;4)创新生态系统的失灵是产业转型升级的主要瓶颈,创新平台的建设是产业创新发展的前提和基础;5)以集群品牌和企业品牌为主导的品牌培育和包括电子商务在内的新营销体系的建设,将有效地促进产业的良性发展和升级步伐的加快。

从市场需求看,"十三五"期间体育器材产业的发展空间巨大。立足于产业发展的实际,政府应当着眼于产业集群的创新发展,抢抓京津冀协同发展和创新驱动发展的机遇,积极营造创新创业环境,搭建创新平台和新营销体系,制定了有效的鼓励政策,加快产业转型和升级的步伐。

1. 体育器材产业发展的趋势和成长空间。2014年我国体育用品行业增加值达到2418亿元,同比增长15.89%,连续8年保持行业规模持续扩大,自2011年后首次实现两位数增长。2014年中国体育用品行业进出口总额首次突破200亿美元大关,达到200.85亿美元,实现贸易顺差178.59亿美元。其中,进口额为11.13亿美元,同比增长1.81%;出口额为189.72亿美元,同比增长8.29%。

从体育用品各主要门类销售数据看:运动鞋服行业主要上市公司累计实现销售收入132.54亿元,同比增长11.0%;球类产品制造行业实现销售收入174.35亿元,同比增长9.86%,为近年来最小增长速度,行业产销率为99.74%;训练健身器材制造行业实现销售收入为324.34亿元,同比增长14.85%;个人运动防护用品行业销售收入恢复增长,达到129.73亿元,同比增长47.07%;户外用品市场增速有所下降,户外市场由过去的粗放增长阶段,转向精细、深化阶段,正在往深化、健康调整方向积极发展。

中国经济新常态下拐点出现,体育用品业逆势成长。体育用品业实现两位数增长,展现了作为新兴增长领域的活跃特点,同时也表明体育产业在全新战略布局下的巨大发展潜力。具体数据见图5-3、图5-4。

第五章
山东省德州市庆云县县域经济的新发展

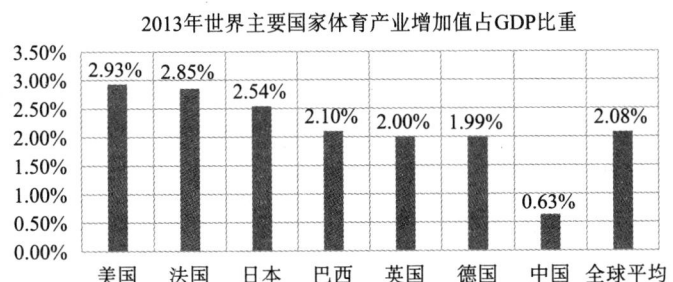

图 5-3 中国与世界体育主要国家体育产业增加值占 GDP 的比重

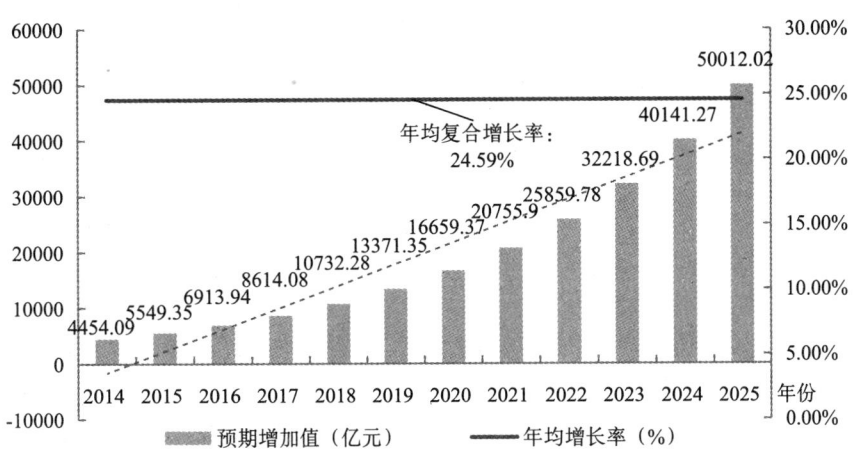

图 5-4 2014 年至 2025 年中国体育产业发展预测

从空间分布看，在体育用品产业发展中，北京和天津都属于区位商占比较高的城市。借助京津冀协同发展的历史机遇，通过引进、集聚和创新发展，加快庆云县体育器材产业发展的速度，成长为最具竞争力的产业，是庆云县产业发展的重要方向。见表5-1。

表5-1　　部分体育用品产业集群所在省（市）区位商*

年份 地区	2008	2009	2010	2011	2012	2013	是否拥有国家级体育产业基地
北京	3.65	3.28	3.37	3.26	3.41	3.36	是
天津	0.77	0.77	0.80	0.79	0.79	0.78	否
江苏	0.68	0.67	0.86	0.85	0.85	0.95	否
福建	1.50	1.39	1.37	1.36	1.47	1.74	是
浙江	0.93	0.91	0.95	1.01	1.04	1.04	是
山东	0.49	0.49	0.51	0.50	0.50	0.65	是
河南	0.58	0.48	0.45	0.43	0.52	0.86	否
安徽	1.13	0.79	0.84	0.83	0.81	0.98	否
吉林	0.89	0.78	0.74	0.77	0.79	0.84	否
内蒙古	0.58	0.53	0.63	0.59	0.54	0.58	否
宁夏	0.57	0.73	0.69	0.61	0.49	0.49	否
海南	1.12	1.08	1.15	1.24	1.29	1.20	否

*区位商的计算公式可以表达为：地区某一产业的产值占该地区总产值的比重与全国范围内该产业总产值占全国总产值的比重的比值，是评价地区某一产业专业化水平的主要指标，如果区位商大于1，则可认为该产业为专业化部门，区位商越高，专业化水平越高。

2. 庆云县体育器材产业发展的现状。2012年崔口镇体育器材产业从分散生产迈入集群化生产新阶段，崔口镇体育产业基地2012年开工建设，2013年被县政府批准为庆云县体育产业基地，2014年被省体育局确定为山东省首家省级体育产业基地，成为全省唯一一处位于乡镇的省级体育产业基地。截至2015年，崔口镇体育企业由开始的7家，发展到现在的规模以上企业21家，配套企业50余家，专业村4个，专业营销人员1200余人。参见图5-5、表5-2。

第五章
山东省德州市庆云县县域经济的新发展

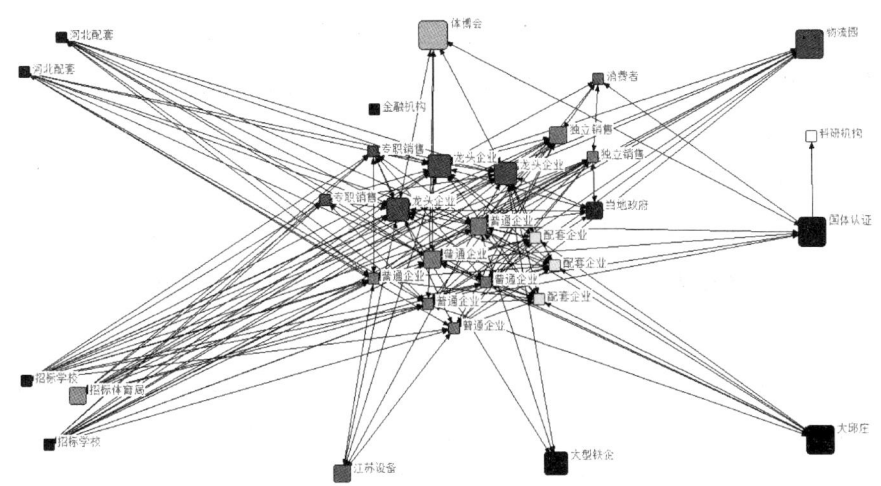

图 5-5　崔口体育器材产业的价值网络图

表 5-2　　　　　　　　部分调研数据整理结果汇总表

企业类型	主营产品	主要目标客户	原材料	销售方式	专职销售人员	物流
龙头企业	室外体育器材、少部分室内器材	体育局、教育局	大邱庄、青钢、鲁发	投标	多	第三方
普通企业	篮球架、跳箱为主	教育局、大型国体企业	大邱庄	投标、贴牌	较多	第三方、租车
配套企业	零部件	镇内生产企业	大邱庄	推销、关系	少	自运、租车

资料来源：课题组根据问卷整理，2015 年。

（二）工业园区的转型升级

作为经济发展的重要载体，产业园区的转型升级是新常态条件下县域经济转型和发展的基础。在经济新常态背景下，随着京津冀协同发展的深入推进，产业园区需要从传统的招商引资向新的运营服务体系的转变，满足制造型企业的轻资产和柔性生产的需求。

1. 开发区的发展现状和存在问题。经济开发区于 1999 年 6 月启动建设，2006 年 3 月升级为省级开发区。2013 年 8 月，在整合原经济开发区、红云高新区、渤海路街道的基础上，实行"政区合一"的管理运行体制，辖区面积达到57.21平方公里。目前，开发区内入驻企业278家，其中规模以上93家，初步形成了新材料、装备制造、电子信息、食品加工、精细化工、循环经济等六大主导产业。建设了建筑面积1.6万平方米的高新技术创业服务中心，依托企业建成国家级工程技术中心1个、省级企业技术中心2个、市级企业技术中心8个，拥有1个中国驰名商标、6个著名商标。开发区作为全县工业经济的重要承载地，聚集了全县90%左右的工业投入、资产总额、工业用地，但也面临着许多的困难和问题。

（1）园区功能不健全，企业根植性弱。一是缺乏顶层设计。尚未编制科学合理的园区发展规划，产业和企业布局散乱，突出表现为项目安置"随意化"、企业发展"孤岛化"、产业布局"碎片化"，难以形成集聚效应。二是配套服务能力薄弱。开发区在发展过程中，偏重于生产制造型产业的培植，金融、研发、营销、广告、人才培训等服务业严重滞后，配套支撑体系不健全。三是产城分离趋势明显。当前，开发区正在不断向外扩张，已经形成了企业围城的格局，主城区社会功能对新开发区域的辐射带动能力不足，造成企业生产生活不便，成本不断提高，随着土地、用工、税收优惠等传统驱动力的衰弱，对企业和人才的吸引力正在不断减弱。

（2）项目关联度不高，集群发展能力差。一方面，开发区虽然招引了一批如航天碳材料、祥辉铜业、维特新材料等科技含量高、成长性好、财税贡献能力强的大项目、好项目，但企业间产业和技术关联度不高，产业链条某些环节缺失，形成了"一峰独秀，众山分立"的局面。另一方面，开发区偏重于企业数量和规模的扩张，产业整体层次较低，掌握关键核心技术、进行新产品开发的企业不多，大多数企业通过外延扩大再生产，处在"微笑曲线"低附加值的中间环节，结构层次低，科技含量不高，辐射带动能力不强。

（3）增长动力不足，自主创新能力差。一是土地制约明显。由于过去在招商引资过程中的低地价竞争，不注重土地产出效益的提升，造成企业发展盲目追求规模扩展和囤积土地现象，土地资源快速消耗，再加上缺乏有效的企业退出机制和土地开发储备，进一步削弱了开发区的自我造血和可持续发展能力。二是科技创新能力弱。企业职工高学历人才占比较低，

第五章
山东省德州市庆云县县域经济的新发展

专科以上学历不到20%，专业性人才缺乏；多数企业对科技创新重视不够、投入不足，90多家规模以上企业中仅建成技术中心11个（其中省级以上3个）。随着土地、环保的紧约束和人力资源成本的不断提高，低层次、低附加值和高资源投入的发展模式已难以为继。

（4）政策执行不严，管理服务亟待规范。一是政策执行不力。对部分未按照入区合同约定及时开工建设、投资额度和建筑容积率随意性变动的企业，没有严肃处理。同时，随着上级政策的约束，很多承诺给企业的奖励扶持政策难以兑现，影响了政府的公信力。二是服务水平不高。重招引轻服务，重建设轻运行。项目考核验收后，缺乏后续的保驾护航和跟进服务措施，企业运行过程没有做到贴心服务。少数部门还存在配合不默契，遇事推诿扯皮，个别工作人员态度差，工作质量低下，严重损害了政府形象。三是生态环境恶化。由于开发区规划的缺失、部门为完成任务对项目"包装"的欺瞒、部门监管的不到位等导致一些高耗能、高排放企业的存在，企业偷排偷放现象时有发生，自然环境不断恶化。

2. 从产业园区1.0模式向2.0模式的转型升级。京津冀协同发展战略的实施为庆云县的经济发展带来了机遇，但是在经济新常态下企业要解决新问题必须创新工业园区的经营模式。

随着中国经济增长速度的持续下滑，产能过剩和企业高杠杆带来的一系列问题开始凸显和暴露。实体经济的下滑一方面使企业开始缩小生产规模或者面临倒闭，另一方面银行信贷收缩进一步增加了企业的融资成本。在两个方面的双重挤压下，即使具有投资和转移的动力，也可能无力购买包括土地和办公物业在内的不动产。

如何在新形势下确保政府实现土地集约使用、稳定税收、产业竞争力提升和有效退出的前提下，创造新的产业园区运营模式，是庆云县产业园区发展的趋势和方向。

（1）牢牢把握企业客户的需求。从未来的发展趋势看，入驻工业园区的企业主要关心三个问题：一是企业的投资、运营和配套能否带来实际运营成本的降低；二是能否提供企业的品牌形象；三是投资预期，尤其是购买物业的企业都带有明显的投资预期。而要满足投资企业的需求，工业园区需要从过去的以土地为主导的招商引资向以运营服务能力为基础的招商引资的转型和升级。

（2）以提高运营服务能力推进招商工作的展开。在京津冀协同发展进程中，庆云县的工业园区明确自己的价值主张，即为入驻企业打造舒适、高效的运营平台，帮助企业提升品牌形象，降低综合运营成本，实现高效率、低成本的发展。与此同时，有效地实现节约利用土地资源，创造更多的税收和就业，推动本土产业集聚和升级，提升区域综合价值。一是进一步明确各工业园区的产业规划。因为工业园区的开发是一项投资大、周期长的工作。要完成一个工业园的建设，仅仅规划筹备就需要3—5年的时间。作为一个系统工程，产业规划要充分结合宏观产业趋势与地方微观产业政策导向来综合分析、研究、论证项目的可行性。二是通过运营服务能力的提升，在招商工作中坚持集聚价值网的规模效应。在招商工作中，要立足产业竞争优势的提升，一方面通过企业的引进完善产业价值网络，另一方面用完善的价值网络进一步引进更加优质的企业资源。

3. 推动开发区转型升级的措施。

（1）明确开发区的目标定位。近几年，京津冀特别是北京地区将出台更加严格的环境治理政策，产业大规模外迁的序幕即将拉开。科学承接、精准对接将成为开发区转型升级的关键。在目标上，应锁定京津产业转移，一方面，借鉴总结红云高新区这一"飞地经济"的经验，谋划建设产业承接平台——"京津产业园"，增强京津企业的归属感；另一方面，主动对接京津产业园区和当地政府，做好"飞地经济"文章，借助当地园区和政府的背书，增强京津企业的安全感。两点发力，抢占产业转移先机。在定位上，应顺应发展大势，立足可持续，提升项目入区标准，科学选择项目，有目的地承接一批结构优、能耗低、污染少、质量高的项目，建设集约化、循环发展的生态、绿色园区。在运行上，利用全面深化改革所带来的政策优势，由政府主导逐步转变为政府引导、政策驱动、企业化运作的发展模式。一方面，不断创新开发区的管理服务体系，提高服务水平和运营质量；另一方面，通过PPP融资模式，健全基础配套支撑，提升产业集聚发展能力。

（2）提升开发区的配套功能。未来开发区的发展和企业关注的焦点，将由水、路、电等"硬通"转向资金、信息、人才、公共服务和技术平台的"软通"，开发区承担更多的将是为入驻企业提供融资渠道、信息交互、人才提供与培养、共性技术研发、公共服务等服务性职能。一是放大政府引导基金和发展基金的作用，撬动更多社会资金参与产业发展。二是建立企业、产业信息数据库，通过信息连接实现企业信息资源共享，降低企业生产成本，提升企业的管理水平和效率。三是加快职业教育发展，加大人才培养力度，实现"按需培养"；完善高层次人才引进管理机制，为引进专家、高端技术和管理人才奠定基础。四是构建公共技术服务平台、开放实验室以及创业支撑服务平台的三大公共服务体系，增强企业自主创新能力，提升产业发展环境。

（3）推进产业结构升级。合理规划确定开发区的主导产业，持续推动产业升级。一方面，在招商引资过程中注重从产业链、产业集群方面对企业进行筛选，注重引进创新型企业，提高现有工业土地的利用效率。另一方面，通过技术引进、吸收、改造、消化和商业模式的突破创新，逐步推动现有产业和企业向价值链高端环节演进，用可持续的科技创新能力带动产业发展。

（4）创新招商引资方式。开发区作为招商引资的主阵地，发达地区已经从土地出让招商到标准厂房招商，现在开始进入"政府招开发商，开发商招项目"的工业地产新阶段。要实现跨越赶超，必须转变招商理念，升级招商路径，创新招商方式。一是树立运营招商理念。充分发挥市场的作用，坚持以园区定位规划落地为基础，以企业诉求为根本的价值导向，不断满足企业金融、人才、成本控制、发展、投资等多方面的需求。要引入社会资本，由专业开发团队进行土地出让、标准厂房建设等工作，并负责项目引入和后期服务。二是升级招商路径。通过设立产业引导基金等措施，发挥财政资金"四两拨千斤"的作用，积极引导产业发展，推动企业上市，推动科研成果转化，推进大众创业、万众创新。三是创新招商方式。强化招商引资营销，借助媒体特别是新媒体加大宣传推介力度；大力发展产业链招商和以商引商，更加关注上下游链条企业和主导企业的引进,由"散点式"招商向"集群式"招商转变;要重视对科技型中小企业的招引,由"招大引强"向"大小并举"转变。

(5)构建产城融合的内生循环体系。坚持产城一体的发展理念,改变空区空园现状,扩大产业空间,加速产业聚集。一是加大"老开发区"开发力度。通过发展新产业、新业态,通过完善产业孵化和培育服务,整合、盘活旧厂区和闲置土地,提升土地利用效益和开发区的配套服务功能。二是科学建设"新开发区"。兼顾开发区的经济功能、社会功能、生态功能,打造适合高端工业发展的宜居宜业条件。三是加大生态环境治理。坚持污染减量、降耗与绿化、治理并举,推进废水废渣统一收集、统一管理、统一处理,改善生态质量,为入驻企业和人才提供优美、舒适的工作生活环境。

(三)推动"互联网+"改造和提升商贸物流业

早在1998年庆云县就确立了"商贸兴城"的发展战略,举全县之力发展商贸物流业。2010年的中共庆云县委十一届七次全体(扩大)会议强调,"商贸物流经济"将作为新时期经济发展的重点任务。《庆云县国民经济和社会发展第十二个五年规划纲要》中也将"商贸物流扩量升级"提升到规划目标的高度。历经10余年精心培育与跨越发展,当前已建成小商品、酒水副食、蔬菜水果、机车、建材、服装、五金、金宇建材、粮食等24处大型专业批发市场和1处国家AAAA级物流园区,已发展为鲁冀边区规模最大的商品集散中心。

庆云县商贸物流产业节点选择如下:

(1)抓好"庆云中国城"建设,构建商贸物流产业框架。把发展现代服务业作为繁荣经济、增强活力的重要方式,紧抓庆云发展的特色和优势。全面打响市场二次创业战役,积极对接中邮物流等大企业、大集团,启动了以商贸引领区、市场核心区、物流集散区为主的2.6平方公里商贸新城规划建设,突出抓好"庆云中国城"建设,使之成为鲁冀区域理念最新、体量最大、功能最全的商贸物流集散地。全面推进拆迁、规划、设计和开发建设,研究谋划市场业态的分布、电子商务的定位、物流速递的融合。同时,大力发展连锁超市、品牌专卖店等零售业态,做大做强供销商

第五章
山东省德州市庆云县县域经济的新发展

厦、澳城购物广场等规模商贸零售企业。

（2）完善商贸物流产业园区，发挥产业集聚效应。依托滨德高速，在城区南部规划建设国际小商品加工园区，实现以工促贸、贸工联动的发展格局。改造五金市场，积极推进中央商务区建设，实现由专业市场向商业聚集区转变。大力拓展市场领域，逐步形成东北三省小商品输出基地，2020年建成面向俄罗斯、蒙古、中亚等地的小商品输出基地之一。初步构筑"南义乌，北庆云"的商品集散格局。

商贸物流企业是物流市场的主体，是本地区物流产业发展的标志。物流园区是物流企业的集散地。园区建设要充分体现集约化、专业化、现代化，商贸物流企业要着力发挥辐射力和竞争力。以信誉商厦、龙威城市广场、金天地等为核心，大力引进国内外知名品牌，构建以大型购物中心、大型百货店、运动休闲、娱乐、文化综合服务等为主的多功能综合商业中心。努力打造"美食庆云"，挖掘传统名吃，提高餐饮企业星级服务及管理水平，发展大众化、特色化、连锁型餐饮网点。

（3）打造商贸物流下游产业链，实现全产业链发展。打造工业配套物流中心、消费品物流配送中心、区域性集疏物流中心，构建三大物流产业链，整体形成与本地生产、生活相配套的"布局合理、功能齐全、设施先进、运转高效"的一体化物流供应链。

工业配套物流中心。这条产业链主要是依托本地工业园区，建立的工业物流配送体系，提供完善的仓储、装卸、包装、定制加工、配送、运输等现代物流业务，服务于本地工业园区及周边地区的经济腹地；依托新型建材产业聚集区，物流中心采用厢式汽车运输方式，提供多项现代物流功能。

消费品物流配送中心。以小商品配送为主，依托庆云县特色小商品批发市场，再采用厢式汽车运输方式，服务于本地批发市场、超市及百货商店，同时加强与邻县和其他省份合作，实现小商品对外销售的集聚平台，向第三方物流转变。以农贸产品配送为主，依托消费品配送中心的农贸产品配送中心，采用厢式汽车运输方式，服务于本地各大瓜菜批发市场、超市及农贸产品批发和零售网点。

区域集疏物流中心。该中心是以各类专业化交易市场为依托，发挥本地产业优势，一方面以市场引领、带动、发展物流产业，使其逐步产生辐射效应，另一方面利用现代物流方式提升市场销售空间，扩大销售辐射范围。区域集疏物流中心产业链以大宗货物集疏为主要服务对象。其中本地及周边地区建材和汽配及零部件可以进入汽配、建材装饰城，在这里进行展销和交易，用厢式汽车实现建材、汽车配件及零部件向华北地区、东北地区、中部地区及沿海地区的分拨运送。

深加工产品批发市场。一方面以本地特色果蔬及畅销果蔬为主，建立培育、采购、深加工，交易、分拨配送于一体的供应链，另一方面以市场做基础，实现各地粮食作物的物流集疏与中转。

（4）建立完善物流服务平台，保障全产业链服务支持。以现代物流理念为指导，着力完善物流基础设施和物流信息系统"两大平台"，推动农业物流、商贸物流、医药物流、工业物流"四流合一"，融合发展，重点抓好红云国际物流园、现代物流产业园等项目建设，加快发展农村物流配送，实现物流由服务经营生活向服务生产生活转变。加快培育物流市场主体，推进第二、第三产业分离，促进传统运输、仓储企业向第三方物流企业转型，形成一批大型化、社会化、专业化的物流企业。加强现代物流业交流与合作，积极融入京津、济南、黄三角等区域物流产业链条，努力建设北接天津滨海新区、南融济南省会经济圈、东连黄河三角洲的现代物流基地。

提升现有物流运输、仓储、配货网络，建立共享式公共信息平台，完善专业化、标准化物流服务，支持一批专业物流服务企业做大做强，带动提升物流业整体水平。

（5）全力突破技术瓶颈，打造现代化电子商务平台。电子商务中心，借鉴"义乌购"开发运营模式，依托中国城，开发建设具有自主知识产权的电子商务平台，实现实体体验与电子交易同频共振、互促共赢，逐步建成集价格指数发布、新产品展示、名优特商品汇聚等多功能于一体的现代化信息服务中心。

推进市场升级，加快网上商城、电子交易等新模式、新型业态发展，规划建设电子商务楼宇、电子商务产业园区、庆云电子商务综合交易平台、鲁北物流综合信息服务平台,发展一批专业市场电子商务平台,吸引国内外电子商务企业和配套服务企业入驻,增强商贸城的影响力和辐射带动力。通过整合、改造、提升,借力优秀的商贸基因、丰富的人脉资源、坚实的产业基础和发达的交通网络,把庆云县打造成小商品贸易中心、小商品会展中心、区域物流高地,努力建成具有较高知名度、美誉度的中国商贸名城。

(四)文化旅游和创意产业的发展

2009年成功创建首批"山东旅游强县",截至2013年庆云县年接待游客人数已经突破300万人次,旅游收入超过7亿元,比上年增长12%。现已建成国家AAAA级旅游景区1处,AA级旅游景区4处;省级旅游购物市场1处;省级工业旅游示范点2处;省级农业旅游示范点1处;星级饭店3家,星级餐馆3家,旅行社2家,省级旅游强乡镇2个,省级旅游特色村3个;成立了德州市首家乡村旅游专业合作社;海岛金山寺被评为"到山东不可不去的一百个地方",鼎力食品系列被评为"到山东不可不买的一百种旅游特色商品"。庆云县旅游贸易开发目前正向以观光、休闲、考察、学习、康体、度假、娱乐等为一体的综合型方向发展。

庆云县旅游业在政府鼓励和相关产业的支持下,发展趋势明显上升。从近些年数据分析看,庆云县旅游业在全国旅游服务贸易中的比重也呈逐年上升趋势。但同时也能看到,庆云县旅游业与发达旅游城市相比,还有很大的差距。第一,多数商家只注重于促销层面上的定位旅游信息传播和景点形象打造,并未树立起品牌的效果。第二,部分景区开发程度偏低,部分景区不考察本地的实际情况,打着"旅游兴县"口号,盲目招商引资,大量投入资金开发建设,但收效甚微。第三,目前庆云县旅游服务业的基础设施还相当落后,无法跟上旅游业快速发展的步伐。如运输线路与旅游景区之间交通不通畅,使一些本应该成为热点的景区没有得到充分的开发和利用;景区内交通基础设施落后,降低了旅游者旅游时的流畅感和体验感;对景区卫生管理和环境管理重视不到位,配套设施和服务较为落后。第四,庆云县本土旅游企业旅游服务较为低端,在整条产业价值链中得到的附加值处于低点。

1. 庆云县旅游产业的发展重点。

（1）拓展旅游发展领域。一是大力支持和促进旅游经济强县在旅游业转型升级和创业创新上走在全省前列。完善旅游公共服务设施，提升旅游服务品质，构建县域一体化的旅游发展格局，形成具有鲜明主题形象的县域旅游目的地。二是大力加强旅游与农、林、牧、水等相关产业和行业的融合发展，因地制宜发展多种形式的乡村旅游，大力推进特色旅游乡镇和美丽村庄建设。着力培育庆云纪念馆、海岛金山寺、庆云宫、唐枣生态园等旅游区片，拓展提升国家级和省级旅游经典景区，促进红色旅游与乡村生态旅游、休闲度假旅游的融合发展。积极推进以中心城镇为依托的环城环镇乡村旅游带建设，促进重要旅游城镇和高等级旅游景区周边的乡村旅游业发展，探索乡村旅游产业集群建设。三是积极发展工业观光旅游和商务考察旅游，依托特色工业企业和特色加工制造业集聚区，形成一批体验性强、产业链长、影响力大的工业旅游区。加强旅游商品的研发和生产，大力发展旅游商品加工业，加快改善传统特色工艺品的花色品种和加工制造水平，大力发展具有自主知识产权的各类户外活动用品及宾馆饭店专用产品。四是以大型会展、重要文化活动和体育赛事为平台，重点发展商务会展旅游、文化旅游、体育旅游、养生保健旅游、美食旅游和置业旅游，大力发展购物旅游，加快提高旅游购物在旅游消费中的比重。五是促进旅游业与战略性新兴产业的融合。充分利用战略性新兴产业的发展成果促进旅游业的改造提升，积极探索旅游业与战略性新兴产业融合发展的路径。加强旅游业与信息产业、节能环保产业的融合发展，使旅游业成为新兴信息技术和节能环保技术应用的重要领域。

（2）丰富旅游产品供给。一是充分利用文化优势和乡村优势，稳步推进各类旅游资源开发，新建一批精品景区，不断丰富旅游产品供给，全面推进旅游产品开发与提升发展。坚持走内涵发展和联合发展的路子，积极推进全域旅游和镇域旅游景区建设。大力推进旅游景区内外的环境风貌整治，切实加强旅游景区与周边村镇的协调发展，全面提升高等级景区的整体品质。二是加快发展大型综合景区和高水平旅游综合体，依托高等级景

第五章
山东省德州市庆云县县域经济的新发展

区和旅游度假区,通过资源整合、产业融合和板块联合促进旅游要素的集聚,做大新产品新业态,做足休闲度假功能,做强旅游度假经济,做响旅游度假品牌。加快发展晚间休闲娱乐产品,建设和完善特色餐饮和室内休闲运动场所,打造游客喜爱的文化演艺产品,丰富晚间旅游消费项目。加快发展购物旅游产品,增加旅游商品的种类和数量,注重旅游商品的特色和质量,建设旅游购物场所,提高旅游购物在全省旅游总收入中的比重。三是充分利用优势特色文化资源,开发建设一批主题特色鲜明、产品创意独特、游客乐于参与的文化体验产品。以水环境为依托,有机整合拓展溯溪、划船、垂钓、游艇等体育运动项目,开发建设一批以户外活动为特色的运动休闲产品。以道路交通为纽带,以旅游城镇、旅游景区和乡村旅游地为依托,加快建设旅游营地产品。依托城镇经济社会环境,开发建设以旅游特色街区、社区旅游和旅游小镇为代表的城镇休闲产品。

(3)优化旅游空间布局。一是建设更加发达的旅游经济圈。建设以东辛店等旅游强乡镇、路网交通为主体的旅游经济圈,充分发挥乡镇的辐射带动作用,加快发展庆云宫等旅游区块,使之成为全县旅游经济发展的核心动力区之一。建设以北海、石佛寺和金山寺等为主体的旅游经济圈,增强中心城市的旅游休闲功能,充分发挥历史文化、宗教文化的比较优势,依托马颊河和德惠新河,加快推进沿河旅游休闲集聚区块建设。发挥工商繁荣的产业优势和充满活力的体制机制优势,加快提升小商品批发市场、庆云宫等一批传统旅游区块,做大做强商贸购物旅游和红色旅游特色区块。加快推进齐家村、范庵村、张货郎村等特色乡村旅游区块的建设,加快培育一批以生态休闲和养生度假为特色的旅游休闲区块。二是积极引导各类旅游目的地彰显特色、错位发展。以自然山水、历史古镇、生态休闲为特色,加快推进不同层次的旅游示范点建设,开发适合不同层次游客的旅游产品,形成较为完善的旅游体系。以"市场购物、宗教文化、历史名人、传统文化、休闲生态"为载体,以推进城乡一体化为目标,着力打造一批在鲁北具有较大影响力的著名旅游目的地。以旅游强镇和旅游特色村为基础,重点培育一批乡土气息浓郁、文化特色鲜明、综合品质优良的精品旅游乡村。

(4)推进生态旅游发展。一是以科学发展观为指导,树立"大旅游、大市场、大发展"意识,按照文化旅游统筹、产业统筹、区域统筹的原则,转变旅游产业的发展方式、发展模式和发展形态,深入挖掘和利用生态资源,积极发展工业旅游、农业旅游、休闲渔业、商业旅游等新形式,依托城市旅游市场,利用乡村旅游资源,做好生态旅游,打造生态旅游系列活动品牌,实现以城带乡、城乡统筹发展。二是发挥生态旅游资源优势,依托庆云生态资源丰富、自然环境优越的生态特征,开发建设唐枣生态园,打造生态枣乡,大力发展农家小吃、农家庄院等特色民俗经济;依托马颊河、德惠河、漳卫新河,打造一批个性鲜明、景观优美、空间集聚、功能综合的休闲娱乐特色生态度假村和旅游带。三是按照"精品、特色、差异化"要求,科学编排和推出几条展示地方特色景观、生态休闲度假、文化风情等旅游产品和线路。做大做强节庆品牌,积极引进国际国内具有极强影响力的体育、文化和经贸等赛事和活动,使庆云县一些节庆活动成为国内著名的节庆活动,提升形象,跻身国家级旅游节庆品牌行列。

(5)提升旅游产业素质。一是促进文化和旅游的深度结合,努力把文化内涵贯穿于旅游业发展的各个环节和整个过程,使游客在旅游活动中获得知识和乐趣。增强旅游商品、餐饮和住宿的地方文化特色,形成具有自主品牌的特色旅游产品,使旅游宾馆和餐饮服务场所成为展示地方文化的重要窗口。培育富有地方特色和民族特色的演艺节庆和文化体育活动,使旅游活动成为传承和弘扬优秀文化的重要载体。重视旅游产品研发和科技成果在旅游业中的应用,积极发展多种形式的科普旅游,充实旅游产品的科学内涵,提升产品的科普教育功能。二是积极引导和加快发展乡村旅游业,不断提高乡村旅游的就业吸纳能力和增收致富能力。积极推动旅游与农林渔业、加工制造业和其他服务行业的融合发展,形成旅游经济新亮点。建立健全乡村旅游从业人员培训机制,加强对农民的培训。建立健全旅游就业信息网络,向社会提供更加充分的旅游就业信息服务。三是提升旅游行业整体素质。饭店业要以推进饭店特色文化主题建设为核心,引领饭店业特色化、品牌化和合理化发展。旅行社业要以品质等级评定为抓手,鼓励连锁经营和网络化发展,推进大型旅行社集团化、中型旅行社特色专业化和小型旅行社门市化的步伐。

2. 庆云县旅游产业节点选择。

（1）做活旅游产品。旅游产业的高附加值主要集中在旅游产品的开发设计上，纵向上，要对庆云县的独特文化要素进行研究和提炼，挖掘文化内涵，并将其融入产品的设计开发中，把文化内涵和文化品位嵌入到旅游产品中、把文化服务贯穿于旅游产品要素市场中，加强对地方特产、历史遗迹、宗教建筑、知名景观、历史名人、名人诗歌等旅游产品的开发，塑造主题产品，提高其文化附加值。如对于古邑遗址、古防洪堤等遗产类文化的塑造关键要挖掘文化的深厚性与历史的连续性，并伴以或战争或浪漫的古代故事、诗词，增添文化的灵性；对于民俗类文化产品的塑造主要是深入表现当地的生活习俗和现存的生活状态；对于创意文化产品，要辅以创意者的创作时期和创作背景，将其内涵外化到产品上，提升旅游品牌的含金量和吸引力。

（2）完善配套服务。旅游产业附加值最低环节是产品的组合环节，横向上，要通过加强相关旅游产业的集聚和协调合作共同为市场提供完整的旅游产品，带动餐饮、交通、娱乐等相关旅游产业的发展，降低交易成本，实现此环节的最大价值。整合县城旅游资源及行业部门，联合餐饮、住宿、商品零售业、旅游金融业、旅游保险业、娱乐和交通等旅游产业相关部门，在本区域内形成生态休闲度假类、商品旅游类、综合型旅游类等旅游集群，既要做到旅游企业之间相互联系，相互合作，形成一种相互衔接的生产结构；又要做到每个旅游企业分工明确，专业化程度很高，共同为旅游者提供满意的一系列产品和服务，最终达到旅游产业规模化经营的目标，从而进一步推进庆云县旅游产业集聚，打造旅游产业发展高地。

（3）做好宣传营销。营销是旅游产业高附加值的另一环节，是旅游产品为顾客创造价值的必经渠道。一方面，充分利用推介会在各个地区如天津、济南等大城市举行标有"庆云县"引语的宣传推销会；借助十一黄金周推行旅游营销会以及庆云纪念馆红色旅游推介会等组织进行宣传活动；利用中央电视台、山东卫视旅游频道、《中国旅游报》等主流媒体的影响力进行宣传，树立庆云县旅游的新形象；或者策划多种突出庆云县文化特色的大型文化活动等公关项目以及选择和组织具有影响力的赛事来提升庆云县旅游的知名度。另一方面要主动到沿海发达地区甚至国外进行有计划的宣传促销，例如可以通过参加重要国内旅游交易会、国际旅游展会或者策划高水平、有特色的旅游促销活动，为庆云县旅游营造一种庞大的文化声势，以达到最大限度促进旅游产品的销售。

二、发展的机制和路径

（一）科学规划县域经济发展

作为一个后发地区，在经济新常态背景下，为了迎接京津冀协同发展带来的机遇和挑战，应当科学地把握区域经济发展的格局变化，通过科学规划引领县域经济的发展。

在经济技术开发区的规划建设上，以引进京津冀产业转移的高端项目为主。在崔口镇形成体育器材产业集群，在尚堂镇规划建设新兴产业基地。统筹县域经济发展规划和建设工业园区，消除可能出现的工业围城现象。

在科学规划的基础上，加快交通和通信基础设施的建设。在交通基础设施建设上，一方面通过融入京津冀协同发展，争取国家对县域经济的基础设施投资；另一方面通过融资方式创新加快县域内的交通基础设施建设。在通过通信基础设施建设上，要为未来信息化、工业化和商业物流的发展预留足够的空间。见图5-6。

（二）建立和培育与县域经济发展相适应的创新创业生态系统

重点建设行政服务平台、公共技术平台、供求信息平台和金融服务平台四大平台，完善互联网基础设施，搭建政府、企业、高校、科研机构、金融组织和中介机构之间的线上交互平台，其中行政服务平台旨在简化行政审批流程，便利创业主体进行工商注册，为企业提供法律、知识产权、咨询、检测认证和财务审计等服务，扩散最新产业扶持政策，免费提供创业培训资源等；公共技术服务平台针对庆云县体育产业"低端锁定"发展困境，从新材料、新产品、共性关键技术、制造工艺等方面提供前瞻性指导，承载集群内企业技术交流和转移，完善企业数据库，适时更新企业技术需求，通过互联网平台实现与域外高校、科研院所和企业的交互与合

第五章　山东省德州市庆云县县域经济的新发展

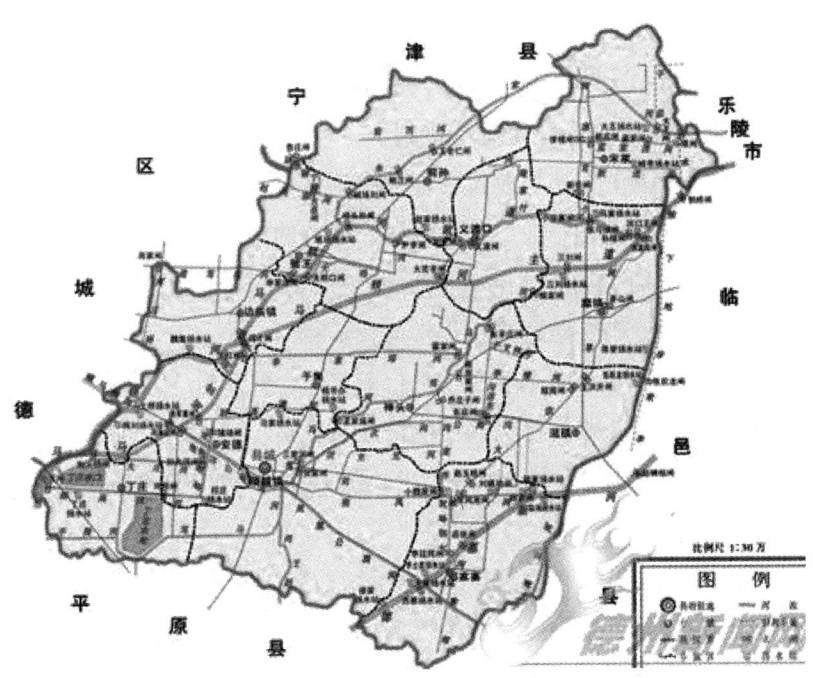

图 5-6　庆云县县域图

作；供求信息平台便于集群内企业进行产品发布、线上交易、市场推广和信息查询，提升与外部市场主体互动频率、效率，增强庆云县体育产业的知名度、美誉度和市场影响力；金融服务平台重点解决企业的融资需求，根据企业发展实际，创新金融服务方式，简化贷款审批程序，降低贷款利率，真正发挥贷款的时效性。

加强政府财政资金的引导作用，设置创业专项资金，鼓励农民创新创业，对有重大技术突破的体育生产企业和创业典型给予一定物质奖励，广泛宣传，释放榜样的力量。

开展创新创业教育，定期组织农民企业家沙龙，邀请知名企业家、智库专家、投资机构、银行代表及关联企业代表参与讨论，实现经济主体之间精准对接，营造浓厚的创新创业氛围。

借鉴国内众创空间新型孵化模式，依托庆云县产业集群内生的产业资源、商贸文化、企业家队伍和生产组织方式，充分利用电商园建设的有利条件，构建特色鲜明、设施完善的低成本、便利化、全要素、开放式的众创空间，集成创新创业政策，激发有想法、有知识、懂技术的人员（尤其是回乡创业人员、大学生和车间工人）协同创造。

（三）建立中小企业融资支持机制

中小微企业融资支持机制旨在建立中小微企业融资平台。平台的参与者包括：政府、中小微企业、金融机构、相关的服务机构等。其中，政府及相关的职能部门主要为平台建设提供一定的扶持资金，提供相关的政策、信息，监督、确保融资平台正常运行。

有意向融资的中小微企业进入平台前，平台要联合工商税务等部门对其进行身份验证。企业要确保其提供信息是真实、合法的，加入平台后要接受经营、管理、财务、金融等相关的培训，积极参与平台提供的其他服务活动。

金融机构是融资平台中资金的提供者，为企业提供资金流信息，如贷款资金的额度、贷款期限以及利率等信息，并负责贷款的审批。

另外，根据实际情况，政府还需设立下属担保公司，通过双向选择，选择目标企业并为其提供担保。对有融资需求的企业进行保前、保后实地调查，收集相关资料，掌握目标企业的生产经营状况和资信状况，尽可能获取其最真实的信息并及时向平台报送，以便予以评审，降低信息不对称程度，从源头上控制担保及贷款项目的风险。在企业获得贷款后，除享有抵押物品的处置权，担保机构还要负责监督目标企业及时还本付息，为违约的受保目标企业代偿违约金。

通过引入主要包括会计师事务所、律师事务所、风险评估机构等融资服务机构，定期对融资企业信息的真实性、完整性、准确性等进行分析、评定和出具意见，并给予信用等级评定，以降低潜在的逆向选择和道德风险。

确定参与主体之后，政府成立中小微企业融资促进中心。中小微企业融资促进中心是平台的核心。一是能建立企业与银行之间的协调沟通机制，如开展投融资洽谈会、论坛等形式，联系融资双方，整合各方的资源，为区域内目标中小微企业与县域金融机构、风险投资基金、政府提供互动机会，促进资本与项目有效对接，使中小微企业融资渠道更畅通。二是为中小企业提供相关的持续的技术培训、咨询、诊断，提升中小微企业的综合竞争力。

为了降低平台的整体运作风险，防止风险外溢和系统性风险发生，中小微企业融资平台需设立风险准备金制度，为中小微企业贷款担保提供最后一道防线。风险准备金由政府的专项扶持资金及担保机构按一定的比例出资组成，风险准备金交由指定的银行托管，确保风险基金的安全性、独立性。

（四）打造区域电子商务平台

商业化第三方 B2C 电子商务平台服务模式由于费用高、客户含金量低等问题而使中小企业难以选择适合的电子商务模式。而地方政府主导的区域电子商务平台尽管在知名度上略逊一等，但具有政府主导、多方参与、资源共享、区域特色等优势，可为区域内中小企业的发展提供实际的支持和帮助。

虽然电子商务的发展和应用是企业行为，但电子商务的发展和应用对于推动传统产业的转型升级，加速现代商贸流通体系形成，促进国民经济发展起着重要作用。同时，电子商务应用是一个复杂的工程，需要社会各方面的协同配合，而能够发挥出统一调配作用的只有政府。

许多中小企业认为开展电子商务投入大、产出小，从而对电子商务敬而远之。事实上，商业化第三方 B2C 电子商务平台以利润最大化为目的，但政府搭台的区域电子商务平台却以服务区域内企业为最终目标。区域电子商务平台通过降低平台服务门槛、给予平台企业会费补贴等方式，为中小企业发展电子商务提供有力支持和优质的服务；通过线上宣传推介、线下贸易撮合、开展专题培训、举办供需洽谈会等多种服务方式，引导海外客商主动询盘，助推企业开拓市场。如天津商务部依托"在线广交会"和"中国商品交易市场"网站，将其改造升级为"天津市国际电子商务应用平台"，使天津地方企业享受区域电子商务的"红利"。

电子商务推进工作是一项复杂的社会系统工程，不是一个企业、一个部门、一个行业、一个地区所能独立完成的。建设区域性电子商务平台，创新电子商务模式，本质上是对新技术、新平台、新流程的整合和优化，这需要政府、服务商共同推进。政府应发挥牵头作用，利用电子商务整合网络资源，加快区域电子商务平台建设。建议成立推进"电子商务进企业"工作领导小组，在已有电子商务平台的基础上，整合优势资源，打造庆云县区域性电子商务平台体系。各级政府要建立健全促进电子商务发展的组织保障体系和工作机制，明确责任分工，落实目标任务。推进"电子商务进企业"工作领导小组要在制定电子商务发展规划、政策、法规、标准、项目审理等方面更多地发挥作用，协调发展电子商务中的重大问题。政府要紧密结合地方实际，研究制定促进本地区电子商务平台建设的实施方案和配套措施。建立电子商务应用绩效调研机制和重点企业联系机制，加强对电子商务的促进扶持、规范和引导，确保各项措施落到实处。建议把推进"电子商务进企业"作为庆云县体育器材产业升级、优化体育器材产业结构的重要工程，加强政府相关部门的协调沟通，尽快制定未来五年或十年县域电子商务产业发展规划，并制定具体实施方案，制定支付、安全、认证和物流等相关配套产业等方面的整体规划。

（五）制定和实施区域、产业和企业品牌培育和提升战略

国际经验表明，发展中国家和地区经济崛起和产业竞争力的快速提升，固然是众多企业搏击市场的结果，但与政府实施积极的促进政策和推进机制密切相关。因此，庆云县应当从区域、产业和企业三个层次制定和实施品牌培育和提升战略。

1. 政府要发挥公共财政资金的导向作用，通过财政引导、税收优惠和产权激励，鼓励中小企业增加品牌建设投入，形成具有自主知识产权的专利；推动形成以特色产业或优势企业的产品品牌为龙头，以中小企业专业化合作和协同创新为特色的产业、产品配套链；鼓励中小企业运用新技术、新工艺、新产品，提高技术水平、降低消耗、提高资源利用率；鼓励中小企业自主创新、合作创新和引进消化吸收再创新；支持中小企业培育品牌，为特色产业或优势企业的产品提供配套。

2. 在县域一级大力培育各类技术中介服务组织，促进各类技术服务机构的发展，为中小企业品牌建设提供技术咨询、成果转化等方面的服务。建立健全以满足中小企业技术需求为目标、以中小企业技术服务机构为主体，各类社会服务机构广泛参与、协同配合的中小企业技术支持服务体系。要支持有条件的大企业和企业集团的技术开发机构向中小企业开放，鼓励中小企业与大学、科研机构建立长期合作关系，加快中小企业与科技资源的有机结合，充分整合有利于中小企业自主品牌建设的各种资源，改善中小企业品牌建设"单打独斗"的局面，降低中小企业创牌过程中的风险和难度。地方政府要建立共性技术引入或购买的政策支持体系，加大对资金实力较弱的小企业共性技术的供给力度，形成共性技术分享机制，通过政府采购促进共性技术的转移和扩散等，以推进中小企业自主品牌建设。

3. 要把具有自主知识产权的产品纳入政府采购优先目录，使用政府资金的采购活动，都要优先采购具有自主知识产权的产品，通过政府采购的示范作用，促进小微企业自主创新热情。

地方政府在辖区内企业知识产权受到侵权时，应及时对企业特别是对中小企业提供帮助，包括信息提供与法律援助等方面。对中小企业来说，创品牌不仅意味着大量投入，而且要承受巨大风险。因此鼓励中小企业自主品牌建设，就要使其获得收益和补偿。

第六章

工业化进程中边缘中心城市的兴起和发展
——以山东省德州市庆云县县域经济发展为例*

在对山东省德州市庆云县经济和社会发展进行总体调查和分析的基础上,研究发现:与其他区的区域边缘中心的形成和发展不同,庆云县是通过行商到店商集聚再到工业化而实现经济聚集和发展的。基于前期发现,提出了"信息通路"与经济集聚关系的假设。通过进一步的调查研究验证假设。

(1) 与一般的区域边缘中心不同,庆云县表现出特殊的发展路径:从行商和店商的聚集再到工业化发展。支撑和推动这一进程的是因行商在沟通南北贸易而形成的"信息通路"的诱导。

(2) 对庆云县体育器材产业的形成和发展过程的调查研究同样发现,商业资本是工业化的起源。对庆云县工业化进程的分析表明,随着信息技术和装备制造业的发展,我国的农村存在着巨大的继续工业化的潜在力量。

第一节 "信息通路"和经济活动的空间集聚

一、问题的提出

我国的县域经济是一种特殊的经济形态。一方面它是一种行政区划型

---

* 本章是2015年至2017年在前期调查研究的基础上,对庆云县经济进行持续调查和理论分析的成果。撰写者为洪卫和刘刚。

第六章
工业化进程中边缘中心城市的兴起和发展

经济,是以县城为中心,以乡镇为纽带,以农村为腹地的区域经济概念;另一方面因工业化水平和商贸业发达程度的不同,不同的县域经济的辐射范围存在相当大的差异。

在计划经济时代,我国工业化的主体是城市。地级市以上的大城市为区域中心城市,是区域的政治、经济和文化中心。在区域中心城市的辐射下,县域经济更多地属于农业经济,服务于县域经济发展,零散的工业主要分布在县城和交通区位优越的镇。改革开放之后,随着从计划经济向市场经济的转型,工业化的发展使县域经济出现了明显的分化。因加速工业化和经济发展,某些县快速成发展为区域的边缘中心城市,对邻近的周边其他县的乡镇产生辐射带动作用。尤其是位于两省甚至多省交界地区的县城,辐射的范围甚至超过本省所辖的地域。例如,浙江的义乌和广东的普宁。

对一个落后的以农业经济为主导的县域经济如何成长为区域边缘中心的理论研究,学术界很少涉及。2015年南开经济调查团队在调查中发现,庆云县就属于从典型的以农业经济为主导的县域经济因工业化而逐步转变成为区域边缘中心的案例。

庆云县位于山东省的最北端,与河北的盐山和海兴两县相邻,在省内则与阳信县和乐陵县接壤。① 无论是与之相邻的河北和山东的县,在计划经济时代都是工业欠发达的农业县。庆云县辐射能力的产生首先源于商贸业的发展,然后才是工业发展。但是庆云县对周边县域经济的辐射力是微弱的,主要辐射力是对周边县域的邻近乡镇。② 本章试图通过系统的调查研究,揭示庆云县如何从一个相对落后的农业经济为主导的县域经济因商

---

① 庆云县地处两省(山东、河北)三市(滨州、沧州、德州)交汇处,北以漳卫新河为界,与河北省的盐山县、海兴县隔河相望,东与无棣县毗邻,南与阳信县接壤,西与乐陵市交界。
② 依据对周边地区经济辐射力的大小,区域边缘中心至少包括三种类型:一是经济辐射带动能力超越本地区,被称为超级区域边缘中心城市,例如,浙江的义乌;二是经济辐射带动能力仅次于区域中心城市,例如,地级市;三是类似庆云县这样辐射带动能力较弱,仅限于与周边县邻近的乡镇。在后续的调查中,我们将陆续开展前两种类型的区域边缘中心的研究。

贸和工业的发展，逐渐成长为一个区域的边缘中心城市的动态过程。

二、研究的方法和设计

在第一阶段调查研究中，南开经济调查团队首先对庆云县的经济社会发展状况展开了面上的多节点实地调研，重点梳理出庆云县专业批发市场、国际物流园、崔口镇室外体育器械产业集群和庆云县主导产业代表性企业以及周边县市部分企业的发展情况。调查研究团队发现，庆云县经济活动的集聚和空间经济结构的形成过程非常独特：区域边缘中心的形成首先缘于以行商为主导的商贸活动的聚集和发展。

随着20世纪80至90年代乡镇工业的发展，庆云县的行商构筑了一个沟通南北的商贸信息网络。随着南北商贸活动的扩张，行商业务繁多和专业批发市场的形成带来了商贸活动在庆云县的空间聚集，对周边县域经济开始产生辐射作用。商贸业的聚集进一步带来工业化的发展，其中体育器材和金融器具两个产业的发展与行商商业资本的产业化直接相关。

因而，庆云县区域边缘中心城市的发展是缘于行商，形成了商业资本的聚集和产业的发展。在这一过程中，以行商主导的沟通南北商贸网络的"信息通路"，是庆云县经济活动集聚和空间经济结构形成的独特优势。调查研究团队提出，"信息通路"是经济活动集聚、空间经济结构重塑和产业联动发展的关键因素假设。①

为验证调查研究团队提出的假设，在前期探索性调查的基础上，调查研究团队制定了更加具有针对性的研究方案，明确了调查样本、研究方法的选择、调研问卷的设计、发放与回收和数据搜集处理方面的内容。

（一）研究对象和样本的确定

调查研究团队从边缘经济体经济活动集聚现象折射出的经济网络关系的复杂性着手展开专题调研。国际物流园价值网络的变迁是庆云县边缘经济体兴起与发展的缩影，调查研究团队以此作为分析的切入点，对国际物

---

① 在某种意义上，交通本身就属于"信息通路"的范畴。本章中的"信息通路"专指商品的市场需求和交易方面的信息，与一般意义的交通无关。

第六章
工业化进程中边缘中心城市的兴起和发展

流园展开了专题调研,调研对象涵盖了国际物流园内不同经营方式的各类企业(个体),涉及专线物流、单向物流、泛区域多线路物流、个体运输、快递公司、国内大型物流公司分支机构和加盟商等。

同时,调查研究团队走访了庆云县境内的 24 个专业批发市场,对各专业市场经营范围、商品来源、销售范围和方式、运输方式以及经营者创业动机等内容进行了深入调研。除此之外,调查研究团队对庆云县主要制造企业、产业集群以及周边县市的部分企业进行了信息采集。对典型制造业——体育器材产业的分析,在第二节展开。

(二)调查方法的选择

调查研究团队综合使用了实地调研、抽样调查、深度访谈、典型个案分析和演化分析等研究方法,不同研究方法的具体应用(见表 6-1),并根据研究对象特点和研究方法的适用范围选择性地使用了开放式访谈提纲、半结构式访谈问卷、调研量表和价值网络图等辅助工具。

表 6-1　　　　　　　　研究方法的应用总结

研究方法	适用情境	辅助工具
实地调研	庆云县体育产业集群、低压电器典型企业/家庭作坊、24 个专业市场、国际物流园及河北海兴、盐山两县的部分企业	开放式访谈提纲
深度访谈	以鲁华、京奥、鲁庆、瑞士达和世纪星等为代表的体育器械生产销售企业;小商品专业批发市场;以松林专线物流、百世汇通物流加盟商、国豪泛区域物流、临沂/义乌单向物流、夫妻型小物流为代表的物流企业;专业市场和物流园管委会等	半结构式访谈问卷
抽样调查	国际物流园不同业态企业、体育产业集群内龙头型、竞争型和配套型企业及家庭作坊、专业市场内部分商户以及部分创新型企业(如宝庄窗业、山东骏风电子和大通电气)	调研量表

续表

研究方法	适用情境	辅助工具
典型个案分析	庆云县体育产业转型升级、专业市场信息化改造、宝庄窗业集成化创新和销售渠道体系建设、物流园内企业差异化经营和竞合关系的评价	比较归纳
演化分析	庆云县物流体系价值网络的演化过程、结构特征和发展动力	UCINET分析工具、价值网络图

资料来源：作者根据调研资料整理，2017.

（三）问卷的设计、发放与回收

调查研究团队借助调研问卷旨在解决两个问题：一是测度国际物流园内不同经营方式企业或个体之间的网络关系；二是探讨"信息通路"诱致下经济关系的链接和经济功能区的形成（专业市场、物流园和制造业集群之间产业联动）内在逻辑。

在探测性调研对研究对象的宏观把握基础上，设计调研问卷，确定样本容量，使用分类抽样方法发放调研量表，搜集第一手数据。本研究进行问卷分析的样本均为庆云县国际物流园内企业，鉴于企业之间发展规模、经营模式、服务范围的明显差异，遂采取分类抽样的方法发放调研量表，样本容量为60，涉及专线物流、泛区域物流、单向物流、快递、大型物流企业加盟商/分支机构以及个体运输企业等类别，发放问卷60份，回收53份，回收率为88.3%。样本企业的数量、成立时间分布见表6-2。

表6-2　　　　样本企业数量、成立时间分布

企业类型 \ 成立时间	20世纪90年代之前	1998-2002年	2003-2006年	2007年及以后	小计
专线物流		3	5	7	15
泛区域物流		2	6	8	16
单向物流		1	3	2	6
快递企业			1	1	2
物流企业加盟商			1	2	3
物流企业分支机构			1	1	2
个体运输	1	3	3	2	9

续表

成立时间 企业类型	20世纪90年代之前	1998-2002年	2003-2006年	2007年及以后	小计
集装箱代办处		2			2
行商	5				5
合计	6	11	20	23	60

（四）数据处理

数据整理和分析阶段，引入时间序列区分物流园兴起和发展的不同阶段，借助 UCINET 分析工具刻画物流园形成和演化的价值网络图，并通过对网络中心度指标的测算比较不同阶段价值网络图结构特征和链接关系的差异，进而对不同发展阶段物流园价值网络变迁的主导因素进行判断。

三、"信息通路"和经济聚集

本研究从庆云县边缘中心经济体空间经济结构兴起与演变的客观事实出发，发现传统经济学理论难以解释庆云县独特的空间集聚现象，基于事实还原基本研究方法提出了"信息通路"已经取代交通区位等因素成为城市经济活动集聚、空间结构重塑和产业联动发展关键因素的基本假设。庆云县物流体系价值网络的变迁是边缘经济体空间经济结构演化的缩影，借助 UCINET 分析工具刻画国际物流园不同发展阶段的价值网络图，印证"信息通路"诱致下的要素集聚在经济关系链接中的柔性特征，通过对网络中心度指标的测算，识别价值网络演化过程中的关键节点和动力因素，形成对价值网络成长机制的客观概括。在完成价值网络刻画的基础上，界定边缘中心体的基本功能和主要特征，揭示空间经济结构形成的内在逻辑和生成机制，并从经济的复杂性、信息可获得性、规模报酬递增效应、信息租金和合作剩余等方面概括边缘中心经济体空间集聚现象的经济学本质。

（一）庆云县国际物流园不同发展阶段价值网络

1. 培育阶段：行商主导下的商贸网络形态（1997年之前）。图6-1是根据节点中间中心度绘制的价值网络图，经测算网络中间中心势（Network Centralization Index）为14.26%。

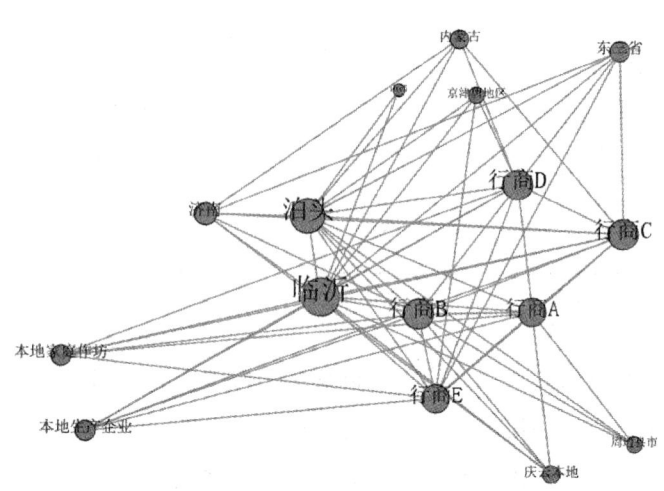

图 6-1　行商主导下的商贸网络形态（1997 年之前）

庆云县商贸传统历史悠久，最早可溯源至东周，春秋时得益于鱼盐之利成为北方地区繁华商埠之一，后依托水旱码头与京杭大运河贯通，形成了内接运河、外可出海的水运体系。庆云行商群体发端于隋唐，盛于明清，行商群体沿京杭大运河开辟了连接南北地区的商贸通道，将本地原盐和小枣行销江南，甚至远至菲律宾、马来西亚等东南亚国家，同时将陶瓷制品、药材及丝绸杂货回运至内陆各地，庆云县逐渐吸引江浙商人聚集至此，成为当时重要的商品交易中心。民国时期以后，随着内河运输的衰落，陆路运输成为主要的商品贩运和交易方式，大购大销的商品交易方式成为行商的首要选择，此阶段庆云行商购销的货物地域性特点明显，其贩运路径有主要有三条，庆云县行商主要贩运货物及贸易流向如表 6-3。

表 6-3　　　　　　　　庆云行商主要贩运货物及贸易流向

行商类别	贸易流向	主要贩运货物
南部行商	潍坊、胶东，远至苏杭地区	小枣、草帽辫、土布、绢丝和火硝等
北部行商	京津唐，直至山海关、辽东地区	土杂品、畜产品、陶瓷、茧绸等
东部行商[①]	德州、山西地区	海产品

①东部行商主要沿境内自东向西的三条盐道贩运货物。

资料来源：作者整理，2017.

第六章
工业化进程中边缘中心城市的兴起和发展

1978年党的十一届三中全会以后,伴随农村经济体制改革的持续推进,庆云民间制造业、商贸业竞相发展,农民经济活动的自由度大大增加,当地人的经商意识、热情再次高涨,逐渐形成一批职业商人。庆云行商队伍在20世纪90年代达到上万人规模,素有"万名货郎下关东"的美誉。此阶段庆云县涌现出三支行商队伍:南部为集聚在大靳、尚堂、东郎坞地区的小百货行商队伍,这是出现时间最早、历史跨度最长、辐射范围最广、从业人数最多的一支商贸力量;东北部为集聚在崔口、严务地区的低压电器行商队伍;东南部为集聚在杨和寺、中丁地区的科目章①行商队伍,逐渐成为三支行商队伍中出现时间最短、致富最快、影响力最大的一支队伍,呈现出从事相同业务地理集聚的特征。此阶段行商队伍贩运的商品与本地制造业的门类关联性较小,行商队伍对市场需求的高度敏感性决定了其大购大销的经营方式,行商主导下的商贸网络成为链接南北商贸通道的"信息通路",行商队伍的成长性既有制度诱因,又得益于市场推动,但根本原因是经济网络和社会网络高度重合下信息的可获得性。本研究基于上述分析,总结了庆云行商的基本特征,如表6-4。

表6-4　　　　　　　　　　庆云行商的基本特征

概念类属	特征描述
人员构成	由早期的赋闲农民演变为职业行商
经营决策	市场驱动,灵活变更经营商品类别
交易方式	现货交易,即时结算
进货渠道	自行采购,购销一体,以临沂、泊头为主要采购基地,少量本地自产商品
依托力量	主要以直系亲属为主,经济关系和社会关系重合
销售范围	沿主要商道梯次拓展,与主要交通线路(内河、铁路和公路)重合度高
载体功能	集商流、物流、信息流、资金流于一体,理解市场供需和技术信息
创业方向	自建商业实体,向制造业、物流业和批发零售业转变

资料来源:作者整理,2017.

---

① 科目章即印章的别称,科目章行商队伍经营商品类别从早期的橡胶印章、铜章,拓展到电子章、利率牌、保险柜、档案橱、点钞机、验钞机、电子显示器、监控器和工艺礼品等。

行商队伍的主要销售方向以庆云本地、周边县市、山西、京津唐、东三省、内蒙古等地为主。所销售货物主要从临沂、泊头和济南地区采购，尤以临沂为主。临沂地处苏鲁交界和黄淮海经济带上，通过沂河汇入京杭大运河，地理区位独特，历来是北达京津、南接苏浙闽粤的中枢要道，目前205国道、206国道、327国道以及多条省道连接临沂各地。改革开放之后，在利好政策的推动下，临沂市成为在苏北、鲁南区域范围内唯一的商品中转和批发市场，据统计，截至1992年，临沂市已建成包含小商品批发、纺织服装、箱包鞋帽、文体用品、中药材、酒水副食、塑料配件和土杂品等区位集聚的专业市场群。泊头市得益于京杭大运河、104和106国道的交通优势发展为著名的漕运基地和区域性交通要道。临沂、泊头依托交通区位成为重要的商贸通道，支持了本阶段庆云行商的发展。另外，庆云行商所销售货物少量来源于本地生产企业和家庭作坊的商品或土特产。

表6-5　价值网络中心度相对值计算结果（限于文章篇幅，仅列出前8位）

排序	度数中心度（Degree）		接近中心度（Closeness）		中间中心度（Betweenness）	
	节点	相对值	节点	相对值	节点	相对值
1	临沂	100.000	临沂	100.000	临沂	16.698
2	泊头	86.667	泊头	88.235	泊头	11.619
3	行商B	80.000	行商B	83.333	行商B	8.032
4	行商C	73.333	行商C	78.947	行商D	4.698
5	行商D	73.333	行商D	78.947	行商C	3.968
6	行商A	66.667	行商A	75.000	行商A	3.365
7	行商E	66.667	行商E	75.000	行商E	2.889
8	济南	46.667	济南	65.217	济南	1.365
整体网络中心势						
	Network Centralization = 53.33%		Network Centralization = 65.85%		Network Centralization = 14.26%	

注：本研究所使用的"中心度"指标包含度数中心度、接近中心度和中间中心度三类。度数中心度（Degree Centrality）：根据网络各中节点度数所测度中间程度，借助该指标可以识别出网络中相对于其他行动者处于中心位置的行动者，度数中心度越高，该行动者愈占据中间位置；接近中心度（Closeness Centrality）：根据网络中各节点之间的路径长度即距离测量的中心度，该指标越高，表示该行动者与网络中其他行动者之间的关联程度越密切；中间中心度（Betweenness Centrality）：网络中某一节点与相对于其他各节点之间的间隔程度，某节点的指标值越高表明该节点相对于网络图中其他节点的"中介"性越强。详见：Freeman, Linton C. Centrality in Social Networks: Conceptual Clarification [J]. Social Networks, 1979 (1)：215-239.

第六章
工业化进程中边缘中心城市的兴起和发展

通过对各节点中心度和整体网络中心势的测算,发现价值网络具有明显的集聚特点,临沂、泊头成为网络中的关键节点,即两地凭借便利的交通区位成为货物集散中心,是庆云行商的主要进货渠道。行商群体作为商贸网络中信息流、商流和物流的传递载体,成为"信息通路"的主要介质,尤其通过对市场供求信息的灵活把握,加速了经济活动的本地化集聚,使得创业活动开始涌现,需要强调的是行商贩运货物的种类与本地生产企业和家庭作坊的生产取向契合性较弱。

2. 萌芽阶段:以专业市场为主要服务对象的离散式物流体系(1998—2002年)。图6-2是根据节点中心度绘制的价值网络图,经测算网络中间中心势(Network Centralization Index)为3.49%。

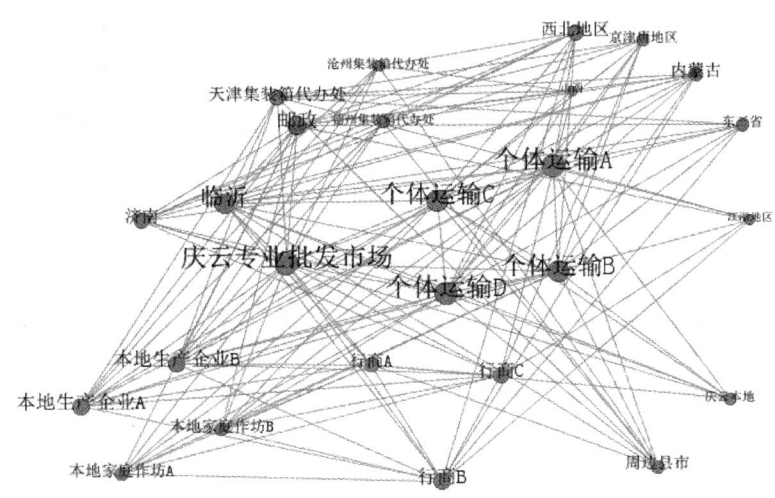

图6-2 以专业市场为主要服务对象的离散式物流体系

我国专业市场的发展起步于改革开放后,逐渐形成"北有临沂、南有义乌"的商贸格局,与临沂"销地型"专业市场和义乌"产地型"专业市场的形成均凭借交通区位和国际贸易等优越条件不同,庆云县专业市场源于行商主导下的商贸网络形成的"信息通路"。信息的可获得性拓展了信息的利用范围,加速了经济活动的本地化集聚。

1998年,庆云县在借鉴温州和义乌商贸发展模式的基础上,充分发挥地处冀鲁边界和县内小百货庞大行商群体优势,并鉴于边缘区周边缺少大型批发市场的客观事实,全力建设庆云小商品城,使其成为冀鲁边缘地带最大的小商品集散中心。同时,通过引入烟台、淄博、浙江景宁、温州等地民间资本建设酒水副食、粮油交易、建筑装饰材料、机车、服装、煤炭批发交易、旧车交易、钢铁交易和金融机具等专业市场(见表6-6),引进1300多家来自河北、山东、福建、江苏等地的生产企业在专业市场内设置直销、经销和代理点,加速了创业活动的持续涌现。在此背景下,庆云县专业市场经济功能区实现了对临沂专业批发市场①的局部替代,而泊头小商品市场的发展空间遭受严重挤压并最终没落。

庆云县专业市场尤其是小商品城所经营的货物与本地制造业的关联性较低,其他专业市场在推动本地制造业发展方面表现突出,由专业市场前向衍生的制造业集群趋势明显,据统计,截至2002年,庆云县在专业市场发展的基础上,成立了350余家加工企业,加工户2700余家,建成8处加工基地,产生了1个产业乡和46个产业村。专业市场成为继行商群体的又一"信息通路"介质,通过集聚更广范围的内外部要素资源创造出了更大的信息红利,使得庆云的空间经济网络更具延展性。

表6-6　　　　　　　　庆云县主要专业市场基本情况

专业市场名称	建成时间	经济表现(2010年)
小商品现代批发市场	1998	辐射鲁冀京津地区,远销东北三省、内蒙古、山西、陕西、甘肃和新疆20多个省、市、自治区,冀鲁边界最大的小商品批发市场
酒水副食城	1999	辐射周边100多个县市区,鲁北地区最大的酒水副食批发中心
建筑装饰材料城	1999	冀鲁边界最大的建筑装饰材料及家具批发市场
粮油交易市场	1999	辐射全国10多个省市,冀鲁边界规模最大、品种最全的大型粮油交易市场
机车市场	1999	辐射周边县市,远销东北三省
宝艺服装城	2000	辐射周边80多个县市区

---

① 临沂的专业市场集中在板材、小百货、五金、塑料配件、建材装饰、服装鞋帽、化工、酒水副食等领域。

第六章
工业化进程中边缘中心城市的兴起和发展

续表

专业市场名称	建成时间	经济表现（2010年）
蔬菜水果批发市场	2001	冀鲁交界地区规模最大、管理最规范的蔬菜水果集散中心
金融机具礼品市场	2002	辐射全国31个省、市、自治区，金融机具销售量占全国1/3的份额
塑料杂品市场	2003	辐射周边20多个县市区，冀鲁边界地区最大的经营塑料、土杂制品的专业批发市场

资料来源：庆云县志（1981—2010）.

庆云县专业市场的培育、建设和迅速发展扩大了物流市场需求规模。但是，庆云县的物流体系滞后，难以满足本地化、区域性货物集散周转的复合需求。2000年左右，专业批发市场经营户主要通过邮政包裹完成货物的集散，全县邮政包裹业务量约占到总货运量的1/3。2001年始，国营运输机构如德州、沧州、天津等铁路站、局开始在庆云设立集装箱代办处，负责商品运输业务，国营运输机构线路可达性决定了其难以实现门到门物流服务，总的来讲域外长途运输以国营物流企业为主，经营主体较单一。此阶段庆云本地承担货物运输的主体以个体零散经营为主，部分行商凭借长期积累的销售经验和对主要线路的熟悉开始从事运输业务，因缺乏对运输服务提供商有效的组织和管理，经营户和个体车主之间存在明显的信息不对称，客户、市场业主与车主之间均需要花费大量的时间寻觅供需信息，导致运输速度慢、效率低、物流线路不易拓展等问题。此阶段物流线路、目标市场均有一定程度的增加和扩张，域外运输量增幅明显。

表6-7 价值网络中心度相对值计算结果（限于文章篇幅，仅列出前14位）

排序	度数中心度（Degree）		接近中心度（Closeness）		中间中心度（Betweenness）	
	节点	相对值	节点	相对值	节点	相对值
1	庆云专业批发市场	65.385	庆云专业批发市场	43.333	庆云专业批发市场	5.504
2	个体运输A	65.385	个体运输A	43.333	临沂	4.699
3	个体运输D	65.385	个体运输D	43.333	个体运输A	4.569
4	个体运输C	61.538	个体运输C	42.623	个体运输D	4.556
5	个体运输B	61.538	个体运输B	42.623	个体运输B	3.888

续表

排序	度数中心度（Degree）		接近中心度（Closeness）		中间中心度（Betweenness）	
	节点	相对值	节点	相对值	节点	相对值
6	临沂	57.692	临沂	41.935	个体运输 C	3.875
7	邮政	50.000	邮政	40.625	邮政	3.719
8	本地生产企业 B	46.154	本地生产企业 B	40.000	行商 C	3.371
9	行商 B	46.154	行商 B	40.000	行商 B	3.100
10	本地生产企业 A	46.154	本地生产企业 A	40.000	本地生产企业 B	2.337
11	行商 C	42.308	行商 C	39.394	本地生产企业 A	2.337
12	行商 A	38.462	行商 A	38.806	天津集装箱代办处	2.238
13	济南	38.462	济南	38.806	济南	2.137
14	内蒙古	38.462	内蒙古	38.806	行商 A	1.782
整体网络中心势						
	Network Centralization = 26.92%		孤立点存在无法测量		Network Centralization = 3.49%	

通过比较，第二阶段的整体网络中心势下降明显，这主要是因为以庆云专业市场为中心的物流网络处于成长阶段，节点类型比较复杂，节点之间形成的弱链接关系降低了网络整体的中心度。值得关注的是，庆云县专业市场经济功能区取代泊头小商品市场成为区域性商贸交易网络的核心节点，且与全国性的商品交易中心临沂的互动更加频繁，但庆云通过同质性专业市场的建设实现了对临沂专业市场的局部替代，这将进一步增强庆云的经济复杂度，提升庆云产业联动发展的经济外部性。从行商群体中衍生出的个体运输凭借对目标市场供求偏好的识别和社会网络的构建，占据着价值网络的关键位置，验证了"信息通路"对经济集聚和创业活动涌现的支撑性作用。

3. 成长阶段：国际物流园支撑下网络关系的拓展和网络结构的塑造（2003—2006 年）。图 6-3 是根据节点中心度绘制的价值网络图，经测算网络中心势（Network Centralization Index）为 6.70%。

第六章
工业化进程中边缘中心城市的兴起和发展

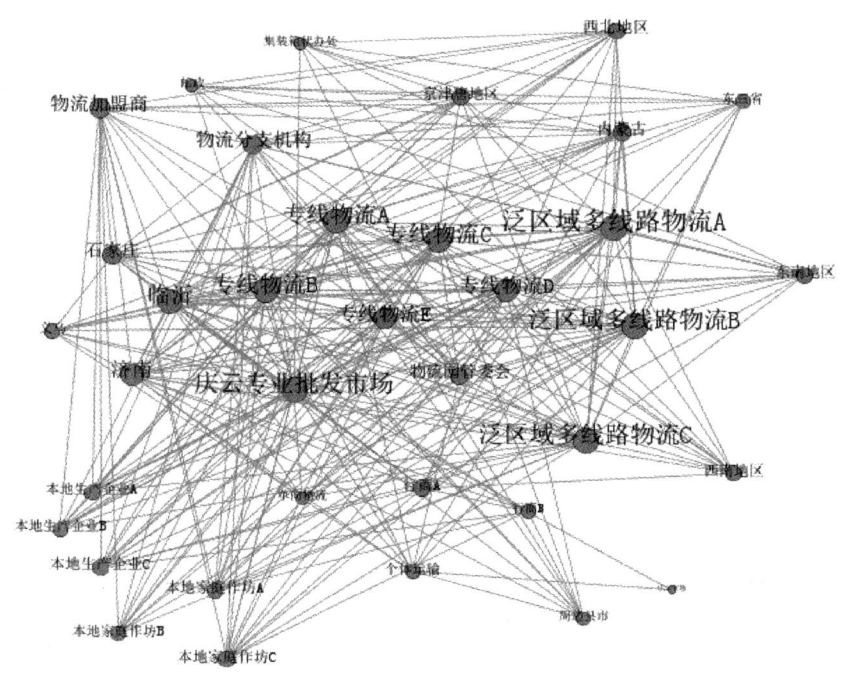

图6-3　国际物流园支撑下网络关系的拓展和网络结构的塑造

庆云县专业市场的发展进入"二次"创业阶段，通过对专业市场的系统改造，实现了市场商品的品牌化、运营模式的流通链供应和交易方式的电子化升级，形成了依托集群型专业市场的商贸流通业新格局。庆云县专业市场的经营主体逐渐突破本地化网络，开始对接河北、山东、江苏、福建、浙江等地的商贸网络。为满足专业市场催生出的巨大物流服务需求，庆云县加快了物流载体的建设。

庆云县加速对物流资源的整合，采取社会募股和财政担保方式建设国际物流园，2003年5月正式开工建设并于2004年3月正式投入使用。国际物流园建立之前，庆云县主要以辐射200公里以内短途运输的私人货运为主，长途货运线路相对固定，经营主体之间相对封闭，与域外和国内的物流体系鲜有交集，限制了对货物运输和物流线路信息的整合和共享。国际物流园建成后，不断根据各个专业批发市场的需求开辟物流热线，吸引了不同经营主体的入驻，逐渐衍生出专线物流、泛区域多线路物流、单向物流和个体运输（小物流）多种物流运营模式，各经营主体在物流线路、目标市场、需求信息等方面呈现出较强的互补和协同性。另外，随着国内大型物流公司分支机构和加盟商的进入，新的运营线路不断开通，密切了与国内其他大中型专业批发市场的业务联系（如临沂、义乌），此阶段庆云专业市场与义乌小商品城①联动关系更加密切。2003 年，国际物流园与烟台嘉伦物流公司合作成立北方通达物流公司，组建自营运输车队，开通了直达黑龙江、内蒙古和浙江等地的 30 余条线路，日吞吐货物量超 100 吨；2004 年，与上海佳吉物流公司合作，新开辟运输线路 80 多条，打通庆云至浙江义乌、山东临沂、河北石家庄等中心批发市场的货物运输通道，货物日吞吐量超过 600 吨，实现庆云物流与全国物流网络的并网对接，成为德州、滨州、沧州三个城市圈最大的物流平台；2005 年，北方通达物流公司形成了与全国 80 多家物流公司联营的局面，新开通货物运输线路 200 多条，日吞吐货物量可达 1000 余吨。

国际物流园作为"信息通路"的介质，加速了信息的集聚、传播和扩散，物流业作为生产型服务业的代表性行业，便利了专业市场和本地制造业集群与域外经济体的互动和交流，增强了本地经济主体的管理冗余，降低了交易费用，创造了合作剩余。

表 6-8 价值网络中心度相对值计算结果（限于文章篇幅，仅列出前 13 位）

排序	度数中心度（Degree）		接近中心度（Closeness）		中间中心度（Betweenness）	
	节点	相对值	节点	相对值	节点	相对值
1	泛区域多线路物流 A	75.000	泛区域多线路物流 A	45.000	庆云专业批发市场	8.126
2	泛区域多线路物流 B	72.222	泛区域多线路物流 B	44.444	临沂	3.636
3	庆云专业批发市场	72.222	庆云专业批发市场	44.444	泛区域多线路物流 A	3.614
4	泛区域多线路物流 C	72.222	泛区域多线路物流 C	43.902	个体运输	3.346
5	临沂	66.667	专线物流 C	43.373	泛区域多线路物流 B	3.341
6	专线物流 B	66.667	专线物流 B	43.373	济南	3.131

---

① 义乌小商品城经营范围涉及 16 个大类、4202 个种类、33217 个细类和 170 万个单品，几乎囊括了工艺品、饰品、小五金、日用百货、电子电器、玩具、文体、副食品、钟表、纺织品、及服装等所有日常生活用品。

第六章
工业化进程中边缘中心城市的兴起和发展

续表

排序	度数中心度（Degree）		接近中心度（Closeness）		中间中心度（Betweenness）	
	节点	相对值	节点	相对值	节点	相对值
7	专线物流 A	66.667	专线物流 A	43.373	专线物流 B	2.837
8	专线物流 C	66.667	本地生产企业 B	42.857	泛区域多线路物流 C	2.828
9	济南	58.333	临沂	41.860	专线物流 A	2.769
10	专线物流 D	58.333	专线物流 D	41.379	行商 B	2.523
11	专线物流 E	55.556	济南	40.909	专线物流 C	2.499
12	物流分支机构	50.000	专线物流 E	40.000	物流分支机构	2.294
13	物流加盟商	50.000	物流分支机构	40.000	物流加盟商	2.294
整体网络中心势						
Network Centralization = 34.84%		孤立点存在无法测量		Network Centralization = 6.70%		

通过分析网络节点的中心度可以发现，围绕庆云县专业市场形成的物流网络呈现出区域性特征，在物流网络的支撑下庆云县专业市场与临沂、济南枢纽城市表现出强链接关系，增强了对环渤海地区区县商贸网络的渗透力，奠定了庆云经济网络的"中心"地位。在本阶段物流体系的价值网络中，行商仍占据关键位置，专线物流的服务区域与早期行商的目标市场表现出高度的契合性，泛区域物流服务半径的拓展实现了专业市场之间、专业市场与全国物流体系的对接，更加值得关注的是作为非本地化的大型物流分支机构和加盟商向边缘区位城市下沉的现象愈加明显，物流业作为生产型服务业的代表行业与当地的产业尤其是制造业的下沉引致的庞大市场需求密切相关。

4. 快速发展阶段：产业共生背景下物流网络的适应性扩张（2007 年及以后）。图 6-4 是根据节点中心度绘制的价值网络图，经测算网络中心势（Network Centralization Index）为 10.51%。

2007 年庆云县国际物流园实施扩建改造工程，货运路线增至 1500 余条，增加了经营户容纳量，提升了货物吞吐能力，拓展了物流辐射范围。通过引进荷兰万隆华宇等四家大型物流公司，构筑起连接华东、华南、华北、东北、西北各省份的物流配送网络。为进一步增强庆云国际物流园对

中国的农村工业化和继续工业化
China's rural industrialization and continuing industrialization

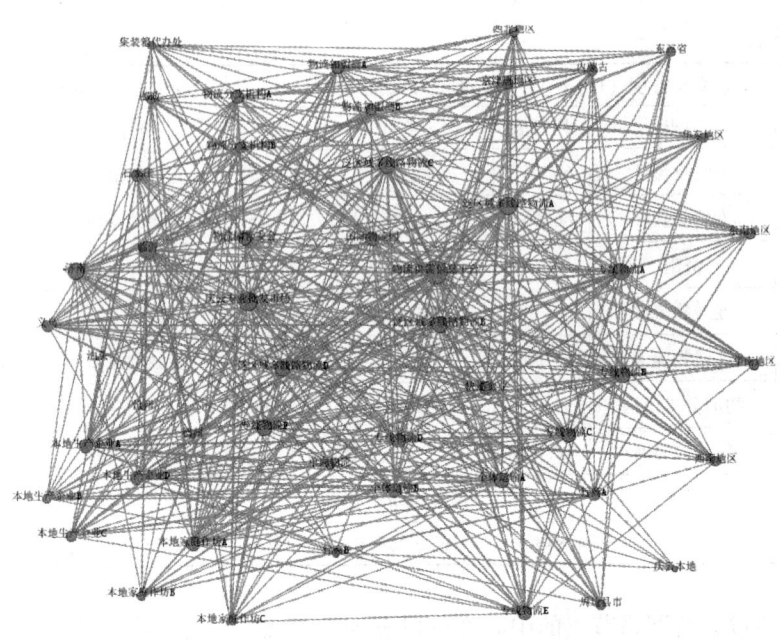

图6-4 产业共生背景下物流网络的适应性扩张

环渤海区域县市的物流配送能力，国际物流园开始对接德州、沧州、济南、泊头等地的铁路集装箱和零担业务，支持从事周边县市短途配送的物流商户发展。快递公司的入驻，验证了电商物流的成长性和契合性，有利于全国、区域、县域、乡镇物流市场的统一。截至目前，庆云国际物流园集聚了荷兰华宇、上海佳吉、山东佳怡和中油物流等国内大型物流企业，建立长途物流专线2200条和辐射周边县市及其庆云本地乡镇的短途运输线路40余条，构建起涵盖国内主要大型物流配送企业、各专业市场和经营业户，贯通周边县市和生产商贸企业的物流配送网络体系，庆云县业已形成"物流全国"的运输配送格局。另外，通过搭建物流供需信息平台，实现了物流服务商和业主的即时对接，加速了物流服务资源和能力的整合。国际物流园通过给本地生产制造企业提供专业的物流外包服务，提升了当地工贸业供应链管理水平，拓展了本地生产制造企业的销售渠道，实现了本地制造业集群的大发展，因分工和专业化协作产生的规模报酬递增效应日益凸显。

专业市场、物流业和制造业之间形成了"贸工联动"的共生关系，据

第六章 工业化进程中边缘中心城市的兴起和发展

统计，截至 2007 年，围绕专业市场形成了 24 处加工基地、4 个产业乡镇和 120 个专业村，专业市场的交易范围涉及 25 个省、自治区和直辖市，交易额在 2007 年达到 234 亿元。2010 年庆云县形成了近 3 万人加工队伍、3 万人经营队伍和 5 万人销售队伍的庞大经济体量，建立了相对于周边县市的比较优势和先发优势。由专业市场衍生的物流企业集群和制造业集群，逐渐演变为分工明确的经济功能区，依托各经济功能区，集聚域内域外要素资源的空间经济网络正式形成，网络的开放性催生出的信息租金内生出规模报酬效应，进而强化了"信息通路"的柔性特征。

表 6-9 价值网络中心度相对值计算结果（前 15 位）

排序	度数中心度（Degree）		接近中心度（Closeness）		中间中心度（Betweenness）	
	节点	相对值	节点	相对值	节点	相对值
1	物流供需信息平台	97.959	物流供需信息平台	98.000	物流供需信息平台	11.462
2	庆云专业批发市场	75.510	庆云专业批发市场	80.328	庆云专业批发市场	3.659
3	临沂	73.469	临沂	79.032	临沂	3.510
4	泛区域多线路物流 A	69.388	泛区域多线路物流 A	76.563	济南	3.342
5	专线物流 A	67.347	专线物流 A	75.385	国际物流园	2.906
6	泛区域多线路物流 C	65.306	泛区域多线路物流 C	74.242	泛区域多线路物流 A	1.809
7	济南	65.306	济南	74.242	专线物流 A	1.620
8	泛区域多线路物流 B	63.265	泛区域多线路物流 B	73.134	物流分支机构 A	1.415
9	专线物流 F	61.224	专线物流 F	72.059	泛区域多线路物流 C	1.383
10	专线物流 B	59.184	专线物流 B	71.014	个体运输 A	1.327
11	泛区域多线路物流 D	57.143	泛区域多线路物流 D	70.000	泛区域多线路物流 B	1.296
12	个体运输 B	55.102	个体运输 A	69.014	快递企业	1.275
13	专线物流 C	53.061	专线物流 D	69.014	专线物流 B	1.219
14	本地生产企业 A	53.061	个体运输 B	68.056	专线物流 F	1.204
15	国际物流园	53.061	专线物流 C	68.056	本地生产企业 A	1.202
整体网络中心势						
	Network Centralization = 56.04%		孤立点存在无法测量		Network Centralization = 10.51%	

综合价值网络图、节点中心度和整体网络中心势可以发现，网络的集聚特征明显，物流供需信息平台成为网络的核心节点，从而印证了网络经

济下信息可获得性的重要意义。物流供需信息平台借助供需信息的整合实现了不同经济主体线上线下的良性互动,强化了"信息通路"支撑下庆云县区域核心经济体的空间集聚功能,使得庆云县的经济系统更加开放。另外,物流网络通过信息流、商流、物流和资金流的集聚和扩散,为本地制造业的发展提供生产性服务支持,进一步激发了本地的创业热情,丰富了本地的产业形态,壮大了企业家队伍。通过分析物流体系价值网络的演化过程,可以发现物流业的发展与专业市场、制造业的成长具有内生相关性,三者之间表现为供应链体系上的分工合作,而这种分工合作在降低交易成本的同时,实现了报酬递增。庆云县特殊的发展环境和路径,决定了本地制造业的市场拓展天然需要专业市场载体的建设,而物流体系的构建又促使专业市场和制造业的经营生态突破本地化的限制而加速与外部经济网络的链接。

根据实地调研和所测算的节点中心度,虽然不同物流经营主体的经营方式、目标市场和线路选择互有重合交叉,但整个物流体系大致可划分为四种类别:一是以个体运输、单向物流为主的辐射周边县市和庆云本地的"下沉式"物流,即将外部货物运至周边县市和本地客户;二是以专线物流为主的"上传式"物流,即将专业市场和本地工贸业货物运抵目标市场;三是以泛区域多线路、快递企业为主的综合性物流,即在将专业市场和本地工贸业货物运抵目标市场的同时,将外部市场的货物运送至本地客户;四是以物流分支机构和加盟商为主的中转式物流,即将业务区域的货物进行集中,以便于通过上一级物流中心统一分拣、包装和配送。

(二) 庆云县边缘中心经济体的验证

如何验证庆云县边缘经济体的经济功能呢?回答这个问题需要对边缘中心经济体的基本内涵进行界定,进而梳理出边缘中心经济体经济功能的主要特征。

边缘中心经济体形成过程的概括(以庆云县为例):"信息通路"诱致下经济关系的链接和经济功能区的形成(专业市场、物流园和制造业集群之间产业联动)是塑造边缘中心经济体空间结构的根本原因。行商主导下的商贸网络作为"信息通路"的介质,加速了市场供求信息在本地的传

第六章
工业化进程中边缘中心城市的兴起和发展

播和扩散,通过与资本、技术和企业家精神的链接,使得创业活动持续涌现,进而催生出了庞大的经济实体。起初庆云县整个经济生态系统是不完备的,目标市场和本地企业之间难以精准对接,在此背景下专业市场的涌现是实现经济系统闭合的关键一环。随着经营主体的多元化和辐射范围的拓展,专业市场开始镶嵌入外部经济网络并逐渐占据网络的中心位置,使得本地经济系统从封闭走向开放,专业市场作为"信息通路"的又一介质加速了资源的集聚,对生产型服务业尤其是物流运输能力的要求日益迫切。依赖专业市场传递的信息资源,各类物流资源开始集聚整合,初始阶段从行商衍生出来的个体物流开始承担专业市场和本地制造业的运输配送职能,但是整个分工链条各经济主体的实力严重失衡,个体运输难以承载区域性的物流规模,借助物流园实体的建设,在专业市场蓬勃发展的基础上,域内域外越来越多的物流服务商开始共同搭建物流网络体系,随着信息的扩散,本地的物流网络实现了与区域甚至全国物流体系的对接,为夯实物流体系支撑下庆云县的经济辐射能力,开始借助线上物流供需平台的搭建加速资源整合,由专业市场后向衍生出的物流企业集群进一步提升了区域内的比较优势。物流网络和专业市场的联动前向衍生出制造业集群,进一步拓展了庆云县工贸业发展的空间。庆云县边缘中心经济体的地位正式形成。

目前,庆云县的工业行业集中在粮棉油及食品加工业、塑料制品及化学工业、冶金及管件制造业、高新技术行业、机械制造及五金机电行业、纺织工业、服装鞋帽加工业、家具办公用品制造加工业、建材工业、体育器械制造业、纸制品及印刷工业和酿造工业等领域。庆云县已建成各具特色的24个专业市场,通过分析各专业市场经营货物的品类,可以发现专业市场(除小商品市场外)与本地制造业门类的吻合性开始增强,不同经营主体尤其是品牌企业的总经销、总代理或直销机构逐渐落户小商品专业市场。专业市场与前向衍生出的制造企业集群和后向衍生出的物流企业集群实现了产业联动,在此背景下庆云县边缘中心经济体的位置得以形成。

因此,边缘中心经济体的经济功能可做如下界定:依赖"信息通路"下的信息可获得性,推动了创业活动的持续涌现,构建了生产型服务业和本地工贸业协同发展的生态系统,在此基础上通过集聚各种资源、信息和生产要素实现与域外经济系统的链接,从而占据整个价值网络的核心节点,建立起较强的经济辐射力,塑造在区域内的比较优势和先发优势,推动经济网络的报酬递增。

边缘中心经济体经济功能的特征(以庆云县为例):"信息通路"下要素流动、集聚和扩散诱致出的持续创业活动是边缘中心经济体经济功能形成的主导力量;内部经济系统经济主体之间的信息交互和利用是边缘中心经济体经济功能的动力来源;内部经济网络和外部经济网络能够实现互补和链接,即网络的开放性是边缘中心经济体经济功能的根本保障;企业家精神、创业环境和商贸传统是边缘中心经济体的文化支撑。

本研究选取庆云县专业市场交易额、从业户数和物流线路数量等指标来说明庆云县边缘中心经济体的经济表现情况,如表6-10和图6-5。

表6-10　　　　　庆云县专业市场总体发展规模指标

年份	门店数量（套）	增长率（%）	从业户数（户）	增长率（%）	交易额（亿元）	增长率（%）
1998	323		310		0.4	
1999	756	134.06	630	103.23	20	4900.00
2000	1182	56.35	1062	68.57	30	50.00
2001	1610	36.21	1498	41.05	50	66.67
2002	2034	26.34	1965	31.17	74	48.00
2003	2462	21.04	2358	20.00	107	44.59
2004	2827	14.83	2613	10.81	164	53.27
2005	3191	12.88	2801	7.19	181	10.37
2006	3307	3.64	2651	-5.36	203	12.15
2007	3502	5.90	3208	21.01	234	15.27
2008	3637	3.85	3542	10.41	262	11.97
2009	3766	3.55	3582	1.13	280	6.87
2010	4162	10.52	4072	13.68	300.8	7.43

资料来源:庆云县志(1981—2010)。

第六章
工业化进程中边缘中心城市的兴起和发展

表6-10显示了庆云1998至2010年专业市场门店数量、从业人数和年交易额指标的变化,三个指标的年均增长率分别为23.74%、23.94%和73.66,剔除1998年专业市场建立之初的数值,上述指标的年均增长率更正为16.77%、18.49%和27.94%。总体来讲,庆云县专业市场发展势头强劲,为经济中心功能的形成提供了动力因素。专业市场内多元化经营主体的集聚提供了大量的交易信息,引发了生产型服务业(物流)、商贸业和制造业的协同增长,加强了区域间的经济联系。

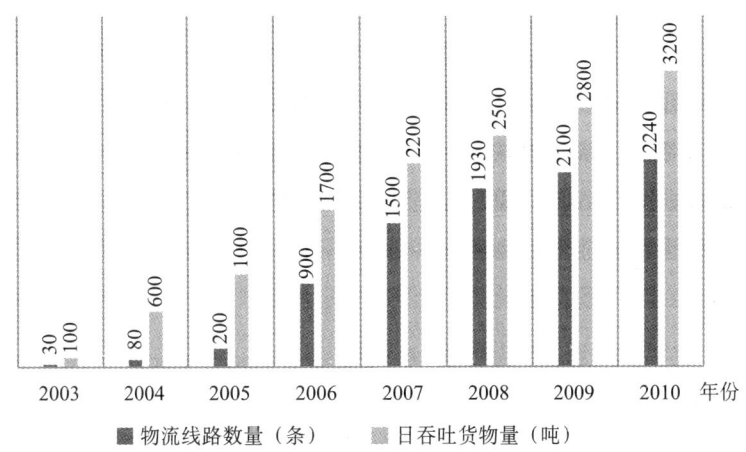

图6-5 2003—2010年庆云县国际物流园长途运输线路、货物吞吐量

资料来源:庆云县志(1981—2010).

图6-5显示了2003年至2010年庆云县国际物流园运输线路和货物吞吐量的逐年变化趋势。物流线路和货物吞吐量的持续增长是庆云县经济中心位置的一个缩影,通过增加物流线路,不断链接新的经济关系,作为"信息通路"的介质除支撑区域性甚至全国性的货物运输外,还承担了对市场供需信息的搜集和传播功能。庆云县物流网络的构建为专业市场和本地制造业的发展提供了庞大的市场空间,催生出了推动本地可持续发展的新动能。

(三)"信息通路"下边缘中心经济体空间经济结构形成和演化的经济学含义

国际物流园价值网络的变迁过程是庆云县空间经济结构形成和演化的

代表性缩影，处于环渤海经济圈的庆云县成长为周边边缘性城市群中的核心节点城市路径独特，从庆云县国际物流园不同发展阶段价值网络内经济主体的多样性和链接关系的交互性可以发现："信息通路"已经取代交通区位等因素成为城市经济活动集聚、空间结构重塑和产业联动发展的关键因素，作为"信息通路"介质的以行商为主导的商贸网络是庆云县经济活动集聚和空间经济结构形成的推动力量。本研究尝试从经济关系复杂性、信息可获得性、报酬递增效应、交易成本节约、合作剩余以及信息租金等角度探讨"信息通路"下边缘中心经济体空间经济结构形成和演化的经济学本质。

大量个体的简单经济行为通过学习、模仿和自适应机制塑造了经济网络的复杂性特征。庆云县庞大的行商群体是早期"信息通路"的主要介质，行商大购大销的经营模式内生出融合物流、商流和信息流的庞大商贸网络，加快了信息的传播和交互，在"信息通路"介质的引导下形成了"信息洼地"，加速了不同经济主体的本地化集聚，使得本地化的创业活动持续涌现，从而催生出不同的经济功能区，丰富了经济网络的链接关系，塑造了经济网络的复杂性。

信息的可获得性是国际物流园价值网络变迁的根本原因，经济活动的本地化集聚得益于信息的可获得性，反过来强化了信息的可获得性，随着信息（供需、技术、商品、服务和资金等）的传播和扩散必然加速创业活动的持续涌现，而经济活动的多样化和复杂化本质将推动产业分工和资源互补并诱致市场和企业边界的弹性变化，从而实现交易成本的节约。在国际物流园价值网络变迁中衍生出的专业市场、物流园和制造业集群以及三者之间的联动关系实现了经济主体对合作剩余的集体共享。

庆云县边缘中心经济体空间经济结构的本质是"形成了以庆云为核心、周边边缘县市为节点"的经济网络生态系统，"信息通路"（行商、专业市场和物流园）支撑下信息的扩散和利用强化了经济子系统的互补性，创造了信息租金，实现了经济网络内部的规模报酬递增。

第六章
工业化进程中边缘中心城市的兴起和发展

第二节　庆云县继续工业化的驱动因素

一、研究方法

本章主要基于山东省庆云县崔口镇工业化发展的调查资料，考察农村继续工业化的驱动因素和基本内涵。崔口镇隶属山东省德州市庆云县，地处山东省与河北省交界处的东部沿海欠发达地区，工业基础薄弱，曾经是国家级贫困县。因为县域内土地盐碱化程度严重，耕地资源稀缺，农业生产产出低。2000年以来，随着交通基础设施的改善，立足比较优势和邻近京津的区位优势，农村工业化呈现出快速发展的局面，先后形成了低压电器和体育器材两大支柱产业。与20世纪80年代东部沿海出口导向的农村工业化不同，崔口镇的工业发展则是以满足国内市场需求为主。

2012年以来，随着中国经济进入新常态，与城市工业发展遭遇到劳动力、土地和环境约束而面临增长乏力不同，崔口镇的体育器材产业却呈现出快速扩张的态势。与体育器材产业快速发展相伴而生的一系列农村经济新现象，为本研究考察农村继续工业化提供了样本。

对崔口镇农村继续工业化的实地调查包括两部分。第一部分以开放式访谈为主，通过企业座谈会和企业主访谈的方式，全面了解崔口镇工业发展的情况。访谈主要围绕三个方面的内容展开：1）企业主的创业经历，包括创业前所从事的职业和技术来源；2）目前企业的生产经营情况，包括原料与工人来源、经营模式和物流体系；3）产品销售情况，包括目标市场情况和销售方式。通过开放式访谈，在掌握和梳理崔口镇工业发展脉络的情况下，分析崔口镇农村继续工业化的驱动因素和基本内涵。

第二部分采取问卷的方式。基于量表分析方法设计调查问卷，发放问卷的对象为崔口镇工业企业的经营者。问卷采用Likert五级量表，把期望测定的四个方面问题以14个具体量表项目进行测量，问题分别涉及受访者以往工作经历对现有事业的影响、亲友帮扶的重要性、创业资金的来源、自家宅基地的利用和雇佣农村中老年零工的情况、生产工艺与经营模式模仿同行的程度、参与价格战竞争的程度、预期提高产品与服务质量的能力、订单对产量的影响、物流园以及对交通基础设施完善重要性的认知、亲人参与决策的程度、农村对人才吸引力的认知程度以及传承自己事业给下一代的意愿。

在实地调研中发现，工作经历、以销定产、人才与模仿同行四个问题的设置不够清晰，导致受访者对问题认识存在偏差，因而在数据分析时予以排除。

受被调查地域工业规模的限制，发出问卷65份，收回65份，有效问卷65份。其中39份来自体育器材生产企业，26份来自经销商。在受访者中，29位年龄在35周岁以下，30位年龄在36至59周岁之间，6位的年龄在60周岁以上。在学历方面，19位受访者为小学或初中学历，35位为中专或高中学历，11位为大专或本科学历。基于员工数量的企业规模分布如表6-11。

表6-11　　　　　　基于员工数量的调查企业规模分布

企业规模（人）	10以下	11—25	26—40	41以上
数量（个）	12	18	19	16

二、实证分析

基于实地调查的两阶段设计，本研究的实证分析分为两个部分。第一部分描述崔口镇体育器材产业的发展情况，第二部分则是对量表的因子分析。

（一）崔口镇体育器材产业的兴起和发展

崔口镇体育器材产业发端于20世纪90年代中期，经过2000年之后的爆发式增长，逐渐成长为国内知名的室外体育器材产业集群。20世纪90年代中期，在国家普及九年制义务教育和中小学体育达标考核的推动下，体育器材产品市场开始步入快速发展的轨道，2000年，在体育彩票公益基金支持下，"全民健身计划"的实施，室外体育器材市场出现了爆发式增长的局面。

第六章
工业化进程中边缘中心城市的兴起和发展

无论是在20世纪90年代中期还是2000年之后，推动崔口镇体育器材产业发展的创业者主要是两种类型返乡创业的农民工：一类是为天津和北京国有体育器材企业推销产品的推销代理；另一类则是在邻近地区体育器材企业打工的农民。在从事体育器材推销代理和生产过程中，创业者不仅掌握了生产技术，而且完成了资本的原始积累。

因为以农民创业为主体，在崔口镇体育器材产业发展之初，家庭作坊是企业的主要形态。随着产业的发展，部分企业逐渐发展为规模企业和品牌企业，但是大部分企业仍然是家庭作坊。规模企业的产品品类繁多，而家庭作坊则主要为规模企业配套和从事单一品种产品的生产。2003年，庆云县国际物流园和钢材专业市场的建立，为崔口镇体育器材产品的销售和原材料的供应提供了强大的物流支撑。

2008年举办的北京奥运会，为崔口镇体育器材产业品质提升带来了机遇。部分企业通过国体认证和行业标准认证从OEM企业发展为品牌企业。借助中国国际体育博览会平台，①崔口镇体育器材的生产商和销售商获得了更多的市场机会。

为了解决规模企业的工业用地问题，2012年庆云县政府批准建设崔口镇体育产业园区。同时，为了让中小企业掌握电子商务新兴营销平台，镇政府为企业销售人员专门开设电商培训班。通过电子商务，企业开始把目标客户从原来的体育局和教育局扩展到其他非政府机构。随着企业提升品牌形象和引进人才对改善经营和居住环境的要求，镇政府开始规划建设"津南·凤凰城"，同时加快推动第三产业的发展。

在营销方面，参与政府部门的体育器材采购项目招标是所有受访规模企业的首选销售模式。规模企业均参加过全国各地教育局体育教学器材和体育局室外大众健身器材采购项目的招标活动。地方政府教育和体育局受经费限制，在招标过程中都把采购价格的高低放在第一位，非常有利于崔口镇体育器材企业的发展。随着电子商务的发展，企业产品的销售对象开

---

① 中国国际体育用品博览会原名中国体育用品博览会，创建于1993年，是中国唯一的国家级、国际化和专业化的体育用品展会。体博会作为平台，汇集了包括体育用品、体育营销资源、体育文化与科技在内的综合资源。

始出现从政府部门向非政府部门甚至个人拓展的趋势。

除具备投标能力的规模和品牌企业之外,[①] 从事零部件和单一品种生产的家庭作坊,因为缺乏招投标所需要的生产资质,主要为投标企业提供配套和分包生产。家庭作坊利用自家的庭院从事生产和经营,由于技术门槛低,雇用的员工主要是中老年村民。

随着市场的发展和技术能力的提升,崔口镇的规模企业开始研发和设计高端体育器材产品,例如,利润更高的塑胶跑道和室内健身器材。在新产品开发初期,企业仍然试图延续传统的开发思路,即通过模仿和引进技术生产塑胶跑道和室内健身器材。"毒跑道事件"[②] 的陆续曝光,使企业开始试图通过与高校和科研院所合作研发生产合格的塑胶跑道。但是县域经济创新系统的缺失,使企业新产品的研发步履维艰。除了规模企业,包括家庭作坊在内的小企业,同样试图通过研发和引进新技术生产高端产品,例如,自发电走步机和其他室内器材的开发和生产。同样因为创新系统的失灵,产品研发和生产难以达到理想的品质和质量。这一现象在其他地区中同样存在,创新系统的缺失已经成为制约农村继续工业化的关键因素。

(二)因子分析[③]

因子分析法是将多个变量通过矩阵运算归结成为少数变量的方法。前者称为观测变量,后者称为潜变量。考察潜在变量之间关系的基本方法是基于结构方程的因子分析法。根据问卷的最初设计,本研究试图考察新常态背景下农村继续工业的成本优势、组织生产要素的柔性优势[④]、交通基

[①] 在政府采购项目中,对投标企业都有资质要求,但是对零部件和家庭作坊而言,一般难以获得资质。

[②] 2015 年来,国内部分省市中小学多起毒跑道事件被曝光。

[③] 由于本研究并不需要对因子得分进行估计,故在输入数据时并未对量表内容进行标准化。

[④] 同上文所解释,工商业生产与经营过程中,在转换主营方向或停产与恢复生产时(或其他情况)一般需要支付一部分时间成本,比如等待贷款、招聘工人等情况,而与城市开发区的规模生产不同,农村的生产经营环境具备快速转换优势,这种柔性即为我们考察的潜在变量之一。

础设施建设以及企业主对未来经营产业的信心四个潜变量之间的关系。由于样本数量较少，为加大解释力度，尽量做到模型的简洁，在因子分析中没有把企业的基本信息（规模、行业）与业主属性（年龄、学历）纳入考察范围。同样，根据实地调研情况，作者认为工作经历、以销定产、人才与模仿同行四个问题的设置不够清晰，导致受访者对问题的认识有偏差，在数据分析时予以排除。

1. 效度分析。效度分析旨在检验样本是否适合做因子分析。应用SPSS22对所有变量进行效度分析，分析结果如表 6 – 12 所示。

表 6 – 12　　　　　　　　样本效度分析结果

KMO 测定值	—	0.559
Bartless 球形检验	χ^2	92.945
	自由度	45
	P	0.000

一般而言，KMO 值在 0 到 1 之间，越接近 1 则越适合做因子分析，本研究 KMO 值为 0.559，勉强适合进行因子分析。Bartlett 球形检验的显著性结果为 0.000，小于 0.05 表示变量之间有相关关系，适合做因子分析。

2. 信度分析。信度分析的重点在于分析样本的内在一致性。由于样本数量较少，信度达到 0.5 即可接受。应用 SPSS22 对样本作信度检验，结果如表 6 – 13。

表 6 – 13　　　　　　　　样本信度分析结果

Cronbach 的 Alpha	项目个数
0.591	10

采用阿尔法信度系数法得到一致性检验结果为 0.591，表示样本具有一定的内部一致性，量表分析结果可以接受。

3. 验证性因子分析。本研究假设上述四个潜变量存在相关关系，交通基础设施建设降低了农村继续工业化的成本，增强了从业人员继续经营的信心，另外，农村生产要素整合的便利性同样促进了农村继续工业化成本的降低。

应用 AMOS17 进行验证性因子分析发现，与研究假设相同，交通基础设施建设提高了经营者信心，降低了成本，组织生产要素的柔性虽也降低了成本，但并不显著，分析结果如表6-14。

表6-14　　　　　　　　　模型路径系数估计值

	系数估计值	标准差	T统计量	P
基础设施→经营信心	0.291	0.195	1.49	0.136
基础设施→成本优势	0.135	0.109	1.235	0.217
柔性优势→成本优势	1.62	1.109	1.461	0.144
成本优势→零工散工	1	—	—	—
成本优势→降价经营	0.805	0.293	2.753	0.006
成本优势→家人经营	0.913	0.318	2.874	0.004
基础设施→物流园	1	—	—	—
基础设施→交通建设	0.437	0.258	1.69	0.091
经营信心→传承意愿	1	—	—	—
经营信心→提高质量	0.435	0.271	1.604	0.109
亲友帮扶→柔性优势	1	—	—	—
创业资金→柔性优势	0.978	0.865	1.13	0.259
自家生产→柔性优势	4.525	4.234	1.069	0.285

表6-15　　　　　　　　　模型评价结果

评级指标	指标值
χ^2	99.881
DF（自由度）	45
P	0.000
χ^2/DF	2.22
GFI	0.93
CFI	1
PGFI	0.541
RMSEA	0.000

从模型拟合表中可以看到，模型各项指标值满足要求，χ^2 与自由度之

比在 2 与 5 之间，拟合优度指数（GFI），比较拟合指数（CFI）大于 0.9，简效良性拟合指数（PGFI）大于 0.5，近似误差的均方根（RMSEA）小于 0.08。

因子分析表明，尽管各变量之间存在正相关关系，具有一定的解释力，但显著性不高。初步分析原因主要是样本量较小，在未来研究中可以通过扩大样本量的方式进行进一步检验。

（三）主要结论

结合对崔口镇农村继续工业化的实地调查和量表分析，本研究得出的主要结论为：

1. 农村继续工业化的关键驱动因素仍然是成本优势。成本优势使农村工业在满足低端市场需求的过程中拥有明显的价格优势。作为一个发展中国家，国内的低端市场需求不仅包括日用消费品，而且包括政府采购品。例如，与室内体育器材相比，崔口镇生产的大众健身室外体育用品属于低端产品，虽然技术含量低，但是价格优势明显。

2. 农村独特的环境为生产要素的柔性组织提供了便利。在农村，自家宅基地的利用、自有资金和亲友协助等因素的存在提高了企业生产的柔性程度，生产经营者可以快速整合生产要素从事生产，甚至可以根据市场需求情况随时选择停产，而无须支付任何包括租金、利息和人工在内因停产所造成的费用。

3. 交通基础设施的完善、专业市场的建设、物流网络体系的发展和电子商务的普及进一步增强了农村继续工业化的比较优势。交通基础设施的完善、专业批发市场的建设和物流网络体系的发展是新时期农村继续工业化的重要推动力量，对欠发达地区农村经济发展尤其重要。对现代制造业而言，对市场竞争起决定作用的成本因素不再是生产成本，而是交通物流成本。电子商务的普及化解了农村中小企业发展过程中长期存在的营销劣势，降低了农村继续工业化中的信息成本。

4. 第三产业和新型城镇化的发展既是前期工业化的结果，又构成了继续工业化的重要驱动因素。无论是专业市场和物流体系的发展还是电子商务的普及和研发设计活动的增加，都成为农村继续工业化的驱动因素。

而第三产业的发展为以产城融合为主导的新型城镇化奠定了基础。从崔口镇的发展实际看，国际物流园、钢材专业市场和电子商务的发展一方面是体育器材产业发展的结果，同时又是体育器材转型升级的动力来源。同时，企业提升形象、农民收入增长和人才引进对改善生产和居住条件的需求，进一步推动了新型城镇化的发展。

5. 县域经济的创新系统缺失，是制约农村继续工业化的重要因素。近年来，随着室外体育器材的高端化和产品的室内化，在新产品研发和制造上，崔口镇企业遭遇到前所未有的困境，其中的关键因素是创新系统的失灵。以县域经济为单位，构建适应农村继续工业化的创新创业环境，是新的发展阶段农村经济结构调整和转型发展的关键因素。

从调查分析的结果看，前三个结论表明，比较优势仍然是农村继续工业化的基本驱动因素。尤其是在城市工业面临劳动力和土地资源约束的背景下，交通基础设施的完善、专业市场和物流网络体系的发展、电子商务的普及进一步增强了农村继续工业化的比较优势。后两个结论表明与前期农村工业化偏重农村工业发展相比，继续工业化则包括了新型城镇化、发展第三产业和构建创新创业环境在内的新内涵。

三、总结和需要进一步讨论的问题

基于对庆云县崔口镇体育器材产业发展的研究，图6-6对我国农村工业化驱动因素的变化做出了归纳和概括。改革开放以来，第一阶段的工业化主要立足比较优势和在克服比较劣势的基础上实现的。比较优势主要表现为土地、劳动力和生态环境资源优势，比较劣势则主要表现在资本、技术、管理和营销方面。立足比较优势，紧紧抓住市场经济发展和国际经济大循环的历史机遇，通过集群组织方式中国农村实现了快速工业化进程，成为国家工业化的生力军。

基于崔口镇体育器材产业的调查研究和分析表明，在新常态背景下农村继续工业化的关键驱动因素仍然是比较优势，交通基础设施的完善、专业市场和物流网络体系的发展、电子商务的普及为农村继续工业化奠定了坚实的基础。与前期工业化相比，农村继续工业化不仅包括农村工业发

第六章
工业化进程中边缘中心城市的兴起和发展

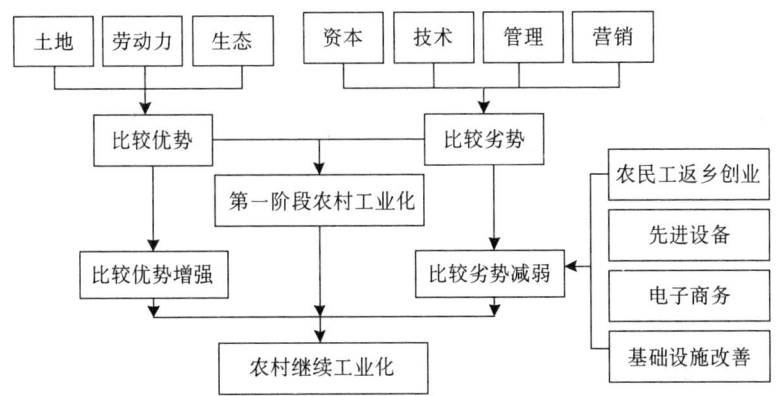

图 6-6 新的发展阶段农村继续工业化的驱动因素

展,而且包括第三产业的发展、新型城镇化和创新创业环境的构建。尤其是随着产业升级步伐的加快,县域经济创新系统的缺失是制约农村继续工业化的关键因素。因而,构建创新创业环境是农村继续工业化的关键驱动因素。

因为本研究的实证分析部分仅仅依据崔口镇体育器材产业的实际调查数据,尚难以全面揭示农村继续工业化完整内涵。例如,浙江特色小镇建设中,如何依托生态资源优势,如何形成生态、生产和生活的融合发展的农村新经济形态的研究。

在实际调查中,作者发现,农村继续工业化包括两种趋势:一是以满足低端市场需求为主导的农村工业发展;二是以满足高端市场需求为主导的农村新兴经济形态的形成和发展。前一种趋势主要发生在欠发达地区,且与农民工返乡创业和农村电商发展结合密切;后一种趋势则主要发生在东部沿海先进地区,更强调生态资源优势基础上的新型城镇化发展和创新创业系统的构建。两种趋势共存现象显示了中国农村继续工业化模式和路径的多样化和复杂性。

无论是哪一种发展模式和路径,产品的高端化和服务化都是农村继续工业化的方向。由于中国科技创新资源是以城市,尤其是大城市为中心进行配置的,如何服务于农村继续工业化过程中产品高端化和服务化的需求,构建以县域经济为主体的创新创业生态系统,是农村经济发展面临的新问题。

第七章

京津冀协同发展背景下天津涉农区县产业的创新发展[*]

2013年5月，习近平总书记在天津调研时提出"谱写新时期社会主义现代化的京津'双城记'"之后，经过近一年的酝酿，2014年2月京津冀协同发展上升为国家战略。为了全面把握京津冀协同发展背景下天津市涉农区县[①]产业创新发展的情况，2014年3月至12月，南开经济调查研究团队以涉农区县的工业园区为重点，展开实地调查活动。

调查研究中得出的主要结论是：

（1）在从计划经济向市场经济的转型过程中，北京和天津城市工业由城区向郊区县（简称"涉农区县"）扩散和转移是持续存在的现象。2000年后，随着城区服务业的发展，工业向涉农区县的转移呈现加速趋势。涉农区县逐渐发展为天津和北京制造业聚集区。而京津冀协同发展将进一步推动

---

[*] 为了追踪考察京津冀协同发展战略背景下的农村继续工业化，2014年3月至12月，南开经济调查研究团队在天津市政府研究室和天津科协的协助下，对天津市涉农区县工业发展的新进展进行了系统调研。调研团队的主要成员包括：刘刚、崔鹏、马犇和王宁。

[①] 在2014年开展调查时，天津仍然存在县的称谓，如静海县。2016年之后，县均改为区。涉农区县是指仍然存在农业生产的区县，主要指津南区、西青区、东丽区、北辰区、武清区、静海区、宝坻区、宁河区和蓟州区。随着市内六区（即和平区、南开区、河北区、河西区、河东区和红桥区）经济结构调整，制造业向涉农区县不断转移，至2014年，除滨海新区之外，涉农区县已经成为天津制造业的主要聚集区。

第七章
京津冀协同发展背景下天津涉农区县产业的创新发展

天津涉农区县产业结构的转型升级,为产业创新发展带来新的机遇和动力。

(2) 近五年来,天津市涉农各区县经济均步入快速发展的通道。从三次产业结构的变动趋势看,涉农区县的经济发展可以划分为两种类型:一是包括东丽、西青、津南和北辰在内的近郊区,第三产业与第二产业呈现相向发展的趋势;二是包括武清、宁河、宝坻、静海和蓟县在内的远郊县,第三产业与第二产业呈现相背发展的趋势。两种类型表明相关涉农区县的经济处于不同的发展阶段。

(3) 从近五年制造业区位商的变动趋势看,天津制造业的竞争优势出现了下滑的态势。在26个制造业行业中,天津市的优势产业包括:医药制造、黑色金属、金属制品、交通运输、电子信息、食品制造、专用设备、通用设备。其中,食品制造、黑色金属、金属制品和专用设备的竞争优势是持续提升的,而其他优势产业的竞争优势则是逐渐削弱的,尤其对天津经济发展具有举足轻重作用的电子信息和交通运输设备制造业的竞争优势存在着不断下降的态势。

(4) 在原有优势产业竞争力下滑的同时,依托邻近京津科技创新资源富集的优势,区县在战略性新兴产业的发展上取得了较大成就。近年来,包括新能源、动力电池、电子商务、新材料和生物医药在内的新兴产业开始在涉农区县聚集。由于创新创业载体功能发展的滞后,与国内先进地区相比,涉农区县在战略性新兴产业的发展上尚存在着相当大的差距。

(5) 在新的发展阶段,京津冀都市圈的发展和天津城市功能定位相适应,在产业发展上,涉农区县要通过创新创业环境的构建推进创新型新兴城市的建设,探索走科技驱动产业创新发展道路。其中,发展"官产学"一体化新型混合组织和完善创新创业载体功能是推动区县重点产业创新发展的根本途径。

第一节　近年来天津市涉农区县的产业发展

一、天津市涉农区县产业创新发展的新机遇和新动力

随着国际和国内市场条件的新变化、要素成本的上涨和资源环境约束的加强，中国经济进入新的发展阶段。在新的发展阶段，围绕着创新驱动、京津冀协同和新型城镇化战略的推进，天津市涉农区县产业创新发展面临着新的机遇和挑战。

（一）创新驱动发展战略的制定与实施

2005年，尤其是2008年全球金融危机爆发以来，中国经济要素驱动增长已经走到了尽头。探索包括科技创新和技术进步在内的新的驱动因素，通过经济结构的调整和经济发展方式的转变实现从经济大国向经济强国的迈进，是新阶段中国经济发展的主题。

经过多年的持续发展，2001年中国已经成长为"世界工厂"。2011年中国制造业占世界的比重已经达到9%。但是世界经济发展的历史经验告诉我们，仅仅拥有制造中心而缺乏创新中心的国家在实现经济高速增长之后，接踵而来可能是经济的持续衰退。作为前车之鉴的日本，因为缺乏科技创新中心，尽管曾经占到世界制造业产值的30%，20世纪90年代以来经济则陷入长期衰退。

从长期看，调整经济结构和实现经济发展方式由要素驱动向创新驱动的转变是中国经济唯一摆脱衰退困境的途径。实现经济由要素驱动向创新驱动的转变，一方面是推动创新型企业、战略性新兴产业的发展和创新型新兴城市的建设；另一方面则是通过大力发展电子商务推动交易方式变革，扩大内需和促进消费。与生产型企业不同，科技创新型企业立足于产品、工艺流程、组织和商业模式创新，创造新的市场需求。新的产业结构调整不仅包括战略性新兴产业的启动，而且包括生产型服务业的发展和现有产业的改造和升级。创新型新兴城市是催生创新型企业和新兴产业发展

的空间载体，创新创业环境则构成了城市的基本功能。交易方式的变革，主要表现为包括电子商务在内的新型商业形态的出现和发展，为中国制造业的发展扩展新的空间。

在未来10年，对中国而言，国际经济发展的新变化主要表现在两个方面：一是包括中国企业跨国经营在内的产业内分工越来越明显；二是为了利用中国的人才红利和潜在市场需求，跨国公司的研发和市场营销中心越来越向中国聚集。两种趋势都表明，中国将力争继"世界工厂"之后发展为全球科技创新中心。创新型新兴城市将是承担科技创新中心的空间载体。

（二）新型城镇化和创新型新兴城市建设：京津冀都市圈郊区城镇化的重心

与过去30年主要依赖工业化不同，在未来的5至10年，中国经济将迎来加速城市化过程。城市化，由城市化带动经济结构的调整和内需的扩大是新的阶段中国经济发展的重要驱动因素。

从表7-1的数据对对比中可以清楚地看出，当前中国的城市化水平远远落后于工业化水平，城市化滞后已经成为制约中国经济可持续发展的重要因素。从国际的经验和中国发展的实际看，郊区的城镇化，尤其是都市圈郊区的城镇化是新的发展阶段中国城市化发展的重要方向。

表7-1　　　　2013年世界主要国家的城市化/工业化比率

国别	全球平均	中国	美国	法国	英国	德国	日本	巴西	俄罗斯	南非	印度
城市化/工业化率	1.95	1.09	4.10	4.11	4.09	2.64	2.48	3.22	1.97	1.38	1.15

资料来源：根据网络数据整理，2015。

从表7-2的数据表明，随着人口和经济发展水平的提高，世界主要发达国家的城市化水平呈现加速增长的态势。例如，城市化由20%提高到40%的时间，从早期英国的120年，缩短到日本的30年。随着中国工业化、信息化和交通的发展，可以预期中国的城市化水平的提升将是以更快的速度实现。在未来的10年内，郊区的城市化，尤其是都市圈郊区的城市化是未来城市化的重要方向。依托京津冀协同发展战略，天津区县将成为城市化的重点领域。

表 7-2　　　　　世界主要发达国家城市化的速度比较

	英国	法国	德国	美国	苏联	日本
达到 20% 的年份	1720	1800	1785	1860	1920	1952
达到 40% 的年份	1840	1900	1865	1900	1950	1955
经历时间（年）	120	100	80	40	30	30

资料来源：根据网络数据整理，2015.

在未来中国的城市化进程中，城市重点领域在于大都市圈的郊区城市化。郊区城市化的关键是在企业和产业资源的集聚过程中，形成与中心城区相对独立的创新型新兴城市。从京津冀都市圈的未来发展趋势看，最为重要的郊区城市化是形成若干创新创业活动活跃和科技资源高度密集的创新型新兴城市。

（三）京津冀协同发展

京津冀协同发展的本质是强调通过城市之间功能再定位，实现城市之间的专业化分工与协作，推动京津冀都市圈经济和社会增长潜力的释放。在京津协同发展方面，重点在于实现三个方面的结合：一是要把北京非首都功能的转移和扩散与实施创新驱动发展战略相结合；二是把京津协同发展与对外开放门户和东北亚经济协作平台建设相结合；三是要把京津协同发展与最富活力的市场经济体制机制建设相结合。

通过第一个结合，在缓解北京人口快速增长压力和疏解非首都功能的同时，京津联手打造全球科技创新中心和现代服务业聚集区，为国家实施创新驱动战略提供示范和支撑。通过第二个结合，充分利用自贸区建设的机遇，实现国际交流中心和对外开放门户的交融，立足投资与贸易便利化改革，把京津打造为东北亚经济合作的平台。通过第三个结合，彻底打破行政干预，摒弃权力和寻租经济，使市场在区域资源配置中起决定性作用。

2014 年 8 月 6 日，为了全面推动京津协同发展，京津两市政府签署了"1+5"合作框架协议。围绕创新驱动示范区建设、交通、生态治理和产

第七章
京津冀协同发展背景下天津涉农区县产业的创新发展

业转移等实施全方位合作，加快推动京津双城联动发展。2014年11月14日，时任中共天津市委书记孙春兰同志指出，京津冀协同发展根本要靠创新驱动，三地要建立健全区域创新体系，整合区域创新资源，进一步弥合发展差距、贯通产业链条、重组区域资源。

在新的发展阶段，天津各涉农区县要紧紧抓住京津冀协同发展的大好机遇，立足交通区位、生态、产业和历史文化资源优势，积极引进科技创新资源，推动产业结构的调整，实现经济的可持续发展。

二、天津涉农区县经济发展的现状和趋势

（一）涉农区县已经成为天津制造和天津经济发展的主战场

改革开放以来，天津市的经济发展经历了三个大的阶段。第一阶段始于1978年改革开放之初到1992年；第二阶段是从1993年至2008年；第三阶段是从2009年至今。在三个发展阶段，推动经济增长和发展的动力来源是不同的。在第一个发展阶段，主要依赖国有企业的"三改造一加强"。由于受到体制和机制的约束，在这一发展阶段，天津市的国民经济增长速度长期低于全国平均水平。在第二个发展阶段，天津经济增长和发展的主要推动力是外资，通过外资的引进和嫁接改造国有企业，天津的经济增长开始高于全国平均水平。2008年之后，由于受到国际金融危机的影响，内资取代外资成为推动天津经济增长的主导力量，预示着天津进入新的发展阶段。在新的阶段，天津经济增长的驱动力不再是简单的国外成熟产品和技术的简单引进，而是由科技型中小企业的发展推动的自主创新。见图7-1。

在第三个发展阶段，涉农区县正在取代中心城区逐渐成为天津经济和社会发展的主战场。通过表7-3和表7-4的分析可以清楚地看到，2013年在北京市各区县的GDP排名中，排名前4位的均是中心城区。与北京的发展明显不同，在2013年天津市各区县的GDP排名中，排名前5位是滨海新区和各涉农区县，涉农区县已经成为天津经济发展的主要推动者。

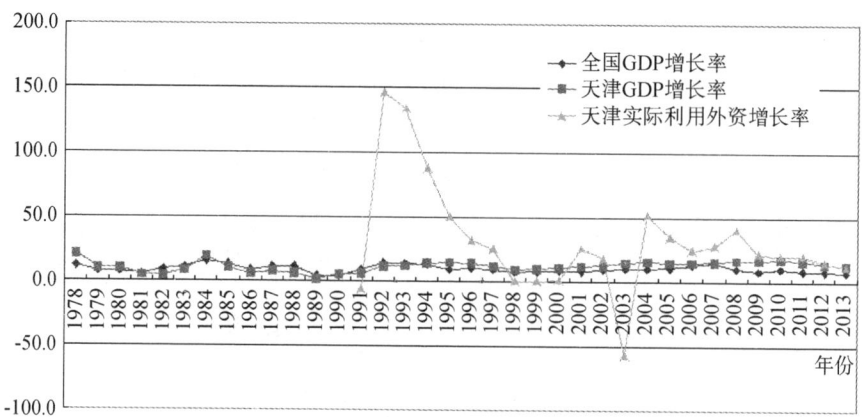

图 7-1　1978—2013 年天津市关键经济指标的变动趋势

表 7-3　　　　　　　　2013 年北京市各区县 GDP 排名情况

GDP 排名	区县	2013 年 GDP 总额（亿元）	人均 GDP（元）
1	朝阳区	3920	102056.76
2	海淀区	3831	107130.87
3	西城区	2800	214888.72
4	东城区	1565	172167.22
5	大兴区	1345.1	89256.80
6	顺义区	1232.2	125350.97
7	丰台区	1007.8	44573.20
8	昌平区	550	29115.93
9	通州区	502	37858.22
10	房山区	490	48514.85
11	石景山区	365	56677.02
12	怀柔区	200.4	52460.73
13	密云县	196.3	41239.50
14	平谷区	168.5	39928.91
15	门头沟区	124.2	40990.10
16	延庆县	91.9	29082.28
	全市合计	19500.6	92210.14

资料来源：2014 年北京市统计公报.

第七章
京津冀协同发展背景下天津涉农区县产业的创新发展

表 7-4　　　　2013 年天津市各区县的 GDP 排名情况

排名	区县	2013 年 GDP 总额（亿元）	常住人口（万人）	人均 GDP（元/名次）
1	滨海新区	8020.4	263.62	304240.95（1）
2	武清区	790	105.33	75002.37（8）
3	西青区	755	76.12	99185.50（4）
4	北辰区	722.4	74.33	97188.21（5）
5	东丽区	704	66.03	106618.20（3）
6	和平区	690	34.12	202227.43（2）
7	河西区	665.18	94.47	70411.77（9）
8	南开区	580	110.1	52679.38（12）
9	津南区	567	66.55	85199.10（7）
10	静海县	476	71.2	66853.93（10）
11	宝坻区	475	85.13	8506.00（12）
12	宁河县	412	44.32	92960.29（6）
13	蓟县	405	88.42	45804.12（13）
14	河北区	375	84.18	44547.40（15）
15	河东区	310	92.9	33369.21（15）
16	红桥区	160	56.33	28404.05（16）
全市合计		14370.16	1413.15	101688.85

资料来源：2014 年天津市统计公报.

（二）近五年来各涉农区县经济发展的基本情况

1. 近五年来 GDP 的总量和增长速度变动情况。从图 7-2 和图 7-3 的数据分析看，2009 年以来，涉农区县的经济增长速度均在 10% 到 20% 的高位上运行，已经成为天津经济发展的主力军。从各涉农区县近五年的经济增长速度的情况看，由高到低前 10 排名依次是：武清区（19.1%）、津南区（18.2%）、北辰区（17.3%）、宁河县（16.1%）、西青区（15，9%）、东丽区（15.8%）、宝坻区（15.7%）、静海县（15.4%）、蓟县（14.2%）。

2013 年，各涉农区县的 GDP 总量按照由高到低排名依次是：西青区（800.57 亿元）、东丽区（795.85 亿元）、武清区（791.05 亿元）、北辰区（755.11 亿元）、津南区（604.12 亿元）、静海县（502.21 亿元）、宝坻区（479.96 亿元）、宁河县（407.7 亿元）、蓟县（313.7 亿元）。其中，武清区自2011年起，GDP每年都有较大幅度的增长，平均增幅达到了27%，在考察期初其与东丽、西青、北辰三区还有较大差距，而在考察期末其总量与三者已较为接近。在环城四区中，津南区与东丽区、西青区、北辰区的发展明显不处于同一层次。而后三者的发展一直处于全部涉农区县前列，只是东丽区在考察期最后几年的增量有所放缓，在全部考察期内的平均增速只有16%。

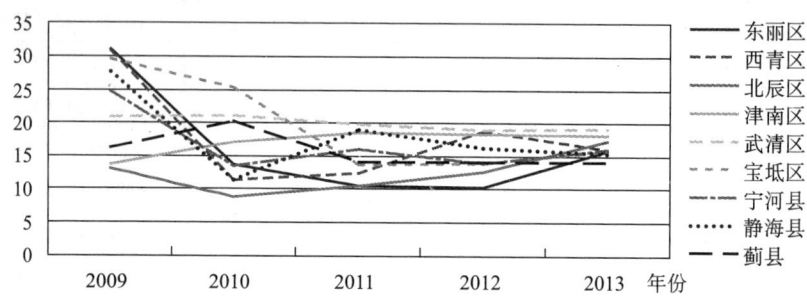

图7-2 2009—2013年各涉农区县国民生产总值增速（%）

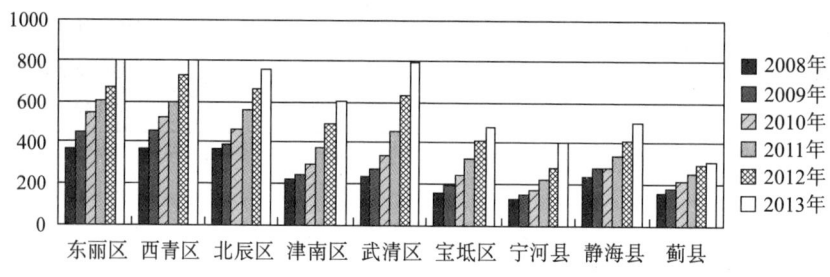

图7-3 2008—2013年各涉农区县国民生产总值（亿元）

2. 内外资利用情况。因为涉农区县近年的制造业发展主要是招商引资的结果，内外资利用情况反映了制造业的发展情况。图7-4与图7-5分别描述了2008—2013年各涉农区县实际利用内外资的情况。实际利用内资方面，2013年各涉农区县实际利用内资额排名由高到低依次是西青区（247.56亿元）、武清区（243.32亿元）、津南区（242.66亿元）、宝坻区（235.91亿元）、东丽区（223.08亿元）、北辰区（220.25亿元）、蓟县（200.06亿元）、宁河县（110.94亿元）、静海县（91.03亿元）。其中，北辰区在考察期内利用内资额涨幅较大，年均增长率高达62.5%，其

第七章
京津冀协同发展背景下天津涉农区县产业的创新发展

次是蓟县，年均增长率为 53.55%。另外，津南区利用内资水平在考察期内一直处于较高水平，2008—2013 五年内利用内资量在九个涉农区县中排名一直处于第一位。实际利用外资方面，2013 年各涉农区县实际利用外资额排名由高到低依次是西青区（9.44 亿美元）、北辰区（9.23 亿美元）、东丽区（7.42 亿美元）、武清区（6.55 亿美元）、津南区（5.23 亿美元）、宁河县（2.53 亿美元）、宝坻区（2.1 亿美元）、静海县（2.02 亿美元）、蓟县（1.28 亿美元）。这其中 2012 年利用外资水平的前五名同时也是 2012 年 GDP 总量的前五名（西青区（723 亿元）、东丽区（772 亿元）、北辰区（666 亿元）、武清区（633 亿元）、津南区（491 亿元）。

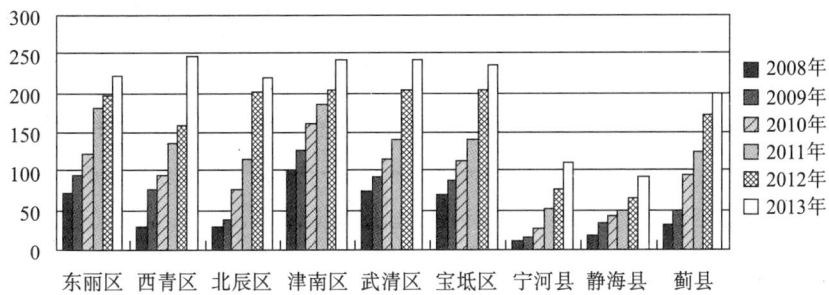

图 7-4 2008—2013 年各涉农区县实际利用内资额（亿元）

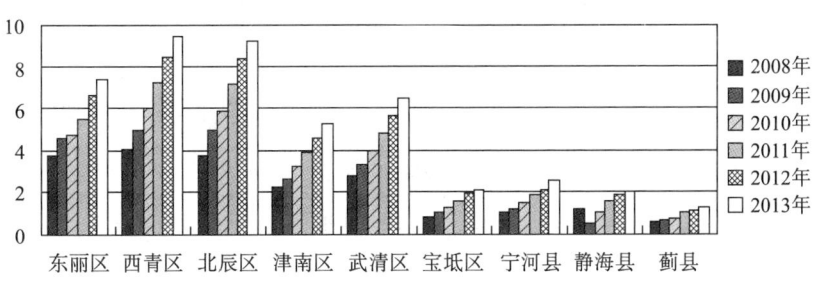

图 7-5 2008—2013 年各涉农区县实际利用外资额（亿美元）

3. 外贸出口情况。东丽区外贸出口额在 2008 年达到最高，为 36.17 亿美元，随后大幅下降，2009 年为 16.14 亿美元，仅仅达到 2008 年水平的 44.62%。自 2009 年至 2012 年年平均增速为 16%，在 2013 年达到 25.24 亿美元，远不及 2008 年的水平，仅为 2008 年出口额的 70%。见图 7-6。

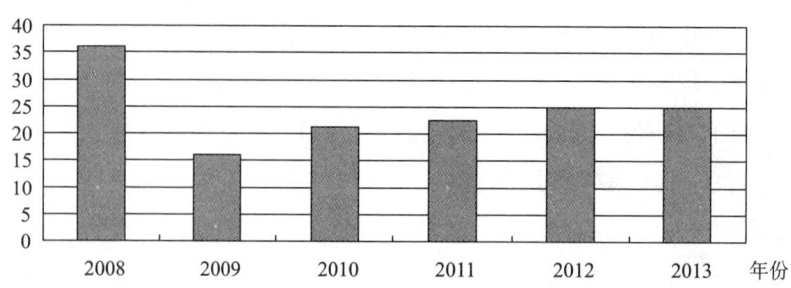

图7-6　2008—2013年东丽区外贸出口额（亿美元）

西青区外贸出口额虽在2009年较2008年下降，由18.94亿美元降至17.06亿美元，降幅不大，接着在2010年就超过了2008年的水平，达到19.45亿美元，并以8.8%的平均增速达到2012年的21.97亿美元。2013年与2012年水平基本持平，为22.04亿美元。见图7-7。

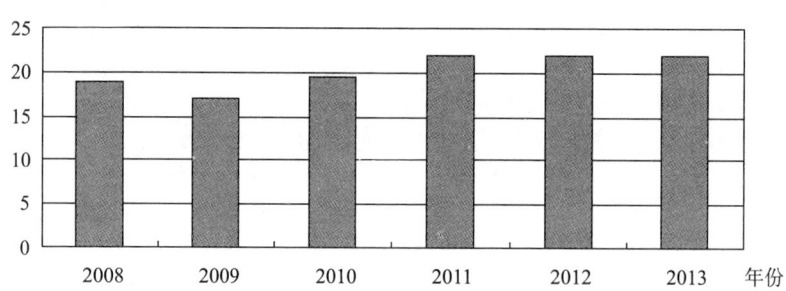

图7-7　2008—2013年西青区外贸出口额（亿美元）

北辰区外贸出口额在2008年达到最高，随后便从30.17亿美元降为2009年的22.05亿美元，随后以9%的平均增速增长，于2012年达到28.55亿美元。2013年有所下降，为26.51亿元。见图7-8。

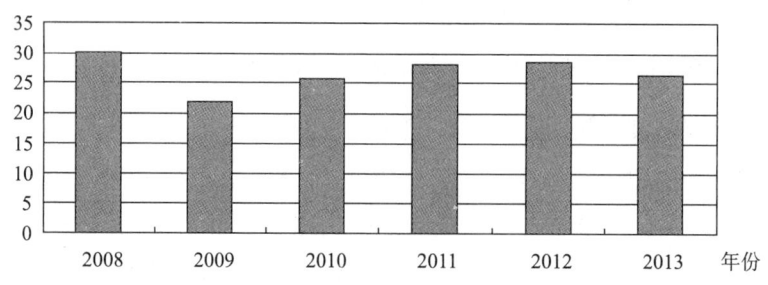

图7-8　2008—2013年北辰区外贸出口额（亿美元）

第七章
京津冀协同发展背景下天津涉农区县产业的创新发展

津南区外贸出口额自 2008 年的 11.21 亿美元下降至 2009 年的 8.84 亿美元，随后以 14.56% 的平均增速增长，于 2011 年超过 2008 年的水平，达到 11.4 亿美元，之后在 2013 年达到 14.59 亿美元的水平，为考察期内最高。见图 7-9。

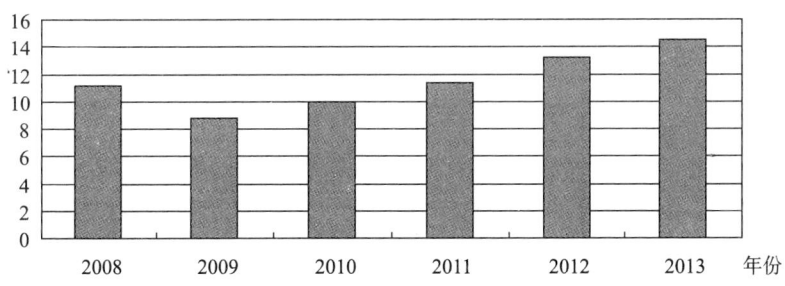

图 7-9　2008—2013 年津南区外贸出口额（亿美元）

武清区外贸出口额自 2008 年的 14.72 亿美元下降为 2009 年的 13.39 亿美元后，接下来两年分别以 46%、16% 的增幅快速增长，于 2011 年达到 22.71 亿美元，并继续以 2.2% 的小幅增长最终在 2013 年达到 24.45 亿美元。见图 7-10。

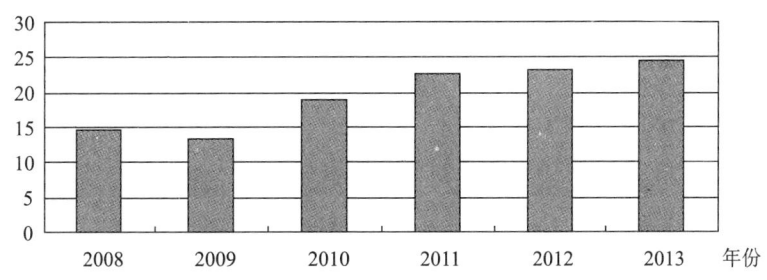

图 7-10　2008—2013 年武清区外贸出口额（亿美元）

宝坻区外贸出口额于 2008 年的 3.91 亿美元降为 2009 年的 3.48 亿美元后，在 2010 年以 4.02 亿美元的出口额回到 2008 年的水平。随后继续以 9.2% 的均速保持增长，于 2012 年达到 4.8 亿美元。2013 年水平与 2012 年基本持平，为 4.81 亿美元。见图 7-11。

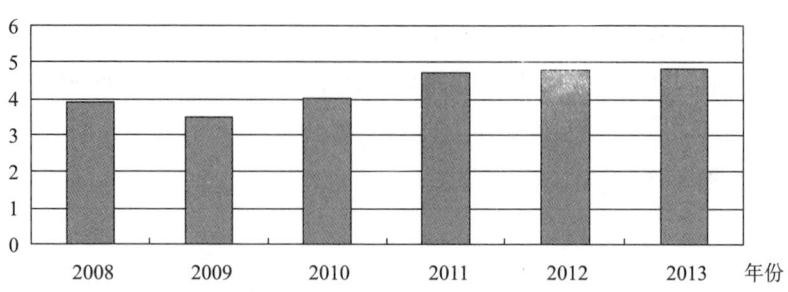

图 7-11　2008—2013 年宝坻区外贸出口额（亿美元）

宁河县 2008 年的外贸出口额于 1.06 亿美元降为 0.7 亿美元之后，以约年均 42% 的高增速增长，最终于 2013 年达到 2.77 亿美元。见图 7-12。

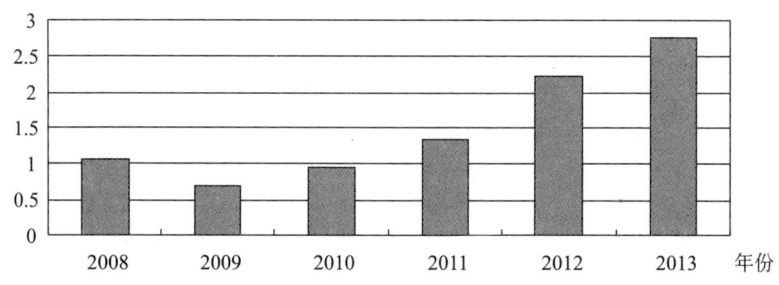

图 7-12　2008—2013 年宁河县外贸出口额（亿美元）

静海县外贸出口额自 2008 年的 6.49 亿美元降为 2009 年的 5.1 亿美元之后，以 26% 的年平均增速增长至 2012 年的 10.15 亿美元，随后在 2013 年有小幅增长，达到 10.52 亿美元。其在 2010 年就以 6.63 亿美元的出口额超过了 2008 年的水准。见图 7-13。

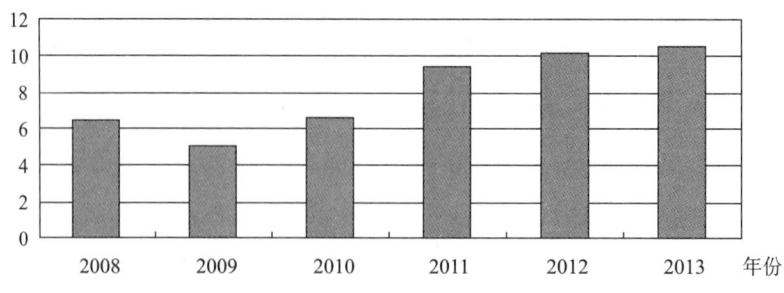

图 7-13　2008—2013 年静海县外贸出口额（亿美元）

第七章
京津冀协同发展背景下天津涉农区县产业的创新发展

蓟县外贸出口额自2008年的0.43亿美元降至2009年的0.3亿美元之后，在2010年突增至0.56亿美元，增幅高达86.67%，随后两年以13%的均速增长到2012年的0.77亿美元。见图7-14。

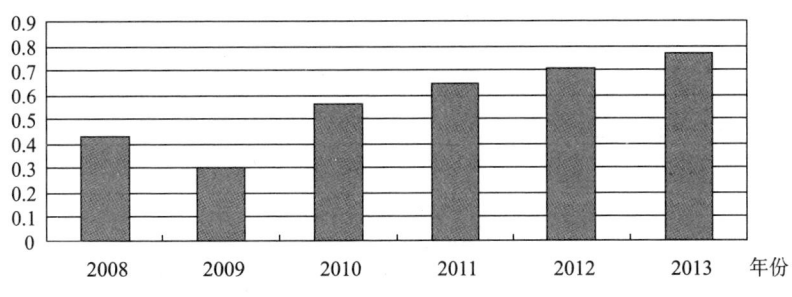

图7-14 2008—2013年蓟县外贸出口额（亿美元）

9个涉农区县中，只有东丽区与北辰区在金融危机背景下经历2009年的外贸出口额下滑以后数年没有恢复到2008年的外贸出口水平，其余区县都在2009年后两年内就恢复并超过2008年的水平。其中，西青区、武清区、宝坻区、静海县、蓟县皆在2010年就超越了2008年的外贸出口额。尽管宁河县的外贸出口额在2011年才超过2008年，但其在金融危机后以47%的外贸出口增速位居9个区县之首，其发展后劲值得关注。

三、涉农区县产业结构变动情况

涉农区县三次产业产值结构变动情况。通过图7-14的分析，天津涉农区县近五年来三次产业产值结构变动表现出两种类型：一是第二产业和对第三产业相向发展，即第三产业占比呈现出上涨趋势第二产业占比呈现下降趋势，其中，东丽、西青、津南和北辰四区均表现出这种变化态势；二是第二和第三产业相背发展，例如，宝坻区、静海县、武清区、宁河县和蓟县，第二产业呈现出快速增长态势，而第三产业则呈现出下降态势。两种类型的产业结构变动类型，代表了经济发展的不同阶段。第一种类型的区县属于后工业化阶段，而第二种则属于加速工业化阶段。见图7-15。

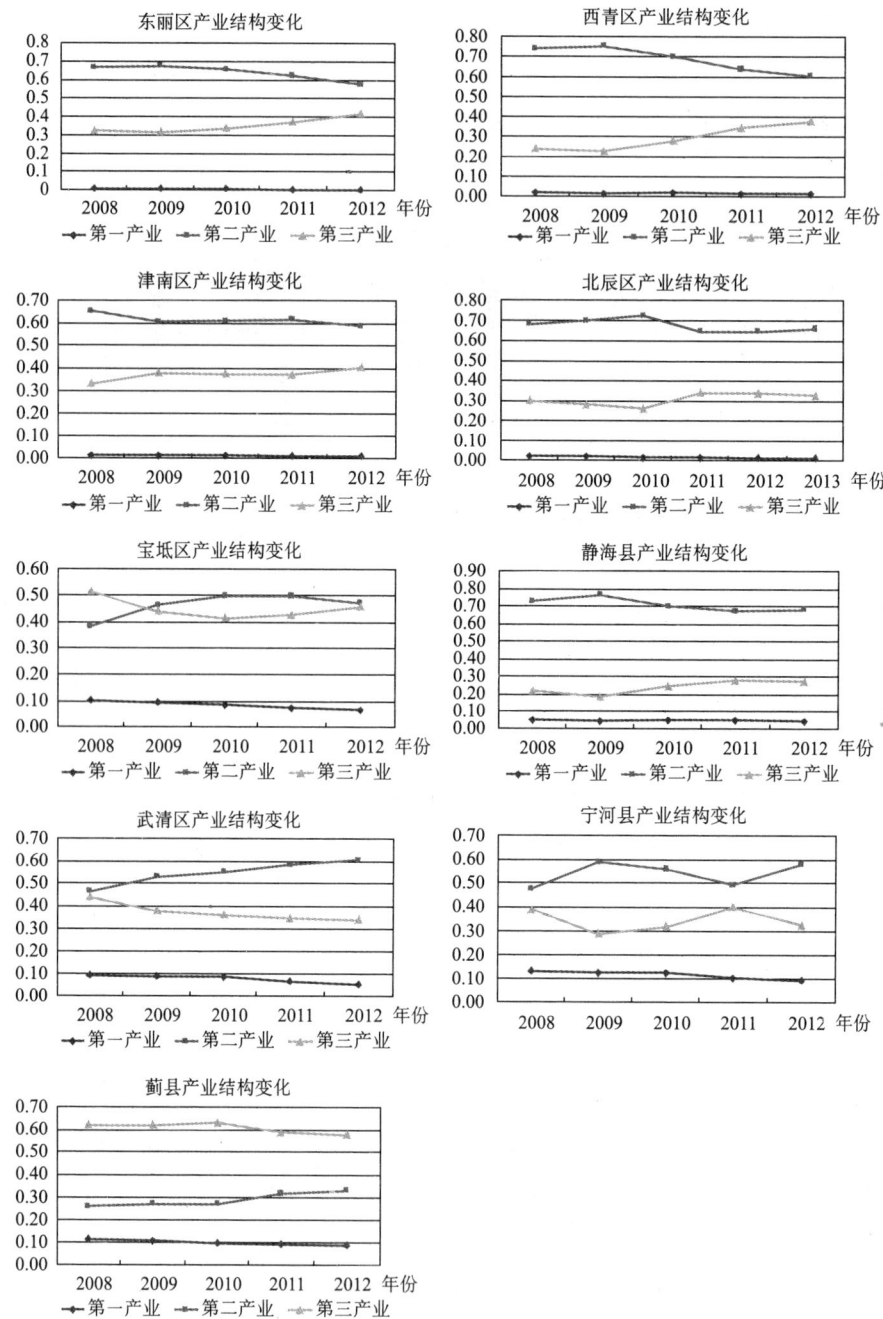

图7-15 2008—2012年涉农区县三次产业结构变化的类型和趋势

第七章
京津冀协同发展背景下天津涉农区县产业的创新发展

在考察期五年内，东丽区第二产业所占比重呈下降趋势，而第三产业呈上升趋势，同时第一产业占比极小。在考察期的第一年，三次产业比例为1:67:32，在最后一年，三次产业比例为1:58:41。而东丽区的国民生产总值在考察期内保持着16.2%的增速，可能的原因是工业发生了向外转移，服务业迅速发展。

与东丽区相比，西青区产业结构的变化更为明显。在考察期最初一年，西青区的三产比例为2:74:24，而在最后一年变为1:57:42，变化幅度不及考察期最初几年。据此，也可以推测西青区开始发生工业外移，服务业开始发展。

在考察期内北辰区的农业比重没有变化且占比很小。在最初两年北辰区的第一产业、第二产业、第三产业的比例经历了一个小幅上升与小幅下降的阶段，从2008年的1:34:15到2010年的1:36:13，随即二产占比下降，三产占比上升，并在最后一年基本维持原状，达1:66:33。北辰区规模以上工业企业产值在这几年基本保持15.56%的匀速增长，而产业结构变化却不规律，可能该地区的第三产业在2010—2011年间经历了非寻常增长，个中原因有待考察。

除考察期最初一年第二产业占比下降，第三产业占比上升外，津南区的产业结构变化不大。前者的原因可能是由于金融危机导致的工业产值下滑，实际上其规模以上工业企业产值在当年下滑了8.8%。随后其规模以上工业企业产值以16.7%的速度增长，而该地区三产结构基本没有变化，在2012年第三产业比例又有所上升，三产比例为1:59:40。2013年为1:60:39。通过比较发现，环城四区在考察期内基本都在经历一个第二产业占比下降、第三产业占比上升的过程。

武清区的产业结构在考察期内经历了大幅同向调整。在2008年，其三产比例为9:47:44，第二产业与第三产业占比几乎相同，而到了2013年，其三产比例调整为5:61:34。在考察期内第一产业与第三产业比重持续下滑，第二产业比重持续迅速上升，可见武清区在考察期内的发展是以工业为重。

在宝坻区的工业发展中，其规模以上工业企业产值年均增速在所有考察区县中最高，达39%，即使2008年发生的金融危机也没有对2009年的增长造成影响。因此，首先可以估计其经济的外向性可能不是很高，2012年其对外贸易依存度为8.3%。另外，在工业产值高速增长的同时，宝坻区的第三产业的占比在2010年开始上升，于2013年与第二产业占比持平，三次产业结构比例为7:47:46，该地区的第三产业发展十分值得研究。

在所有考察对象中，宁河县产业结构在方向上的调整最为频繁。其中，第二产业所占比例经历了上升、下降、再上升的过程，第三产业与之相反，最后在2012年三产结构为7:51:42。在这个不断调整的过程中，宁河县规模以上工业企业产值却以28%的速度持续增加，而其第二产业占比在2009—2011年不断下降，其原因有待考察。

静海县三产结构在考察期内调整不大，但总体上是第二产业占比下降、第三产业占比上升的趋势。在四区五县中，静海县的第二产业发展规模与第三产业发展规模最为悬殊，2012年三产结构为5:68:27，发展规模之差大于以工业发展迅速的武清区（5:61:34）。但其国民生产总值却低于武清县（2012年武清县GDP为633.19亿元，静海县为415.45亿元），可见相对于武清县，静海县第三产业的发展水平不高（2012年武清县第三产业产值为214亿元，而静海县仅为113亿元）。但是在2013年静海县第二产业占比迅速下滑，同时第三产业占比迅速上升，三次产业比例达到3:51:46，通过考察实际数据发现，原因是第三产业有了迅速增长。

在所有考察对象中，蓟县是唯一一个在考察期内第三产业规模始终大于第二产业规模的区县。考察期最后几年这种情况开始出现改变，第二产业占比小幅上升，第三产业占比小幅下降，但第三产业规模依旧远大于第二产业，2013年三次产业比例为9:32:59。

第二节 优势产业的分布和创新发展

一、天津市涉农区县优势产业的分布和发展

（一）天津优势产业的变动及其向涉农区县的转移

通过对26个制造业的区位商分析（合理剔除燃气、自来水和烟草，

第七章
京津冀协同发展背景下天津涉农区县产业的创新发展

见附表),本书明确了天津市现有优势产业的类别及其竞争优势变动情况。表 7-5 列出了 2008 年至 2013 年天津市区位商大于 1 的产业发展情况。在天津市 28 个制造业行业中,区位商大于 1 的行业分别为食品制造业(食品制造)、医药制造业(医药制造)、黑色金属冶炼及压延加工业(黑色金属)、金属制品业(金属制品)、专用设备制造业(专用设备)、交通运输设备制造业(交通运输)和通信设备计算机及其他电子设备制造业(电子信息),构成了天津市现有的优势产业群。

表 7-5 2008—2013 年天津市优势产业及其变动情况

年份 产业	2008	2009	2010	2011	2012	2013	差值
食品制造业	0.77	0.92	1.20	1.99	2.22	2.26	1.49
医药制造业	1.23	1.26	1.11	1.02	1.04	0.95	-0.28
黑色金属冶炼及压延加工业	2.23	2.68	2.30	2.28	2.15	2.24	0.01
金属制品业	1.24	1.46	1.44	1.56	1.47	1.41	0.17
通用设备制造业	1.17	0.97	0.90	0.89	0.87	0.90	-0.27
专用设备制造业	1.17	1.14	0.94	0.88	1.31	1.29	1.02
交通运输设备制造业	1.65	1.49	1.41	1.33	1.32	1.25	-0.4
通信设备计算机 及其他电子设备制造业	1.63	1.36	1.27	1.27	1.43	1.49	-0.14

图 7-15 描述了 2008 年至 2013 年天津优势产业区位商的变动情况。2013 年与 2008 年相比较,区位商的差值为正的只有食品制造、黑色金属、金属制品和专用设备等产业。其中,区位商一直处于上升态势的只有食品制造业,专用设备业虽然经过了 2009 年至 2011 年的下降,却在 2012 年至 2013 年经历了较大幅度的增长。近年来,即使拥有竞争优势,黑色金属和金属制品业的竞争优势仅仅保持微弱的提升。在现有的优势产业中,医药制造、通用设备、交通运输和电子信息业 2013 年的区位商均低于 2008 年的区位商值,产业竞争力存在着不断下降的趋势。

在上述分析的基础上,本书认为,在 26 个制造业行业中,天津的优势产业主要包括:医药制造、黑色金属、金属制品、交通运输、电子信息、食品制造、专用设备、通用设备。其中,食品制造、黑色金属、金属制品和专用设备的竞争优势是持续提升的。

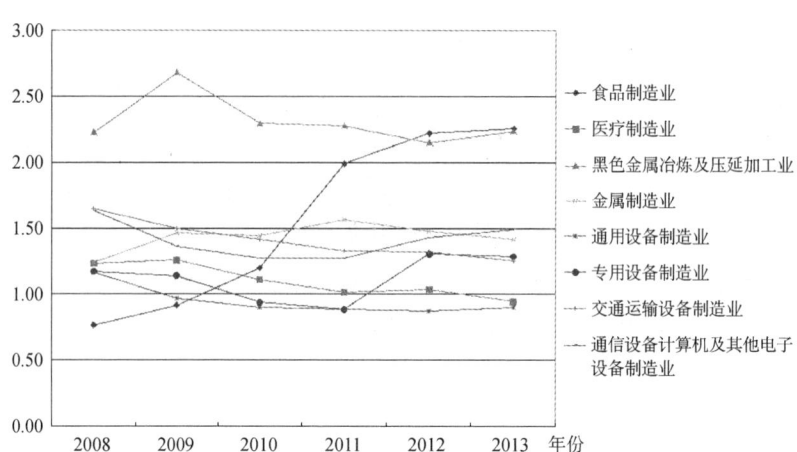

图7-16 2008—2013年天津市优势产业区位商（竞争优势）的变动情况

随着天津城市功能的转移，现有的八大优势产业除了滨海新区，基本上都集中在涉农区县的范围内。随着滨海新区从制造城市向创新城市的转型，在天津未来的经济发展格局中，涉农区县将成为制造业的主要聚集区。

（二）涉农区县优势产业的分布情况

1. 涉农区县现有优势产业的分布现状。在深入调研和分析的基础上，本书明确了现有优势产业在各区县的分布情况。从表7-6的分析看，食品制造业主要分布在宁河县和蓟县；黑色金属业主要分布在宝坻、津南和东丽区；电子信息业主要分布在东丽区、西青区和武清区；交通运输设备业主要分布在西青区、东丽和武清区；通用和专用设备业在各区县均有分布，其中占比最高的是北辰区；金属制品业则主要分布在静海县和宁河县。

表7-6　　天津市各涉农区县的优势产业分布情况

优势行业（大类）	子类	分布	主要载体分布	行业产值（亿元）	区县产值占比（%）	产业链分布
食品制造业	食品加工业	宁河县	宁河县经济开发区	33.01	60.61	消费食用品
	绿色食品	蓟县	上仓酒业及绿色食品加工区	21.45	39.39	消费副食品
黑色金属冶炼及压延加工业	冶金	宝坻区	宝坻马家店镇工业区	158.58	16.46	不锈钢板
		津南区	葛沽镇冶金工业园区	449.83	24.57	钢铁
		东丽区	津塘公路沿线	805.00	83.54	钢铁

第七章
京津冀协同发展背景下天津涉农区县产业的创新发展

续表

优势行业（大类）	子类	分布	主要载体分布	行业产值（亿元）	区县产值占比（%）	产业链分布
通信、电子设备制造业	电子信息	东丽区	华明高新区	153.30	26.51	原件、配件初加工
		西青区	西青经济开发区	386.08	66.75	原件加工、成品代工
		武清区	武清开发区	39.00	6.74	高级电子零件加工
交通运输设备制造业	航空航天	东丽区	东丽航空产业区	114.90	21.37	零配件加工
	汽车制造业	西青区	西青经济技术开发区 西青区赛达工业园	331.25	61.62	零配件组装及消费成品
	汽车零部件	武清区	天津汽车零部件产业园；武清开发区	91.40	17.00	汽车、自行车加工、零配件加工、组装
			武清开发区			
	自行车		京津科技谷			
通用和专用设备制造	装备制造	东丽区	东丽经济技术开发区	214.20	7.92	大型、成套、配套设备制造
						原料加工、组装、消费成品（通用）
		西青区	西青经济开发区 西青中北汽车工业区	137.71	5.09	成套设备研发制造 成品组装（通用）
		津南区	津南区经济开发区	344.29	12.73	设备研发制作、加工装配
			葛沽镇冶金工业园区			原件、零配件初加工及消费成品（通用）
		北辰区	天津高端装备产业园	1189.10	62.44	设备研发制作、加工装配
			北辰科技园			设备研发制作
			天津医药医疗器械工业园	500.00		器械研发、生产和销售
		静海县	静海大邱庄工业区	101.00	3.73	设备研发制作
		宁河县	宁河县经济开发区	43.33	1.60	加工装配
		宝坻区	宝坻低碳工业区			研发、生产和销售
			宝坻节能环保工业区	175.29	6.48	研发、制造、生产和销售

续表

优势行业（大类）	子类	分布	主要载体分布	行业产值（亿元）	区县产值占比（%）	产业链分布
金属制品	线材和管材	静海县	静海大邱庄工业区	1090.00	59.55	管材
		宁河县	天津宁河县经济开发区	290.62	15.88	管材

近年来，随着京津中心城区产业的外移，区县已经成为天津制造业的主要聚集区。在各区县的发展中，武清、东丽、西青、北辰和津南是现代制造业的主要聚集区，而东丽、静海和宁河则属于重化工业的聚集区。由于地处更为边缘的半山区，蓟县的制造业发展相对滞后。

从工业发展看，可以把天津的区县划分为三个发展级别。现代制造业集聚区：武清、东丽、西青、北辰和津南。重化工业集聚和制造业拓展区：静海、宝坻和宁河。蓟县则为制造业欠发展地区。

2. 区县新兴产业分布和发展情况。依托邻近京津科技创新资源富集和高端市场优势，近年来区县通过现有产业的高端化和新企业的孵化和引进，在战略性新兴产业的发展上获得了长足发展。主要包括生物医药、新能源、新材料、新能源汽车（动力电池）、电子商务、物联网、节能环保和高端装备制造。

从战略性新兴产业的分布看，在武清、宝坻、北辰和静海分别形成了电子商务、动力电池、高端装备和环保产业集群。进一步通过创新创业环境的构建，使战略性新兴产业更加集聚和发展，是区县未来产业发展的重心。见表7-7。

表7-7　　　　　天津各区县新兴产业的分布和发展情况

新兴产业	产业名称	区县分布	企业数量	代表性企业	主要产品	主要载体	研发孵化机构
生物医药		武清区		红日药业	中药（血必静）化学合成药（川威）	武清开发区	

第七章
京津冀协同发展背景下天津涉农区县产业的创新发展

续表

新兴产业	产业名称	区县分布	企业数量	代表性企业	主要产品	主要载体	研发孵化机构
新能源	动力电池	西青区	33	天津市捷威动力工业有限公司	电动自行车、电动汽车、储备能源等锂离子电池	西青汽车工业区	凌奥科技企业孵化器
		宝坻区		天津九能京通新能源公司	锌空气燃料电池	宝坻节能环保工业园	中电十八所
				华夏泓源新能源	锰系、三元和铁系正极材料	宝坻低碳工业区	"湿法"隔膜制造基地和专用测试中心
				东皋膜技术	锂电子电池	宝坻低碳工业区	渤海中小企业孵化服务基地
				天津贝特瑞新能源有限公司	锂电池负极材料中间相碳微球	宝坻低碳工业区	京津现代农林科技中心
				中瑞森（天津）新能源科技有限公司	智能温控蓄电池柜、救生舱	宝坻节能环保工业园	宝星节能科技企业孵化器
	风电装备	西青区		天津瑞能电气有限公司	风电主控系统、变频器、变桨系统	西青经济开发区	天津市赛达启航科技企业孵化器
		北辰区		比利时汉森机械传动公司	风力发电配套齿轮	北辰风电产业园	河北工业大学科技园
				德国西门子机械传动天津有限公司	FZG标准减速机	北辰风电产业园	双街科技企业孵化器
				南车风电叶片工程有限公司	风力发电机用叶片及复合材料新产品	北辰风电产业园	天津药物研究院
		宝坻区		玛德风电设备	大型风力发电叶片	宝坻低碳工业区	
	太阳能	宁河县		英利新能源	多晶硅太阳能电池的铸锭、切片、电池、组件及应用系统	宁河现代产业园	天津新华金创科技孵化器有限公司

续表

新兴产业	产业名称	区县分布	企业数量	代表性企业	主要产品	主要载体	研发孵化机构
新材料	新材料	武清区	53	中钢研	金属新材料	京津科技谷	
				忠旺铝业	工业铝型材	京津科技谷	
				天津乐金新型建材有限公司	塑钢门窗、合成地板	武清开发区	
				信义玻璃（天津）有限公司	浮法玻璃、光伏玻璃	武清开发区	
				天津中纺凯泰特种材料科技有限公司	高性能防弹材料、高性能消防材料	武清开发区	
				麦格昆磁	钕铁硼合金和磁粉	武清开发区	
				南玻节能玻璃	低辐射镀膜中空玻璃	武清开发区	京津高村科技创业园
		宁河县		天宁树脂有限公司	各种油墨专用树脂、树脂油	宁河县造甲城镇造甲城	天津赛特赛欧科技孵化器
				中得保温	高密度聚乙烯外套管	宁河县大北镇	
				意利达防腐保温材料	高温蒸汽管道及配套管件	宁河县大北涧沽船沽工业园	天津赛特赛欧科技孵化器
		蓟县		中玻北方新材料有限责任公司	太阳能光伏玻璃、节能玻璃深加工	专用汽车产业园	
				金鹏管业有限公司	金鹏PVC型材	专用汽车产业园	
				天津奥纳科技有限公司	非晶合金	专用汽车产业园	
				天津凯德瑞塑料异形材制造有限公司	塑料异型材	专用汽车产业园	
				天津一阳磁性材料有限公司	稀土磁性材料	专用汽车产业园	

第七章 京津冀协同发展背景下天津涉农区县产业的创新发展

续表

新兴产业	产业名称	区县分布	企业数量	代表性企业	主要产品	主要载体	研发孵化机构
新能源汽车	整车制造	宝坻区		天津路通电动汽车有限公司	整车制造	宝坻节能环保工业园	渤海中小企业孵化服务基地
	整车组装	西青区		天津市华夏车辆制造有限公司	电动汽车组装	天津市西青区中北镇示范园区	圣纳汽车科技企业孵化器
	电动车自行车	静海县	143	捷安特	电动自行车	静海县经济开发区	中国自行车电动自行车产业基地
				飞鸽			
				爱玛			
				凤凰			
				富士达			
				英克莱			
				艾瞰			
				健驰			
				永能			
				骏龙			
				三合顺			
				索罗门车业			
				艾美特车业			
				正意车业			
				捷创自行车			
				金轮车业			
				美丽行锂电车			

续表

新兴产业	产业名称	区县分布	企业数量	代表性企业	主要产品	主要载体	研发孵化机构
新一代信息技术及运用	电子商务	武清区		阿里巴巴（菜鸟）	物流中转站	武清开发区	
				京东商城	物流中转站		
				当当网	物流中转站		
				唯品会	物流中转站		
				聚美优品	物流中转站		
				酒仙网	物流中转站		
				苏宁云商	仓储物流、云计算中心		
				国美假日货仓	仓储物流		
				凡客诚品	仓储物流		
				发网	仓储物流		
				一号店	仓储物流		
				亚马逊	仓储物流		京城电商研究院、当当网培训中心
	物联网	西青区		图尔克（天津）科技有限公司	高科技传感器	西青经济开发区	天科孚科技企业孵化器
				宜科（天津）电子有限公司	系列编码器、传感器	西青经济开发区	
		津南区		天津易华录信息技术有限公司	核心软件开发、系统集成与运营服务	津南八里台工业园区	创新金台科技企业孵化器
节能环保	再生资源	静海县	309	天津市华达鑫投资有限公司	废塑料颗粒造粒	静海子牙循环经济产业区	天津大学材料学院防腐蚀实验研究室
				TCL奥博（天津）环保发展有限公司	电子电器	静海子牙循环经济产业区	子牙循环经济研究院
				天津承跃新能源科技有限公司	生物柴油、车用燃料	天津唐官屯物流工业园	

续表

新兴产业	产业名称	区县分布	企业数量	代表性企业	主要产品	主要载体	研发孵化机构
高端装备制造	航空航天	东丽区		贵州航天精工	A320配件、紧固件、橡胶件	东丽航空产业区	民航大学研发基地
				普洛斯	物流中心	东丽航空产业区	
				冠联航空救援设备	航空救援设备	东丽航空产业区	
				中安航空	A320配件、航空维修、航空材料、发动机	东丽航空产业区	

三、各区县优势产业发展的现状和趋势

（一）东丽区优势产业发展的现状和趋势

图7-17与图7-18分别描述东丽区2013年重点产业的发展和所占比重情况。在东丽区现有的产业结构中，装备机械制造业在重点产业中占绝对优势，2013年产值达到1019.2亿元，是汽车零部件业的6.65倍、电子信息业的8.87倍、生物制药业的21.87倍、航空航天等高科技产业的5.74倍。同时，装备机械业的发展速度也远超其他重点产业，2013年的增速为35%，同期汽车零部件业、电子信息业、生物制药业、航空航天及其他产业分别为11%、9%、6.64%、20%。因此，机械制造业是东丽区的绝对优势产业。而航空航天等高科技行业在2013年也有着20%的增速，该产业的优势地位将会得到进一步巩固和提高。

随着本地孵化和引进，除了装备制造、汽车零部件、电子信息为东丽区三大传统优势产业之外，近年来东丽的航空航天、节能环保、电子信息、生物制药、新能源新材料战略性新兴产业发展势头迅猛。

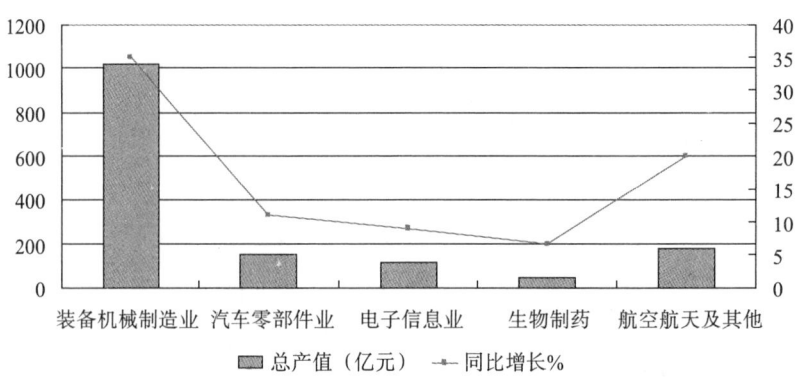

图 7-17　东丽区 2013 年重点产业发展情况

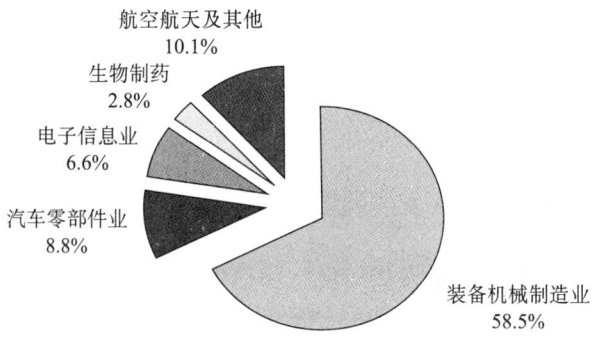

图 7-18　东丽区 2013 年各重点产业所占比重

1. 装备制造业。装备制造业是东丽区具有明显优势的产业，重点产业领域包括钢铁、钢管和现代冶金业。赛瑞机器、中核机械、康库德重工机械、精诚机床制造、凯达重型水电设备、君晟机电等企业集聚于东丽，它们都在核心技术方面拥有自主知识产权，属于科技创新类企业。随着滨海新区的开发开放，近年来引进的以中国一重、北车和兵器集团为代表的一批先进装备制造业重大项目正在开工建设，建成后将进一步增强东丽区先进装备制造业的整体实力和水平。

随着产业聚集度的提高，在装备制造业的发展上东丽区开始向大型化和成套化方向发展，产品包括风电、核电、水电、工程机械、高档数控机床和输变电成套装备。在未来的发展中，东丽区将以装备制造业联合会为平台，以中国一重、赛瑞机器、康库得等企业为龙头，强强联合，打造装

第七章
京津冀协同发展背景下天津涉农区县产业的创新发展

备制造业集群品牌,建设成为国家级先进装备制造业基地。

2. 汽车零部件。汽车零部件是东丽区的传统优势产业。东丽区汽车零部件业主要为一汽丰田等汽车制造商生产汽车刹车制动软管、汽车等速万向节、刹车盘、曲轴等产品。代表企业为丰津汽车传动、丰田合成、电装电机、三五汽车,丰津汽车的销售规模位于全区规模企业销售之首。同时,东丽区已确立将以中高级车、新能源汽车的关键部件研发与制造为发展方向,重点发展汽车电子装备、高级配置、传动系统、转向系统、制动系统等零部件的自主化生产,加快"新能源汽车"电池、太阳板等核心零部件研发,依托中国汽车技术研究中心技术支撑平台,形成完善的汽车零部件自主研发、设计、试验和制造产业体系。

3. 电子信息业。电子信息产业是东丽区的支柱产业之一,它以电子产品为主,包括变压器、逆变电源、电缆、机电设备等。华明工业园区是东丽区电子信息产业的集群点,园内企业多为中兴、华为、朗讯等中外企业的电子设备供应商,其龙头企业有新兴数字电子、有容蒂康通讯、西诺帕思电子、益恩彼电子、英特电子等,以三资企业为主。

4. 航空航天产业。航空航天产业是东丽区的战略性新兴产业之一,主要业务为飞机总装、航空维修、航空材料、发动机与零部件制造。该产业主要分布于东丽航空产业园区,依托空客 A320、大火箭、直升机等项目。东丽区着力加快其配套产业的发展,并以做大和完善总装等高端配套服务、培育和延伸产业链为方向,形成以总装配套、研发设计、零部件制造、航空物流、航空租赁、航空培训、维修服务为一体的功能完备的航空配套服务体系。代表性企业有:贵行精工飞机、冠联航空救援设备、天津航空等。

5. 生物医药产业。生物医药产业同样是东丽区的支柱产业之一。东丽区以提高自主创新能力、增强核心竞争力为方向,重点发展非处方化学新药研发、口腔护理类保健品、兽用生物制剂、菌苗,拓展现代中药、基因工程疫苗、蛋白重组药物、海洋生物提取物等新兴研究领域。该产业的龙头企业有中美史克,博发药业,中宝制药、瑞普制药、田冈(天津)化学有限公司。其中,瑞普制药被认定为国家级企业技术中心,取得了10

多项专利,是我国兽药行业的领军企业。

6. 新能源新材料。新能源新材料产业在东丽区的战略性新兴产业。目前区内聚集了包括天津斯特兰能源科技有限公司、天津创新易吸声板科技有限公司、天津加雷克斯科技发展有限公司、天津奥格威科技发展有限公司在内的十几家科技型企业,初步形成了产业发展的集群化趋势。在新的发展阶段,东丽区将瞄准产业链高端环节,以绿色电池、太阳能、风能、地热能、核电等为发展重点,加快引进关键核心技术,推进赛瑞机器、斯特兰能源、中核等项目建设。同时,改造升级新型建材行业,重点发展新型绝缘材料、新型钢铁材料、新型建筑材料、新型有色金属合金材料,推进凯华绝缘材料、泰克图比管件制造等项目建设。

7. 节能环保产业。节能环保产业以华明工业园区内的山东鲁电电器产业基地项目为主导,推进新濠LED、山东冶金设计院的节能项目开展,加快高端半导体照明产品研制,带动天津圣火科技有限公司、天津创普瑞能科技有限公司、莱德尔电器、巨亨电器等规模较小企业协同发展,积极研制环保设备、节能电器设备、环境监测与分析服务等技术和产品,以逐步形成一整套产业链。

(二) 西青区优势产业发展现状和趋势

表7-8描述了西青区2013年优势产业发展的情况。其中,电子信息、汽车制造、金属制造以及黑色金属冶炼加工为西青的传统优势产业。

表7-8　　　　西青区2013年重点产业发展情况

行业大类	企业数量（个）	行业比重（%）	年末人数（人）	行业比重（%）	现价产值（亿元）	行业比重（%）
计算机、通信和其他电子设备制造业	81	13.46	52066	30.69	386.08	21.06
汽车制造业	75	12.46	26635	15.70	331.25	18.07
金属制品业	40	6.64	8367	4.93	226.37	12.35
黑色金属冶炼和压延加工业	42	6.98	13293	7.83	208.82	11.39

第七章
京津冀协同发展背景下天津涉农区县产业的创新发展

续表

行业大类	企业数量（个）	行业比重（%）	年末人数（人）	行业比重（%）	现价产值（亿元）	行业比重（%）
化学原料和化学制品制造业	46	7.64	7606	4.48	83.99	4.58
专用设备制造业	42	6.98	6167	3.63	73.66	4.02
电器机械和器材制造业	50	8.31	7109	4.19	68.64	3.74
通用设备制造业	39	6.48	7968	4.70	64.05	3.49
其他行业	187	31.06	40460	23.85	390.39	21.29
合计	602		169671		1833.25	

依托本地孵化和引进，近年来西青区的战略性新兴产业呈现快速发展的聚集的态势。尤其是在动力电池、新能源汽车和风电装备产业的发展上，涌现出一批优秀科技型企业。见表7-9。

表7-9　　　　西青区战略性新兴产业的发现情况

区县名称	产业名称	重点企业	主要产品	载体	创新环境
西青区	物联网	图尔克（天津）科技有限公司	高科技传感器	西青经济开发区	天科孚科技企业孵化器
		宜科（天津）电子有限公司	系列编码器、传感器	西青经济开发区	
	动力电池	天津市捷威动力工业有限公司	储备能源等锂离子电池	西青汽车工业区	凌奥科技企业孵化器
	新能源汽车	天津市华夏车辆制造有限公司	电动汽车组装	天津市西青区中北镇示范园区	圣纳汽车科技企业孵化器
	风电装备	天津瑞能电气有限公司	风电主控系统、变频器、变桨系统	西青经济开发区	天津市赛达启航科技企业孵化器

1. 电子信息产业。电子信息产业是西青区的传统优势产业，其产业

范围囊括计算机通信和其他电子设备制造、电器机械和器材制造、通用设备制造等，重点发展包括新材料、环保产品、微电子技术、光电子技术、光机电一体化技术、高科技数字产品创新与技术输出、电子物流业等领域。西青精武镇学府工业区、西青经济开发区为电子信息产业主要聚集区，其中，主要代表性企业有天津华宁电子、天津中环电子信息集团、史密夫半导体设备（天津）、森特尔（天津）电子、天津新津电子、中芯国际、飞思卡尔、三星通信技术、捷普绿点、松下电子、罗姆电子、三星显示器、现代LCD等。电子信息产业作为当代和未来最具发展潜力的社会经济领域，不仅是推动新的产业革命的强大动力，而且也是决定未来知识经济社会的重要支柱产业。

2. 汽车制造产业。汽车制造产业是西青区的支柱型传统优势产业。无论从企业个数还是从行业比重和产值指标看，汽车制造在其他产业中占有明显的优势，该产业依托西青汽车工业园区（中北镇、张家窝镇、杨柳青镇）、西青区大寺镇大任庄工业园区、西青经济开发区（二期）、中北镇汽车园四大产业园优势，在汽车零部件制造业、工程机械制造业的现有基础上努力发展新能源新材料等现代化汽车制造技术。代表性企业有中国汽车工程、天津市祥威传动设备、北京建龙集团、天津市捷威动力工业中色（天津）特种材料、天津祥嘉流体控制系统、天津捷威、一汽丰田、一汽夏利、一汽华利、天汽美亚、天津锐意泰克汽车电子、电装空调、富奥电装、三电空调等。在努力巩固原有传统产业的基础上，充分利用西青区自身资源、地理、交通、教研优势加强对新兴战略性领域的研发，如：新能源材料、动力电池等，必定仍旧成为天津市经济发展的有力支撑点。

3. 金属制品和黑色金属。金属制品和黑色金属业是西青区传统优势产业，主要包括黑色金属冶炼和压延加工业、金属制品业等重点工业领域，主导产业定位为高端金属制品深加工，以板、管、带、材产业为基础，重点引进高附加值的金属材料以及大口径石油焊管等深加工企业及技术。该产业主要聚集在王稳庄高端金属工业区，代表性企业有中色（天津）特种材料有限公司等。在原有产业基础上，努力引进新型现代化冶炼技术，大力提升自身产品附加值，成为本地区高新技术产业示范。

第七章
京津冀协同发展背景下天津涉农区县产业的创新发展

4. 新能源材料和动力电池产业。新能源新材料和动力电池产业是西青区战略型新兴产业，新材料产业是当今世界各国重点发展的高新技术产业之一。具有优异性能或特定功能、应用前景广阔的新材料已成为发展信息、航天、能源、生物等高新技术的重要基础材料。该产业主要聚集在西青经济开发区，中北汽车示范工业区，代表性企业项目：天津捷威新能源汽车锂离子动力电池项目。主要生产锂离子动力电池等新能源汽车关键零部件，重点发展电子信息材料、新能源材料、纳米材料、生态环境材料、生物医药材料、智能材料等。

（三）北辰区优势发展产业现状和趋势

北辰区中装备制造行业产值占比很大，高达65%，同时在2013年还具有20%的年增长率，继续保持其绝对优势地位。生物医药行业虽然2013年企业数下降了15.4%，但产值却提升105.5%。相比之下，新能源新材料产值与企业数则出现负增长。

北辰区现有优势产业为装备制造、生物医药、新能源新材料。其中新能源新材料为战略性新兴产业。见表7-10、图7-19。

表7-10　　　　　　　　北辰区重点产业发展情况

产业	产值（亿元）		增长率（%）	企业数（个）		增长率（%）	2013年产值占比（%）
	2012	2013		2012	2013		
装备制造	982.2	1189.1	21.1	360	361	0.3	65
生物医药	66.6	136.6	105.5	13	11	-15.4	7
新能源新材料	152.2	130.1	-14.5	28	27	-3.6	7
其他行业	—	386.98	—	—	—	—	21

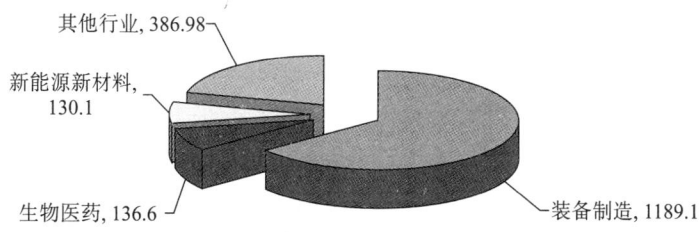

图7-19　2013年北辰区重点产业产值（亿元）

1. 装备制造业。装备制造业是北辰第一大优势产业。2013年北辰区的装备制造业的产值规模达到1189.1亿元，成为国家新型工业化装备制造基地。更加值得关注的是，北辰区的装备制造业拥有完整的价值网络，不仅包括制造企业，而且包括研发机构。见表7-11。

表7-11　　　　　　　北辰区的装备制造业发展情况

产业类别	代表企业	产品	载体
装备制造	中材装备集团	水泥装备	天津高端装备产业园
	中重科技	高端大型轧钢设备	北辰科技园
	长荣股份	高精密高速自动切模机	天津高端装备产业园
	塑力线缆集团	中高压输变电电缆	天津高端装备产业园
	天发重型水电	中小型水电设备	天津高端装备产业园
	瑞士ABB	低压开关柜	天津高端装备产业园
	天津雷沃动力股份有限公司	现代化发动机	天津高端装备产业园
	建科机械	数控弯箍机	天津高端装备产业园

2. 生物医药和医疗器械业。作为传统优势产业，北辰区的生物医药产业主要集中在现代中药和医疗器械产业领域。以医药医疗器械产业园区为主要载体，以天津中新药业基地为核心，引进医药医疗领军企业，打造现代医药、医疗器械产业群。以天士力集团为核心，以百特医疗器械等企业为基础，打造集研发、制造、销售为一体的现代医药医疗产业链。

3. 新能源新材料产业。新能源新材料是北辰区新兴战略产业，主要集中在电动汽车、电动自行车、混合动力车、电动摩托车、电动工具以及军事、航天航空等市场。以高新技术为核心的各类新型应用类电子信息产品不断涌现，从手机、笔记本电脑、数码相机及便捷式小型电器所用电池和航天领域所用的新能源与新材料电池，开始逐步走向汽车动力领域。它的安全性在大电流、长寿命等综合性能上都有很大的进展。

4. 风能设备产业。风能设备产业是北辰区区战略新兴优势产业，随着中国石油进口日益增长，根据目前的发展速度，今后对进口石油的依赖还会进一步增加，而风能设备产业的发展首先会使地区乃至国家能源利用

第七章
京津冀协同发展背景下天津涉农区县产业的创新发展

方面的限制大大降低，减少对石油的依赖，并且从长远来看，城市的大气环境污染也会有效地得到控制和改善，在轻重工业生产应用上有巨大的市场前景。培育新能源新材料产业，以风能产业园区为主要载体，加快提升基础设施水平，以西门子、华电新能源等企业为重点，加快推进重大项目建设。积极引进国内外以先进设备关键零部件为代表的研发生产企业和项目，打造集研发创新、技术集成和生产为一体的产业群，并带动新能源、新材料产业快速发展。见表7-12。

表7-12 北辰区风能装备制造业的发展情况

产业类别	代表性企业	产品类别	载体	创业孵化器
风电装备	比利时汉森机械传动公司	风力发电配套齿轮	北辰风电产业园	河北工业大学科技园
	德国西门子机械传动天津有限公司	FZG标准减速机	北辰风电产业园	双街科技企业孵化器
	南车风电叶片工程有限公司	风力发电机用叶片及复合材料新产品	北辰风电产业园	天津药物研究院
	南车天津地铁车辆	城市轨道交通车辆	北辰风电产业园	辰寰星谷科技企业孵化器

（四）津南区

津南区的制造业行业结构呈现分布不均的情况，现代冶金业、装备制造、智能信息是津南的优势产业，其中现代冶金业、装备制造是津南主导传统优势产业，其发展优势显著；智能信息、生物医药是津南高新技术新兴产业，其产业优势并不明显，但初步形成电子信息、塑胶制品、生物医药等产业的聚集雏形，发展潜力和前景良好，未来将会成为推动津南地区整体经济发展又一增长极。见表7-13、图7-20。

表7-13 津南区重点产业的发展情况

产业类别	产值（亿元）	全部规模工业产值占比（%）
现代冶金业	509.98	45.51
装备制造业	316.95	28.29

续表

产业类别	产值（亿元）	全部规模工业产值占比（％）
智能信息业	100.07	8.93
日用轻工业	61.57	5.49
汽车零部件业	22.76	2.03
生物医药业	7.38	0.7

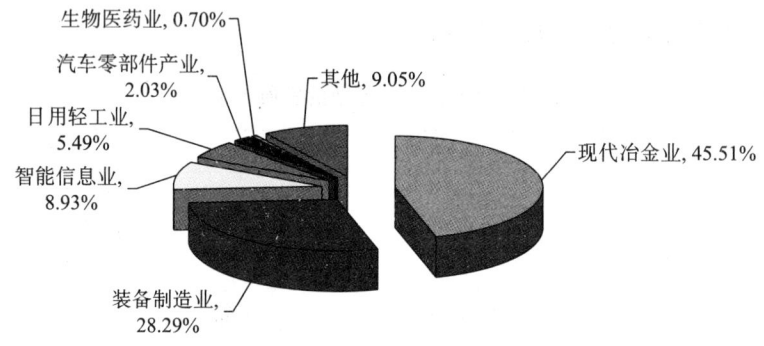

图 7-20　津南区重点产业产值占比

1. 传统优势产业。津南区的传统优势产业主要包括现代冶金业和装备制造业。其中，现代冶金涉及的主要产业领域包括黑色金属冶炼及压延加工和装备制造。现代冶金以葛沽的荣程钢铁为代表。装备制造分布于津南的各个镇。见表 7-14。

表 7-14　　　津南区传统优势产业领域和企业情况

产业类别	代表性企业	产品类别	载体	产值
现代冶金业	荣钢集团	合金钢棒材、精品高速线材、热轧带钢	葛沽镇冶金工业园区	449.83亿元
装备制造	天津立林石油机械有限公司	各种型号钻具、钢齿、镶齿牙轮钻头、螺杆抽油泵	葛沽镇冶金工业园区	344.29亿元
	天津市金港华不锈钢商用设备有限公司	不锈钢陈列设备、电加工熟食厨房设备	津南区经济开发区	
	天津亚星散热器有限公司	汽车暖风散热器，水箱，蒸发器和冷凝器	津南区双港工业园区	

2. 智能信息业。智能信息业是津南区战略性新兴产业，津南区结合

自身区位优势，不断引进高端化智能项目，目前，智能产业已经初见端倪，并将成为助推区域工业结构转型升级的重要手段，其产业范围包括硅、光、人工智能三大领域，其产业载体是中能智能电网产业园、北邮科技园、八里台工业园区，主要代表企业是天津易华录信息技术有限公司。截至2011年底，该区电子信息产业项目共有44个，项目计划总投资148.1亿元，项目投达产后可实现销售收入226.6亿元，实现税收13.1亿元。智能化产业发展将成为该区工业结构转型升级的重要手段。

3. 生物医药产业。生物医药产业是津南区新兴产业之一，其主要代表性企业有天津新湾生物科技有限公司、天津百亿达生物科技有限公司、天津民祥药业有限公司和天津民祥生物医药科技有限公司。生物医药产业具有广阔的市场，良好的发展前景，大力支持生物医药企业结合本区人才教育资源优势，坚持走自主创新道路，努力实现产学研相结合的发展模式。

（五）武清区重点产业的现状和发展趋势

表7-15和图7-21的数据显示，武清区的重点产业包括电子信息、汽车零部件、生物制药和新材料。在工业产值中占比较高的产业是新材料和汽车零部件，分别达到59%和25%，是武清区的支柱产业。

表7-15　　　武清区重点产业企业发展情况（2014.1—2014.9）

产业类别	企业总数量（个）	规上企业数量（个）	产值（亿元）
电子信息	209	26	39.0
汽车零部件	133	45	91.4
生物制药	56	9	17.6
新材料	291	88	215.5

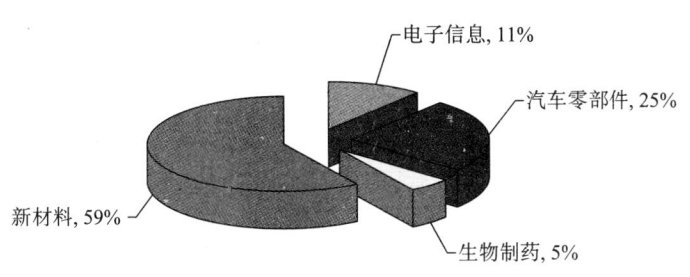

图7-21　武清区重点产业产值占比

除了上述的重点产业之外，地毯和自行车是武清区的传统优势产业。地毯产业的代表性企业有天津耀盛地毯厂、天津天雅地毯有限公司、高迎辉地毯有限公司，主营地毯、挂毯、壁毯、坐垫等产品。在自行车产业的发展上，形成南蔡镇和王庆坨镇为代表的产业集群。

依托邻近北京和天津的交通区位优势，武清区不仅传统重点产业发展迅速，而且战略性新兴产业也取得了长足的进展。尤其是在新材料和电子商务的发展上，走在了天津市的前列。

表7-16　　　　　　武清区战略性新兴产业发展情况

产业类别	代表性企业	产品类别	载体	产值（亿元）	创新创业环境
生物制药	红日药业	中药（血必静）、化学合成药（川威）	武清开发区	17.6	
新材料	中钢研	金属新材料	京津科技谷	215.5	京津高村科技创业园
	忠旺铝业	工业铝型材	京津科技谷		
	天津乐金新型建材有限公司	塑钢门窗、合成地板	武清开发区		
	信义玻璃（天津）有限公司	浮法玻璃、光伏玻璃	武清开发区		
	天津中纺凯泰特种材料科技有限公司	高性能防弹材料、高性能消防材料	武清开发区		
	麦格昆磁	钕铁硼合金和磁粉	武清开发区		
	南玻节能玻璃	低辐射镀膜中空玻璃	武清开发区		
电子商务	阿里巴巴（菜鸟）	物流中转站	武清开发区	260	京城电商研究院
	京东商城	物流中转站	武清开发区		
	当当网	物流中转站	武清开发区		
	唯品会	物流中转站	武清开发区		
	聚美优品	物流中转站	武清开发区		
	酒仙网	物流中转站	武清开发区		
	苏宁云商	仓储物流、云计算中心	武清开发区		
	国美假日货仓	仓储物流	武清开发区		
	凡客诚品	仓储物流	武清开发区		
	发网	仓储物流	武清开发区		
	一号店	仓储物流	武清开发区		
	亚马逊	仓储物流	武清开发区		

第七章
京津冀协同发展背景下天津涉农区县产业的创新发展

1. 汽车零部件。汽车零部件产业是武清区规划的战略新兴产业,以新能源汽车发展为契机,以新材料研发为依托,以传统制造业改造升级为导向,全面推进汽车产业链的整合。代表性企业有天津市瑞普天晟汽车零部件制造有限公司、亚新科汽车零部件(天津)有限公司、天津比亚迪汽车有限公司等,主要集聚在开发区和汽车园。

2. 生物制造药。生物制药企业主要集中在开发区,代表性企业是红日药业。其为天津首家创业板挂牌上市企业,在短短几年的时间内,公司市值从50亿元提高到160亿元,进入中国最具竞争力医药上市公司20强行列。

3. 新材料。新材料企业产值占据武清区工业总产值的最大比重,企业主要集中在开发区和京津科技谷,龙头企业有中钢研、麦格昆磁、南玻节能玻璃等。

4. 电子商务。电子商务是武清区产业的重点发展对象。近年来其市场的战略布局调整逐步加快,已初步形成集群发展趋势,行业龙头达到15家。酒仙网、聚美优品等专业电商项目落户,阿里巴巴、唯品会、当当网等电子商务项目建成运营。

(六) 宝坻区

目前,宝坻区的八大重点产业依次为机械制造、金属制品、服装制造、文体工美制品、食品制造、新能源新材料、橡胶和塑料和家具制造。其中,机械制造和金属制品产业近年来有比较快的增长。见表7–17。

表7–17　　　　　　　宝坻区重点产业发展情况

产业类别	产值(亿元)			企业数量(个)			专利申请量(件)		
	2012年	2013年	增长率(%)	2012年	2013年	增长率(%)	2012年	2013年	增长率(%)
机械制造	134.76	175.29	30.08	731	830	13.54	612	667	8.99
金属制品	126	158.58	25.86	434	479	10.37	109	132	21.10
服装	125.69	145.42	15.70	905	829	-8.40	0	69	
文体文美	72.7	82.71	13.77	320	304	-5.00	133	186	39.85
食品制造	67.7	81.95	21.05	432	455	5.32	116	90	-22.41

续表

产业类别	产值（亿元）			企业数量（个）			专利申请量（件）		
	2012年	2013年	增长率（%）	2012年	2013年	增长率（%）	2012年	2013年	增长率（%）
新能源新材料	60.02	75.5	25.79	274	287	4.74	73	29	-60.27
橡胶和塑料	40.04	65.02	62.39	328	292	-10.98	35	179	411.43
家具	43.79	50.71	15.80	387	362	-6.46	105	41	-60.95
皮革和制鞋	28.63	32.01	11.81	211	214	1.42	0	29	
造纸和纸制品	21.9	26.44	20.73	186	190	2.15	24	22	-8.33
化工	21.33	24.71	15.85	158	158	0.00	81	49	-39.51
建材	20.2	23.91	18.37	166	169	1.81	50	84	68.00
纺织	15.94	19.82	24.34	102	106	3.92		10	
其他	15.17	18.56	22.35	42	43	2.38	33	33	0
合计	793.87	980.63	23.53	4676	4718	0.90	1371	1620	18.16

宝坻区现有优势产业为机械制造、金属制品、服装制造、新能源新材料、动力电池等。其中，机械制造，金属制品，服装制造为宝坻区传统优势产业，新能源新材料、动力电池为宝坻区战略性新兴优势产业。

1. 传统优势产业发展情况。宝坻区的优势产业主要包括两类：一是以机械制造和金属制品为代表的重工业；二是以服装和食品制造为代表的轻工业。见表7-18。

表7-18　　宝坻区机械制造和现代冶金业发展情况

产业类别	代表性企业	产品类别	载体	产值（亿元）
机械制造	天津勇猛机械有限公司	自走式玉米收获机	宝坻低碳工业区	175.29
	华建天恒传动有限公司	大功率风电增速箱	宝坻节能环保工业区	
	日立楼宇（天津）	电梯	宝坻低碳工业区	
金属制品	天津建昌不锈钢有限公司	不锈钢板材	宝坻马家店镇工业区	158.58

2. 战略性新兴产业发展情况。新能源新材料是宝坻区优势产业之一，

第七章
京津冀协同发展背景下天津涉农区县产业的创新发展

依托于宝坻得天独厚的自然条件,积极推动传统产业加快转型、技改升级。新能源新材料主要集中在太阳能发电、生物质直燃发电、户用太阳能热水器、地源热泵供暖制冷以及深层地热资源等方面。随着更多更好更大能源项目的落户,宝坻区将继续发挥自身优势,开启生态环保新篇章。天津九能九宝新能源公司、中瑞森新能源科技有限公司是代表性企业,引领节能环保产业的发展方向。

动力电池是宝坻区战略性新兴产业,近年来国家不断关注和推动天津动力电池的研发生产。并催生了锂嘉科技电池、森瑞科技电池正极材料等11家上下游配套项目。锂离子动力电池、镍氢动力电池等绿色电池产业推动动力电池实现革命性突破,并促进新能源汽车产业加快发展。见表7-19。

表7-19　　　　　　宝坻区战略性新兴产业发展情况

产业类别	代表性企业	产品类别	载体	产值(亿元)	孵化载体	支持政策
新材料	华夏泓源新能源	锰系、三元和铁系正极材料	宝坻低碳工业区	75.5	"湿法"隔膜制造基地和专用测试中心	1. 施行《宝坻区科学技术奖励办法》
	东皋膜技术	锂电子电池	宝坻低碳工业区		渤海中小企业孵化服务基地	2. 设立人才引进服务站
	天津贝特瑞新能源有限公司	锂电池负极材料中间相碳微球	宝坻低碳工业区		京津现代农林科技中心	3. 实施企业居住用房优惠政策
	中瑞森(天津)新能源科技有限公司	智能温控蓄电池柜、救生舱	宝坻节能环保工业园		宝星节能科技企业孵化器	4. 实施企业税收优惠政策

续表

产业类别	代表性企业	产品类别	载体	产值（亿元）	孵化载体	支持政策
新能源汽车	天津路通电动汽车有限公司	整车制造	宝坻节能环保工业园		渤海中小企业孵化服务基地	
动力电池	天津九能京通新能源公司	锌空气燃料电池	宝坻节能环保工业园			
风电	玛德风电	大型风力发电叶片	宝坻低碳工业园			

（七）宁河县

在宁河县各产业占据优势地位的是金属制品行业，其产值增速在2012年与2013年都超过了50%，但在2013年下降了3.6个百分点，与此同时新型材料上升了2个百分点，在全行业的比重超过了10%。另外，提供工业产值一半以上的金属制品行业的企业数只占总数的23.14%，可见其企业的整体规模都比较大。

宁河县工业涵盖26个行业大类，1000余种产品，初步形成了新能源新材料、金属制品、食品加工、机械制品、高档包装纸五大主导行业，其规模以上企业总产值占全部总产值的83.7%，形成了6万吨白酒、600万吨钢、230万吨高档包装纸、120万吨精铸件的年产规模。见表7-20。

表7-20　　　　　宁河县重点产业发展情况

主导行业	规模以上工业企业数量（个）	占比（%）	2013年产值（亿元）	占比（%）	2012年产值（亿元）	占比（%）
食品	21	8.24	33.01	5.13	28.41	5.34
金属制品	59	23.14	327.98	51	290.62	54.61
机械装备	28	10.98	43.33	6.74	31.99	6.01
新型材料	33	12.94	64.99	10.11	42.73	8.03

第七章
京津冀协同发展背景下天津涉农区县产业的创新发展

续表

主导行业	规模以上工业企业数量（个）	占比（%）	2013年产值（亿元）	占比（%）	2012年产值（亿元）	占比（%）
高档包装纸及制品	15	5.88	68.97	10.72	59.94	11.26
全行业总计	255	100	643.1	100	532.21	100

1. 金属制品业。金属制品行业是宁河县支柱型优势产业，其中，规模以上工业企业59家，从业人员21193人，资产总额252.42亿元，2013年实现工业总产值327.98亿元，占全部规模以上工业企业总产值的51.0%。依托七里海镇工业园区、宁河县经济开发区、造甲城镇工业园区的载体功能，得天独厚的区位优势、交通优势、资源优势，为适应新一轮开发开放发展需要，增强新型金属制品深加工技术的研发和引入，推进铸坯、特种钢、角钢等产品优化升级提供了难得的发展机遇。重点企业有天钢联合特钢、天钢联合金属、震翔板带、二十冶钢结构制造、新华昌集装箱、马丁康华不锈钢制品、盛泰金属制品等。

2. 新能源新材料行业。新能源新材料行业是宁河县战略性新兴优势产业，该行业规模以上工业企业33家，从业人员4136人，资产总额14.70亿元，2013年实现工业总产值64.99亿元，占全部规模以上工业总产值的10.1%。该行业主要聚集区有宁河现代产业区、七里海镇工业园区。重点企业有中国英利新能源、天宁树脂有限公司、天胶固化、中得保温、意利达防腐保温材料等。通过政策扶持，大力鼓励科技型中小企业技术改造与建立研发中心，给予相应的专项资金支持、创新平台建设的支持，积极推进科技型中小企业上市融资，对未来加快新能源新材料产业升级、引进国内外先进技术装备、激发该产业潜在的发展优势、带动整个天津市经济发展必定有不可估量的动力和前景。见表7-21。

3. 机械制品行业。机械制品行业是宁河县传统优势产业之一，目前，规模以上工业企业有28家，从业人员6878人，资产总额27.75亿元，2013年实现工业总产值43.33亿元，占全部规模以上工业企业总产值的6.74%。淮淀工业园区、宁河县经济开发区是该行业主要聚集区，重点企业有荣亨集团、昌昊实业、宝溢工业制品、百利展发、天骄电炉等。依托

表7-21　　　　　　　　宁河县新兴产业发展情况

产业类别	代表性企业	产品类别	载体	产值（亿元）	孵化载体	创新创业政策
太阳能	中国英利	多晶硅太阳能电池	宁河现代产业园区	400	天津新华金创科技孵化器有限公司	1.《关于鼓励招商引资扶持工业园区和企业发展的若干政策规定》 2.《宁河县加快推进总部和楼宇经济发展的实施意见》 3.《宁河县关于鼓励扶持民营经济发展政策规定》
新材料	天宁树脂有限公司	各种油墨专用树脂、树脂油	宁河县造甲城镇造甲城村	1.5	天津赛特赛欧科技孵化器	
新材料	中得保温	高密度聚乙烯外套管	宁河县大北镇			
新材料	意利达防腐保温	高温蒸汽管道及配套管件	宁河县大北涧沽镇船沽工业园			

载体功能优势，积极推进石油机械铸件、制冷压缩机铸件、汽车、火车机械铸件及燃气灶具等核心产品升级换代，迸发产业活力和增值潜力。

4. 食品制造。食品加工行业是宁河县传统优势产业，该行业中，有规模以上工业企业21家，从业人员3568人，资产总额14.66亿元，2013年实现工业总产值33.01亿元，占全部规模以上工业企业总产值的5.13%。主要产业园区有天津潘庄工业区，通过扶持壮大冠达实业总公司、泰达酒业有限公司、北京红星股份公司宁河分公司、义聚永酒业、金芦米业、雨润集团（天津）食品工业园、津沽粮食工业有限公司等骨干企业，加快研发食品深加工技术，推进粮油、肉类、乳品、水产品、果蔬、饲料、酒及酒精产品优化升级。以食品加工企业为龙头，形成食品深加工—种植（养殖）—种业—研发的产业链，推进养殖业、种植业、生物质能产业融合，实现食品的综合开发和循环利用。

5. 高档包装纸。高档包装纸行业是宁河县传统支柱型传统优势产业，

第七章
京津冀协同发展背景下天津涉农区县产业的创新发展

其中,规模以上工业企业 15 家,从业人员 4936 人,资产总额 140.68 亿元,2013 年实现工业总产值 68.97 亿元,占全部规模以上工业总产值的 10.72%。立足天津潘庄工业区、宁河现代产业区,以玖龙纸业包装纸基地为龙头,重点发展环保牛卡纸、白面牛卡纸、高强瓦楞芯纸及涂布白板纸等产品。根据市场需求,开发附加值较高的环保型高档包装纸新产品,推动产业进一步优化和升级,增强和优化园区载体功能。见表 7-22。

表 7-22　　　　　　　　宁河县传统优势产业发展情况

产业类别	细分类别	代表性企业	产品类别	载体	产值(亿元)
食品制造业	食品加工业	三和果蔬	番茄制品和其他果蔬产品	天津市宁河县潘庄工业园	33.01
		北京红星	白酒	天津市宁河县芦台镇芦汉路	
		义聚永	高粱酒、五加皮酒和玫瑰露酒	天津宁河县经济开发区	
		三商食品	盐渍蔬菜、果肉果冻、关东煮、甜玉米、茶碗蒸	天津宁河县经济开发区	
		安佑饲料	动物饲料	天津市宁河县大贾工业开发区	
金属制品业	零部件制造	天钢联合特钢	矩形坯、管坯、大中型角钢	天津宁河县经济开发区	290.62
		震翔板带	板带纵剪、热镀锌加工、各种扁钢、翼缘板	天津宁河县岳龙经济开发区	
		宝溢	灰铸铁、球墨铸铁、各种牌号铸件的铸造生产和机械加工	天津市宁河县芦汉路	
		荣亨	潜水电泵、潜油电泵及配套高级精密铸件	天津市宁河县芦台镇	
专用设备制造	装备制造	新华昌集装箱	ISO 国际海运干货集装箱,特种干货集装箱、T1-T22 罐式集装箱	天津宁河县经济开发区	43.33
		马丁康华	多种规格的采暖散热器	天津宁河县经济开发区	
造纸及纸制品业	高档包装纸行业	玖龙纸业	卡纸、高强瓦楞原纸、涂布灰底白板纸	天津宁河县经济开发区	68.97
		鑫伟业包装	瓦楞纸板	天津宁河县经济开发区	

（八）静海县

在静海县各产业占据优势地位的是优质钢材与金属制品行业，其产值增速在2012年与2013年都超过了60%，而其企业数占比只有31.22%。其他行业企业数占据了三成却仅仅提供了5.5%的工业产出值。见表7-23。

表7-23 静海县重点产业发展情况

产业名称	企业数（家）	占比（%）	2013年产值（亿元）	占比（%）	2012年产值（亿元）	占比（%）
优质钢材与金属制品	1305	31.22	1090	66.46	916.4	64.99
装备制造	442	10.57	101	6.16	139.3	9.88
轻工	859	20.55	160	9.76	118.4	8.40
再生资源	309	7.39	140	8.54	142.9	10.13
现代医药及生物技术	20	0.48	15.5	0.95	15.5	1.10
其他行业	1245	29.78	133.5	8.14	77.5	5.50
合计	4180	100	1640	100	1410	100

1. 金属制品。金属制品业是静海县的传统优势产业，主要产品是酸洗板、冷轧板、镀锌板、镀铝锌硅板等，覆盖华北、东北、华东及华南多个地区。代表性企业是天津恒兴钢业有限公司，2013年公司实现产值36.8亿元，销售收入37.7亿元，产量超过百万吨。其作为天津市乃至华北地区的重要优质金属板材生产企业和"中国制造业500强企业"，公司在巩固现有市场的基础上，向周边甚至全国开拓更大的市场空间。

2. 现代医药和生物技术。现代医药和生物技术是静海县的新兴战略性产业，发展后劲不断增强。代表性企业有天津市博爱生物药业有限公司。该公司坚持技术创新不断研发填补国家行业空白的生物提取及生产方法，与清华大学合作研究获得国家8项发明专利，并且已逐步转化为生产力，为整个医药行业发展作出了突出贡献。

3. 再生资源的循环利用。随着子牙循环经济产业区的建设和发展，再生资源循环和利用已经发展为静海县的新兴优势产业。在子牙循环经济产业区已经聚集了包括天津市华达鑫投资有限公司、TCL奥博等内在的一大批环保产业企业。见表7-24。

第七章
京津冀协同发展背景下天津涉农区县产业的创新发展

表 7-24　　　　　　　　　静海县新兴产业发展情况

产业类别	代表性企业	产品类别	载体	产值（亿元）	孵化载体	创新创业政策
再生资源	天津市华达鑫投资有限公司	废塑料颗粒造粒	静海子牙循环经济产业区	140	天津大学材料学院防腐蚀实验研究室	1. 支持企业申报各级科技计划项目，争取各类财政扶持资金 2. 知识产权战略实施方案和配套的扶持政策 3.《天津市重点新产品认定补贴方法（试行）》
再生资源	TCL奥博（天津）环保发展有限公司	电子电器	静海子牙循环经济产业区	140	子牙循环经济研究院	
再生资源	天津承跃新能源科技有限公司	生物柴油、车用燃料	天津唐官屯物流工业园			
生物医药	天津市博爱生物药业有限公司	复方益母草膏（传统）	静海经济开发区	15.5		
生物医药	天津赛德生物制药有限公司	肿瘤治疗用药	静海经济开发区			

（九）蓟县

作为四区五县唯一一个第三产业占比超过第二产业的区县，蓟县的机械制造产业只占全行业的14.22%，而该产业在其他八个区县都占据了重要地位。同时，蓟县的机械制造企业数量却占据全行业的28.79%，与其他区县相比更不存在规模优势。在蓟县各个产业中占据优势地位的是新能源新材料行业，占比35.5%，在2013年还有着48.35%的高增长，该产业的优势地位可能在未来进一步扩大。见表7-25。

蓟县的传统优势产业是旅游业。2012年旅游业收入达1660亿元，预计2015年旅游业总收入将达到3000亿元。目前，蓟县有旅游饭店30家（其中星级饭店8家）、素质教育基地6个、农家（乐）旅店770户，旅游

表 7-25　　　　　　　　　蓟县重点产业发展情况

产业名称	企业数量（家）	行业占比（%）	2013年产值（亿元）	同比增长（%）	行业占比（%）
机械制造	38	28.79	20.44	5.36	14.22
新能源新材料	23	17.42	50.01	48.35	35.50
绿色制品与生物制药	22	16.67	19.96	21.49	13.89
主导产业合计	83	62.88	92.41	32.88	64.30
全行业总计	132		143.71	24.22	

出租车 750 部，成规模的旅游纪念品加工厂 5 家，国内旅行社（门市部）12 家，各类旅游经营个体户 5000 多家，引进了盘龙谷文化城、京津国际文化产业教育园、滨海体育公园等一批重大旅游文化项目，初步形成了独具特色的津北山前旅游文化产业带雏形与高效便捷的旅游产业服务体系。

机械制造、新能源新材料、绿色制品与生物制药是蓟县的三大战略性支柱产业。其中，机械制造业的发展有两个方向。一是以专用汽车工业园为载体，发展专用车整车制造、汽车零部件生产，扶持新能源汽车配套；二是与新能源新材料产业交互发展，生产环保设备、自行车配件、数控机床等产品，代表性企业有天津华能北方热力设备有限公司、天津双兴达环保输送机械有限公司、天津华能能源设备有限公司等。

新能源新材料以低碳环保为方向，引进了金鹏 PVC 型材、无机粉体环保纸等一批重大新型工业项目，主要生产无机环保粉体纸、塑料异形材、稀土磁性材料、橡胶制品、轻质建材等。代表性企业有金鹏管业有限公司、中玻北方新材料有限责任公司、地球卫士（天津）环保新材料有限公司、天津奥纳科技有限公司、天津一阳磁性材料有限责任公司、天津凯德瑞塑料异型材制造有限公司等。

绿色食品与生物制药依托上仓酒业及绿色食品加工园区，以传统农业向生态农业升级为契机，着力打造"有机农业全产业链"，主要生产食用油、肉制品、矿泉水、食用酒精和葡萄酒酿造等产品，注册了"盘山"牌果品、"渔阳"牌蔬菜、"蓟州"牌杂粮、"翠湖"牌水产四大商标，产品以京、津超市为重点，向周围地区辐射，一步步扩大市场。代表性企业有生物饲料开发国家工程研究中心、天津玖玖爱食品有限公司、天津津津食品加工有限公司、天津东盛油脂有限公司、天津亿泰弘丰有限公司、天津凯方食品有限公司。见表7-26、表7-27。

表7-26　　　　　　　　蓟县传统优势产业发展情况

产业类别	产业细分	代表性企业	产品类别	载体	产值（亿元）
专用设备制造	装备制造	天津华能能源设备有限公司	环保设备、输送机械	未进园区	20.94
		天津华能北方热力设备有限公司	液压机械、数控机床	未进园区	
食品制造业	绿色食品	津津食品加工有限公司	肉制品	天津上仓酒业及绿色食品加工区	21.45
		天津东盛油脂有限公司	饲料食用油	天津上仓酒业及绿色食品加工区	
		亿泰弘丰酒精有限公司	食用酒精	天津上仓酒业及绿色食品加工区	

二、涉农区县优势产业发展面临的问题和瓶颈

（一）传统优势产业面临的挑战

1. 转型升级动力不足。涉农区县现有优势产业的发展经历了两个大的阶段。第一个阶段是20世纪90年代至2005年，传统优势产业的发展主要来自中心城区的产业转移和外商直接投资；第二个阶段是2006年之后，优势产业的发展不仅来自中心城区的进一步转移，而且来自北京和周边地区的产业转移。由于缺乏孵化能力，区县的产业发展很少依赖本地孵化。

随着国际和国内市场需求条件的变化、要素成本的上涨和资源环境约束的加强，区县吸引产业转移的优势在下降，产业本身面临着巨大的转型

表 7－27　　　　　　　　　蓟县新材料产业发展情况

产业类别	代表性企业	产品类别	载体	产值（亿元）	孵化载体	创新创业政策
新材料	地球卫士环保新材料有限公司	无机环保粉体纸	蓟县经济开发区	55.66	天津市科创达生产力促进中心	1. 科技型中小企业"天使资金"支持 2. 培育"杀手锏"产品 3. 建设生物医药产业园
	中玻北方新材料有限责任公司	太阳能光伏玻璃、节能玻璃深加工	专用汽车产业园			
	金鹏管业有限公司	金鹏PVC型材	专用汽车产业园			
	天津奥纳科技有限公司	非晶合金	专用汽车产业园			
	天津凯德瑞塑料异形材制造有限公司	塑料异型材	专用汽车产业园			
	天津一阳磁性材料有限公司	稀土磁性材料	专用汽车产业园			

升级压力。例如，区县的钢铁和传统的劳动密集型产业。从未来发展的趋势看，转型发展的驱动力主要来自现有企业和新创企业的创新创业推动和新技术的引进。仅仅依靠现有的企业，难以加快转型升级的步伐。

2. 缺乏区域创新体系的支撑。在区县传统产业的发展过程中，对外源型技术的过度依赖已经严重制约着产业的发展和竞争力提升。例如，在电子信息产业的发展中，由于主要依赖外源型技术进步，缺乏区域创新体

第七章
京津冀协同发展背景下天津涉农区县产业的创新发展

系的支撑,没有适应市场环境的变化,实现产业的转型和升级。而深圳在电子信息产业的发展过程中,先后经历了本土设计和品牌企业的发展和科技创新资源的引进,逐步形成了适应实际发展需求的区域创新体系。在深圳市电子信息产业的区域创新体系不仅包括企业技术创新中心的发展,而且包括创新企业和研究机构的引进。在创新企业的引进方面,中国台湾的联发科发挥了至关重要的作用,极大地推动了科技型中小企业的发展和产业竞争力的提升。而包括清华大学在内的研究机构的引进使产学研相结合。

在战略性新兴产业的发展上,区县同样缺乏区域创新体系的支撑。无论是新能源和新材料还是生物医药产业,因为区县载体建设中缺乏足够的创新支撑体系,企业发展面临竞争压力。例如,在新材料产业发展中,因为缺乏区域创新体系的支撑,镁合金材料难以解决耐腐蚀和焊接等难题,制约了产业的创新发展。

(二)新兴优势产业发展面临的问题和瓶颈

1. 产业集聚度不高,尚未形成具有竞争优势的产业集群。从区县现有新兴优势产业的发展情况看,目前具有产业集群特征的新兴产业主要是新能源产业,主要是宝坻的动力电池产业和北辰的风电设备产业。其他的产业,例如,生物医药和环保、新材料的布局是分散的。从国际和国内的先进经验看,只有具有一定的产业集聚效应,新兴产业才能够真正具备竞争优势。

例如,在物联网产业的发展上,无锡市通过"530"计划快速聚集了一批物联网企业。从2009年到2013年,短短5年时间,无锡市引进和集聚物联网企业739家,产值突破1000亿元,从业人员超过12万人。更为重要的是,在物联网产业发展中,先后吸引包括香港大学、清华大学在内的17所大学和27个科研院所在无锡建立物联网研发机构。通过产学研协同创新,无锡形成了以物联网技术产业化为导向的区域创新体系。

2. 科技创新支撑体系缺乏。天津市区县各大工业园区中高校驻点与科研院所的数量较少,智力资源的利用水平不高。此外,一些科研经费投入过于分散,不利于深化、细致研究,而来源渠道又过于单一,没有建立良好的科研投融资机制,无法形成完善的科研资金链整合。

区县新兴产业的企业自主创新能力缺乏,技术创新支持体系不健全,不能掌握行业关键技术和核心技术,生产实践需要的关键核心技术大多依赖进口,国内技术与国际前沿水平存在明显差距,导致产品附加值低,无法与国外企业竞争。

三、创新发展思路和对策建议

(一)推动涉农区县优势产业创新发展的动力机制

从国际和国内的先进经验看,无论是现有优势产业还是战略性新兴产业的发展,动力来源都来自包括科技、生产组织方式在内的新知识创造及其产业化。通过新知识的创造及其产业化,推动传统产业的高端化、战略性新兴产业的启动和生产型服务业的发展。

20世纪70年代以来,产业创新发展的国际经验表明,新知识的创造及其产业化的主要驱动力是"官产学"之间职能边界重叠区域所创建的新型混合组织。见图7-22。"官产学"中的"学"是指大学和其他知识生产机构;"产"是指企业;"官"既包括地方政府也包括中央政府。三个部门在履行传统的知识创造、财富生产和政策协调职能之外,因相互之间的互动衍生出的一系列新的职能,最终成为知识经济条件下产业创新发展的动力来源。这些新的职能不属于各自的传统职能,更多地表现为相互交叉和渗透而产生出的新功能。其中,新功能的核心是推动新知识的创新及其产业化,使产业创新发展的动力来源于"三螺旋",而不仅仅是企业。新型组织主要包括:

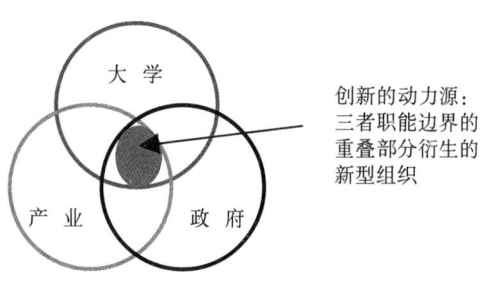

图7-22 官产学一体化新组织的构成

第七章
京津冀协同发展背景下天津涉农区县产业的创新发展

1. 官产学（或产业）联盟办公室。官产学（或产业）联盟办公室由政府牵头，大学、区内重点研究机构和企业共同发起成立的区域创新体系的规划组织。其目的是促进官产学的互动和融合，使政府和大学由传统的被动式适应产业发展的需求转变为主动寻找与产业发展的合作机会。官产学联盟的主要职能有：制定官产学合作和一体化的政策框架，制定官产学合作的各类支持计划，确定政府重点资助的项目，与新兴高科技产业的研发和发展相关信息的沟通和交流。

2. 科技孵化器。科技孵化器可以设在大学，也可以依托某个大企业，但是要实施独立企业化的运作，以董事会的形式进行管理，具有相对独立的人事管理权。董事会由学校、政府和投资商三方组成，总经理在社会上公开招聘。

3. 大学科技园和技术创新基地。大学科技园和技术创新中心主要接收从各种孵化器毕业进入成长期的企业，投资开发方一般是政府和投资开发型企业，大学和科研机构仅仅是参与方。大学科技园和技术创新基地创建的目的，不是为了营利，而是为了加强大学和产业界的联系，为区域经济发展服务。

4. 产业公共技术服务平台。产业公共技术平台，是指由行业协会、企业、高等学校、科研院所以及其他社会团体独资或者合资兴办的，由政府提供资助的，以行业内企业或相关企业为服务对象，通过提供研究开发、技术推广、设备共用、产品检测、信息服务、技术服务、管理咨询、人员培训等多方面服务，为区内产业的发展提供技术支持的服务机构。产业公共技术服务平台，主要的服务对象是现在已经发展起来的产业和企业。

5. 科技型新企业创业指导中心。科技型新企业创业指导中心，由政府资助设立，主要功能是科技创业项目征集和推介、创业指导、创业培训和政策咨询等功能在内的科技中小型新企业的创业平台。

创业指导中心的主要功能：一是面向社会征集科技型创业项目和创业者；二是组织专家和专业人士为创业者提供创业指导服务；三是落实创业扶持政策，提供"一站式"服务。

6. 企业加速器计划。企业加速器计划针对的是已经从科技孵化器毕业且具有高速成长潜质的新企业，为它们的快速成长提供政策等支持。

企业加速器计划的实施包括以下内容：一是战略指导性支持，组织专家或引入社会咨询服务机构，帮助企业进行成长问题诊断并制定适应的成长战略；二是在对企业成长诊断和成长战略执行监测的基础上，识别企业所需要的关键性战略资源、通过资助引导、积极引入和合作对接等方式帮助企业解决关键性资源要素的瓶颈问题和打通相关渠道，为企业提供关键资源的支持；三是网络与平台支持，帮助企业发展和扩大产业网络、市场网络、创新网络以及社会网络关系。

近年来，通过发展科技型中小企业和万企转型升级计划，各区县在创新创业载体建设方面已经取得了一定的成就。在新的发展阶段，为了推动产业的创新发展，区县应当加速引进"官产学"新型混合组织，通过创新极核的引进，推动新知识的创造及其产业化，在实现传统优势产业发展的同时，启动和发展战略性新兴产业。

（二）优势产业创新发展的实施路径

在天津区县产业创新发展过程中，必须立足于京津现有的科技创新资源，充分利用和发挥"官产学"一体化新型混合组织，通过有效促进科学知识和生产知识的融合，实现产业的创新发展。

在新知识的创造及其产业化过程中，涉及科学知识和生产知识的结合。科学知识创造的主体是大学和科研机构，而生产知识的主要拥有者是企业。有效促进科学知识和生产知识融合的是"官产学"一体化的新型混合组织。通过三者的结合，才能真正实现新知识的创造及其产业化。

在区县产业创新发展过程中，不仅要把着眼点放在招商引资上，更重要的是要放在"官产学"一体化新型混合组织的建设方面。因而，实现区县产业创新发展的基本路径包括三个方面：首先是引进和集聚"官产学"一体化新型混合组织，完善工业园区的创新创业载体功能建设；其次，依托新型混合组织启动战略性新兴产业和推动现有产业的高端化；最后，围绕着产业的创新发展引进科技创新人才和企业，完善现有产业的价值链。

除了在工业园区引入创新创业功能载体之外，区县要依托京津协同发

第七章
京津冀协同发展背景下天津涉农区县产业的创新发展

展战略的实施,通过完善创新创业环境,积极建设创新型创业城市。

在新的发展阶段,在推动产业创新发展的过程中,绝不能机械地照搬传统产业的老路子,应当着眼于产业创新发展的内在规律,通过创新创业环境的构建和创新型创业城市的建设探索走具有区域特色的产业创新发展道路。

作为京津协同发展的重点领域,区县的城市发展要以创新型新兴城市为目标。从已有的经验看,创新型新兴城市的空间区位选择具有如下几个方面的特征:一是区域内智力资源丰富,尤其是拥有较强的自然科学和技术科学研究力量;二是靠近拥有著名学府的大城市;三是交通便利,属于大城市区域范围内已经城市化的地区;四是环境宜居,足以吸引到足够的高科技研发人员、工程师和企业家,并符合产业创新发展对环境的要求。

依托邻近京津的区位优势,通过创新型新兴城市建设,区县为现有产业的创新发展提供支撑体系。与工业化而城市化发展道路不同,区县在发展创新型新兴城市的过程中,不仅要在交通基础设施方面完善,而且要建立与产业创新发展相适应的服务体系和制度建设方面。

(三)加快制定天津新制造业发展计划

作为北方经济中心,研发转化和现代制造业基地是国家给予天津和滨海新区的基本功能定位。通过FDI、技术引进、消化和吸收,尽管在制造业的发展上天津走在了全国的前列,但是与国内外先进地区相比,仍然存在着相当大的差距。尤其是近年来,随着美国第三次工业革命和"再工业化"、德国"工业4.0"计划的提出,全球制造业将迎来新的革命。在新的发展阶段,天津市不要盲目地追求第三产业的发展,而应当立足实际,结合科技型中小企业的发展和万企转型升级战略的实施,借鉴德国"工业4.0"计划,制定和实施新制造业发展战略,抢占新一轮国际和区域经济竞争的前沿。

1. 绝不能放缓制造业转型和升级的步伐。经过三十多年的发展,中国已经发展为全球制造业基地。但是无论从制造业的结构还是从发展水平看,与发达国家相比,中国制造仍然存在着相当大的差距。

随着国际和国内市场条件的变化、劳动力成本的上升和资源环境约束的加强，中国制造业面临前所未有转型和升级压力。而包括房地产在内的虚拟经济的发展和对发展第三产业的盲目追求，使制造业失去了升级和发展的动力。

与之相反的情况是，为了应对全球经济危机的冲击，发达国家重新重视制造业的发展，把制造业的振兴看作是摆脱经济危机和重塑国际竞争力的基础。例如，美国的"再工业化"、德国的"工业4.0"和日本的"制造业回归"战略计划的制定和实施，都试图通过科技创新与制造业升级相结合，引发制造业新革命，实现经济的持续增长和发展。

基于对科技创新和技术进步的预期，学者们把即将出现的制造业革命称为数字制造、智能制造和新的工业革命（第三次或第四次工业革命）。无论称谓是什么，本质上都是通过包括互联网和物联网在内的新技术在制造业中的应用，实现制造业的升级和发展。对发达国家新的制造业发展战略的认知，可以使我们清醒地认识到制造业升级和发展对于国家和区域经济发展和国际竞争力提升的重大意义。

2. 从美国的"再工业化"到德国的"工业4.0"新制造业发展计划。20世纪80年代以来，随着信息技术的发展和劳动力成本的上升，制造业的产品内分工成为经济全球化的趋势。为了追求利润最大化，在跨国公司的主导下，以美国为代表的发达国家出现了"去工业化"浪潮。其中的典型特征表现为金融和房地产等虚拟经济的突飞猛进和制造业的大规模外迁。但是随着金融衍生品的泛滥和第二产业的空洞化，在2008年，美国陷入了自1929年至1933年大萧条后的最大经济危机之中。

在反思"去工业化"战略的基础上，2010年开始，美国政府把引领美国经济走出困境的突破口放在了"再工业化"战略的制定和实施上。从实际情况看，美国政府一开始就把"再工业化"作为国家战略提出和实施的。例如，在奥巴马的第一个任期内，就先后推出"买美国货"、《制造业促进法案》、"五年出口翻番目标"和"促进就业措施"等一系列政策措施及战略部署。从未来的目标看，美国政府"再工业化"战略的实质，是要继信息革命之后，再次掀起新的工业革命，抢占国际竞争的新前沿。

继美国"再工业化"计划之后，德国电气电子和信息技术协会于

第七章
京津冀协同发展背景下天津涉农区县产业的创新发展

2013年12月19日发布了"工业4.0"标准化路线图。"工业4.0"是德国政府确定的面向2020年的国家战略，试图通过推动新的制造业革命使德国成为全球最有竞争力的国家。

与美国流行的第三次工业革命的说法不同，德国将18世纪引入机械制造设备定义为工业1.0，20世纪初的电气化为2.0，始于20世纪70年代的信息化定义为3.0，把物联网和制造业服务化的出现定义为第四次工业革命。

从现有的资料看，德国"工业4.0"概念的关键是将软件、传感器和通信系统集成于所谓的物理网络系统之中，实现互联网、物联网和智能制造的结合。"工业4.0"概念包含了由集中式控制向分散式增强型控制的基本模式转变，目标是建立一个高度灵活的个性化和数字化的产品与服务的生产模式。在新的模式中，传统的行业界限将消失，从而出现各种新的活动领域和合作形式。价值的创造过程将发生改变，产业链分工将被重组。

无论是美国的"再工业化"还是德国的"工业4.0"，对世界和中国的制造业都会带来深远的影响。集中表现在三个方面：

第一，改革开放以来，中国制造业的快速崛起是发达国家"去工业化"和产品内全球分工的结果。"再工业化"和"工业4.0"战略的实施，将进一步拉大中国制造业与发达国家正在缩小的技术差距，使中国制造陷入"低端锁定"的可能性增加。

第二，如果发达国家能够把包括清洁能源、纳米技术、新材料、生物医药和机器人在内的新兴技术产业化与新的制造革命相结合，将使中国在战略性新兴产业和产业结构的调整上全面落后，难以与世界同步，将再次扮演技术引进和追赶者的角色。

第三，新的制造业革命是一个复杂系统，不仅包括制造技术和生产方式的变革，而且包括政府职能、教育和科技体系的变革。因而，在新制造业革命方面的滞后，对中国经济发展带来的影响将是系统性的。

3. 天津的战略选择。作为北方经济中心、研发转化和现代制造业基地，近年来通过把发展科技型中小企业与科技创新相结合，天津市在产业结构的调整和发展方式的转变上迈上了新的台阶。但是从制造业发展的实际情况看，天津制造业的基础并不雄厚，按照德国"工业4.0"的划分标准，仅仅处于"2.0"和"3.0"之间的水平。

从总体情况看，天津制造业的发展带有明显的"三元结构"特征：一是以跨国公司为主导的本地制造；二是以国有企业为主导的技术密集和资源密集型制造；三是民营经济为主导的技术密集和劳动密集型制造。其中，跨国公司为主导的本地制造代表了天津制造业的高端水平。因为受到跨国公司产品内分工的影响，天津的本土制造基本上处于价值链的低端环节。

近年来，科技型中小企业的发展尽管在高端制造的发展上有所突破，但是由于企业规模小，在创新能力上无法与跨国公司相抗衡。如何摆脱可能出现的"低端锁定"和创新能力的提升，是制定天津新制造业发展战略计划的出发点。

第一，立足天津实际，准确理解产业结构调整的内涵，不应片面强调第三产业的发展。从产业结构调整的历史经验看，第三产业，尤其是现代服务业是制造业升级的结果。例如，作为生产型服务业重点领域的科技金融、研发服务和供应链管理，都源于制造业的技术创新、内部分工和国际化的发展需求。

第二，基于科技型中小企业科技创新能力弱的实际，应当大力发展类似德国弗劳恩霍夫协会和中国台湾工业技术研究院的"官产学研"一体化的新型混合组织，为中小企业发展提供技术研发支持。即使像德国这样制造业非常发达的国家，仍然特别重视能够打通基础研究到产业技术之间联系的产业技术研究院的建设和发展。例如，德国弗劳恩霍夫协会针对产业发展的需要，先后建立了23个研究所。据说，支撑台湾ICT产业发展的台湾工业技术研究院就是在学习和模仿弗劳恩霍夫协会基础上创立的。

第三，变革教育体系，充分利用天津现有职业技术教育体系，为未来制造业的新革命提供人力资源支持。无论是德国还是瑞士，其制造业的发展都依赖庞大的职业技术教育体系的支持，例如，瑞士大约70%的初中生进入职业教育体系，成为技术工人。在知识经济条件下，创新和创意不仅来自受到高等教育的高端人才，而且来自一线的高素质技术工人。

第七章
京津冀协同发展背景下天津涉农区县产业的创新发展

第四,大力发展包括研发服务、电子商务和供应链管理领域的平台企业,服务科技型中小企业的快速发展和产业结构的转型。平台企业属于典型的生产型服务业,它们的发展不仅代表了服务业发展的方向,而且使产品的制造更加细化,促进产品内分工的深化。

附表　　　　　　　　天津市各产业区位商值

年份 产业类别	2008	2009	2010	2011	2012	2013	均值
非金属矿采选业	0.23	0.20	0.14	0.12	0.11	0.09	0.15
农副食品加工业	0.49	0.48	0.47	0.47	0.63	0.50	0.51
食品制造业	**0.77**	**0.92**	**1.20**	**1.99**	**2.22**	**2.26**	**1.56**
饮料制造业	0.66	0.56	0.50	0.52	0.43	0.47	0.52
纺织业	0.13	0.12	0.13	0.11	0.11	0.11	0.12
纺织服装鞋帽制造业	0.33	0.61	0.61	0.68	0.63	0.62	0.58
皮革毛皮羽毛(绒)及其制品业	0.19	0.13	0.10	0.11	0.17	0.17	0.15
家具制造业	0.46	0.48	0.46	0.44	0.52	0.52	0.48
造纸及纸制品业	0.32	0.42	0.50	0.48	0.55	0.59	0.47
印刷业和记录媒介的复制	0.45	0.49	0.45	0.42	0.37	0.58	0.46
文教体育用品制造业	0.62	0.64	0.63	0.64	0.71	1.10	0.72
化学原料及化学制品制造业	0.69	0.64	0.77	0.76	0.70	0.67	0.71
医药制造业	**1.23**	**1.26**	**1.11**	**1.02**	**1.04**	**0.95**	**1.10**
化学纤维制造业	0.06	0.08	0.06	0.05	0.08	0.09	0.07
橡胶和塑料制品业	0.76	0.90	0.84	0.71	0.68	0.63	0.75
非金属矿物制品业	0.31	0.32	0.33	0.29	0.29	0.25	0.30
黑色金属冶炼及压延加工业	**2.23**	**2.68**	**2.30**	**2.28**	**2.15**	**2.24**	**2.31**
有色金属冶炼及压延加工业	0.42	0.44	0.65	0.67	0.69	0.77	0.61
金属制品业	**1.24**	**1.46**	**1.44**	**1.56**	**1.47**	**1.41**	**1.43**
通用设备制造业	**1.17**	**0.97**	**0.90**	**0.89**	**0.87**	**0.90**	**0.95**

续表

年份 产业类别	2008	2009	2010	2011	2012	2013	均值
专用设备制造业	**1.17**	**1.14**	0.94	0.88	**1.31**	**1.29**	**1.12**
交通运输设备制造业	**1.65**	**1.49**	**1.41**	**1.33**	**1.32**	**1.25**	**1.41**
电气机械及器材制造业	0.88	0.78	0.63	0.63	0.61	0.60	0.69
通信设备计算机及其他电子设备制造业	**1.63**	**1.36**	**1.27**	**1.27**	**1.43**	**1.49**	**1.41**

注：区位商是指某地区某一产业的产值在该地区各产业总产值的比重与全国该部门总产值与全国工业总产值的比重的比值。可以判断某地区某一产业在该地区是否构成专业化部门。如果区位商大于1，则可认为该产业为专业化部门，区位商越高，专业化水平越高；反之，该产业则为自给自足部门。加粗字体的产业为最后确定的优势产业。

第八章

扬州市杭集镇的产业升级和转型[*]

改革开放以来，众多产业集群的兴起是中国快速成长为"世界工厂"的关键支撑。扬州市杭集镇经过170多年的发展，成为世界牙刷和酒店用品的主要生产基地。

随着国际和国内市场条件的变化，尤其是2012年以来，杭集镇的产业升级压力越来越大。尽管通过企业的努力，在产品高端化和产业服务化方面取得了长足的进展，但是因为缺乏完善的创新生态系统，产业转型和升级面临巨大的挑战。本章的分析表明，培育和完善政产学研协同的创新生态系统，是杭集镇产业升级，尤其是实现产品高端化和产业服务化的前提和基础。

第一节 扬州市杭集镇产业发展的现状

一、经济和社会发展情况

江苏省扬州市杭集镇是著名的"中国牙刷之都"，已有170多年的牙刷生产历史。目前，杭集生产和销售的牙刷占国内市场份额的80%，国际

---

[*] 2014年3月至11月，在完成扬州市生态科技新城产业发展规划的过程中，对杭集镇展开了为期15天调查。调查工作由刘刚教授负责，主要成员包括陈伟和马犇。

市场的 30%，占全国牙刷单品类出口总额的 90%。在牙刷产业的基础上，逐步延伸出包括牙膏、沐浴露、洗发液、护肤霜在内的系列酒店用品产品，占领了全国酒店用品近 65% 的市场份额。

杭集镇的镇域面积 36 平方公里，包括 10 个行政村、1 个居委会，常住人口 3.5 万人，外来务工和流动人口约 3.5 万人。杭集镇现有大小企业 5000 多家，其中注册登记的个体经营户、私营企业 2800 多家，工业企业共约 550 家，中等规模企业 450 家，规模以上企业 42 家，1 亿元产值以上的企业 23 家，年销售额 10 亿元以上的企业 4 家。这些企业主要从事牙刷和一次性旅游用品的生产。见表 8-1。

表 8-1　　　　　　　　　杭集镇企业整体情况

企业总数	注册登记企业	工业企业	中等规模	规模以上	过亿元	过 10 亿元
约 5000 家	约 2800 家	约 550 家	450 家	42 家	23 家	4 家

资料来源：杭集镇政府和行业协会，2014.

通过收购本地企业，杭集工业园引进了美国"高露洁"和比利时"安泰士"两大国际品牌。在牙刷和旅游产品领域，杭集镇产生 1 个中国驰名商标（5A）、2 个中国名牌产品、12 个江苏省名牌产品（倍加洁、5A、CORONA 天诗美景、晨洁、洁特、口玉、健牌、新感觉等）、10 个江苏省著名商标（倍加洁、5A、天诗美景、晨洁、洁特、口玉、笑爽、晨笑等）。国家免检产品 5 个（高露洁、五爱、明星、劲松、杰英特）。见表 8-2。

表 8-2　　　　　　　　　杭集镇品牌建设情况

	国际知名品牌	中国驰名商标	中国名牌	江苏省名牌	江苏省著名商标	国家免检产品
数量（个）	2	1	2	12	10	5
品牌名称	高露洁、三笑、安泰士	5A	三笑、5A	倍加洁、5A、CORONA 天诗美景、晨洁、洁特、口玉、健牌、新感觉	倍加洁、5A、天诗美景、晨洁、洁特、口玉、笑爽、晨笑	高露洁、五爱、明星、劲松、杰英特

资料来源：杭集镇政府和行业协会，2014.

第八章
扬州市杭集镇的产业升级和转型

2010年以来，依赖科技创新驱动产业升级，杭集镇政府搭建科技平台，不断提升产品的科技含量和品质。例如，高露洁三笑公司引进国际先进的技术设备，建立国家牙刷产品实验室。杭集镇生产企业有70%通过质量管理体系认证，国家产品质量抽检合格率达到100%，企业拥有发明专利5项、外观设计和实用新型专利共计1300多项。其中5家重点企业参与了牙刷国标的起草制订。

2012年杭集镇实现全部工业产值330亿元，实现利税18.5亿元，税收过千万元的企业有15家。2013年，面对市场需求不旺、企业资金短缺、美元汇率缩水等困难，高新区仍然取得了稳中有升的业绩：实现财政总收入4.3亿元，与2012年持平；实现规模以上工业产值294.5亿元，比上年增长13.6%；实现工业入库税收3亿元，比上年增长19%；新开工工业亿元项目6个，其中10亿元项目1个；民资公司注册资本金到账5.8亿元。2013年杭集镇全镇国内生产总值约65亿元，人均GDP约18万元。见表8-3。

表8-3　　　　　　　　　2013年杭集经济发展情况

项目 排名	农民人均纯收入（元）	地区生产总值（万元）	第二产业增加值（万元）	财政收入（万元）	居民储蓄存款余额（万元）	企业营业收入总额（万元）	规上工业企业总产值（万元）	乡镇总人口（人）
杭集镇	21972	633660	423200	38490	85000	3225601	3313777	37132
在全市79个乡镇的排名	2	8	7	10	22	5	3	41
在广陵7个乡镇的排名	1	2	2	2	3	2	1	3

资料来源：杭集镇政府，2014.

二、产业发展现状

（一）牙刷及其衍生的周边产业

目前杭集镇主要有牙刷、酒店日用品和家用卫生日用品三个传统产业，以及拥有包括新材料、包装印刷、专业设备制造、工业设计和物流在内的新兴产业，其中牙刷和酒店日用品产业是主导产业。见表 8-4。

表 8-4　　　　　　　　杭集镇的主导产业和代表性企业

产业		产品	代表性企业
牙刷		民用和酒店用牙刷	三笑、高露洁、两面针、明星、五爱
酒店日用品		牙膏、浴帽、拖鞋、擦鞋布、肥皂、梳子、针线包、洗发液和沐浴露、布草类	两面针、黑妹、美加净、中华、天诗美景
家庭卫生日用品		蚊香、杀虫剂、卫生巾、湿巾等	三笑、明星、安泰士
新兴产业	新材料	PVC、ABS 片材，PET、PVC 真空镀铝膜以及各种烫金材料和纸质包装材料等秸秆材料、淀粉基材料	江苏鸿达科技股份有限公司、江苏爱默生新材料有限公司、扬州山鹰纸业有限公司、扬州三星塑胶有限公司、锦禾高科
	包装印刷	印刷、包装产品或服务	森林彩印有限公司、邗江富源彩印包装厂
	专业设备制造	牙刷植毛机、工业刷植毛机、精密磨具、注塑机	海星数控、恒生精密模具有限公司
	生产性服务业	物流服务、电子商务和工业设计	三笑物流、中国旅游日化品电子商务平台

1. 杭集镇牙刷生产历史有 170 多年。目前全镇拥有牙刷生产及相关配套企业近千家，其中年产值 500 万以上的牙刷企业约 80 家，规模以上企业约 20 家，亿元以上企业 15 家，世界 500 强企业高露洁公司也落户杭集。全镇牙刷从业人员 2 万多人，生产的牙刷有 1100 多个品种，年产牙刷 60 亿支，杭集牙刷已占据了国内市场 70% 的份额，全球市场的 30%，出口到 50 多个国家和地区。杭集镇已成为世界最大的牙刷生产基地。

作为江苏轻工行业在全国同行中的特色产业，经过多年的培育和发展，酒店日用品产业已经发展为杭集高新区的第二大支柱产业，并形成了包括苏州、南通、淮安等地区很多企业参与生产、配套、销售的酒店日用品市场，并于 2008 年获得了"中国酒店日用品之都"的称号。杭集镇生产酒店日用品包含酒店客房配套用品、纺织用品、餐饮、洗浴等配套用

第八章
扬州市杭集镇的产业升级和转型

品，有牙刷、香皂、洗发液、沐浴液等上百个品种，拥有"两面针"、"黑妹"、"美加净"、"中华"、"天诗美景"等知名品牌。

2. 酒店用品产业的销售网络遍布全国各地，国内市场占有率达60%以上，并出口到30多个国家和地区。区内涉及酒店日用品的企业（户）约1700多家，生产企业500多家，规模以上企业10家，亿元以上企业1家。其中，两面针（扬州）酒店用品有限公司是由上市公司柳州两面针股份有限公司控股的专业生产旅游牙膏、牙刷、香皂、洗发露、沐浴露等酒店产品的大型企业。为了更好地强化企业自律意识，建立自律机制，促进企业自主创新和知识产权保护意识提升，由江苏省酒店日用品的主产地、集聚地——杭集镇牵头，7家企业联合发起的"江苏省酒店日用品行业协会"于2014年7月成立。协会的成立将更好地在政府和企业之间构架交流桥梁，为企业之间密切协作链接纽带，为省内酒店日用品生产企业抱团出击，参与国内、国际市场竞争提供集团优势。

3. 家庭卫生用品是仅次于牙刷和酒店用品的第三大产业。目前杭集镇拥有规模以上的家庭卫生用品生产企业50多家，集聚了江苏三笑集团和欧盟最大的卫生用品生产企业比利时安泰士公司等企业，年产值20亿元。其中三笑集团于2002年投资1.5亿元开发了"睡的香"系列蚊香、气雾杀虫剂等，目前已形成年产800万箱的规模，是中国名牌产品，在同行业中处于领先地位；卫生巾项目已形成年产400万箱的规模，在全国同类产品中名列第三。

4. 作为牙刷、酒店用品和家庭卫生用品的上游原材料和中间产品，近年来新型材料产业在杭集镇发展迅速。杭集工业园已经发展为国内最大的烫金材料园区，分布着大中型企业10家，各类彩色包装企业40多家。在包装材料领域，聚集了江苏琼花集团、江苏爱默生新材料有限公司、扬州山鹰纸业有限公司、扬州三星塑胶有限公司等为代表的5家企业，年产量30万吨，主产品PVC、ABS片材，PET、PVC真空镀铝膜以及各种烫金材料和纸质包装材料等。产品广泛用于智能卡、医药、食品、日化和环保、印刷等行业，年产值40亿元。同时，还拥有彩印企业85家，包装企业近百户，年产值15亿元。

由于产业规模大，产品科技含量高等诸多优势，杭集镇的包装材料产业在全国乃至国际同行业中均享有盛誉。在环保材料领域，锦禾高新技术有限公司用玉米淀粉和植物秸秆制造牙刷等日用品，可降解50%以上。可将1吨秸秆变成10万把梳子，就连塑料袋、一次性用浴帽等都可以用玉米淀粉制作，且成本降低5%以上。问题是目前国内消费者对呈褐色的秸秆制品还不认可，但是出口韩国收益非常可观。该企业对于秸秆和淀粉的性能改进两项技术申报了国家专利。

5. 服务于牙刷、酒店和家庭卫生用品的生产和制造，杭集镇的装备制造业产品主要有注塑机、牙刷植毛机、工业制刷机和精密模具。其产品主要为牙刷和酒店用品产业来做配套，在此基础上向其他相关产业延伸，比如工业制刷机。杭集镇装备制造业企业有国家高新技术企业扬州海星数控制刷机械有限公司、扬州恒生模精密模具有限公司、扬州辰浩制刷机械、扬州飞星刷业机械等骨干企业。企业在引进吸收国外先进技术的基础上，相继开发出五轴三头钻孔植毛机、五轴五头钻孔植毛机、高速双色牙刷植毛机、高速三色牙刷植毛机和高速扁线植毛机等具有自主知识产权的装备。产品除了自我装备外，还出口到非洲、中东、南亚等地区。

6. 作为现代服务业组成部分，随着产品高端化和产业升级步伐的加快，杭集镇的物流、电子商务和创意设计产业开始兴起。其中作为牙刷和酒店日用品配套产业的物流业出现的最早，目前发展的也最好。典型企业包括三笑物流、四通一达（申通快递、圆通速递、中通速递、汇通快运、韵达快递）、顺丰、拓领环球物流（中国）有限公司、中国邮政等。

电子商务方面，2013年商务部中国国际电子商务中心和杭集镇人民政府合力打造了提供贸易全流程服务的区域电子商务平台——中国旅游日化产品电子商务平台。该平台是一个垂直电商平台，目前专做跨境贸易。2013年中国旅游日化产品电子商务平台纳税200万元，2014年1到6月份已经纳税190多万元，以电商纳税率5%计算，今年上半年中介服务费达4000万元左右。

创意设计方面，2013年在杭集镇设立了杭集镇工业设计园。园中聚集了多家设计和服务企业，如日升工业设计与自动化设备有限公司、边写

第八章
扬州市杭集镇的产业升级和转型

边看集团、京杭设计投资管理有限公司、江南工作室、博乐工业设计有限公司、左铁峰工作室、中国工业产品策划研究院等。

(二)产品的高端化和产业分工的细化

目前杭集镇已经出现更高技术含量的、工艺环节更复杂的、附加值更高的产业形态(见图8-1),他们为杭集镇主导产业更新奠定了基础,成为杭集镇经济发展的新的动力来源。

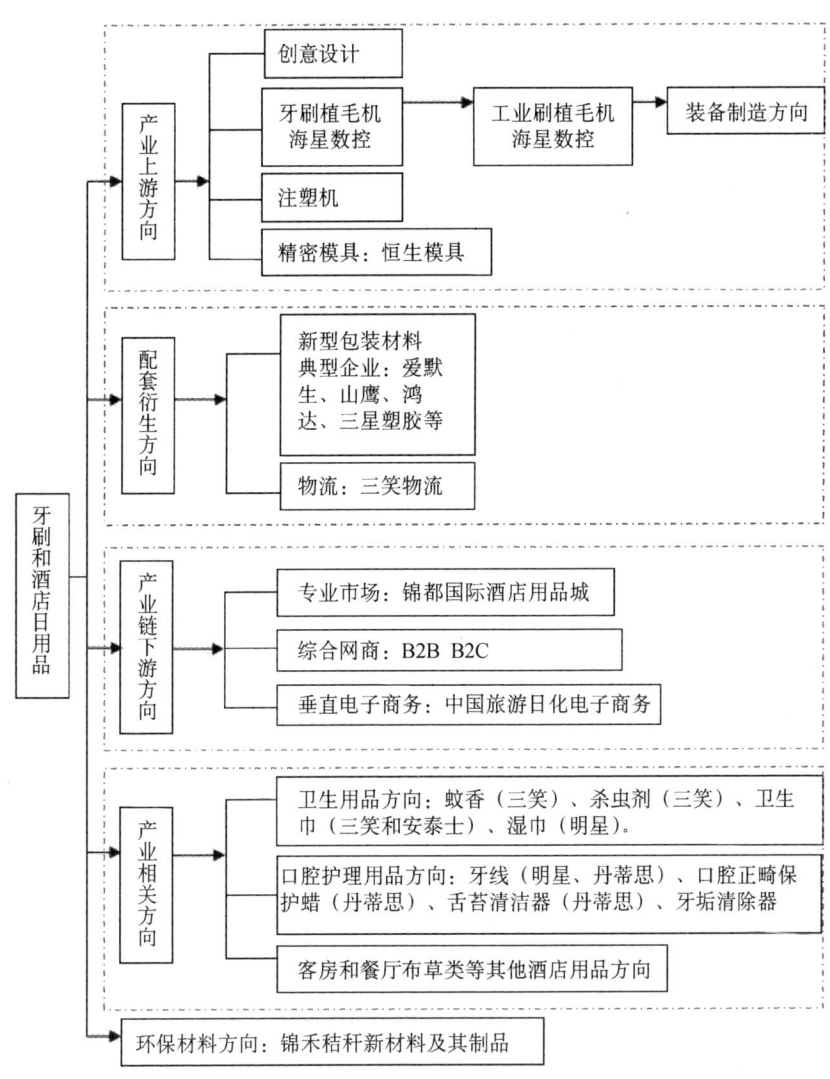

图8-1 产业发展趋势

如图 8-1 所示，杭集镇现有的产业结构源于牙刷产业的兴起和向周边相关产业的扩展。扩张的方向包括四个方面：

首先是向相关产业的延伸，例如，从牙刷向酒店、口腔护理和卫生用品领域的扩展。牙刷产业的聚集和发展带来的市场效应，为酒店、口腔护理和卫生用品产业领域的出现带来了外部效应。

其次，上下游产业链的延伸。随着包括牙刷、酒店用品和卫生用品产业的发展，产业的规模效应带动了上下游产业链的进入。

再次，同样是主导产业的规模效应带来了配套产业的发展。尤其是装备制造业的发展，因为牙刷产业装备制造带有很强的专用性，在为本地企业的配套过程中，相关装备制造业逐步发展为面向国内市场的产业集群。

最后，新材料产业的发展缘于牙刷和酒店用品产业的发展，但是因为原材料和中间产品的通用性，环保新材料产业的发展带有明显的相对独立性。同样类似的还有物流、设计和电子商务产业的发展。尤其是物流业，已开始明显地摆脱地域和主导产业的限制，逐渐成为相对独立的产业。

目前虽然杭集镇产业生态良好、产业链上下游分工明确、配套企业紧密协作、政策环境优良、社会网络与经济网络高度融合、信息发布与传递及时有效，但包括土地价格、劳动力成本、原材料和运输成本的不断上涨，需求"天花板"已经逐步显现，以及全社会环保意识的提升，环保政策的出台和落实等市场环境和宏观政策环境的双重转变，加上杭集镇产品总体品质在业界的"不良"声誉、企业品牌建设的滞后、研发设计的欠缺，牙刷和酒店日用品这两个主导产业的利润空间越来越小。如果不及时运用高新技术和先进适应技术提升改造提升传统产业，充分利用现代信息与互联网技术，运用现代流通模式，整个产业的发展将难以持续。

第一，现代服务业发展和利用不足，突出表现在电子商务和工业设计方面。虽然在杭集有很多企业通过 B2B 和 B2C 的形式从事商品交易，但这类电商往往是综合性电商，专业性不足，增值服务质量和数量都欠缺。此外，这类平台没有真正发挥线上撮合交易的功能，在实际运用过程只是老客户借助第三方支付功能。为此，2013 年商务部中国国际电子商务中心和杭集镇人民政府合力打造了提供贸易全流程服务的区域电子商务平

第八章
扬州市杭集镇的产业升级和转型

台——中国旅游日化产品电子商务平台。虽然开局顺利，但平台在实际运营中也遇到了很多问题，比如杭集本地企业对电子商务的排斥，目前在平台的企业有117家，但真正用好这个平台的企业只有24家。

2013年杭集镇设立了杭集镇工业设计园，但目前整个设计园没有形成气候，入园企业也没有派遣设计团队到杭集镇驻点或在杭集镇开设分、子公司，而是在杭集镇以业务窗口的形式运营，一旦接到设计订单就回总部开展设计工作。因为就杭集镇现有的业务量而言难以支撑整个设计团队的运营。

总的来说电子商务和工业设计业在杭集镇还处于萌芽阶段。

第二，国内牙刷和酒店日用品生产企业的利润水平远远低于区外和国外的经销商，有可能陷入"低端锁定"的困境。目前杭集镇内牙刷和酒店日用品生产企业销售利润远远低于区外和国外经销商。从经济学理论来讲，生产商利润率低于经销商是正常现象，但利润总额低于经销商就很可能存在流通垄断或过度竞争的问题。从杭集镇来看，过度竞争和销售渠道不畅并存。

过度竞争导致竞相压价，造就买方市场，从而削薄生产企业的利润。杭集镇作为一个传统产业集群，大量中小微企业在地理上接近，产品同质化严重，加之信息传播快，交易费用低，从而导致整个杭集镇市场更接近于完全市场，这在传统产品中特别突出。在这种市场中，企业没有谈判筹码，只能被动接受市场价格。对一个产业来说，完全市场不利于资本积累、产品开发和工艺提升，在全球化的今天，不利于企业做大做强，只能陷入过度竞争的泥潭。

部分企业外贸渠道不畅，被外贸企业和国外经销商垄断，在销售产品时没有讨价还价的能力，导致利润极低。在杭集镇，有少数企业以极低的或零利润，甚至是亏本出口，完全依赖出口退税来维持企业的生存。

第三，杭集镇激烈的价格竞争导致小微企业和作坊式企业生产的产品以次充好、低价冲击市场，形成无序竞争。

在激烈的价格竞争中，杭集镇部分中小企业和大量作坊式企业没有激励和实力走差异化发展道路，为了生存只能在质量上做文章。他们以次充好、假冒伪劣、缺斤少两，不断地以质劣价低冲击市场，导致恶性竞争和无序竞争。恶性竞争和无序竞争必然导致负向激励，不利于提高产品品质，不利于改进生产工艺和提升生产效率，最终导致产品附加值不足，陷入低端市场。

第四，企业品牌建设滞后，商品附加值低。目前杭集镇企业品牌建设滞后，商品附加值很低。与区外或国外优质企业的同质产品相比，杭集镇生产的产品在市场上的销售价格要低很多。这与企业主自身素质和品牌意识有关，与客观市场和制度环境有关，也与杭集镇产业集群的生产组织形式有关。

首先，企业主自身素质不高，品牌意识不强在主观上限制了管理者超现实需要的品牌建设工作。低素质企业管理者往往意识不到品牌建设对一个企业持续生命力的重要性，更没有对品牌建设进行持续的投入，为品牌的树立争取时间，在竞争中取得市场先机。其次，杭集镇企业所面对的客观市场环境不利品牌建设。早期市场需求大时，企业收益很高，往往没有动力在创新上做文章，当市场容量不断变小，需求"天花板"显现时，由于激烈的价格竞争，很多小企业面临生存压力，往往连质量和诚信底线都难以守住，根本没有机会和实力进行品牌建设。再次，治理环境对品牌建设不利。这主要表现在两个方面：一是当监管不力和低成本违法的治理环境导致区域品牌受损的前提下，单个企业在市场竞争中诚信和质量的维护成本不断提高，品牌建设难度不断加大；二是现有制度环境中对知识产权保护的不力，特别是外观设计专利的保护的不力，直接限制了杭集镇企业的创新动力，走上了仿造的短途，这对企业品牌的塑造很不利。最后，杭集镇主导产业门槛低，同质化严重，加之以集群的方式组织生产，导致企业间恶性竞争，难以发展壮大，更没有资金实力进行品牌建设的长期投资。

第五，区域品牌受损，被贴上低档货的标签，不利于商品附加值的取得。作为一种无形资产，良好的区域品牌如同具有良好声誉的产品品牌或企业品牌能给本地区带来高额的商品附加值。不同的是，区域品牌不属于任何个人和企业，对区域品牌的使用具有非排他性和非竞争性，这种公共

第八章
扬州市杭集镇的产业升级和转型

产权的性质表明区域品牌是本地区一种特殊的公共产品。是公共产品在某种情况就有可能被过度使用，从而导致本地区集体利益受损，陷入"公地悲剧"的境地。杭集镇目前在牙刷和酒店日用品市场上虽然取得骄人的成绩，但相对于其他地区而言，比如广东汕头，市场层次还比较低，除了个别企业在高端市场占有一定的份额外，大部分企业的产品只是面向中低端市场，产品附加值很低。杭集镇凭着早期市场宽松时期取得的成绩分别在 2003 年 4 月和 2008 年 8 月取得"中国牙刷之都"和"中国酒店日用品之都"的称号。这两个称号对杭集镇的企业来说蕴藏着巨大的经济价值，如果善加利用定能对本地区企业的发展起到"四两拨千斤"的作用。然而，从杭集镇的实践来看，其不但没有精心维护好前期取得的成果，深挖其潜在价值，而且大有吃老本、竭泽而渔的迹象。随着土地、劳动力、原材料价格的上涨，需求"天花板"的出现，杭集镇利润空间越来越小。在生存的压力下，过度竞争、不规范竞争时有发生，这导致杭集镇的产品逐渐被打上了中低端产品的标签。表现在经济效益上，同样品质的产品，杭集镇生产的产品价格卖不上去，附加值不断下降。价格卖不上去，利润空间就更小，这就使得过度竞争、不规范竞争成为常态，最终引发恶性竞争，杭集镇被低端锁定。

第六，企业的创新动力不足，对新产品的研发积极性不高，产品附加值低。限于产业本身性质、企业自身和地区的科研和经济实力，杭集镇主导产业的创新主要集中于外观设计创新，在发明和实用新型创新上的突破很少。而且除了少数规模以上企业，特别是走超市和外贸销售渠道的企业，在设计研发方面有所投入外，绝大多数企业创新动力不足，对新产品的研发积极性不高。主要原因有四个：一是目前国内整体的知识产权保护不力，特别是外观设计专利侵权诉讼周期长、成本很高，胜诉的可能性很小，外加牙刷和酒店日用品产业模仿容易，导致企业，特别是小微企业缺乏自主创新的动力；二是缺乏必要的研发人才，而且目前杭集镇的社会软环境也难以吸引这方面的人才；三是杭集镇中小微企业规模实力不足以支撑创新，特别是发明和实用新型创新，因为创新本身具有市场和技术不确定性，而中小微企业，特别是小微企业不具备试错失败的经济承受力；四是目前我国小微企业融资难的问题还没有得到有效解决，导致包括杭集镇企业在内的小微企业没有资金实力抓住市场机会，而在这方面杭集镇目前所做的努力也是杯水车薪。

值得一提的是在杭集镇原本为主导产业配套的衍生产业，特别是配套机械和材料产业，由于相对牙刷和酒店日用品产业，产业链更长，技术复杂度更高，从而导致这些产业创新更活跃、更深刻。

总的来说杭集镇目前的主导产品缺乏创新，产品附加值很低。

第七，中小微企业管理者素质不高。中小企业管理者素质整体较差，主要表现在以下几个方面：一是容易跟风，没有鉴别力；二是缺乏前瞻性，对经济和产业发展趋势难以把握；三是缺乏现代管理理念和运营手段，不具备运用现代管理、宣传、营销、融资工具的能力，甚至有抵触情绪。

从产业发展的实际情况看，目前杭集镇的产业结构面临严峻的挑战和压力，其中最主要的是市场条件变化带来的挑战。从需求方面看，单纯的销量增长再难维系。首先，自2008年下半年美国次贷危机始，之后又受欧债危机、美债危机、地区冲突的连番打击，全球经济至今没有回复元气，消费需求低迷。其次，全球经济经过几十年的高速增长，原有的经济增长动力开始衰竭，经济增长乏力。在这个全球化的今天，我国经济难免受到了巨大的影响，经济增长率从2007年的11.9%降到2013年的7.5%左右。最后，伴随国民收入水平的提高，消费者的需求层次越来越高，对健康、环保越来越重视，更加注重消费体验，而杭集镇现有产业品质难以满足消费者需求层次提高的要求。

从供给方面看，要素成本逐年提高，利润空间不断减小（见表8-5）。近几年伴随我国人口红利的枯竭，刘易斯拐点开始显现，人员工资逐年上涨，企业劳动力成本不断上升。由此导致的能源、原材料和土地价格也水涨船高。加之2011年国家退税政策的逐步取消。杭集镇的不少中小企业利润已经极其微薄，在银根紧缩的条件下，企业信心开始动摇。

表 8-5　　　　杭集镇工业地价、商品房价格和工资水平情况

项目＼年份	1985	1995	2000	2005	2010	2013
工业地价（万元/亩）	7.5				18	25
商品房价格（元/平方米）				900		8000
工资水平（元/月）	45	900	1500	2000	3000	3500

资料来源：实地调查采集，2014.

面临政策变化带来的挑战。近年来面对资源约束趋紧、环境污染突出、生态系统退化的形势，消费者的环保意识不断提高，相关管理部门的环保措施不断出台，这对酒店日用品等一次性产品产业的发展带来了巨大的挑战。湖南、广东、山东等省份相继颁发关于限制使用一次性日用品的文件和通知，中国绿色饭店委员会等部门也将不主动提供此类用品列入绿色饭店评审标准，国家发改委近日更是下文强制要求酒店日用品行业保证其产品的结构组分中必须含有30%的环保材料。由此可以看出，作为杭集镇的第二大支柱产业，酒店日用品产业正面临着政策变化带来的风险。

第二节　杭集镇产业升级的方向和重点领域

一、产品和产业的高端化和服务化

从产业内部结构调整的趋势看，现有制造业产品的高端化和产业的服务化代表了杭集镇产业转型和发展的方向。传统制造业高端化：一是从产业价值链的角度看，传统制造业高端化是指价值创造过程从低附加值环节向高附加值环节延伸和迁移；二是从生产工艺来看，传统制造业高端化是指通过在本行业引入先进适用技术和设备，达到效率提升成本下降的目的；三是从产品本身来看，传统制造业高端化是指通过产品质量的提升、

外观设计的创新、功能的完善和丰富实现扩大市场占有、增加市场黏着度，进而取得产品附加值的过程。随着土地和劳动力价格的不断上涨、国内及东南亚等传统欠发达地区产品同质化竞争加剧、本地区生态环境约束的加大，杭集镇传统制造业的生存空间越来越小。为了突破发展瓶颈，一方面充分引入先进适用技术和管理经验改造传统产业，通过工艺创新、产品创新、组织制度创新和商业模式创新，增强产品竞争力，拓宽生存空间；另一方面大力培育自主创新能力，加大研发投入，建立营销和售后服务体系，积极向产业链两端走，获取行业超额利润。

制造业服务化可从两个方面来理解：一是服务于制造业，即生产性服务业或投入服务化，包括新技术研发、市场调研和广告、物流、技术支持、零部件供应、信息咨询等方面；另一个方面是制造业企业产出的服务，即产出服务化，比如苹果手机的"产品+内容"、售后服务等。目前在国际分工比较发达的制造业中，产品在生产过程中停留的时间不到全部循环过程的5%，而处在流通领域的时间要占95%以上；产品在制造过程中的增加值不到产品价格的40%，60%以上的增值发生在服务领域。产品价值实现的关键和利润增值空间日益向产业价值链两端的服务环节转移。制造业服务化对经济发展方式转变的推动作用表现在以下几个方面：制造业服务化带动了二三产业的协同发展，促进产业结构优化，同时还推动了经济增长向依靠技术、人才、管理要素的转变；制造业服务化是实现生产方式柔性化、敏捷化，实现制造业产品高端化的主要途径；制造业服务化还是实现精益生产、绿色生产的重要保障。

杭集镇现有人口素质整体不高，难以适应高知识密集型产业发展的要求。杭集镇人口就业结构中农民工占绝大部分，并且大多数人从事着与牙刷和酒店日用品等传统产业相关的工作，其长期积累的生产经营经验、工作技能在很多方面难以适应陌生而全新的高技术产业发展要求，只有以现有产业为基础，跟踪行业技术前沿，适应市场变化，逐步引入新的更先进的生产管理经验，及时调整战略方向，才能平稳地实现本地区的经济转型。

作为杭集镇的主导产业，牙刷和酒店日用品等传统产业必然承担着吸

第八章
扬州市杭集镇的产业升级和转型

纳本地劳动力就业的艰巨任务。解决本地劳动力就业不但是政府的首要任务，是牵动着每个家庭生计的民生工作，更关系到社会稳定团结和长治久安。只有在稳定社会环境下才能谈发展经济。从目前杭集镇产业发展的总体状况看，产业生态良好，产品市场占有率很高、竞争力较强，在以市场为主导企业为主体的指导思想下，对传统产业推倒从来的产业转型方式，既缺乏动力，又在财力上难以持续，所以应该以现有产业为基础，通过存量优化，增量调整的方式，以现有产业的高端化和服务化为突破口逐步实现经济的转型发展。

二、传统制造业产品高端化的路径

如何实现传统产业产品高端化，需要政府、产业和大学及科研院所共同努力，从产业发展的实际看，需要从以下三个方面着手。

1. 营造有利于传统产业集群高端化的政策环境。总体来说杭集镇的企业规模小，财力弱，人员素质差，单纯依靠企业自发的市场行为，在短期内很难形成高水平的产业集群。因此，必须充分发挥地方政府在引领产业集群发展方面的重要作用，通过制定科学合理的产业政策，把企业的自发行为和政府的自觉行动紧密结合起来，最大限度地摆脱市场经济的盲目性，促使产业集群更快更好地发展。具体而言，一是要为产业集群的发展营造良好的外部环境，加强基础设施建设，拓展城市发展空间，完善城市综合服务功能，提高产业承载能力；同时要不断深化以转变职能、精简审批、综合执法、政务公开和效能监督为主要内容的改革，创建学习型、竞争型、创新型、服务型的政府机关，千方百计降低行政成本，提高行政效能和服务水平。二是要围绕主导产业和新兴培育产业发展配套服务，引进教学研发机构，坚持引资与引智并举。杭集镇高端人才相对缺乏，随着生态科技新城创新驱动战略的实施和杭集镇制造业高端化、服务化的推进，在加大培养本地人才的同时，还应制定和实施区外高端人才引进计划，努力组建一支科研实力雄厚、操作能力一流的高科技人才和技工队伍。

2. 在全球价值链中重新定位。地方经济加入全球生产体系，往往会依据自身的竞争优势形成一些专业化的产业集群，依靠特定商品的出口竞争力赢得本地区在国际分工体系中的位置。随着以跨国公司为主导的全球生产体系形成,传统的以水平分工为核心的国际分工格局,正在向以垂直的价值链分工格局转变。在这种背景下,一国或地区的产业竞争优势已不再以某个特定产业或某类特定产品为标志,而是体现为其在产业链中所占据的环节上。目前杭集镇牙刷和酒店日用品等传统特色产业在国际价值链分工中处于低端环节,依靠劳动力等初级要素比较优势嵌入全球价值链。低端环节往往进入壁垒低,竞争激烈,在市场中一般以价格竞争为主,由此导致的结果就是集群的功能被锁定在低附加值环节上,而集群设计、开发、品牌营销等高附加值功能难以发育或逐步消失。随着竞争的不断加剧以及要素成本上升的约束,这种锁定效应使得杭集镇传统产业竞争优势难以持续。因此,杭集镇传统产业的进一步发展首先要重新确立自己在全球价值链中的位置,培育自主知识产权优势,向价值链高端提升。

3. 发挥龙头企业的带动作用。产业集群的主体是企业,企业竞争力和发展水平的高低直接关系到整个产业集群的发展水平,而在众多企业中代表着地方最高水平的龙头企业又是集群整体转型发展的关键。杭集镇中小微企业一般财力和能力有限,信息资源和社会资源匮乏,危机意识欠缺,市场开拓动力不足,因此难以起到带动地方产业转型升级的作用。只有依靠地方龙头企业,依托其规模优势,整合社会资源,发挥示范带动作用,通过产品高级化、品牌化、国际化实现杭集镇整体产业高端化。在龙头企业的选择上,主要应把握三个标准:一是要有较大的规模和实力。在市场经济条件下,资本、技术、人才等资源总是首先流向那些拥有较大规模和较强实力的大企业。这也就是说,只有大企业才拥有更强的吸引力和凝聚力,才能更好地发挥产业集群主角的功能。二是要有自主知识产权的知名品牌。品牌是市场的通行证,是市场竞争力和影响力的集中体现,拥有知名品牌的企业对上下游产业链条具有强大的引领和整合能力。三是要有核心优势。对于参与产业集群的企业主体来说,核心优势包括核心技术、专利产品、管理技能、市场网络等诸多方面,一个企业只要在上述一个或多个方面具有独特优势,就会对上下游产业产生强大的拉动和集聚作用,从而影响整个产业集群的形成与发展。美国的钢铁巨头摩根集团、石

第 八 章
扬州市杭集镇的产业升级和转型

油巨头洛克菲勒公司等大型财团在运用高新技术改造传统产业的进程中都发挥了主要作用,带动了相关产业链中的中小企业的发展。

4. 促进企业间的学习和交流。知识经济时代信息的价值难以估量,及时有效的获取信息,把握产业发展前沿,了解市场动态成为企业生存和发展的关键。虽然信息技术的发展使得信息传递变得更加便捷和有效,但是面对很多难以编码或标准化的信息,近距离面对面交流不可替代,这就需要通过企业间日常的学习和交流来实现。意大利的实践告诉我们,企业家协会、各类教育培训机构、行业协会等在促进实用技术的扩散和企业家精神的培养方面能够发挥令人意想不到的作用。此外,组织新产品展示会、商品博览会等既能提高区域产品的知名度,又可以为供需双方进行产品技术交流提供更多的机会。但是所有这些都是以区域内的合作氛围及企业间的相互信任为基础的,企业之间的信任是维持系统运行的纽带,推动企业间学习和交流网络发展的前提。杭集镇产业生态良好,分工协作紧密,经济网络和社会网络交织融合,社会信任基础坚实。这有利于政府根据企业要求适时搭建企业学习交流平台,推动各种有用信息在整个产业生态网络中顺畅流转,从而促进杭集镇整体产业的高端化。

浙江台州泵业和汽摩业协会的基本服务内容是维护市场秩序和提供市场信息,组织专业技能培训,同时,还承担着一些非市场化的运作职能,为企业间建立与维护良好的信任关系起到了重要的作用。温州低压电器产业集群辅助服务机构主要包括了行业协会和金融机构,其中行业协会由柳市的商会、柳市企业家协会和专业技术协会等构成,它们起着三个方面的作用:一是通过促使行业内部成员企业间签订协议来抵制不正当竞争和规范市场竞争环境;二是通过搭建交流平台来促进企业间的沟通、学习和行业信息的共享;三是为集群内部成员企业与外部知识中心的合作牵线搭桥。

5. 遵循技术和产业发展的规律,运用先进适用技术改造传统产业。运用先进适用技术改造传统产业,不仅要以市场需求为导向,更要遵循技术和产业发展的规律,关键是要处理好技术和产业发展规律与市场需求的关系。首先,要正确、科学地认识杭集镇传统产业的市场需求结构和趋势，只有这样才能选择适用的技术改造产业体系，生产的产品才能适销对路，技术研发投资才能回笼，经济才能良性循环。其次，必须把握产业技术的发展方向，只有把握好方向，改造后的传统产业才能提供更多、更便宜的能满足消费者需要的产品。德化陶瓷生产历史悠久，是我国陶瓷文化的发祥地和三大古瓷都之一。目前，德化有1000多家陶瓷企业集聚在城区周围，企业间的紧密度日益增强，专业化分工越来越细。当地政府积极转变职能，建立良好的政策导向机制，增加科技投入，为科技创新创造良好的条件，建立了以企业为主体、市场为导向、产学研相结合的技术创新体系；支持企业同清华大学国家陶瓷研究所、景德镇陶瓷学院合作，利用高等院校和科研院所雄厚的技术力量，弥补自身在技术上的不足；在技术的"嫁接"过程中，注重消化、吸收，重点提高企业自主创新的能力，避免出现"边引进、边落后，再引进、再落后"的情况，从而在发展中先人一步，赢取主动权。

6. 大力实施知识产权、技术标准和品牌战略。一要大力推进技术专利化和专利技术产业化进程，鼓励企业申请和运用国外专利。二要推进企业实施技术标准战略，引导企业和科研机构将开发的拥有自主知识产权的关键技术与专利纳入技术标准和企业联盟标准，并积极申报国家或行业标准，引导扶持企业和科研院所积极参与国际标准、国家标准、行业标准、地方标准的制（修）订，掌握产业竞争制高点。三要大力实施品牌战略，实现产品品牌、企业品牌和区域品牌的共同发展，在继续支持名牌产品、品牌企业的同时，重点要促进集体品牌或集体商标、地理标志产品、原产地注册商标等区域品牌的发展，要大力提高名牌产品和驰（著）名商标的国内外市场占有率，支持品牌企业提高自主研发和自主创新能力，不断提高品牌和商标的技术含量和附加值。杭集镇传统企业应当积极努力实现从加工生产向设计生产加工（ODM）转变，进而逐步转向更高层次的自主品牌加工（OBM），通过建设自有品牌并不断扩大品牌的影响度，提高产品差异性，形成核心部件的自主知识产权，实现品牌与集群发展的良性互动。杭集镇相关部门要从严执法，严格规范市场行为，打击取缔粗制滥造、假冒伪劣、偷税漏税的不良企业，形成良性竞争，重塑集群品牌。

第八章
扬州市杭集镇的产业升级和转型

三、传统制造业服务化的发展路径

现实经济中几乎没有制造业企业能独立为客户提供产品和全生命周期的服务，而是借助由众多企业分工协作形成的服务制造网络。制造企业应通过核心能力识别和非核心业务外包，分工协作，优势互补，构建服务制造网络。通过服务制造网络，企业之间的生产活动将实现高度的网络化和并行化，客户、服务性生产企业、生产性服务企业和制造业企业之间基于标准化界面和业务流程，嵌入价值增值网络，形成具有增值、整合、创新功能的生产协作体系。生产性服务是指市场化的中间投入服务，包括：科研开发、管理咨询、工程设计、金融、保险、法律、会计、运输、通信、市场营销、工程和产品维修等方面。服务性生产是企业采用制造工艺流程外包的方式，进行零部件加工、制造组装等制造业务流程协作，共同完成物理产品的加工和制造。通过生产性服务外包，制造业企业可以专注于自己的核心业务，同时委托专业的生产性服务企业提供中间投入服务，从而提高经济效益。通过服务性生产协作，使得企业能够在更广阔的范围内寻找具有比较优势的制造资源，降低制造成本，提高生产效率，增强生产柔性，降低生产投资风险，更好地创造专业优势，协同完成技术复杂度更高、创新性更强的产品。制造业企业建立起来的服务化网络应该是一个动态的稳定的网络，不同类型的活动主体（客户、生产性服务和服务性生产企业、制造业企业）根据自身比较优势和核心竞争力主动参与到价值创造活动中，实现资源的优化配置和整体经济效益最大化。对于杭集镇制造业企业而言，可以依托于各自的比较优势，培育企业的核心竞争能力，开展核心业务，经营价值链中的核心环节，以网络化的形式组织生产。

传统制造业企业主要是生产和销售物质产品为主，通过为客户提供所需产品获取利润。传统制造业由于技术门槛低，产品差异性小，在激烈的市场竞争中，企业利润微薄。因此需要转变传统销售理念和方式，通过制造业企业服务业化来提供增值服务，实施差别化竞争战略，从而获取产品附加值，提升利润空间。制造业企业服务化后，在销售前，企业与顾客进行密切联系、充分沟通与交流，以保证整体解决方案顺利实施。在销售中，企业在生产技术、开发、零配件采购等部门的支持下，根据要求向用户提供定制服务。在销售后的产品使用过程中，企业的服务人员通过电话或直接上门等方式定期对用户进行回访，对产品的性能和状态进行检测并提供相应的维修保养服务。对于出现故障的产品，由企业提供产品的维修服务，使其恢复相应的功能。制造业企业通过建立基于电子商务的售后服务系统，在线解决简单维修问题；借助信息技术，安排人员或合作伙伴进行就近快速维修服务；建立快速、准确和方便的退换货处理系统；建立定期对销售的产品及其服务进行客户跟踪服务的系统等。制造业服务化，顾客和制造商之间传统销售关系已经改变，服务和产品互相依存。顾客不但参与产品创新的过程，而且在产品制造过程中发挥着重要的作用。此外，具有一定技术基础的用户可能亲自对产品进行某种改进，并被制造商吸收到其产品中来。制造业企业要转变传统的销售理念和方式，在整个产品生命周期过程中为客户提供各项服务，真正站在顾客的角度为其提供全程化服务，使顾客价值最大化。

制造业企业服务化，就是要最大限度地满足客户的个性化服务需求。这就使得客户的信息资源在制造业企业经营过程中显得尤为重要。制造业企业在与客户的日常接触和沟通中，收集客户信息，并根据所获得的客户信息进行分析、归类建立客户数据库。客户数据库能对记入数据库中的客户信息进行整理分析，为挖掘和刺激客户需求，实现扩展企业目标客户提供依据。制造业服务化的实现关键和利润来源，就在于提供客户所需要的服务方案，因此对客户需求服务信息的整合和挖掘非常重要。制造业企业可运用 CRM 对客户信息资源的计算机化管理，向客户提供满意的产品和服务，并与客户建立稳定、相互信任的关系。此外，企业自主设计的产品不可能在所有方面都满足顾客的需要，杭集镇传统制造企业要在企业产品研发设计阶段就主动让客户参与进来中，通过与客户进行频繁的相互学习来解决产品应用过程中可能出现的各种问题。因此，有必要建立可与客户需求信息实现共享和反馈的长效机制。

知识管理系统（KMS）是企业实现知识管理的平台，它是一个以人的智能为主导，以信息技术为手段的人机结合的管理系统。其总体目标是通

第八章
扬州市杭集镇的产业升级和转型

过将企业中的各种知识资源,包括显性知识和隐性知识整合为动态的知识体系,促进知识创新,并通过知识创新能力的不断提高带动劳动生产率的提高,最终增强企业的核心竞争力。

制造业所提供的服务已经不仅仅是对产品进行简单的故障排除、零件更换和维护保养,更是凝聚着技术和知识的创造性活动。知识经济时代,以知识为基础的服务活动,如研发、营销、产品设计、渠道、广告等大大增加,导致知识密集型服务变得更为普遍。因此,知识管理系统的构建变得尤为重要。首先,知识管理系统有利于整合知识资源。知识管理系统应具备对分散在企业内部业务流程、信息系统、数据库、纸质信息资源以及企业与合作伙伴、顾客之间的业务流程中的知识资源进行优化选择,并以系统化的形式储存。其次,知识管理系统有利于促进知识转化,扩大知识储备。知识管理系统应作为知识交流的媒介,促进隐性知识与显性知识之间相互转化。在转化过程中使知识得以增值、创新,并且将转化中经过验证的、有价值的知识存储起来,一方面可以避免因为人员调离而造成的知识流失,另一方面可以在更大范围内实现知识共享。最后,知识管理系统有利于实现知识与人的链接,即实现人向知识的链接、知识与人的链接及需求知识的人与拥有知识的人的链接。人向知识的链接可以基于智能搜索引擎实现,而利用"推"技术可以将知识主动推荐给用户,使知识被利用的机会大大提高并减少用户主动寻找挖掘知识的工作量,提高工作效率。人是最大的知识资源,良好的专家网络可以有效地连接知识需求者与知识拥有者,以促进知识转移。

实施知识管理的关键是思想上的转变,真正做到:尊重个人知识,加强人与人之间的相互信任,鼓励团队精神、知识交流与共享以及持续学习与发展,促进知识创新,从而增大企业内部知识含量,产生知识和团队的整合效应。同时通过核心能力分析,保留和加强企业的最具竞争优势的增值活动,构建起包括供应商、制造商、经销商和客户在内的全新网络。制造业企业可结合企业自身的条件和特点,应用信息技术构建适合制造业企业的知识管理系统,在客户产生某种需求时,能快速反应。

服务化了的制造业必须对其提供的服务质量进行有效评估,才能更好地满足顾客需求,从而获得竞争优势。服务质量评估体系的核心是以人为本,这是由于一方面服务需求由人产生,具有多样性和多层次性,另一方面服务供给主体为人,要求遵循和满足服务需求,并实现供求平衡。服务质量评估体系不仅可帮助管理者方便、准确地分析、测量、控制、评价服务质量状况,而且可以有效推进和保证服务质量全面管理。见图8-2。

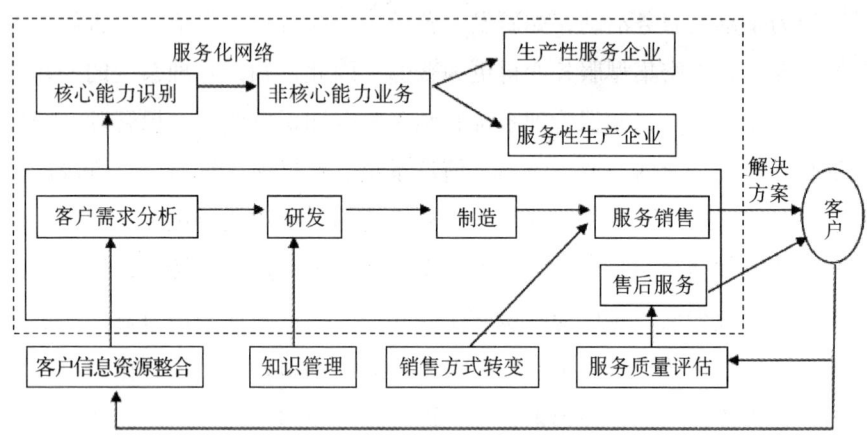

图 8-2 制造业服务化实现路径

四、重点发展的产业领域

基于杭集高新区产业发展基础条件、当前国内外产业发展的总体态势和南部区块的产业功能定位,遵循重点产业选择原则,综合考虑产业基础、技术支撑、市场需求、发展潜力和政策导向等因素,确定重点发展四大产业:1)以高分子材料、环保材料为重点的新材料产业;2)以牙刷牙膏制造、刷业装备制造、酒店用品、一次性卫生用品为重点的轻工日化产业;3)以工业创意设计、研发与转化服务和以专业市场、仓储物流、电子商务为内容的商贸物流业为重点的生产性服务业;4)以固体废弃物综合利用为核心的循环经济产业。其中重点发展的生产性服务业包括:

1. 专业市场。

(1)实现专业市场的管理创新,向法治化转变。市场经济就是法治经济,批发市场作为市场经济的一种形式,必须通过法律手段进行规范化发展。在国家目前还没有出台这方面法规的时期,可先制定地方性的批发市

第八章
扬州市杭集镇的产业升级和转型

场管理办法。同时要根据杭集镇经济发展的需要和资源优势,认真做好市场发展规划,严格按照规划,建设和发展市场,消除重复建设和不利于市场发展的因素。促进市场的健康发展。

(2) 实现专业市场的组织创新,向质的提高转变。走出传统的只注重规模扩大,而忽视优化市场质量的发展模式,在重视市场硬件建设的同时,加强市场软件建设,完成市场由外延扩张向内涵发展的过渡。市场建设的重点要放在市场功能的完善上,通过对现有市场的改造、扩建和软件设施的配套建设,来扩大市场规模。要突出杭集产业特色,大力培育有影响力的交易商,特别是一级批发商,大力培育市场中介组织与经纪人队伍。努力实现批发市场与地方产业基地的有机结合,走市场连基地,基地促市场的发展路子,形成产供销一体化的市场发展模式。

(3) 实现专业市场交易方式的创新,向集约型转变。批发市场不是简单的商品中转站,从世界专业市场发展趋势来看,专业市场必须具备"商品集散、财务结算、信息传播和形成价格"四大功能。因此,杭集镇专业市场的发展,必须围绕上述四大功能的实现来进行完善,逐步把专业市场建设成为商品的集散中心、信息中心、价格形成中心和统一结算中心。要逐步走出千篇一律的摊位制的对手交易模式,积极把连锁、代理、配送、拍卖等现代营销方式引入专业市场中来,通过办分市场和连锁经营,实行总经销、总代理,大力开展配送业务等形式来丰富市场交易模式,大胆探索网络交易、仓单经营等符合专业市场运作的交易方式。要积极促进专业市场信息网络建设,逐步形成全国联网的信息网络体系,实现有形市场与无形市场的有机结合,推动批发市场朝着适应现代流通改革要求的方向发展。

(4) 实现专业批发市场形象创新,向成为优质产品的集散地转变。过去,一提到专业批发市场,就与假冒伪劣商品联系到一起,特别是小商品市场表现得更为突出,严重损害了专业批发市场声誉。大力推进百城万店无假货向批发市场延伸,提高专业批发市场中经营商品的质量,在杭集专业批发市场中逐步杜绝假冒伪劣商品,树立批发市场的新形象。

(5) 实现专业批发市场制度创新,向投资多元化转变。实践已经证明，批发市场的单一投资主体的管理模式，已不适应批发市场发展的要求。要按照《中共中央关于国有企业改革和发展若干重大问题的决定》的要求，积极引导批发市场运行和管理体制向现代企业制度方向发展，通过对现有批发市场的改组、改制，努力实现跨所有制、跨行业、跨地区的联合，实现杭集镇专业批发市场的战略性重组，通过股份制形式来经营管理批发市场。

（6）实现专业批发市场的外部规模和范围经济向布局集中转变。杭集镇目前除了锦都国际酒店用品城外，在全镇多个地区和街道分布着大大小小的门市部，这既不利于市场的管理，也不能因为集中布局获得外部规模和范围经济，要通过集中布局，集中管理，集中服务规范批发市场的发展。

2. 物流产业。杭集镇镇物流产业发展要以市场为导向，以企业为主体，以政策为引导，以标准化为保障，全面建设以物流信息平台、交通枢纽设施、综合运输方式、连锁配送网络为基础的功能完善、技术先进、运转高效、布局合理、覆盖面广的物流基础设施体系，逐步建成以全方位、多层次的现代物流服务网络为支撑的立足苏北、辐射长三角、面向全中国、服务全世界的现代物流中心。

（1）构筑现代物流业发展政策服务平台。

——建立政策引导、宏观调控和综合服务为主的政策服务平台。本着"加强领导、统一规划、注重协调、做好服务"的工作思路，成立物流产业专门协调管理机构，加大物流业的管理力度，研究制定扶持物流产业发展政策措施，为物流业发展提供竞争公平、运作规范、服务优良的外部环境。

——发布杭集物流园区、物流配送中心建设指南，贯彻执行国家物流产业技术标准，建立物流设施开发运营招标制度，引导社会各种所有制合理投资，允许外商投资物流产业。

——鼓励物流企业扩大经营范围和提升服务质量，对入驻物流园区企业、第三方物流企业和物流配送中心企业的建立和发展给予积极支持，提供良好的营商环境。

第八章
扬州市杭集镇的产业升级和转型

——利用国家经贸委物流服务业发展专项资金、政府贴息、物流园区土地出让金返还等，多方筹措物流业发展资金。设立杭集"现代物流业发展基金"，加大对外开放力度，招商引资，优化、完善杭集投资环境。

（2）高水平、高起点地建设物流基础设施、信息技术现代化水平为主的要素平台。

——要着眼于现代物流链式管理系统各个环节服务功能的增强和技术水平的提高，对仓储、运输、分拣、加工、配送、包装、网络服务等物流要素运用现代化电子信息技术进行更新改造，为物流产业的发展奠定坚实的基础。

——抓住生态科技新城建设的机遇，进一步提升镇区运输基础设施特别是公路交通网络，消除交通"瓶颈"，提高铁路、公路、航空（泰州）之间协调配合和服务社会功能。

——引导、鼓励现代物流企业运用电子信息技术进行改造，提升物流企业信息技术普及程度和应用水平；扩展、延伸物流企业供应链的范围和半径，通过电子网络促进信息流、商流、资金流的有效结合。

——改造、盘活、挖潜传统物流企业闲置资产，优化、整合社会闲散物流资源。与此同时，要加强现代化物流技术的普及，推广运用现代物流技术标准，提高物流管理标准化、规范化水平。

——根据生态科技新城总体规划布局要求，积极有序地建立布局合理、功能完备、运转高效的现代物流配送系统，使物流园区——物流中心——配送中心等设施建设均衡，功能互补。

——杭集镇大多数物流企业规模较小、发展水平不高、技术装备落后。政府要积极引导各企业兼并重组，培育出一批技术装备先进、管理水平较高，具有相当竞争力的一流的物流企业。积极扶持和培育第三方物流专业企业集团，以三笑物流为重点，引导其改造现有基础设施、发挥其信息网络和仓储优势，立足杭集，服务长三角。

3. 电子商务平台。

——借鉴"义乌购"开发运营模式，依托锦都国际酒店用品城，开发建设具有自主知识产权的电子商务平台，以O2O形式实现实体体验与电子交易同频共振、互促共赢，逐步建成集价格指数发布、新产品展示、名优特商品汇聚等多功能于一体的现代化信息服务中心。

——借助垂直电子商务平台——中国旅游日化电子商务平台丰富的海外渠道资源和运营经验，以跨境 B2B 的形式，开拓国际市场。

——顺应商贸流通趋势，利用国内开放式的 B2C 电子商务平台，比如天猫、京东和当当网，以品牌营销①为目的，开设网络旗舰店。

——以服务于牙刷、酒店日用品和家庭卫生用品等传统产业的电子商务建设为突破口，积极引导其他产业开展相关的电子商务业务，促进产业，特别是新兴产业的发展壮大。

此外，要大力推进网上商城、电子交易等新模式、新型业态发展，规划建设电子商务楼宇、电子商务产业园区、电子商务综合交易平台、物流综合信息服务平台，依托专业市场电子商务平台（锦都国际酒店用品城），吸引国内外电子商务企业和配套服务企业入驻，增强商贸城的影响力和辐射带动力。通过整合、改造、提升，借力优秀的商贸基因、丰富的人脉资源、坚实的产业基础和发达的交通网络，把杭集镇打造成国内知名商贸中心、区域物流高地。

4. 工业设计服务。工业设计是指以工学、美学、经济学为基础对工业产品进行设计。工业设计是对产品的功能、结构、形态及包装等进行整合优化的集成创新活动，是生产性服务业的重要领域。发展工业设计，对加快产品结构调整、推动科技成果产业化、提高产品附加值、增强企业创新能力和竞争能力具有重要意义。

以工业设计园为载体，完善配套服务，加大政策力度，调动产业需求，大力培育和吸引为杭集镇产业，特别是主导产业配套的工业设计服务业，以制造业服务化促进制造业高端化，实现美化产品形象，提升产品质

---

① 品牌营销是通过市场营销使客户形成对企业品牌和产品的认知过程。企业要想不断获得和保持竞争优势，必须构建高品位的营销理念。最高级的营销不是建立庞大的营销网络，而是利用品牌符号把无形的营销网络铺建到社会公众心里，把产品输送到消费者心里。使消费者选择消费品时认这个产品，投资商选择合作时认这个企业。

第八章
扬州市杭集镇的产业升级和转型

量,丰富产品功能,获取产品附加值。在着力发展杭集镇工业设计服务业的同时,强调绿色设计理念,并通过政策设计融入设计实践。

此外,大力宣传和推广工业云服务概念,鼓励地方企业充分借助成熟的工业云服务平台开展相关的工业创新业务。与此同时,杭集镇政府在适当情况下,主动联合国内外相关企业和部门搭建与本地产业高度配套的特色工业设计服务平台。

5. 研发与转化服务。大力发展科技研发与转化服务业,为科技研发和成果的转化提供高效和完善的支持体系。吸引或整合国内与轻工日化、新材料、专业设备和绿色循环等产业相关的工程技术研究中心、国家和省部重点实验室等科研机构,组建产业技术联合研究院,吸引和集聚国内外科技领军人物和高层次科技人才创新和创业,为杭集镇乃至扬州市未来产业的升级和发展提供科技研发支持。针对区域重点发展的产业领域和科技型企业的创新需求,积极引进企业技术中心、科研院所、重点实验室、工程技术研究中心等机构设立公共技术平台,与企业展开技术合作,提供实验和测试等公共研发服务。积极推进公共信息服务平台建设,建立专业技术研发数据库为企业提供研发信息支持。建设会议中心、展示中心和交易中心,积极组织各类科技展示、成果推介活动,建立科技型企业与资本和市场的联系机制,推动高科技企业快速成长和发展。

第九章

新阶段普宁市经济发展新动力机制研究*

改革开放以来，工业化驱动的城市化是普宁市经济和社会发展的基本驱动力量。随着经济发展新阶段的到来，经济结构变化的趋势表明，普宁市经济和社会发展的驱动因素已经由单纯的工业化向包括新型商贸、产业创新发展和新城市功能区开发在内的多元因素转变。随着多元驱动因素潜力的释放，普宁市的经济和社会发展将步入创新驱动发展的发展阶段。

通过与义乌的比较，以现有产业转型和升级为导向的现代服务业发展，是普宁产业结构调整的方向。今后5—10年，主导普宁市经济发展的现代产业体系包括：1）以纺织服装为主体的快时尚产业；2）以平台化为主导的大健康产业；3）与现有产业创新发展相适应的包括网络信息技术、大数据、云计算、金融服务、跨境电子商务和专业服务在内的现代服务业；4）以潮汕文化集中展示为主导的文化创意和生态旅游产业。

围绕着现代产业体系和新型国际商贸名城建设，普宁市要探索走创新驱动的型城市化发展道路，建设创新型新兴城市。其中，培育和构建城市创新生态系统是普宁市"十三五"时期政府工作的战略重心。包括"CBD+TBD"（商务中心区+科技商务服务区）在内的新型城市功能区、"平台+生产型服务业+中小企业"服务体系建设和促进科技型中小企业发展，是

---

* 应普宁市政府之邀，南开经济调查团队2016年1月初开始对普宁展开了15天的调查研究工作。在调查资料的基础上，经过理论分析和研究，2016年3月6日完成了"新阶段普宁市经济发展新动力机制的研究"报告。本章是在调查研究报告的基础上修改完成的。

第九章
新阶段普宁市经济发展新动力机制研究

实施创新驱动战略的主要抓手。

为了加快经济转型和发展,近期需要完善的政策工具包括:1)城市创新创业生态体系的构建;2)科技型中小企业发展行动计划;3)平台经济发展推进计划;4)以跨境电子商务为主导的电商发展推动计划;5)启动和完善综合城市规划。

第一节 处于转型期的普宁经济

一、经济转型期的普宁

普宁市位于广东省东南部,潮汕平原西缘,总面积1620平方公里,2015年户籍人口246万人,旅居海外华侨和港澳同胞约195万人,他们分布世界30多个国家和地区。依托优越的交通区位、人口和海外社会关系优势,改革开放以来,普宁市的经济和社会发展取得了巨大成绩,先后获得"全国县域经济基础竞争力百强县(市)"和"中国纺织服装产业基地"等称号,2015年地区生产总值达到597.1亿元。

从实际进程看,改革开放以来普宁市经济和社会发展的基本驱动力量是工业化。而近年来经济结构的新变化则表明,普宁市经济和社会发展的驱动因素已经由单纯的工业化向包括新型商贸、产业创新发展和新城市功能区开发在内的多元因素转变。随着多元驱动因素潜力的释放,普宁市的经济和社会发展将步入一个新的发展阶段。

(一)工业化驱动的城市化道路

1. 工业化和经济发展。对1979年至2014年经济发展的主要指标分析表明,改革开放以来,普宁市经济和社会发展走的是一条工业化驱动的城市化道路。改革开放之前,依托交通和侨乡优势,普宁市是粤东地区的商贸城市,直到20世纪90年代初期,第三产业在地区生产总值中的比重仍然高于第二产业。在外资经济的带动下,以民营经济为主导,形成了包括纺织服装和医药两大支柱产业在内的现代产业体系。

图 9-1 描述了 1979—2014 年普宁市地区生产总值及其增长速度的变动趋势。1979—2000 年,普宁市的经济始终在一个高位上运行。尽管在 1999 年至 2004 年期间,因为受到偶然因素的影响,经济增长出现了短暂的下降,2005 年之后继续保持超高的经济增长速度。伴随经济新常态的到来,2012 年之后,普宁市的经济增长开始放缓。

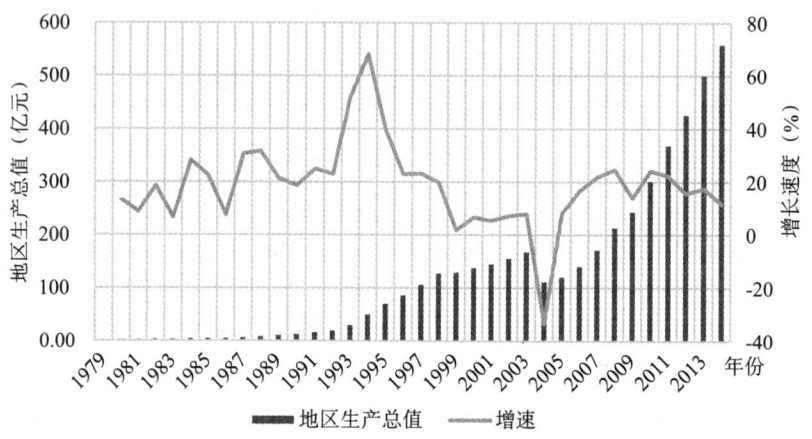

图 9-1 1979—2014 年普宁市地区生产总值和增长速度变动情况

从 1979—2014 年普宁市三次产业占比变化趋势看（图 9-2），第二产业和第三产业的协同发展一直是驱动普宁市经济和社会发展的基本力量。其中,第二产业长期是普宁市经济和社会发展的主导。即使在 2012 年经济进入新常态之后,普宁市第二产业的增长速度仍然超过第三产业。

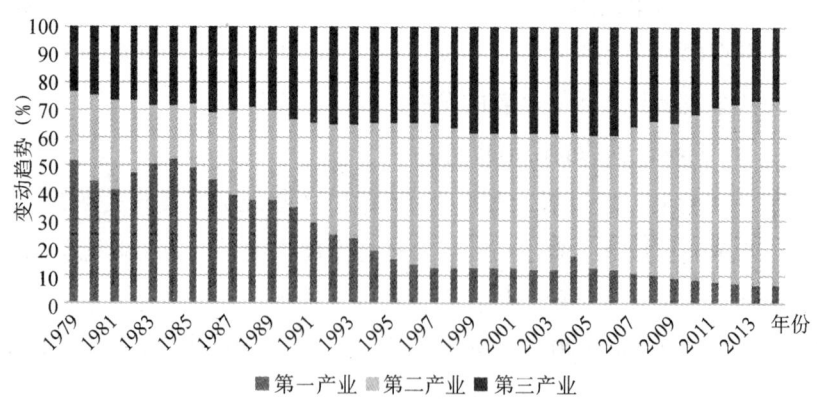

图 9-2 1979—2014 年普宁市三次产业比例的变动趋势

第 九 章
新阶段普宁市经济发展新动力机制研究

图 9-3 对普宁市 1979—2014 年地区生产总值、第一、第二、第三产业增加值及其增速变动情况的分析表明,改革开放以来,普宁市第二产业的增长速度始终超过第三产业和地区生产总值的增长速度。尤其是 2005 年之后,在第二产业的带动下,地区生产总值维持在超高速增长状态,第三产业发展则相对滞后于第二产业和地区生产总值增长速度。

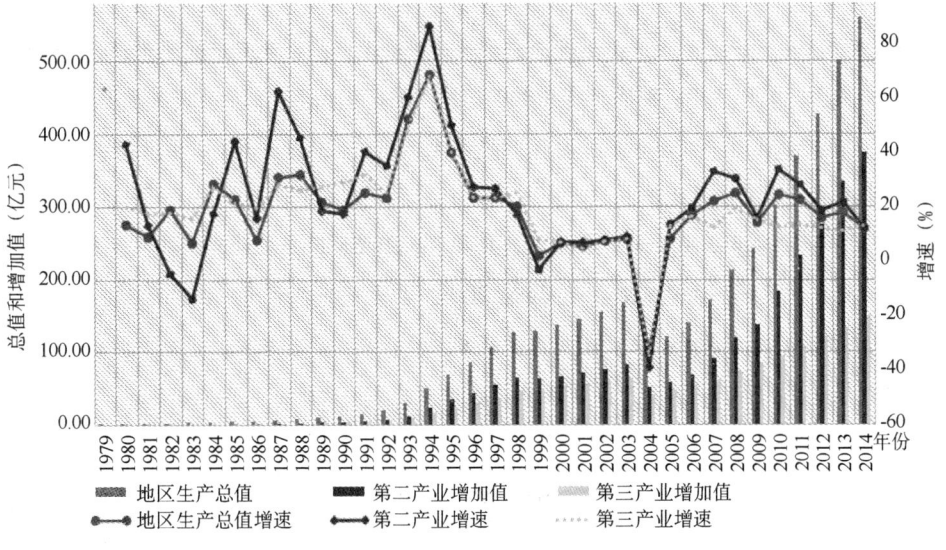

图 9-3　1979—2014 年普宁市 GDP 和第二、第三产业增加值及增速变动趋势

2. 纺织服装和医药产业兴起和发展。经过 30 多年的工业化进程,普宁市形成了以纺织服装和医药为主导的现代产业体系。2011 年普宁市的工业结构。在工业各行业产值占比中,纺织服装和医药分别高达 46% 和 25%,远远高于其他产业(见表 9-1)。尤其是纺织服装产业,在 2012 年之后,继续保持逆势上扬的发展态势(见表 9-2)。

表 9-1　　　　　　2011 年普宁市主要工业产值占比情况

产业 类别	医药	纺织服装	玩具	食品	塑料	其他	总计
实际值(亿元)	182	335	22	36	66	87	728.26
比例(%)	25	46	3	5	9	12	100

表9-2　　　　　　　　普宁市工业总产值百分比分布表

年份及项目 行业类别	2011		2013		2014	
	行业产值（亿元）	比例（%）	行业产值（亿元）	比例（%）	行业产值（亿元）	比例（%）
纺织服装	335	35.17	690.5	52.43	861.1	53.58
医药	182	19.11	191.1	14.51	203.8	12.68
工业总产值	952.54		1316.9		1607.13	

图9-4和表9-3描述了2009年至2014年普宁市纺织服装和医药产业发展的基本情况。从所列指标的变动趋势看，2009—2014年，纺织服装产业始终呈现出快速增长的势头。纺织服装产业产值占工业产值的比例，从2009年的39.16%增加到2014年的50.65%，2015年进一步达到53.2%。经过多年的发展，尤其是2009年以来的快速增长，纺织服装已经成为普宁市名副其实的第一大支柱产业。

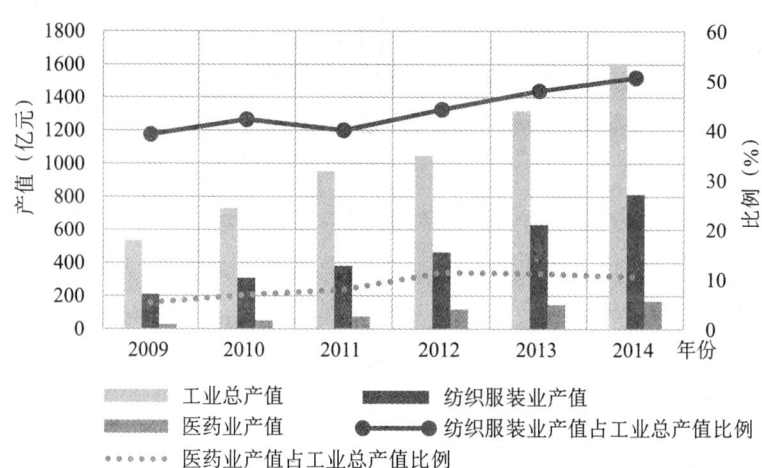

图9-4　2009—2014年普宁市纺织服装和医药产业发展情况

表9-3　　　　2009—2014年普宁市纺织服装和医药规模以上产值发展情况

行业 年份	工业总产值（亿元）	纺织服装（亿元）	纺织服装占工业总产值比例（%）	医药（亿元）	医药占工业总产值比例（%）
2009	534.36	209.25	39.16	28.11	5.26
2010	728.94	307.51	42.19	49.86	6.84

第九章 新阶段普宁市经济发展新动力机制研究

续表

行业 年份	工业总产值 （亿元）	纺织服装 （亿元）	纺织服装占工业 总产值比例（%）	医药 （亿元）	医药占工业 总产值比例（%）
2011	952.54	380.57	39.95	75.18	7.89
2012	1047.3	462.52	44.16	118.53	11.32
2013	1316.9	631.16	47.93	146.79	11.15
2014	1607.13	813.94	50.65	169.11	10.52

与纺织服装产业发展类似，2009年以来医药产业同样表现出快速增长的势头。在图9-5中，普宁市的医药产业产值从2009年的28.11亿元增加到2014年的169.11亿元。2014年，纺织服装和医药两大支柱产业产值占普宁市工业总产值的比重高达60%以上。

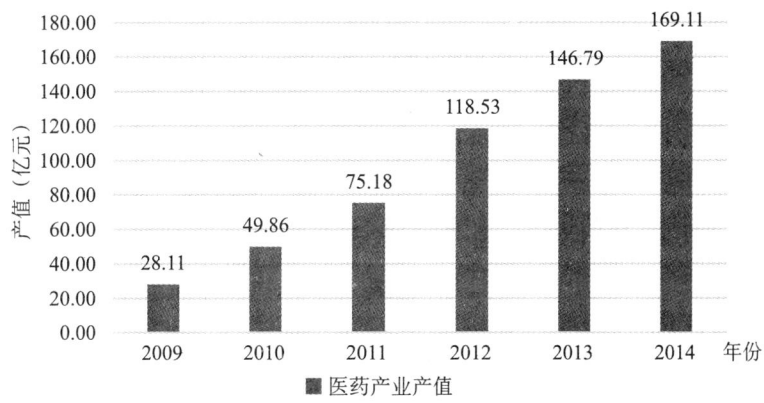

图9-5　2009—2014年普宁市医药产业产值变动情况

普宁纺织服装行业的衬衣、内衣和家居服的产量均达到全国产量的60%以上，已经发展为国内外知名的纺织服装产业集群。作为全国纺织产业基地，普宁市的纺织服装产业链较为完整，纺纱、织布、印染、辅料、配件、设计、生产、销售产业链条配套齐全，为产业的转型和升级打下了坚实的基础。

从图9-6对工业企业的空间分布的描述看，普宁市的纺织服装产业分布主要集中在市区和东部各镇，形成了从市区沿324国道向东延伸，长达15公里的纺织服装走廊，聚集的企业数量多达2000多家，涌现出下架山镇陈家村、流沙北街道小杨美村和流沙东街道湖东村、斗文村等一批服装生产专业村。其中，时装生产企业主要集中在市区，池尾街道以衬衣生产企业为主，占陇镇以纺纱、织布、印染生产企业为主，军埠镇以西装、内衣、衬衣生产企业为主。从产业链条之间的联系看，前端是包括化纤、涤纶、氨纶、锦纶和毛料在内的原材料产业。生产出来的原材料输送到中端的加工企业，中端的针织、梭织、无纺面料和洗染、印花、压光等加工产业，将加工后的半成品输送到后端的服装生产企业，加工制作成各类服装。后端的服装生产企业再将生产出来的各类服装输送到国际和国内市场销售。

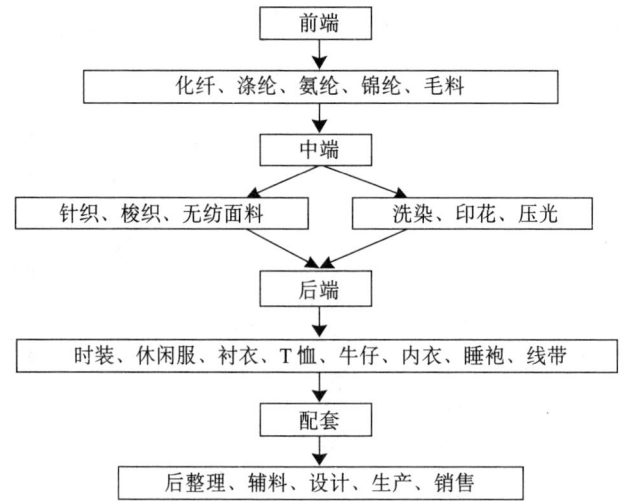

图 9-6　普宁纺织服装产业价值链条

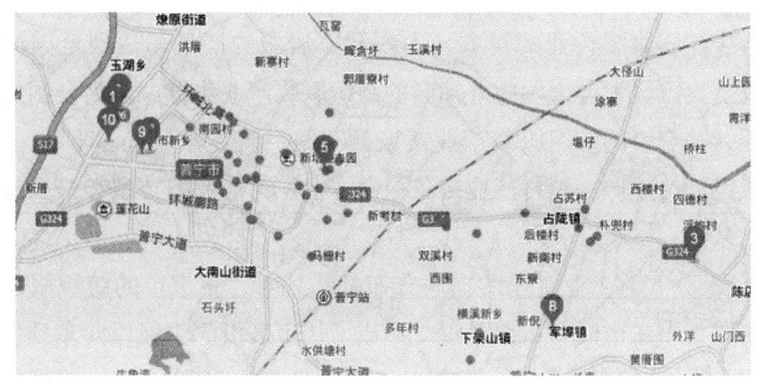

图 9-7　2015 年普宁市工业企业的空间分布情况

第九章
新阶段普宁市经济发展新动力机制研究

3. 商贸业的发展。依托交通区位优势,普宁市商贸业发达。包括水果、布料、服装和中药材在内的十大专业市场辐射全国117个城市(表9-4)。例如,广太镇的花木市场,经过30多年的发展,拥有专业园林公司20多家,苗木场近3000个,面积2万多亩,市场范围涉及珠三角、福建、长三角,甚至东北和西南地区。目前,广太镇绿化苗木有盆架木、金凤、白兰、罗汉松等100多个品种,形成了从种子到育苗再到移植在内的完整产业链。

表9-4 普宁市主要集贸和专业市场一览表

名称	地址
流沙服装专业市场	普宁市流沙镇路北段
流沙布料专业市场	普宁市流沙镇新河东(原中市场)
流沙副食品专业市场	普宁市流沙镇城东(原中市场)
流沙水产专业市场	普宁市流沙镇东北
药材专业市场	普宁市白沙陇、赵厝寮、新寨
卷烟调剂交易是心	普宁市流沙大桥西南侧(市烟草局内)
粤东粮食市场	普宁市洪阳镇
南径蔬菜专业市场	普宁市南径镇
水果专业市场	普宁市洪阳镇、广太镇
里湖杉木市场	普宁市里湖镇河头夏园
里湖茶叶市场	普宁市里湖镇引榕南路
广太花木市场	普宁市广太镇

在各类专业市场中,除了服装,普宁市最具全国影响力的是中药材市场。表9-5和表9-6列出了全国17家大型中药材专业市场和康美(普宁)中药材专业市场的基本情况。康美(普宁)中药材市场主要经营贵细药材,包括西洋参和虫草在内的贵细药材和保健品占到国内市场的70%。

表 9-5　全国 17 家大型中药材专业市场基本信息

序号	市场名称	所属省份	建设年份	主要经营品种及数量	年销售额	备注
1	亳州市（中国）中药材交易中心	安徽	1995	交易中心中药材日上市量高达 6000 吨，上市品种 2600 余种（主要经营产品为生药及饮片，如白术（本地产、桔梗、天麻、板蓝根、菟丝子、胖大海等)）	100 多亿元	国内规模最大的中药材专业市场，四大药都之一
2	禹州市中药材专业市场（许昌市）	河南	2001	上市品种 2600 种	15 亿元	全国 17 个中药材专业市场、"中华药城"、四大药都之一
3	成都市荷花池药材专业市场	四川	1996	经营品种约 4500 个，常见药材近 2000 种	20 亿元	西部地区最大的中药材市场、全球最大的虫草集散中心、全国体量最大、硬件设施最完备的中药材专业市场
4	安国市东方药城	河北	1994	经营品种 2800 多个，主要产品有祁薏米、祁菊花、祁白芷等"八大祁药"以及沙参、花粉等	60 亿多元	中国北方最大的中药材专业市场，四大药都之一
5	宜春市樟树中药材专业市场	江西	2004	经营品种 1000 多个	约 30 亿元	南国药都、四大药都之一
6	广州市清平中药材专业市场	广东	1996	涵盖中药材、中药饮片、中西成药、医疗器械、保健品等	10 亿元以上	大都市中心区域的中药材市场
7	山东鄄城县舜王城中药材市场	山东	1991	上市中药材有 1000 多个品种	3 亿多元	中国绿色药都

第九章
新阶段普宁市经济发展新动力机制研究

续表

序号	市场名称	所属省份	建设年份	主要经营品种及数量	年销售额	备注
8	重庆市解放路药材专业市场	重庆	1994	主营黄连、枳壳、栀子、云木香、玄参、丹皮、半夏、杜仲、贝母（奉节贝母）等9个品种	—	全国首批八家中药材专业市场之一
9	哈尔滨三棵树中药批发市场	黑龙江	1991	经营上千个品种，既有人参、鹿茸、林蛙油、熊胆等东北特产，也有来自全国各地的中草药	—	东北三省唯一的中药材专业市场、全国17家国家级中药材专业市场之一
10	兰州市黄河中药材市场	甘肃	1994	主要销售的药材如党参、黄芪、甘草、当归、生地、板蓝根等。同时，该中心经营全国其他产地常用中药材及中药饮片约800余种	2亿元左右	全国17家国家级中药材专业市场之一
11	西安万寿路中药材市场	陕西	1991	市场经营品种达1600多种	日成交额150多万元	全国17家中药材专业市场之一
12	蕲春县蕲州药材交易市场	湖北	1991	上市交易品种近1000个，主营丹皮、杜仲、桔梗等	5.5亿元	全国17家中药材专业市场之一
13	岳阳花板桥中药材市场	湖南	1992	主营虫草、洋参等贵细药材，田七、天麻、枸杞等和各种医疗器械和保健品	约3亿元	首批8个国家定点中药材专业市场之一
14	邵东县廉桥药都市场	湖南	1983	集全国各地名优药材，本地药材品种达200余种，主要以玉竹、金银花等为主	10亿元以上	江南药都、全国17家中药材专业市场之一

续表

序号	市场名称	所属省份	建设年份	主要经营品种及数量	年销售额	备注
15	玉林中药材专业市场	广西	1988	经营药材品种1000多种	近10亿元	全国17家中药材专业市场之一
16	普宁市中药材专业市场	广东	1996	主要经营冬虫夏草、人参、鹿茸、鱼胶等贵细药材，日均上市达1000多个品种	14亿元左右	粤东地区最大的药材集散地、首批八个国家定点中药材专业市场之一、全国17家中药材专业市场之一
17	昆明市菊花园中药材市场	云南	1991	中药材品种4000多种	20亿元	全国17家中药材专业市场之一

表9-6　康美药业（普宁）中药材专业市场基本概况

经营品种	药材来源	药材销地	主要销售渠道	市场容量	主要交易（信息）平台	备注
主要经营冬虫夏草、人参、鹿茸、鱼胶等贵细药材，日均上市达1000多个品种	全国各种中药材、本地400余种名优特产中药材	中药材销售已辐射到全国18个省市，且远销日本、韩国、欧洲、东南亚、港澳及北美等国家和地区	批发和零售结合，产地直销	铺位410间，经营户405户	康美·中国中药材价格指数、康美e药谷	（1）外地药材集散地，本地；（2）本地中草药资源达400余种，主要包括南阳山区后溪、船埠、黄沙、梅林产的陈皮、巴戟、山栀子、千葛、乌梅、山药和梅林盛产的枳壳、厚朴、千重纸等品种；（3）康美药业目前的中药材市场交易量已占全国的75%

说明：1）普宁市物流网络辐射能力：货运专线直达全国120多个城市；2）普宁中药材专业市场是全市十大专业市场的重要组成部分；3）1996年7月，普宁中药材专业市场被国家批准为首批8个国家定点中药材专业市场之一；4）普宁中药材专业市场是一个以生产基地为依托的传统中药材集散地，是南药走向全国、走向世界的最大窗口；5）康美药业并购安徽亳州等中药材专业市场（2010年4月），接管康美（普宁）中药材专业市场（2011年6月），新建全国最大的康美（亳州）华佗国际中药城（2013年11月）。

第九章
新阶段普宁市经济发展新动力机制研究

(二) 经济形态的新变化

从近五年经济结构的新变化表明,普宁市正在从工业化驱动的传统城市转变化包括多元要素驱动的现代城市。其中,两大支柱产业的转型升级和新城市功能的形成,是普宁市城市化发展的集中体现。

1. 纺织服装业的转型和升级。近年来,以实施品牌发展战略为抓手,通过创新驱动纺织服装产业的转型升级。在2012年中国经济进入新常态的背景下,普宁市的纺织服装呈现出逆势增长的态势。

第一,产业规模不断扩大。2014年纺织服装工业总产值达到856亿元,占全市工业总产值的53.27%,增长23%,2015年实现工业总产值1000亿元。现有纺织服装企业2530家,从业人员24.5万人,其中规模以上企业274家。

第二,产业链条日趋完善。已形成设计、生产、销售环环相扣的产业链,特别是衬衣年产量4亿件,家居服装销售额占阿里巴巴平台总销售额近一半。

第三,品牌建设形成热潮。目前,全市共有纺织服装注册商标17339件,其中中国驰名商标3件,广东省著名商标13件,赢得"衬衣第一市"、"时尚衬衣的王国"、"衬衫制造专家"等美誉。

第四,对外合作不断扩大。连续举办了十届普宁国际衬衣节,成功举办两届普宁国际内衣博览会,组织企业赴法国、意大利举办纺织服装推介会。2014年,全市纺织服装外贸出口额达8亿美元。

经过近年来的发展,普宁纺织服装产业的转型升级集中表现在三个方面:

(1) 区域品牌效应开始形成。据不完全统计,普宁市纺织服装业中的衬衣、内衣、家居服和内衣占全国产量的60%—70%。作为国内外有影响力的衬衣和内衣产业集群,区域品牌效应正在形成。尤其是通过举办包括普宁国际衬衣节和内衣节在内的会展活动,中国·普宁已经成为中国纺织服装的区域品牌。

表 9－7　　　　　普宁市纺织服装产业品牌一览表

类别	商标名称	产品	公司名称	主营业务
中国驰名商标	群豪	服装	广东群豪服饰有限公司	研究、开发、设计、生产、代理、加盟和直营销售
	名鼠	服装	广东名鼠股份有限公司	行业研究、产品研发与营销
	雅爵	服装	广东雅爵实业有限公司	专门开发、设计、生产、销售中高档针织T恤、衬衫及休闲洗水裤
广东省著名商标	雷伊	服装	广东雷伊股份有限公司	生产、销售
	乐士	服装	广州赢者乐士服饰有限公司	设计，生产和销售男装服饰
	HOK	拉链	普宁辉丰实业有限公司	拉链产品的设计、开发、生产和营销
	雅宝自然美	服装	普宁市东泽制衣有限公司	办公、科研、设计、生产与销售
	XZYD	乳罩	仙宜岱时装有限公司	设计、生产与销售
	古·比伦	服装	普宁市顺通织造制衣有限公司	生产与销售
	公子一派	T恤	广东公子一派实业股份有限公司	研发、生产、销售以及房地产开发
	路易王子	T恤	广东路易王子服饰有限公司	男士针织T恤服饰研究、设计开发和制造
	喜登鸟	T恤	喜登鸟服饰（广州）发展有限公司	面料开发、款式设计、生产与销售
	安蒂妮	内裤	普宁市宝贤内衣有限公司	生产、加工、销售
	秋盛资源	化纤	广东秋盛资源股份有限公司	再生涤纶短纤维的研发、生产和销售
	依雪妮	针织服装、内衣、文胸	广东瑞源科技股份有限公司	服装研发、设计与生产
	伊凯琳	内裤	普宁市依凯琳股份有限公司	设计、生产与销售

第九章
新阶段普宁市经济发展新动力机制研究

（2）制造业服务化趋势日益明显。图9-8对普宁市纺织服装产业价值链的拓展趋势进行了描述。从近年来的发展看，普宁市纺织服装正在从包括原料、纺纱、织布、印染、后整理、成衣生产和品牌服装在内的加工生产链，向包括面料研发、设计、品牌策划、供应链管理和金融服务在内的服务价值链扩展和演化。价值链扩展和演化的趋势表明，普宁市的纺织服装产业已经不再是一个简单的生产网络，而是一个包括设计和研发在内的创新网络。其中，制造服务化已经成为纺织服装产业结构调整和发展的新引擎。

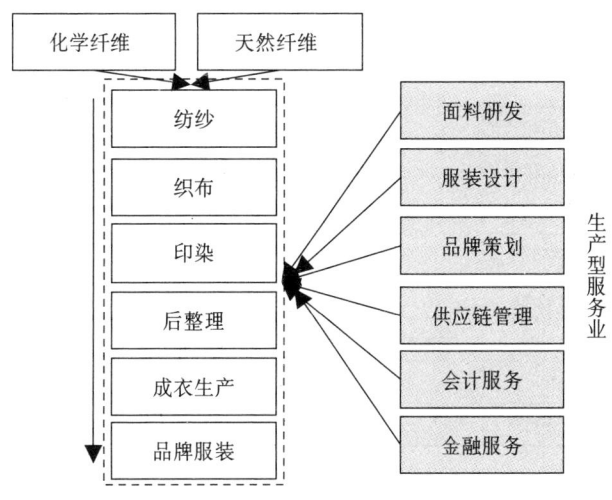

图9-8 普宁纺织服装产业价值链演化图

（3）创新成为驱动产业转型的主导力量。近年来，通过实施产业"登高"和引进工程，通过技术创新不断提高普宁市纺织服装产业的技术和装备水平。近3年来，纺织服装产业累计投入资金42亿元，实施技术改造项目60多项，累计申报专利2112件，其中发明专利137件，通过省科技厅科技成果鉴定10项，荣获揭阳市科技进步一等奖14项。

专利申请数量的增加不仅来自现有规模企业的技术创新，而且来自中小企业的创新创业活动。例如，作为普宁市纺织服装业科技型中小企业的代表，蕾沃尔公司通过兔毛加工技术创新和专利申请逐渐成长为行业内的高端品牌。

2. 医药产业的快速发展。目前普宁市拥有药品生产经营企业 367 家，其中药品生产企业 8 家，中药饮片加工企业 10 家，医疗器械生产企业 6 家，批发企业 81 家，零售企业 262 家。2014 年，医药业产值 204 亿元，增长 14%；税收 11.91 亿元，占税收总额的 26.67%。2015 年医药业产值为 240 亿元，税收为 17 亿元。

从近年来的发展情况看，普宁市的医药产业表现出如下特征：

（1）呈现出快速增长的态势。表 9-8 和图 9-9 表明，无论从医药产业总产值、增加值还是企业数量看，近年来普宁市的医药产业都呈现出快速增长的态势，不仅是普宁而且是揭阳市的支柱产业。

表 9-8　　2009—2014 年普宁市医药制造业总产值及增速变动趋势

指标 年份	揭阳市 产值（万元）	增速（%）	普宁市 产值（万元）	增速（%）	普宁市规模以上企业 占揭阳市比例（%）
2009	377218	32.5	281112	30.5	74.52
2010	678593	65.5	498630	65.6	73.48
2011	1015110	42.6	751770	51.5	74.06
2012	1559852	46.5	1185277	47.9	75.99
2013	1855542	15.3	1467867	19.9	79.11
2014	2068063	7.2	1691071	8.5	81.77

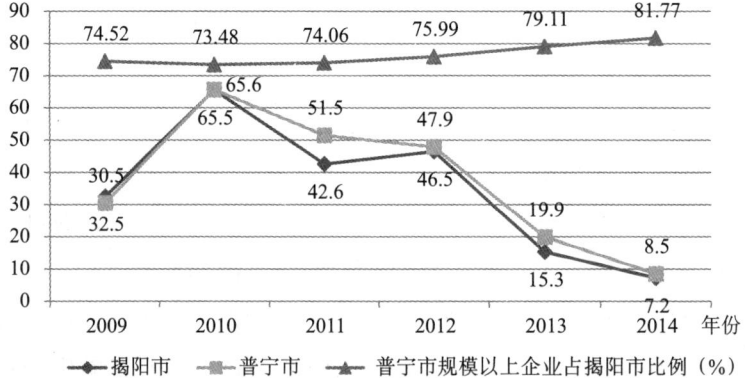

图 9-9　2009—2014 年普宁市医药制造业总产值及增速变动情况

第九章
新阶段普宁市经济发展新动力机制研究

表9-9　　　普宁市规模以上医药制造业增加值

指标 年份	揭阳市 增加值（万元）	增速（%）	普宁市 增加值（万元）	增速（%）	普宁市规模以上企业 占揭阳市比例（%）
2009	155468	29.5	130129	27.4	83.70
2010	217732	65.5	168269	64.6	77.28
2011	254146	45.1	192059	54.9	75.57
2012	383553	46.3	293332	46.9	76.48
2013	458241	14.3	351227	20.3	76.65
2014	491291	7.7	399009	9.0	81.22

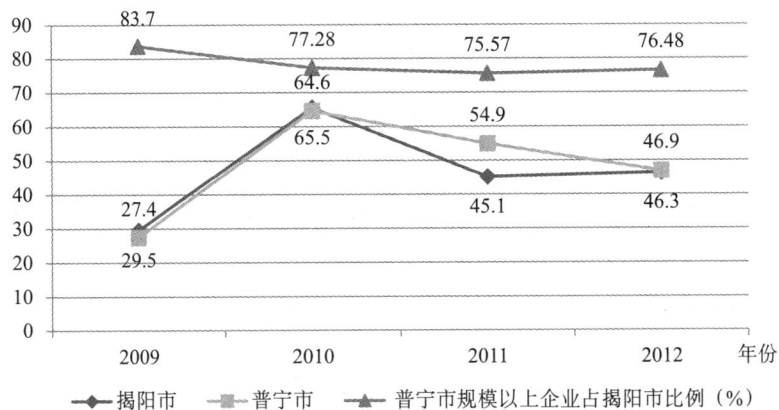

图9-10　2009—2014年普宁市规模以上医药制造业增加值及增速变动情况

表9-10　　　普宁市规上医药制造企业数量

年份	揭阳市数量（家）	普宁市数量（家）	普宁市规模以上企业占揭阳市比例（%）
2009	26	14	53.85
2010	32	16	50.00
2011	27	11	40.74
2012	27	12	44.44
2013	29	13	44.83
2014	30	16	53.33

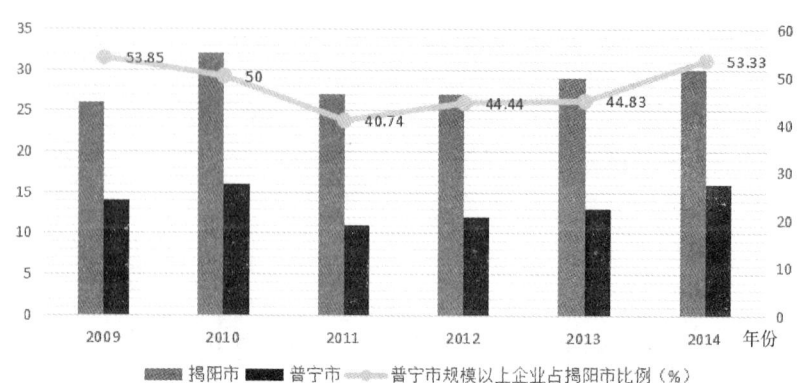

图 9-11 2009—2014 年普宁市规模以上医药制造企业数量变动情况

表 9-11 普宁市中成药产量变化趋势

指标 年份	揭阳市 产量（吨）	增速 （%）	普宁市 产量（吨）	增速 （%）	普宁市规上企业占 揭阳市比例（%）
2009	31278		25730		82.26
2010	41879	33.89	33790.81	31.33	80.69
2011	44672	6.67	41539	22.93	92.99
2012	42311	-5.29	36123	-13.04	85.37
2013	32525	-23.13	24351	-32.59	74.87
2014	40103	23.30	27143	11.47	67.68

图 9-12 2009—2014 年普宁市中成药产量变动趋势

（2）技术密集。表 9-12 列出了普宁市主要医药企业的专利分布情况。四家主要企业的医药专利包括发明、外观和实用新型三类专利，其中

第九章
新阶段普宁市经济发展新动力机制研究

发明专利占主导。在发明专利中,中药专利72件,西药专利12件,医疗器材专利30件。在四家企业中,康美药业在专利拥有方面具有绝对优势,尤其是在中药专利数量上。

表9-12　　　　普宁四家医药企业专利分布情况　　　　单位:件

专利名称 公司名称	发明			实用新型	外观	总计
	中药	医疗器械	西药	医疗器械		
康美药业股份有限公司	71	5	6	7	59	148
广东泰宝医疗科技股份有限公司	0	23	0	16	7	46
广东利泰制药股份有限公司	1	2	4	1	14	22
广东安诺药业股份有限公司	0	0	2	0	0	2
总计	72	30	12	24	80	218

资料来源:根据国家专利数据库查询整理,http://www.soopat.com/。

(3)从医药向大健康的扩展趋势明显。近年来,随着包括康美、泰宝和利泰医药企业从医药产品向大健康产业领域的扩展,普宁市的医药产业出现了向大健康产业延伸和拓展的趋势。例如,康美近年来开发的菊皇茶和贵细药材保健产品系列,利泰公司的保健水和泰宝科技的健康新型材料,是传统医药和新材料向大健康产业拓展的典型案例。

(4)销售网络发达。目前,普宁的中药销售辐射到全国18个省市,且远销日本、韩国、东南亚、港澳、北美等国家和地区。2007年,中国中药协会把普宁市定为全国首个"中国中药名城"试点城市。发达的销售网络为大健康产业的发展提供前提和基础。

3. 商贸和物流进入2.0时代。

(1)普宁国际服装城的开发和建设。2010年12月29日,中国·普宁国际服装城的建成开业成为普宁市政府推动纺织服装产业升级、打造"纺织服装名城"的重要标志。国际服装城总投资近20亿元人民币,规划总用地面积的20万平方米,总建筑面积约40万平方米。

从近年来的运营看,作为普宁纺织服装产业发展重要推动力,国际服装城已经发展为具有世界影响力的纺织服装产品交易和展示窗口，集物流和仓储、金融服务和专业服务在内的专业平台。

（2）国际商品城。普宁国际商品城，位于流沙大道与环城北路交汇处，占地 300 多亩，总建筑面积 52 万平方米，是包括商业和商务功能在内的大型商业项目。随着国际商品城投入运营和周边商务配套功能的形成，新的城市中心商务区正在形成。

（3）电子商务。根据市电商办统计，2015 年普宁市电子商务持续快速发展，全市电子商务交易总额 264 亿元（电子盘交易额除外），同比增长 35.4%，其中跨境电商交易总额 2.1 亿元。

2015 年，新增电商企业 180 家，总量达到 720 家。年销售额超千万元的商家约 50 家（有卡西奴、贝妍、韵萱、轩之婷、歌黛琪、卡丽纯、靓隽等本土电商品牌），康美药业、仙宜岱和玫瑰柏拉图的年销售额超过亿元。新增第三方服务机构 4 家，总量达到 20 家。入驻物流快递企业 18 家。成立电子商务协会 3 个，电子商务产业园 4 个（含在建）。"中国淘宝村" 25 个，"中国淘宝镇" 3 个，已经成为全国十大"淘宝村"集群之一。新增电子商务项目有：阿里巴巴集团农村淘宝项目、厂家网普宁 O2O 体验店、掌合天下、澳洲跨境电商 O2O 体验馆、阿里巴巴国际站、淘宝网中国质造等。支付宝消费能力进入全国百强县榜单，家居服销售额占阿里巴巴平台总销售额的 50% 以上。

图 9-13 和图 9-14 和表 9-13 对普宁市电子商务发展情况及其在潮汕地区的位置进行了分析。在整个潮汕地区，普宁市的电子商务走在前列。

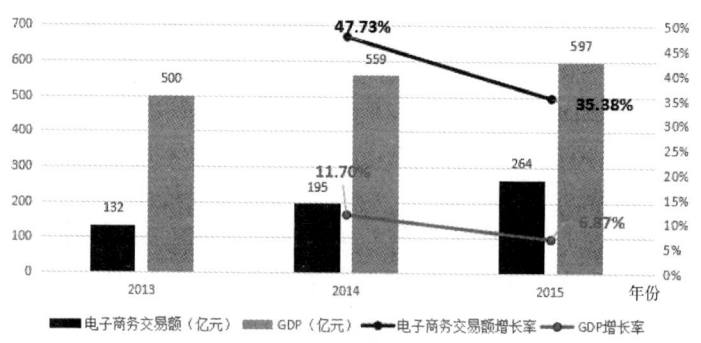

图 9-13 2013—2015 年普宁市电子商务交易额及增长的变动情况

第九章
新阶段普宁市经济发展新动力机制研究

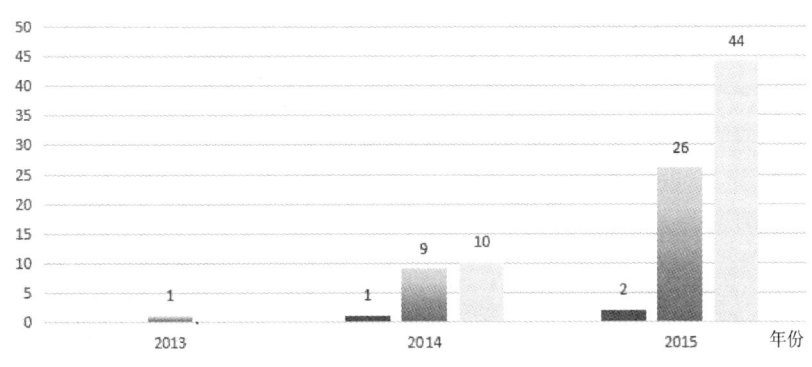

图9-14 2013—2015年潮汕地区淘宝村数量分布情况

表9-13 2015年潮汕地区淘宝村的分布

市	县	镇/街道	村
揭阳市	揭东区	锡场镇	军埔村
	普宁市	军埔镇	大长陇村
			石桥头村
		燎原镇	光南村
			果陇村
			泥沟村
			乌石村
		流沙南街道	马栅村
		梅塘镇	泗坑村
			涂洋村
			溪南村
			长美村
		南径镇	龙门村
			青洋山村
		南溪镇	钟堂村
		麒麟镇	月屿村
		下架山镇	横溪村
		占陇镇	交丙坛村
			朴兜村
			西楼村

续表

市	县	镇/街道	村
揭阳市	普宁市	占陇镇	下村
			下寨村
			新寮村
			占陈村
			占苏村
			占杨村
潮州市	饶平县	钱东镇	上浮山村
			紫云村
汕头市	潮南区	陈店镇	港后村
			流仙村
			内新村
			新溪西村
			洋新村
		成田镇	简朴村
			深沟村
			西岐村
		两英镇	东北村
			禾皋村
			西新村
		陇田镇	芝兰村
			珠埕村
		胪岗镇	泗和村
			泗黄村
			溪尾周村
			新庆村
		司马浦镇	华里西村
			溪美朱村
			下店村
			仙港村
		谷饶镇	大坑村
			东明村

第九章
新阶段普宁市经济发展新动力机制研究

续表

市	县	镇/街道	村
汕头市	潮南区	贵屿镇	湄洲村
			西美村
			仙马村
		和平镇	和平
		河溪镇	东陇村
		铜盂镇	河陇村
			肖渡村
	澄海区	东里镇	南社村
		莲上镇	涂城村
			永新村
			竹林村
		莲下镇	北湾村
			槐东村
			槐泽村
			建阳村
			立德村
			南湾村
		上华镇	渡头村
		溪南镇	埭头村
			上岱美村
			下岱美村

本研究搜集的相关资料显示：首先，在淘宝村数量上，2015年普宁市拥有"中国淘宝村"25个，"中国淘宝镇"3个。三个淘宝镇分别是燎原镇、梅塘镇和占陇镇，它们拥有淘宝村数量分别为4个、4个和9个，共17个，拥有淘宝村总数占普宁市淘宝村总数的68%，可见先发展淘宝村，再由淘宝村带动周边村落共同发展为淘宝镇是普宁市农村电商发展的重点（见表9-14）。

表9-14　2015年普宁市"淘宝村"主营产品及网点数量情况

镇/街道	村	主营产品	网店数量
锡场镇	军埔村	服装、不锈钢制品	—
军埠镇	大长陇村	睡衣、内衣、电子配件	15
	石桥头村	睡衣、内衣、电子配件	18
燎原镇	光南村	服装、竹帽、塑料制品	30
	果陇村	创新型服装(兔毛)、化工产品	30
	泥沟村		40
	乌石村	服装、内衣、睡衣	100
流沙南街道	马栅村	女装	
梅塘镇	泗坑村	服装、鞋类、电器、手表、日杂用品及五金	600
	涂洋村	服装、鞋类、电器、手表、日杂用品及五金	200
	溪南村	服装、鞋类、电器、手表、日杂用品及五金	450
	长美村	服装、鞋类、电器、手表、日杂用品及五金	130
南径镇	龙门村	服装、化妆品	20
	青洋山村	服装、化妆品	25
南溪镇	钟堂村	零星几个,尚未形成规模	—
麒麟镇	月屿村	服装、农产品(零星规模)	—
下架山镇	横溪村	服装	100
占陇镇	交丙坛村	服装	200
	朴兜村	服装	300
	西楼村	手机及配件、充电宝、自拍器、内衣	328
	下村	手机及配件	390
	下寨村	服装	250
	新寮村	手机及配件、移动电源、服装、文胸、内衣	257
	占陈村	女装等服装	250
	占苏村	服装	160
	占杨村	服装	60

第九章
新阶段普宁市经济发展新动力机制研究

其次，从普宁市淘宝村主营业务领域来，绝大多数淘宝村主要经营包括服装、内衣、睡衣和文胸在内的服装类商品。普宁市电子商务产业的发展与当地的纺织服装产业集群相互依存。一方面电子商务的发展依赖本地服装产业的发展，另一方面又成为纺织服装产业发展的重要拉动力。除了纺织服装，普宁市的电子商务经营的产品领域还包括医药、鞋类、不锈钢制品、电子配件、手机配件。

（4）物流业的发展。图9-15中的数据看，近年来普宁市的物流产业发展滞后于地区生产总值的发展。尤其是2013年之后，交通运输、仓储及邮政业明显滞后于地区生产总值的增长。其中的关键因素是近年来兴起的与电子商务相关的物流产业主要分布在普宁市的周边地区。如何吸引物流和仓储企业在普宁市设立物流仓储中心，是普宁市发展现代服务业的重点工作之一。

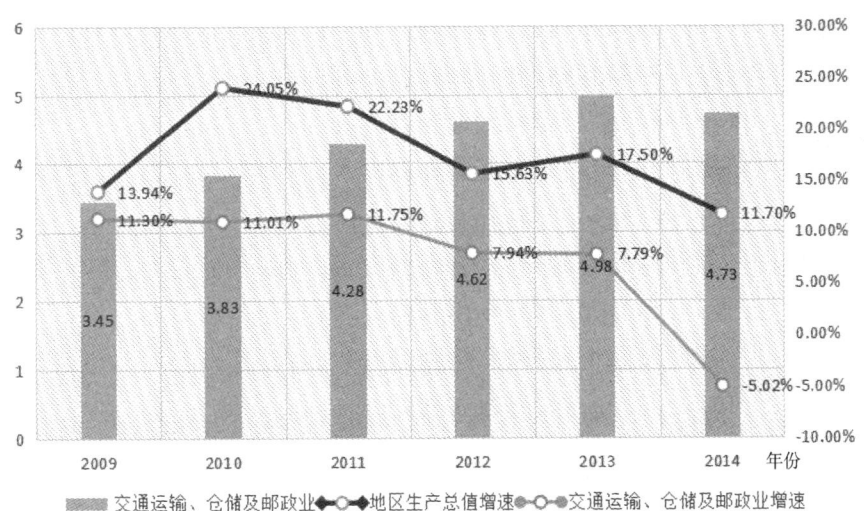

图9-15 2009—2014年普宁市物流产业的发展情况

4. 工业园区的建设。

（1）英歌山工业园区。英歌山工业区位于广东省普宁市北部英歌山，普宁市大坝镇和赤岗镇交界处，规划用地总面积约1.8万亩，用地范围已列入《普宁市城市总体规划（2007—2020）》。工业区坚持高标准规划、高起点建设和高效能配套，基础设施建设计划投资约30亿元。目前，工业区已完成了总规、详规和规划环评、设计招标和投资招标。工业区建成后，预计年产值可达 400 亿元以上。

作为省级重点项目，广东（粤东）纺织产业生态园位于英歌山工业园区内，是普宁纺织服装产业转型升级的重要载体。园区建设有利于推动产业集聚发展、加强生态环境保护、加快练江污染综合整治、促进社会和谐稳定、拉动普宁东部地区经济发展。

（2）生物医药产业园。广东（普宁）生物医药产业科技园，位于普宁市云落镇中部，由广东康谷生物医药产业科技股份有限公司投资兴建，该科技园 2014 年先后被列入广东省重点建设项目和促进粤东西北地区振兴发展重点产业项目，已投入资金 12 亿元，总建筑面积约 11 万平方米。

目前，已有广东佰和药业有限公司、广东志康药业股份有限公司、普宁市绿族参茸制品有限公司、普宁市海昌农业发展有限公司、广东枫叶药业股份有限公司、揭阳市恒得药业有限公司、广东倍特康源健康管理有限公司 7 家企业落户该科技园。

5. 城市功能的完善。

（1）高铁站。普宁站，2013 年通车，位于普宁市流沙南街道，隶属于广州铁路（集团）公司，是厦深铁路的一个站，是目前广东省普宁市唯一的高铁站，正线及始发线 7 条，设站台三座。目前已完成的起步区包括城南客运站、东方翡翠大酒店、文化广场、康美（普宁）中药城项目。

（2）中心商务区的建设。目前，围绕着普宁国际商品城，已形成了普宁中心商务区的雏形。如何根据普宁经济和社会发展的实际需要，选择更有发展前景的区域建立城市中心商务区，是普宁市"十三五"时期工作的重要内容。

二、发展的新机遇和增长潜力

2012 年以来，中国经济进入到新常态。经济结构调整和发展动力机制的转换是"十三五"经济发展的主题。作为制造业发达的城市，"十三五"期间普宁市结构调整的关键是发展现代服务业，动力机制则逐渐由工业化驱动转变为包括新型商贸和产业创新发展在内的多元因素。

第九章
新阶段普宁市经济发展新动力机制研究

（一）经济新常态背景下区域经济发展格局变化

1. 新常态的本质是经济结构深度调整期。近年来，随着增长速度的持续下滑，中国经济进入"新常态"。"新常态"是对中国经济发展新的阶段性特征的概括。2014年11月9日，习近平总书记在亚太经合组织（APEC）工商领导人峰会上从增长速度、经济结构和驱动因素三个方面，对"新常态"的基本特征进行了系统阐述：一是从高速增长转变为中高速增长；二是经济结构不断优化升级，第三产业消费需求逐步成为主体，城乡区域差距逐步缩小；三是从要素驱动、投资驱动向创新驱动转变。

与"新常态"对应，中国经济传统形态主要是指2008年美国金融危机之前的形态，集中表现为五个方面的特征：一是经济高速增长，年增长率在10%以上；二是通货膨胀率较低；三是经济增长主要依赖包括廉价劳动力和资源在内的要素投入；四是经济发展方式是外延式的；五是高投资、高储蓄和低消费率相结合。经济发展对要素和投资的过度依赖和增长方式的粗放性，在带来经济高速增长的同时，造成了环境保护压力增大、收入分配差距扩大和经济发展不可持续等一系列结构性问题。

从全球视野看，无论是发达国家（地区）还是发展中国家（地区），在人均GDP达到1万美元之后，经济增长都出现明显的下降趋势，即所谓的新常态。经济新常态在本质上是经济结构的深度调整期。积极适应新常态的关键是探索到新的发展阶段经济结构调整的动力和机制。例如，中国台湾在步入新常态之后，很快就成功地使经济增长恢复到快速增长的势头，其中的关键是通过新竹科技工业园区的建设实现了经济发展从要素驱动向创新驱动的转型。

2. 珠三角区域经济格局的新变化。随着经济新常态的到来，珠三角地区的区域经济发展格局将会发生前所未有的变化。其中，以产业创新发展为主导的产业区发展仍然是区域经济发展格局变化的关键因素。作为潮汕地区重要组成部分，依托现有产业集群的转型升级和战略性新兴产业的启动发展为新型国际商贸城区、快时尚和大健康之都是普宁市在新的区域经济发展格局变化中抢占先机的关键。

而新的战略目标的实现，依赖能否以产业国际竞争力提升为导向构建产业创新生态系统。其中，平台经济、生产型服务业发展和城市 CBD 的开发和建设，是创新生态系统的重要组成部分。

（二）未来 5—10 年普宁市的增长潜力

珠三角区域经济发展格局的变革是普宁市发展的重要外部条件，能否抓住新的机遇关键是制定有效的战略和策略。其中，通过比较分析，寻找经济增长的新引擎和重点领域，是制定新战略的前提和基础。作者通过对普宁和义乌市的系统比较分析，明确未来 5—10 年普宁市经济增长和发展的新引擎和重点领域。

1. 经济总量及增长速度比较分析。图 9-16 显示了普宁和义乌 2005 年以来经济总量及增长速度，表明经过近年来的快速发展，普宁市与义乌市经济总量相比，已经由 2005 年的 40% 增加到 2014 年的 56%。2006 年时，普宁市 GDP 增速还低于义乌市，但是在 2007 年至 2013 年期间，普宁市的 GDP 始终高于义乌市。

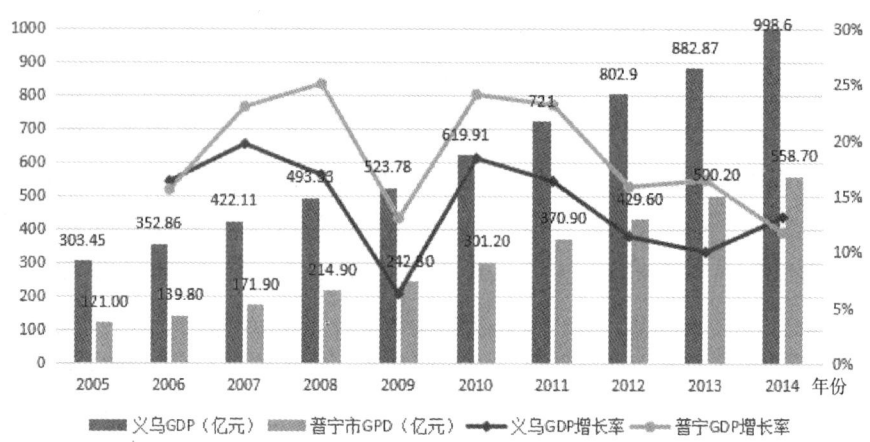

图 9-16　2005—2014 年普宁和义乌市 GDP 及增长率变动趋势

（2）第二和第三次产业及增长速度比较分析。图 9-17 显示了普宁市第二和第三产业产值及增长率的变动趋势，表明 2005 年以来，普宁市的 GDP 增长主要驱动力来自第二产业，第三产业的增长速度长期落后于第二产业。但是在 2014 年，因为第二产业增长速度的下降，第三产业的增长速度开始超过第二产业。

第九章
新阶段普宁市经济发展新动力机制研究

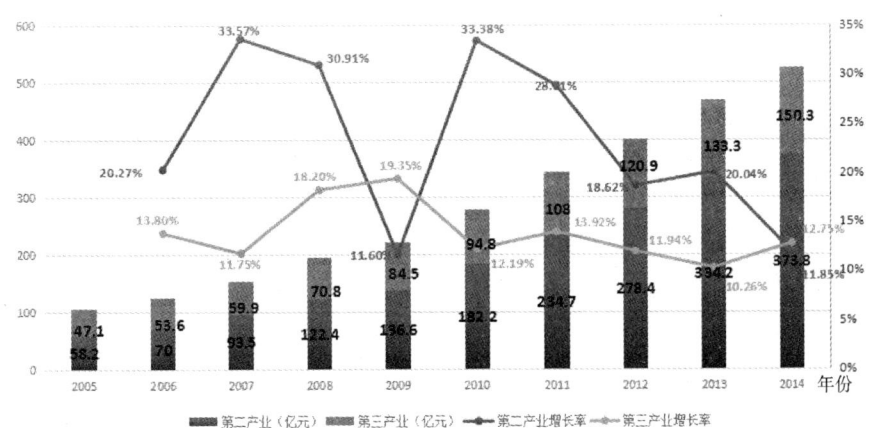

图 9-17　2005—2014 年普宁市第二和第三产业的变动趋势

图 9-18 显示了义乌市第二和第三产业产值及增长速度，表明从 2006 年开始，义乌市第三产业的增长速度始终高于第二产业。经过近年来的发展，义乌市的第三产业已经从第二产业的 1.11 倍提高到 2014 年的 1.57 倍，第三产业的发展是义乌市经济发展的主要驱动力。

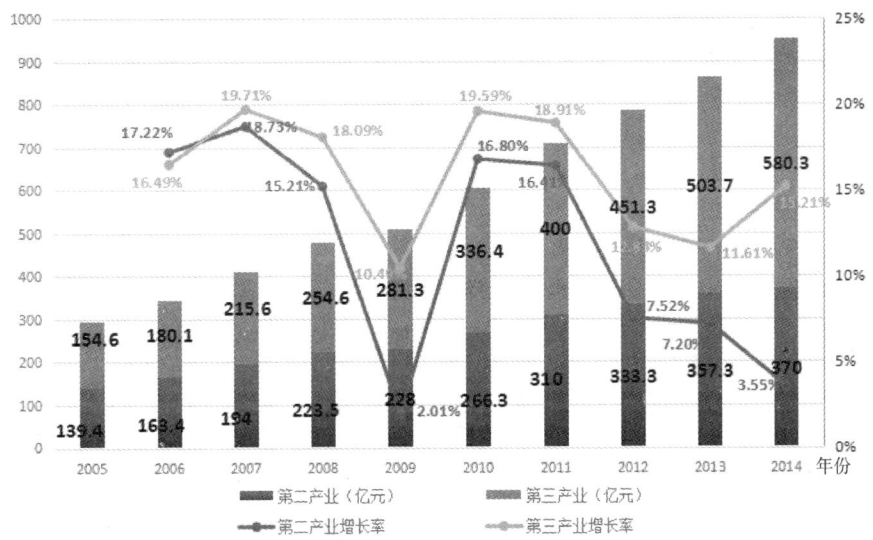

图 9-18　2005—2014 年义乌市第二和第三产业变动趋势

从普宁市和义乌市地区生产总值的构成和第二三次产业的发展看，普宁与义乌的差距集中表现在第三产业发展的滞后。基于对普宁市经济结构调整趋势的分析可以预测，2014 年之后，普宁市的发展将更多地依赖第三产业的发展。目前，普宁市正在处于通过制造业服务化发展第三产业的增长通道之中，依托生产型服务业的发展拉动第二产业的转型和升级，代表了普宁市经济发展的方向。

（3）出口额及增长率的比较分析。图 9-19 至图 9-22 显示了 2005—2014 年义乌市和普宁市 GDP 和第三产业与外贸出口额的变动趋势。表明，与义乌相比，普宁市的外贸出口额呈现出快速下降态势。尤其是第三产业发展的滞后与外贸出口额的下降存在着正相关关系。

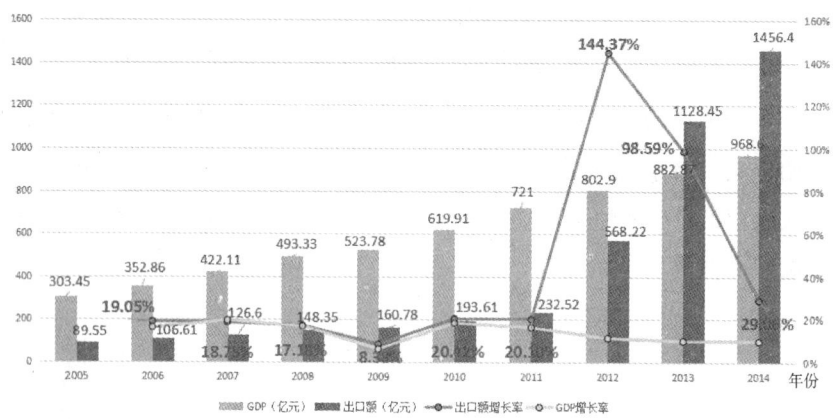

图 9-19　2005—2014 年义乌市 GDP 及出口额增长变动情况

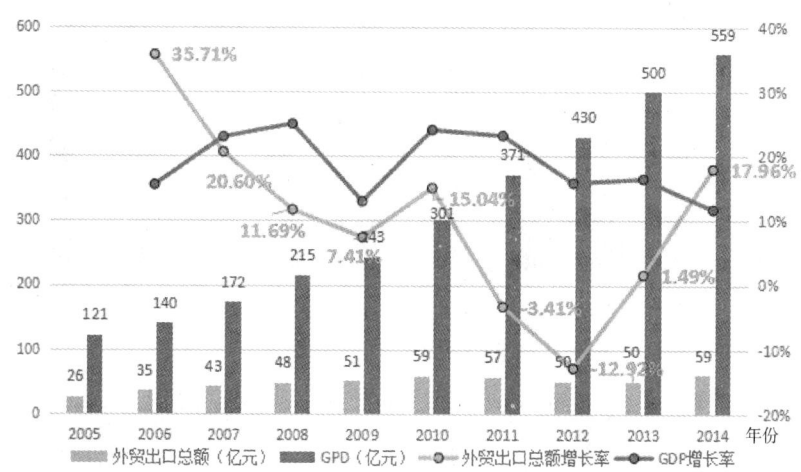

图 9-20　2005—2014 年普宁的 GDP 和外贸出口额的变动情况

第九章
新阶段普宁市经济发展新动力机制研究

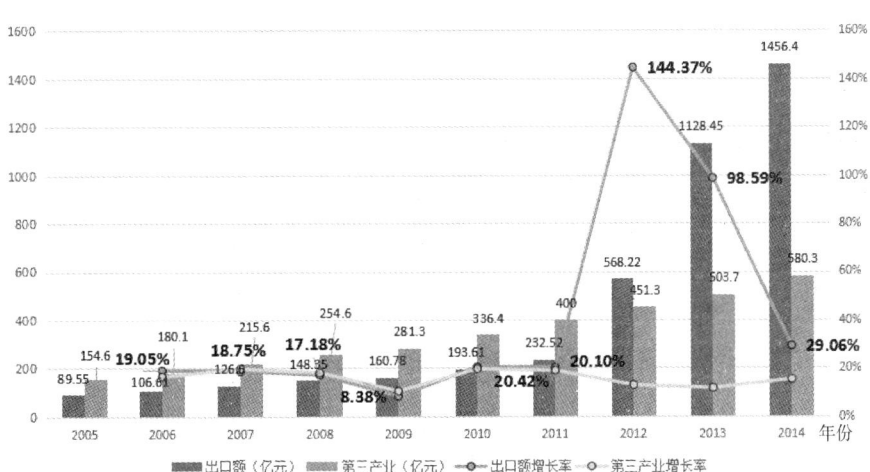

图 9-21　2005—2014 年义乌市第三产业和出口额变动趋势

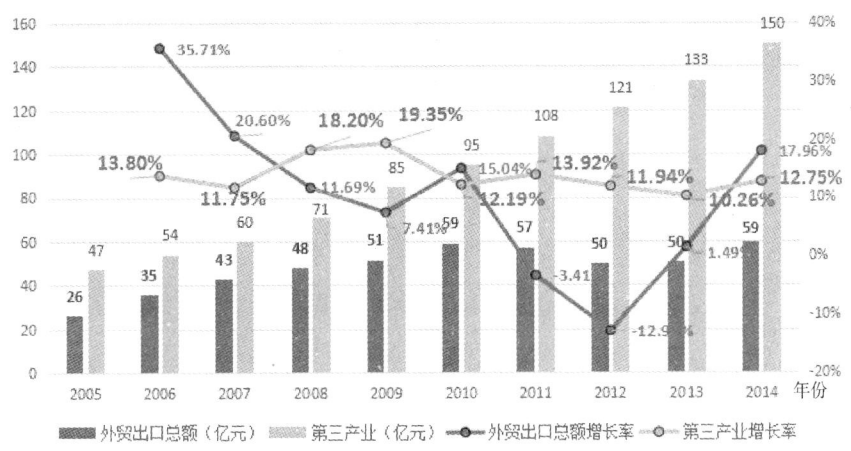

图 9-22　2005—2014 年普宁市第三产业和出口额变动情况

为了全面考察出口额与经济增长的关键，本研究选取义乌市与普宁市的出口额和 GDP 作为比较指标。通过数据比较可以看出，2011 年之前义乌市 GDP 与出口额之间增长趋势保持一致。2011 年，在义乌市出台"市场采购"新型贸易模式后，出口额增长开始超过 GDP 增长，增长率高达 144.37%。尽管在 2014 年出口额增长率逐渐回调，但是出口额和 GDP 的绝对量已经达到较高水平，2013 年之后义乌市的出口额绝对值超过 GDP 绝对值。

从普宁市的情况看，不仅出口额占 GDP 的比重较低，而且出口额增长率在很长一段时期内低于 GDP 增长率。尽管 2012 年普宁市的出口额增长率开始呈现上升态势并于 2014 年超过 GDP 增长率，但是在绝对值上，出口额远低于 GDP 绝对值。

从出口额与第三产业产值指标的比较分析中可以看出，2011 年之前义乌市出口额与第三产业的增长趋势呈现出较强的吻合性，并且在 2011 年市政府出台"市场采购"新型的贸易方式之后，义乌市出口额增长率达到 144.37%。虽然 2014 年回归到第三产业增长率附近，但出口额及第三产业的绝对值同样达到较高水平，2012 年，义乌市的出口额绝对值超过 GDP 绝对值。而普宁市的出口额增长率在很长时期内低于第三产业增长率，2012 年出口额增长率的快速增加对第三产业有一定的推动作用，但由于总量较小，整体上拉动作用有限。

两组数据的比较分析表明，出口额的增长对义乌经济发展具有极大的拉动作用。不仅表现为对 GDP 增长的贡献，而且表现为对包括物流业在内的生产型服务业的带动作用。与义乌相比，普宁市出口额增长的乏力不仅影响 GDP 增长，而且对生产型服务业的发展都产生不利影响。

（4）物流业发展的比较分析。在物流业方面，本研究选取 2005—2014 年普宁市全市货运量和货物周转量作为衡量普宁市物流业发展的指标，如图 9-23、图 9-24、图 9-25 所示，从总体上看，在此期间内，普宁市全市货运量的增长趋势与货物周转量基本相同。从具体时间点上分析，2007—2008 年由于全球金融危机波及，普宁市货运量及货运周转量均出现了断崖式下滑。2008—2009 年期间，物流行业增长率迅速回升。2009—2012 年期间，全市物流业出现了缓慢下降的趋势。2012—2013 年，因为电子商务、国际服装城和金叶实业商贸物流中心项目的投入运营和发展，全市货运量及货物周转量增长率达到新的高度。2014 年，由于受经济发展大环境的影响，普宁市的物流业又出现了下滑现象。

如图 9-26 所示，2005—2014 年义乌市的货运量一直保持较高的增长速度。2007—2009 年期间内，受全球金融危机影响，全市货运量增长速度出现明显下滑。2009—2010 年，物流业则出现较大幅度回升。2010—2011 年期间，义乌市物流业增长再次出现一定程度的下滑。2011—2012 年期

第九章
新阶段普宁市经济发展新动力机制研究

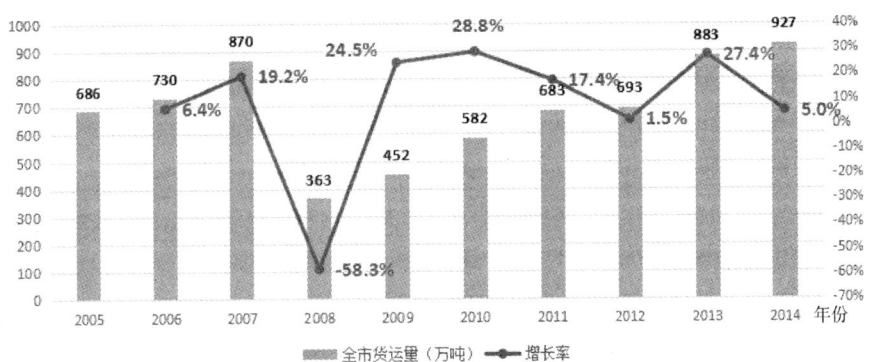

图 9-23　2005—2014 年普宁市全市货运量及增长率情况

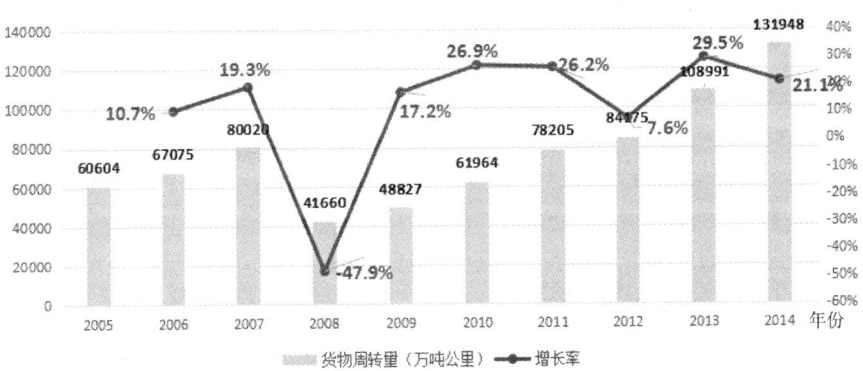

图 9-24　2005—2014 年普宁市货物周转量及增长率情况

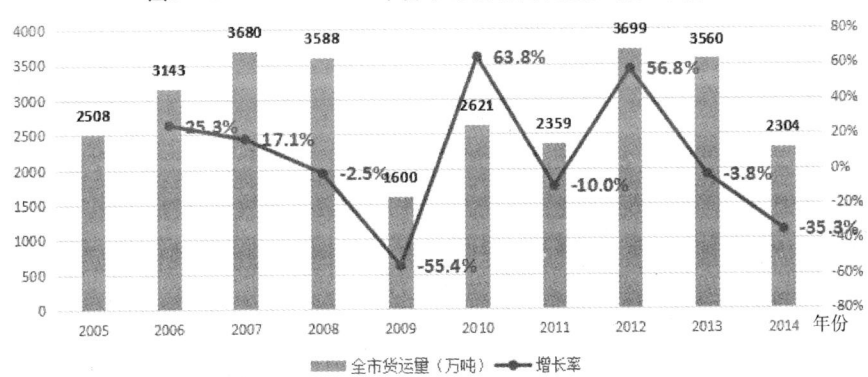

图 9-25　2005—2014 年义乌市全市货运量及增长率情况

间，由于"义乌购"电商平台的正式上线和"市场采购"新型的贸易模式的推广，全市货运量出现了较大幅度的增长。2012—2014 年期间，受国内外市场需求疲软的影响，义乌市物流业发展再次出现下降趋势。

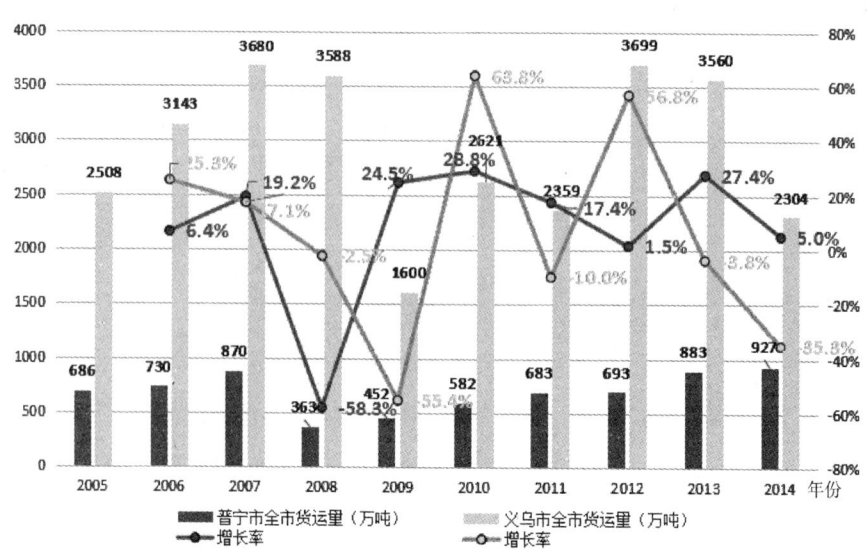

图 9-26 普宁、义乌全市货运量及增长率对比情况

由于在包括博览会和国际商贸城在内的国际商贸交易平台建设上早于普宁，义乌在国际商贸发展上拥有较强的先发优势，为物流产业的发展奠定了基础。而辐射全国包括"义乌购"电子商务平台的发展，进一步推动了义乌物流产业的发展。同时，海关和交通等职能部门出台的推动商贸发展的一系列支持政策为义乌物流业的发展保驾护航。义乌在物流业发展上的经验，可以为普宁市提供借鉴。

（5）物流载体建设情况的比较。

与义乌相比较，普宁市现有的物流体系建设大都依附于现有行业载体，例如，普宁国际服装城。同时，普宁市的物流配送中心基本上以单个企业为经营主体，例如，康美中药物流港。而在电子商务园区和工业园区的物流体系，普宁市则采取配套物流服务的方式。总体而言，普宁市的物流建设呈现出分散化和缺乏系统性的特征。见表9-15、表9-16。

相比而言，义乌市的物流体系的建设体现出更强的专业性和聚集性，例如，江东货运市场、义乌国际物流中心等。专业物流市场和园区能够为国内外各类商户提供更为专业的服务和提高物流效率，是国际商贸城市发展的方向。

第九章
新阶段普宁市经济发展新动力机制研究

表 9-15　　　　　　　　　普宁市物流建设情况

载体类别	名称	建成时间	功能及定位
商贸城	中国·普宁国际服装城		配套大型物流中心
	中国·普宁国际商品城	2011 年	配套仓储物流配送服务功能
	普宁轻纺城	1997 年	配套物流服务
	普宁市金叶实业洪阳商贸物流中心	2010 年	总建筑面积 6.80 万平方米；集商贸、住宿、物流、宴会、娱乐于一体的大型商贸物流中心，即配套物流广场
企业内部	康美中药物流港	2013 年	总面积 53.36 万平方米；集中药代理、仓储、配送、第三方物流于一体的大型医药商业中心，年配送中药及中药饮片 50 万吨
	广东烟草东部物流中心	2013 年	总建筑面积 2.74 万平方米；粤东的烟草物流中心
	利泰现代物流配送中心	在建	占地面积 2.40 万平方米　计划建设一个现代化、信息化管理的数控医药物流配送中心；项目建成后，最大库容量为 300 万件药品
	绿森佳林产品配送项目	在建	
电子商务园	中国·普宁国际服装城电子商务园	2012 年	建筑面积 2.40 万平方米；物流服务中心
	中国·国际商品城电子商务"淘宝创业园"		配套仓储物流
工业园区	普宁市英歌山工业园区	2007 年	占地面积 12 平方公里；配套物流服务
	广东（普宁）生物医药产业科技园	2014 年	建筑面积 11 万平方米；配套物流服务
	普宁市科技工业园	2001 年	占地面积 0.9 平方公里；配套物流服务
	中河经济技术开发区	1992 年	建筑面积 41 万平方米；配套物流服务
陆港	普宁数码港	在建	

表9-16　　　　　　　　　义乌市主要物流园区概况

载体类别	名称	建成时间	功能及定位
专业性物流站	江东货运市场	2001年	义乌市最大的物流市场，年货运能力1000万吨以上
	江北下朱货运市场	2002年	现代化国内物流市场
	义乌内陆口岸场站	2011年	总建筑面积84.9万平方米，其中仓库建筑面积74.2万平方米，设计年货运量为110万标箱；"义乌港"及义乌物流园区的核心基础设施
	义乌国际物流中心	2003年	全国最大的内陆港，年出口货物标准集装箱
	义乌保税物流中心	2014年	功能：国际物流配送；简单加工和增值服务；检验检测；进出口贸易和转口贸易；商品展示；物流信息处理；口岸；入物流中心出口退税
陆港	义乌国际陆港物流园区项目	在建	把口岸物流园区的功能和享受政策延伸到非沿海口岸的内陆地区

案例分析：义乌"市场采购"新型的贸易方式

市场采购贸易方式是指由符合条件的经营者在经国家商务主管部门认定的市场集聚区内采购的、单票报关单商品货值15万（含15万）美元以下、并在采购地办理出口商品通关手续的贸易方式。目前使用范围仅限于在义乌市市场集聚区（义乌国际小商品城、义乌市区各专业市场和专业街）内采购的出口商品。

通俗地说，就是搭建巨大的市场，把各种各样的商品都放在这个平台上，买方、卖方、代理商、配套企业……全都在市场里完成交易。它的好处是：商品聚集、信息透明、挑选方便。

此种贸易方式的创新使得单票报关单货值从5万美元增至15万美元。2014年1至9月，义乌实现出口额171.8亿美元，其中市场采购贸易方式

第 九 章
新阶段普宁市经济发展新动力机制研究

出口 126.22 亿美元，占出口总额 73.47%。

过去，"一般贸易"的通关方式，每类商品都需要单独报关。由于义乌小商品出口有数量少、品种多、更新快的特点，一个集装箱内的商品达几十、上百种，因此报检每一种商品，容易导致货物出口流程过于缓慢、甚至订单流失的结果。过去，商品出口只能通过外贸公司代理。

工商部门、商务部：个体工商户和境外采购商只要在义乌注册登记为"市场采购"外贸公司的，就可以获得外贸经营权，享受义乌的出入境检验检疫、海关、国税、外汇管理相应的优惠。

海关、检验检疫局：可以按照自检、验证、检查 3 种方式实施分类检验。海关和检验检疫局对市场采购贸易方式采取便利的通关措施，80% 左右的商品能实现窗口审单放行，大大提高了报检效率及通关速率。（海关增设市场采购贸易监管方式，并制定相应的监管政策，对市场采购小额小批量出口商品给予通关便利。）

税务部门：对市场采购贸易方式出口的货物实行增值税免税政策。

外汇方面：允许市场采购贸易采用人民币结算，对市场采购方式报关的每批次货值最高限额由 5 万美元提升到 15 万美元。

效果：义乌外贸实现爆发式增长，即 2012 年 9 月到 2013 年 6 月，义乌出口连续 10 个月同比增速超过 150%，累计出口额达 157.7 亿美元，同比增长 4 倍，其中通过"市场采购"贸易方式出口占 78%，对浙江省出口增长的贡献率达到 66%。

在对普宁市和义乌市 2005 年以来经济结构数据的全面比较分析的基础上，本研究认为，与义乌相比，近年来普宁发展的潜力集中在第三产业，尤其是生产型服务业领域。从实际出发，紧紧围绕着现有产业的转型升级，大力发展现代服务业，实现第二和第三产业的融合发展和协同发展是普宁市经济结构调整的重点。在"十三五"期间，普宁市将迎来第三产业，尤其是生产型服务业的爆发式增长阶段。

第二节 转型发展的动力和机制

一、普宁市经济发展的新动力和新机制

从经济结构变化的趋势看,制造业的创新发展、现代服务业的兴起、城市的更新改造、文化创意和生态保护将成为普宁市经济发展的新动力来源。把握新动力来源及其实现机制,是制定普宁市新发展战略的前提和基础。其中,紧紧围绕纺织服装和大健康产业的创新发展和国际竞争力提升,以创新型新兴城市建设为主导,培育和构建创新创业生态系统,是"十三五"期间普宁市经济和社会发展的主题。

(一)以快时尚为导向的产业创新生态系统建设:纺织服装产业转型升级的方向

随着信息和网络技术的发展,全球纺织服装产业的发展表现出两个趋势:一是轻奢化;二是快时尚。从发展的实际看,快时尚代表了普宁纺织服装产业发展的方向。而国际经验表明,快时尚不仅涉及品牌企业的设计和研发,而且涉及整个产业生产组织方式的变革,是一个产业创新生态系统的构建过程。

从普宁市的发展实际看,快时尚不仅限于纺织服装。随着新型国际商贸城的建设和创新创业生态系统的形成,快时尚将向其他产业扩展。

1. 快时尚在服装产业的兴起和发展。"快时尚"不仅是一种新的营销方式,更是一种新的生产组织方式。随着信息技术的应用,服装设计和终端销售日益密切,服装企业通过对时尚设计和市场需求的快速反应,整合供应链,向消费者提供价格低廉且紧贴时装潮流前沿的产品。

纺织服装产业属于典型的传统产业,但是随着工作方式和生活方式的转变,尤其是信息技术的应用,快时尚逐渐成为服装产业发展的主导。早在19世纪末的美国,服装产业就出现了供应商与分销商之间的快速反馈信息系统。经过20世纪80年代美国服装业以产品为导向的"快速响应"

第九章
新阶段普宁市经济发展新动力机制研究

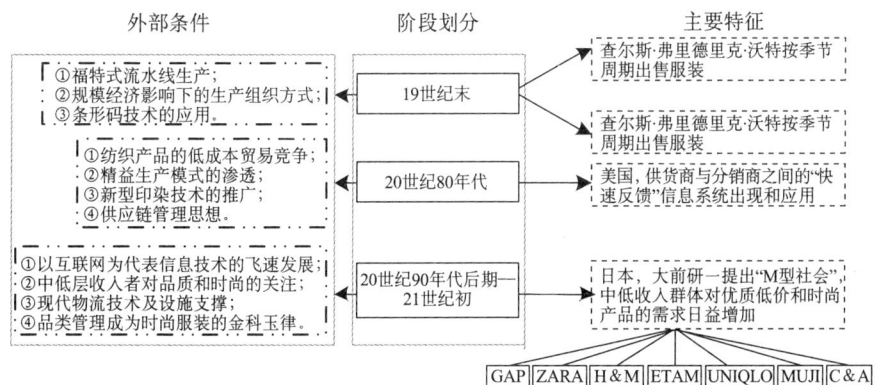

图9-27 服装产业生产组织方式的发展和演化逻辑图

制造模式的兴起,制造业内部的生产方式变革为快时尚的发展奠定了基础。20世纪末到21世纪初,随着中产阶级的崛起和需求的多样化,快时尚成为服装产业发展的主导。涌现出包括GAP、ZARA、H&M、ETAM、UNIQLO、MUJI、C&A在内的快时尚品牌。

2. 国际快时尚品牌在中国的发展

随着快时尚企业进入中国,通过与中国企业的合作,在获得快速成长的同时,也带动了中国快时尚品牌的发展。表9-17列出了著名国际"快时尚"品牌创建的时间和进入中国市场的时间。从表9-17的数据可以看出,国际知名"快时尚"品牌都是在2000年之后进入中国市场。

表9-17 国际知名"快时尚"品牌进入中国市场时间

品牌	公司成立时间	所在国家/地区	进入中国市场时间(年份)
优衣库(UNIQLO)	1984	日本	2002
MUJI(无印良品)	1980	日本	2005
ZARA	1975	西班牙	2006
H&M	1947	瑞典	2007
C&A	1841	荷兰	2008
GAP	1969	美国	2010
HOLLISTER	2000	美国	2011
FOREVER21	1984	美国	2012
NEW LOOK LONDON	1947	英国	2014

注:以各品牌在中国首家直营店开业时间为准。

图9-28、图9-29、图9-30列出了五大快时尚品牌在中国的发展情况。在五大快时尚品牌中,在中国开设门店数量最多的是优衣库,其次是H&M和ZARA。近年来,五大快时尚品牌门店开设的城市不仅包括一线和二线城市,而且包括三线城市。

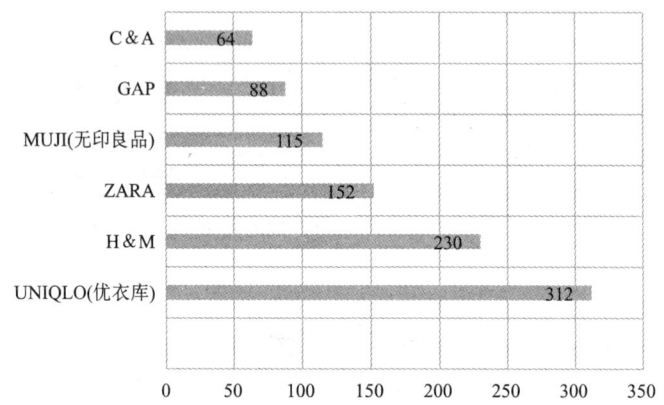

图9-28 2014年五大快时尚品牌在中国的总门店数量(单位:家)

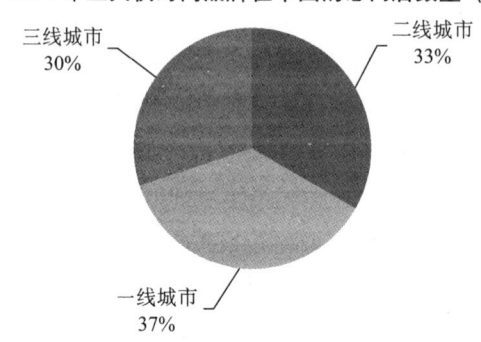

图9-29 2014年五大快时尚品牌在不同等级城市的分布情况

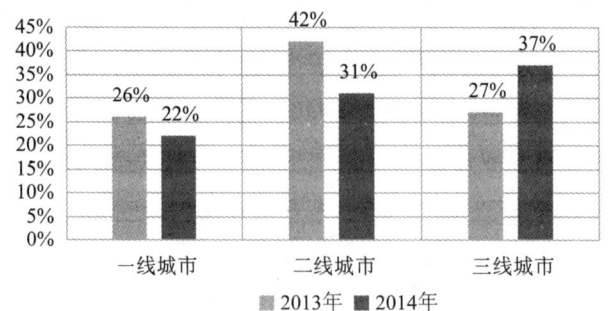

图9-30 五大快时尚品牌新开门店在不同等级城市的分布

第 九 章
新阶段普宁市经济发展新动力机制研究

作者以国际知名快时尚品牌 ZARA、优衣库等为例,通过价值网络分析,揭示快时尚企业运营和发展的基本特征。

(1) ZARA 的价值网络分析。见图 9-31。

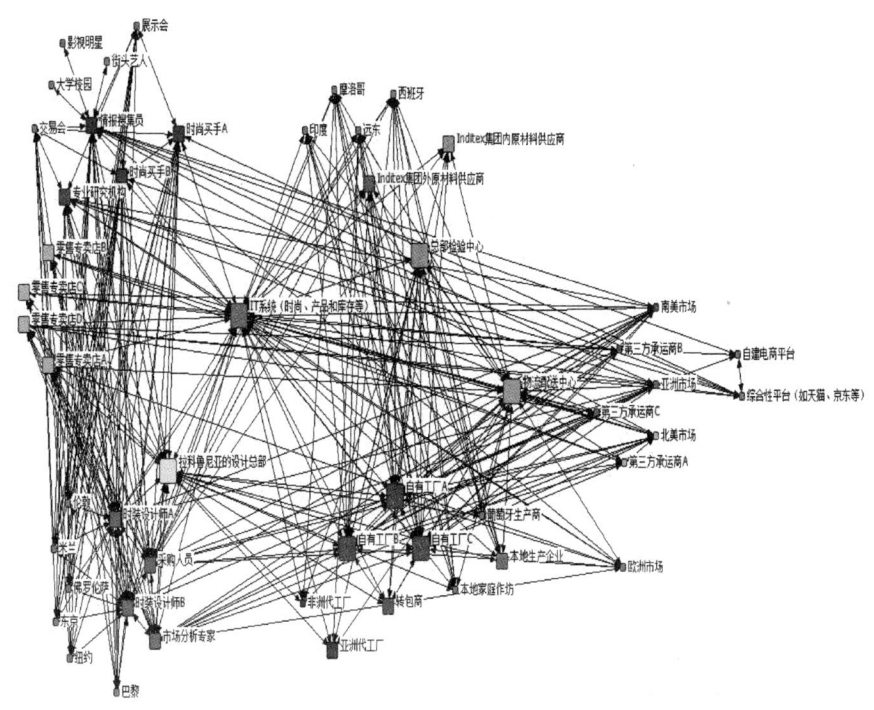

图 9-31　ZARA 价值网络图

ZARA 价值网络图包含三个子网络,即设计网络、生产网络和配送网络。

设计网络:ZARA 通过三种主要途径收集全球的时尚潮流信息,第一条途径是本公司的时装设计师通过参加国际时尚中心(如巴黎、米兰、佛罗伦萨等)的发布会,观察和吸纳最新的设计理念和时尚动向;第二条途径来源于公司特聘的时尚买手和情报人员,及时将青年领袖、知名艺人等的服饰特征传递到 ZARA 总部;第三条途径是依托自营门店,通过分析顾客意见信息、选择偏好等软数据为新款设计提供素材支持。ZARA 在西班牙总部拥有超过 200 人的设计团队,为缩短服装的前导时间(从设计到售卖的时间间隔),ZARA 的设计师、市场专家和采购专家联合组成一个商务团队，依托企业内部 IT 系统，实现设计、产品和库存的精准对接，商务团队成员之间共同商讨流行的服装款式、布料及售价，一旦批准通过即刻投入生产。

生产网络：ZARA 公司自己在西班牙拥有 22 家工厂，其所有产品的 50% 是通过它自己的工厂来完成的，而所有的缝制工作都是转包商完成的，其他 50% 的产品由 400 余家外部供应商来完成，这些供应商有 70% 位于欧洲，剩余的则主要分布在亚洲，而欧洲的供应商主要分布在西班牙和葡萄牙。ZARA 公司自己的工厂生产产品时，原材料也尽量从 Inditex 集团内的厂家购买，大约有 40% 的布料供应来自于内部。这其中又有 50% 的布料是未染色的，这样就可以迅速应对颜色变换的潮流。为了防止对某一个供应商的依赖，同时也鼓励供应商更快地做出反应，ZARA 剩余的原材料供应来自于 260 家供应商，每家供应商的份额最多不超过 4%。在拉科鲁尼亚附近，大约有 500 家这样的转包商，他们几乎专为 ZARA 公司工作。ZARA 公司也密切监督他们的工作流程以保证产品的质量。转包商把衣服缝制好之后，再送回原厂做最后的处理并接受检查，然后送到物流中心。

配送网络：物流中心的卡车都按固定的发车时刻表不断开往各地。从物流中心用卡车直接运送到欧洲的各个专卖店，利用附近的两个空运基地运送到美国和亚洲，再用第三方物流的卡车送往各专卖店。目前在亚洲市场（中国），ZARA 通过自建电商平台和借助天猫、京东等第三方平台，进一步提升了供应链的敏捷性。详见图 9-32、图 9-33、表 9-18。

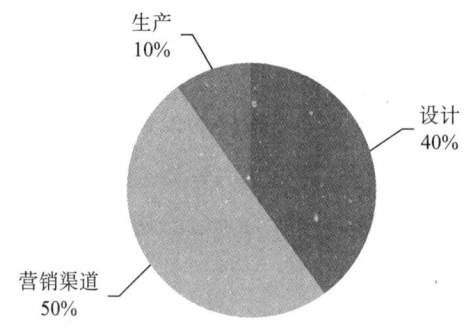

图 9-32　服装产业价值链分布

第 九 章
新阶段普宁市经济发展新动力机制研究

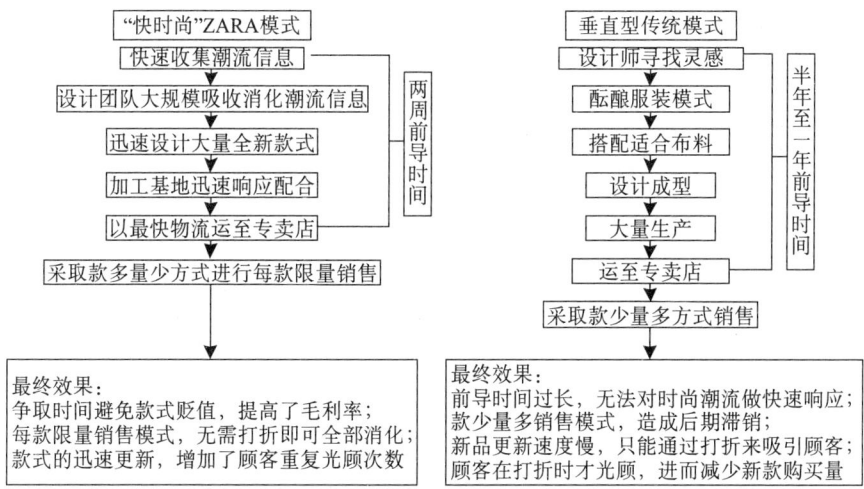

图 9-33　"快时尚" ZARA 模式与垂直型传统模式的比较

注：根据数据分析，时装产品每天贬值 0.7% 左右，只要提前 10 天卖出，就少贬值 7%，毛利率就可以增加 13%。

表 9-18　"快时尚" ZARA 供应链管理的主要参数

参数项目	ZARA	其他企业
从设计理念到产品上架时间	10—15 天	H&M 为 21—25 天，GAP 约为 2—3 个月，其他服装企业为 6—9 个月
库存周转	每年达到 12 次左右	运作一流的服装企业也只能达到 3—4 次，而国内大多数服装企业只能达到 0.8—1.2 次
年均推出产品款式数量	12000 种	GAP 为 2000 多次，H&M 为 4000 多款，国内企业能推出上千款的寥寥无几
打折商品比率	约为 7%	H&M 为 13%，GAP 为 14%
顾客年均光顾次数	约 17 次	行业平均水平为 3—4 次
ZARA 运营模式特征		
目标顾客	具备时尚高度敏感性和高消费能力的 18—35 岁人士	
产品定位	打造买得起的快速时尚	

续表

ZARA 运营模式特征	
经营策略	利用饥饿销售法人为制造缺货、款多、量少
设计	快速复制市场潮流元素
生产	大部分产品自主生产、很少外包
销售	专卖店直营、电商平台销售（自营和在第三方平台销售）
宣传	基本无广告宣传

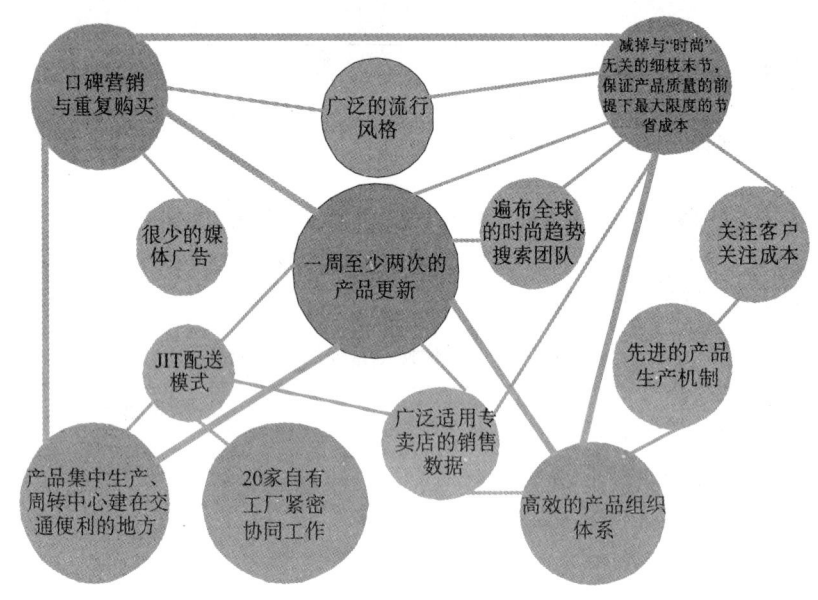

图 9-34　ZARA 快速供应链管理行动路线图

ZARA 运作模式的成功得益于集团公司出色的全程供应链管理以及支撑供应链快速反应的 IT 系统应用，通过线上线下的协同互动实现了需求预测、产品设计、制造生产、物流配送和终端销售的有机结合。ZARA 公司采取"快速、少量、多款"的品牌管理模式，在保持与时尚同步的同时，通过组合开发新款式，快速推出新产品，以实现快速设计、快速生产、快速出售、快速更新（专卖店商品每周更新两次）的目标。ZARA 公司极速供应链主要体现在 6 个方面：

1）前导时间短暂。从对流行趋势的识别、产品设计到最终销售，ZARA 只需大约 2—3 周的时间，ZARA 尽量避免预测时尚，而是努力提高

第九章
新阶段普宁市经济发展新动力机制研究

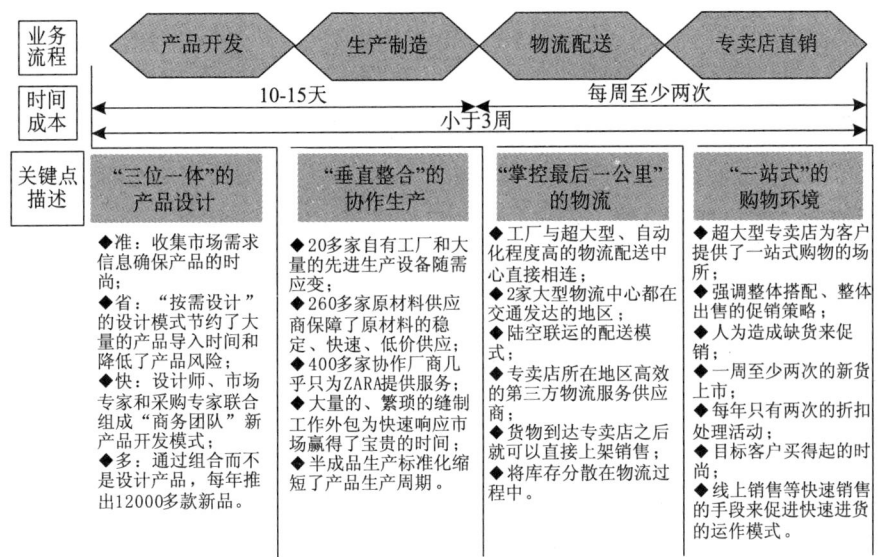

图 9-35　ZARA 快速供应链的四个主要环节

模仿创新能力，提升对时尚潮流的反应灵敏度。ZARA 公司采用"三位一体"模式判断流行趋势，主动预测市场需求，支撑生产决策。ZARA"三位一体"分别是设计师、市场专家以及进货专家，借助该运作模式，ZARA 季前生产量仅有 15%，低于行业 75% 的平均水平。

2）生产——后向一体化。ZARA 公司通过供产一体化强化对生产环节的管控，其在西班牙本土拥有 22 家工厂，大约 50% 的产品是通过自有工厂予以完成，但是所有缝制工作交由中国和东南亚转包商完成，欧洲的供应商主要分布在西班牙和葡萄牙，以缩短与供应商的交易成本。另外，ZARA 控制了供应链上游的布料和染料等原材料供应商，将丰田汽车"小批量、多品种"的生产模式移植到服装行业，借助 JIT 管理手段，ZARA 可以定制生产流程，实现柔性生产。

3）配送——零库存跨库配送。跨库配送即商品到了配送中心以后，不进库，而直接在站台上向需要的客户配送。ZARA 配送中心不存储任何商品，它只是给当地生产公司和专卖店调配货物。改变商品运输路径的中心枢纽点，根据专卖店的订单独立打包，直接配送到专卖店上架销售。ZARA 为提高配送的及时率，在欧洲大陆通常使用自有卡车运输，而借助空运等手段实施国际运输。域外市场，ZARA 采取参股的方式，与一些生产能力强、并在管理及产品质量上有一定保证的生产企业建立合作关系，而物流系统则由销售区域内专业的运输公司解决。

4）经营——前向一体化的专卖店经营。ZARA 通过自建专卖店，实行前向一体化经营策略，ZARA 专卖店不仅限于销售，还是重要的市场情报搜集渠道，专卖店经理向总部的设计师提供类似商品销售成果和顾客评价等信息。

5）稳定完善的信息系统。ZARA 搭建了一套适合自身的信息系统，门店系统架构以一台 POS 机作为主机，其他 POS 机作为副机，ZARA 门店每天晚上将各种销售数据和报表直接传给西班牙总部，销售点数据每周被送往公司总部，公司总部可以分析所有的数据中心并通知配送中心、制衣厂和原料厂。

6）供应链的垂直整合。ZARA 公司 50% 产品通过自有工厂生产，缝制工作全部交由转包商完成，所有工厂独立核算。其他 50% 的产品由 400 余家外部供应商完成，其中 70% 分布在欧洲，其他则位于亚洲。在亚洲，以中低端产品生产为主，销往对价格、质量敏感的地区。ZARA 原材料尽量从 Inditex 集团内厂家购买，约占 40%，这其中又有 50% 的布料是未染色的以应对夏季颜色变换的潮流。ZARA 剩余的原材料来自于 260 家供应商，每家供应商的份额最多不超过 4%。ZARA 也与集团内部的其他企业展开密切合作。转包商自己去收集 ZARA 裁剪后的原材料，缝制工作结束以后，再送回原来裁剪的工厂，在那里熨平并接受质量检查，在拉科鲁尼亚周边集聚了约 500 家转包商，ZARA 公司也密切监督转包商的工作流程和生产进度。所有工厂包装后的产品直接运到物流中心并接受品质检验。

（2）优衣库的价值网络分析。优衣库采用 SPA（Specialty retailer of Private label Apparel）全产业链整合运作模式，自主运营从商品企划、设计到原材料采购、生产工厂的品质管理、终端零售等全部环节。日本的服装业将其称为"制造零售模式"，优衣库的价值网络体系大致可以细分为设计、采购、生产、终端零售和库存管理五个子系统。见图 9-36。

第 九 章
新阶段普宁市经济发展新动力机制研究

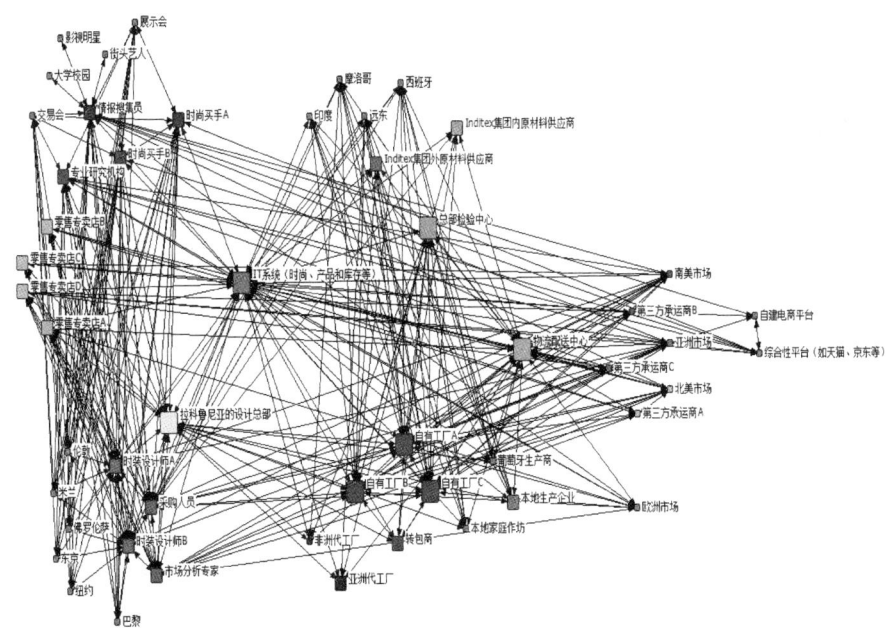

图 9－36　"快时尚"品牌优衣库（UNIQLO）价值网络图

研发设计子系统：优衣库研发设计团队集聚了世界一流的时尚设计师和艺术家，他们紧跟世界时尚中心服装发布会的潮流趋势，并从明星艺人和时尚达人的着装中汲取灵感。优衣库凭借分布广泛的直营店收集了海量顾客群体的偏好和消费习惯，另外优衣库还特别重视来自顾客的意见，非常重视根据顾客的反馈或者要求来设计出顾客需要的产品，企业利用优秀的信息系统，以最快的速度将这些信息传达到设计总部，经过设计师的分析提炼，设计出市场需要的服装。

采购子系统：优衣库的材料采购决策，需要很多部门参与：设计团队、MD 团队、营销团队、材料小组的负责人会聚集在一起讨论，结合日本和海外直营店的销售计划拟定采购计划。优衣库与东丽股份有限公司通过战略合作，成功研发出了一种名为"Heattech"的材料，这种材料具有出色的发热保暖功能，并且十分轻薄，优衣库通过获取该材料的独家销售权，形成了较强的市场竞争力。优衣库每年都会派出专家组前往内蒙古、尼泊尔等地区收购原材料，并且通过与供应商签订长期合约，稳定原材料供给，节约了采购成本。

生产子系统：优衣库的成衣生产据点从中国逐步扩展到了亚洲其他各国。在完成生产据点分散化、多国化的同时，实施能够确保商品品质的管理体制。优衣库向大约 70 家合作工厂派遣技术工匠，为其提供积极的技术支持。技术工匠是由在日本国内有着超过 30 年纺织行业从业经验的能工巧匠担任。通过技术工匠向亚洲代工厂传授从纤维、编织、纺织、染色、缝制、成品到供应的一整套工厂管理技能。此外，总计 170 名优衣库生产管理人员常驻上海事务所、深圳事务所和越南胡志明市事务所，每周都奔赴各地的工厂，开展实施质量检测等活动。

终端零售子系统：根据 2013 年的数据，优衣库直营店分布在日本（853 家）、中国（225 家）、韩国（105 家）、中国台湾（37 家）、中国香港（18 家）、新加坡（12 家）、英国（10 家）、泰国（10 家）、马来西亚（10 家）、美国（7 家）、菲律宾（6 家）、法国（3 家）、俄罗斯（2 家）、印度尼西亚（1 家）。

库存管理子系统：优衣库采用直营的销售运营体制，以增强对产品销售的控制。企业在不同的国家和地区都设有专业的库存管理部门，这个部门实时监控本国的销售情况及库存情况，对缺货的销售门店确定配送数量、配送方式。各个库存管理部门还要及时向总部反馈销售情况，加强总部对各部门的控制。每个销售店铺只需专心于自身的销售即可，公司每天、每周根据库存量单位实施销售管理、库存管理、目标与绩效管理，对产品的销售利润进行综合管理，建立起一种产品正常销售价格和打折促销价之间的平衡结构。优衣库的门店采用服装超市运营方式，大大提高了客户的购买效率。

(3) 绫致服装的价值网络分析。

1) 绫致国际。Bestseller 为欧洲最大的时装公司之一，成立于 1972 年，总部设在丹麦，旗下拥有 VERO MODA, ONLY, VILA, OBJECT, JACK & JONES, SELECTED, TDK, PIECES, EXIT, NAME IT/NEW-BORN, PH INDUSTRIES 和 PHINK INDUSTRIES 等 12 个品牌，现有员工 12000 人，分布在 29 个国家的 35 个分支机构，Bestseller 在全世界 27 个国家设有 1600 多家直营店，另外大约有 7000 家加盟代理店正在经营 Best-

seller 时装旗下的品牌。见图 9-37。

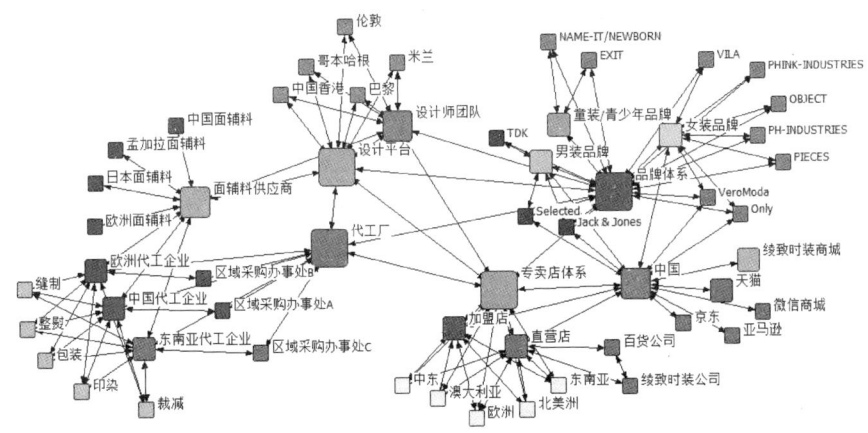

图 9-37　绫致时装价值网络图（国际）

2）绫致在中国。Bestseller 在中国的发展：Bestseller 于 1984 年在中国香港设立办事处，1996 年 Bestseller 为进入中国内地市场，成立绫致时装（天津）有限公司，并相继引进了 Only、Jack & Jones、VeroModa 和 Selected 四大品牌。2014 年绫致服装旗下的品牌专卖店覆盖了中国 632 个县级以上城市中的 300 个，门店数量达到 6100 家，2013 年销售额超过 300 亿元，VeroModa 和 Only 包揽中国女装行业的前两名，Jack & Jones 是中国男装市场"老大"。据统计，绫致时装已成为天津武清区的纳税大户，2014 年纳税 31.82 亿元，同时解决了 6 万多人的就业。见表 9-19。

表 9-19　　2014 年绫致时装（中国）四大品牌实体店数量　　　单位：家

品牌名称	创立时间	进入中国时间	门店数量	产品系列或子品牌
Jack & Jones（杰克与琼斯）	1989	2000	1700	ESSENTIALS 系列、ORIGINALS 系列、STUDIO 系列和 CORE 系列
Selected（思莱德）	1997	2008	1000	精品系列、商务系列、休闲系列和牛仔系列
Only	1995	1996	1800	高端系列（EDGE）、街头系列（TURE）和都市系列（LOVE）

续表

品牌名称	创立时间	进入中国时间	门店数量	产品系列或子品牌
VeroModa	1987	2001	1500	终极幻想、复古情怀、Normal 系列和 Classic 系列

从组合宽度来看，绫致时装目前主要包括男装和女装两个产品系列，产品组合宽度比较窄；从产品线长度来看，绫致服装的产品品类基本契合了顾客日益高涨的整套服装购买需求；从产品深度来看，与同类快时尚品牌如 ZARA 每年推出 12000 款新品相比，绫致时装公司四大品牌年新品推出量仅为 6500 款，远低于竞争对手。见表 9-20、表 9-21、图 9-38。

表 9-20　　绫致时装（中国）四大品牌市场定位

品牌名称	服装属性	产品定位	消费群体定位
Only	女装	周末休闲系列	18-30 岁的年轻女性
VeroModa	女装	商务休闲系列	25-35 岁的职业女性
Jack & Jones（杰克琼斯）	男装	周末休闲系列	18-30 岁的年轻男性
Selected（思莱德）	男装	商务休闲系列	20-45 岁的职业男性

表 9-21　　绫致时装（中国）四大品牌产品结构一览

	产品组合宽度	
	男装	女装
产品线长度	西服套装、衬衣、外套、牛仔裤、毛衣、T恤、皮衣、羽绒服、领带、围巾、帽子、手套、眼镜等	外套、衬衣、连衣裙、牛仔裤、西装裤、T恤、毛衣、羽绒服、围巾、帽子、手套、项链、耳环、眼镜、手镯、旅行箱、手提包、钱包等

3）绫致中国 O2O 运营绩效。绫致时装全力搭建全渠道营运模式，打造 O2O 线上线下推广、展示和销售体系，绫致时装四大品牌先后入驻天猫、京东和亚马逊等第三方电子商务平台并自建了绫致时装网上商城，积极借助微信商城系统进行社会化营销，据统计 2015 年"双十一"，绫致时装以 5.2 亿元的总销售额成为唯一一家拥有双店铺过亿的服装集团，相比

第九章
新阶段普宁市经济发展新动力机制研究

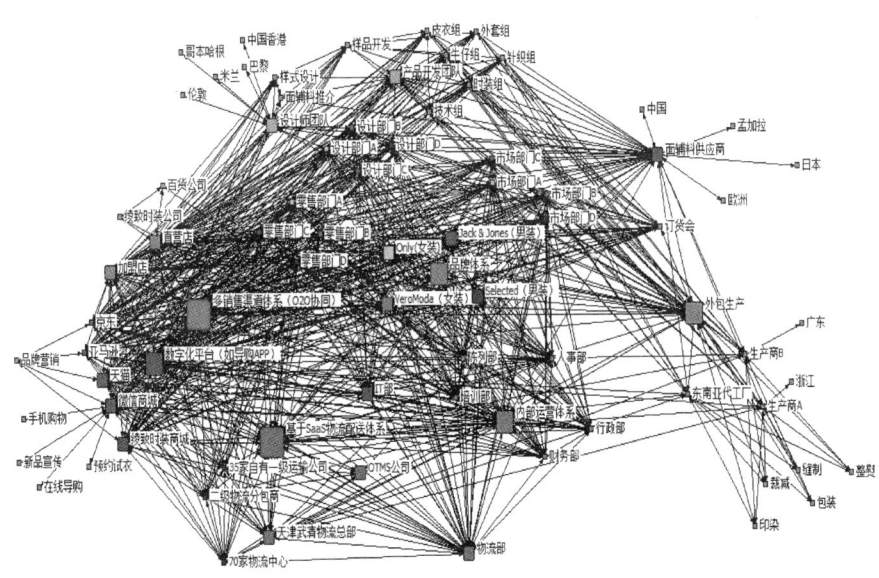

图9-38　绫致时装（中国）价值网络图

上年3.71亿元的销售额，增长超过40%。绫致时装2015年"双十一"销售数据如表9-22、图9-39。

表9-22　　　　　2015年绫致时装"双十一"销售情况

电商备货	超5亿元
成绩	唯一一家拥有双店铺过亿的服装集团
亮点	四大品牌全国约7000家地面店加入O2O体系
最终销售	总销售额5.2亿元
独立访客	"双十一"前访客数量突破6800万人
产生订单	总体超过150万个，其中零售店铺订单超39万个
发货	72小时内完成集团所有"双十一"订单
移动端占比	不同品牌从69%至79%
新旧款比例	加大线上放款权重，根据品牌受众人群推出线上特供款，其中部分品牌新款和经典款的比例达到2:1
退换货率	（定性说明）比平时低一些

资料来源：http://www.chinasspp.com/News/Detail/2015-12-1/209131.htm

3. 普宁服装向快时尚转型和发展趋势。基于对纺织服装产业的系统调研，本书认为以仙宜岱和柏堡龙为代表的普宁本地企业正在向快时尚转

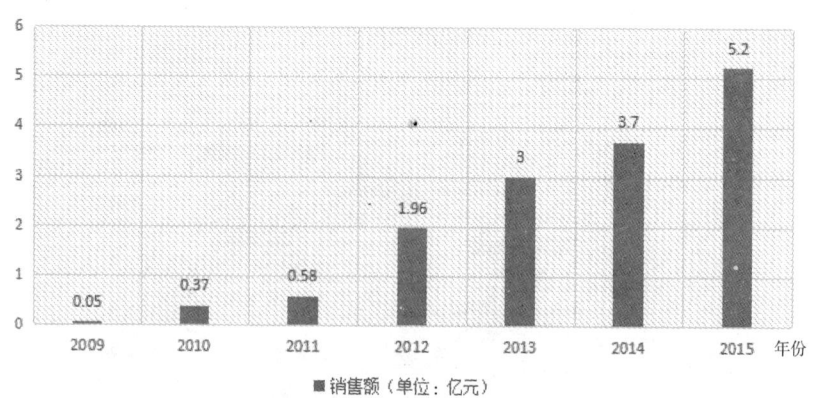

图 9-39　绫致时装（中国）历年"双 11"销售额

资料来源：http：//www.chinasspp.com/News/Detail/2015-12-1/209131.htm

型。在龙头企业的引领带动下，向快时尚的转型使整个产业集群正在发生着根本的组织结构变革。

（1）仙宜岱的价值网络分析。无论从现有的服装龙头企业仙宜岱和伯堡龙还是从电子商务企业的发展实际看，在适应从外需向内需市场为主导的转变过程中，普宁市纺织服装产业开始向快时尚转型。

普宁市仙宜岱股份有限公司自 1999 年成立至今，由一个出口代加工工厂成长为具有自主品牌的内衣上市公司，公司主要产品包括健康时尚功能型女士系列文胸、内裤、吊带裙等。

如图 9-40 所示，仙宜岱在成立初期基于"三来一补"政策扶持以及劳动力成本优势，主要为欧洲某高端内衣品牌做代加工，其加工成品主要通过联盈集团（香港）有限公司销往国外市场。在这个阶段，企业仅仅处于附加价值最低的生产加工环节。

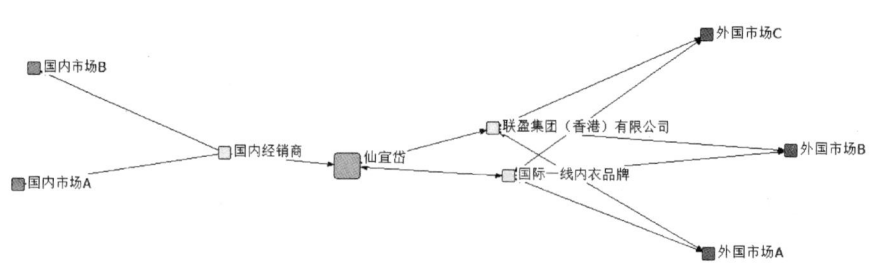

图 9-40　1999—2008 年仙宜岱经营模式

第九章
新阶段普宁市经济发展新动力机制研究

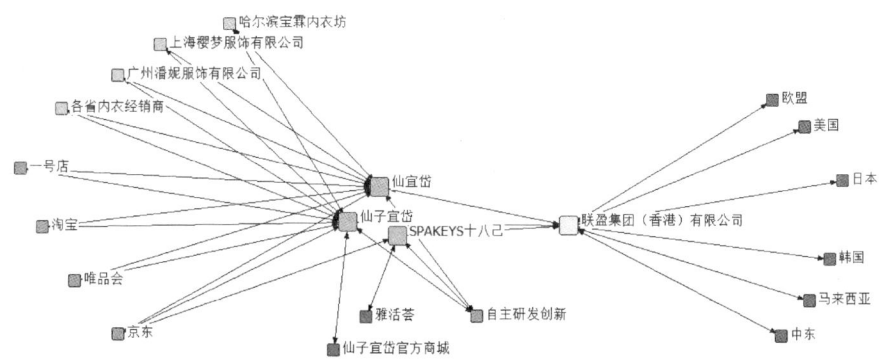

图 9-41 仙宜岱 2009—2013 年经营模式

经过十多年努力，公司经营规模不断扩大，自主设计研发实力增强。从 1999 年 5 月注册资本仅有 50 万元，发展至 2013 年 6 月注册资本 1 亿元，拥有 28 项专利和 57 件商标（除一项专利由受让取得，其余均为自主研发；54 件境内注册商标，3 件境外注册商标。其中 1 件注册地为世界知识产权局，2 件注册地在法国）。公司旗下拥有仙宜岱、仙子宜岱等自主品牌。外销方面，公司通过联盈集团（香港）有限公司将其产品销往美国、日本、韩国、马来西亚、中东及欧盟等国家及地区。内销方面，公司采用线上线下相结合的商业模式，线下通过与全国多个省市内衣经销商合作，将产品铺设到国内各个终端店；线上通过网上独立自营店——仙子宜岱官方商城以及多个电子商务平台（一号店、淘宝、唯品会、京东等）进行网络产品销售。值得注意的是，联盈集团（香港）有限公司销售额占比在 2011 年、2012 年和 2013 年分别为 77.70%、67.75%、50.29%，呈逐年快速下降趋势，说明产品销售市场开始从国外转向国内。见图 9-42。

近两年来，为进一步开拓国内市场，仙宜岱通过开发新电商模式、微博营销以及站上世界舞台打响自己高端品牌。仙宜岱 SPAKEYS 团队与天猫 ATE、厦门又一城联合公开全新的电商模式——社交电商新模式，社会化营销与移动电商结合，"人人是买家，人人是卖家"，使得电商更符合当下互联网生活社交化、移动化、碎片化的趋势。此外，其旗下轻奢真丝内衣品牌 SPAKEYS 携手天猫亮相纽约时代广场主屏幕，成为中国内衣品牌在纽约时代广场的首次亮相，推动中国品牌占领制高点。SPAKEYS 更是

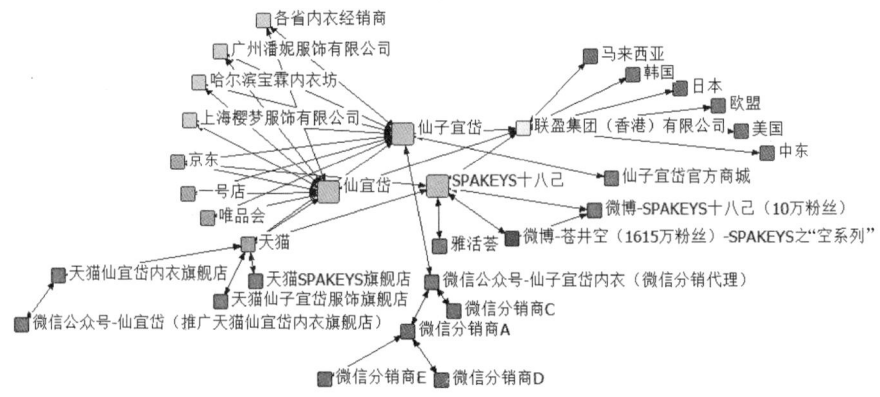

图 9-42　仙宜岱 2014—2015 年经营模式

与拥有 1615 万粉丝的微博名人苍井空合作，设计"空系列"内衣，获得不俗反响。由其子公司深圳雅活荟网络科技有限公司开发的雅活荟电商平台首创了以"互联网+终端体验+优雅文化+会员"的发展模式。目前来看，仙宜岱走在了传统纺织服装企业与电商相结合的最前沿。

（2）柏堡龙的价值网络分析。广东柏堡龙股份有限公司是一家专注于服装设计，同时根据客户要求对公司设计款式提供配套组织生产服务的企业。自公司成立以来，一直致力于实现服装设计业务的专业化、产业化、规模化运作，主要业务定位于产业链中高附加值的设计环节，通过设计产业化运作，使"创意设计"的价值真正实现，形成了一条独特的设计产业链。

柏堡龙契合服装行业终端"快时尚"趋势，塑造了"快速、多款、少量、时尚"的运营模式，使得客户可以快速更新产品。公司的设计业务包括款式设计、面料研发、印绣花设计、制版打样等一站式设计服务，并以设计业务为基础，整合服装前端产业链的各环节资源，通过创意设计与组织生产的无缝对接，有效缩短时尚新品的上市时间，提高设计款式的商业价值。设计环节约占服装产业价值链中利润分配结构的 40%，柏堡龙以市场需求为导向，主要业务定位于产业链中附加值较高的设计环节，以设计服务推动中国服装产业升级。作为公司的核心业务和独特业务模式的基础，设计业务是公司利润的主要来源，是公司开拓新客户的唯一渠道，也是开展业务和维系客户关系中最重要、最有价值的因素。公司通过设计元

第九章
新阶段普宁市经济发展新动力机制研究

素模块化专业分工的设计流程,实现了设计的规模化和规范化。设计业务作为高附加值业务,毛利率近90%,公司主营业务毛利占比近70%。

从图9-43对柏堡龙的价值网络分析看,作为中国快时尚的代表,柏堡龙的设计网络是国际化的,而生产网络则是本地化的,主要依赖普宁本地和福建石狮、广东中山的服装生产基地加工生产,销售网络同样是国际化的和开放的。

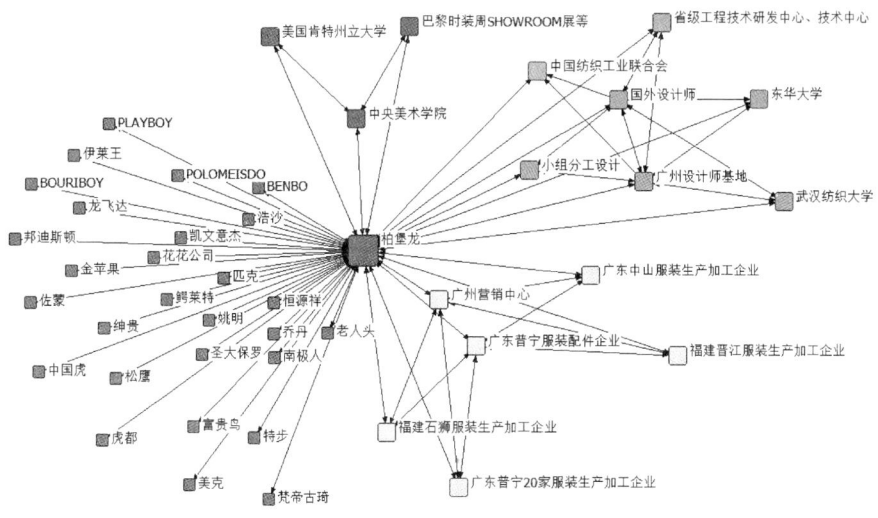

图9-43 柏堡龙的价值网络分析

4. 普宁市纺织服装企业竞争力提升对策。通过对仙宜岱和柏堡龙的价值网络分析,作者认为,在向快时尚的转型和升级过程中,关键是构建产业创新生态系统。产业创新生态系统在于通过不断促进企业之间的相互协作和交流,推动技术创新和生产组织方式变革,不断提升产业的国际竞争力。

(1)优化产业资源配置,重塑产业形态,拓展产业链条深度,加速不同分工环节企业之间的网络化协作。规范竞争秩序,鼓励企业之间加强信息、技术和人才交流,实现集中采购、生产协同和统一配送,营造合作共赢的产业生态系统。

(2)加速公共服务平台建设,重点扶持技术创新能力强、研发体系健全、辐射范围广、拥有独立知识产权和品牌竞争力的企业建立行业共性技术和关键技术研发中心、服务中心和产品检测检验中心。依法保护知识产权，促进新技术的广泛应用和成果共享。大力培育、规范和发展行业协会，以行业自律、反倾销诉讼、产业信息、技术交流、品牌建设、对外协作、招商引资、职工技能培训和营销联盟为重点，积极支持行业协会开展统计、培训、会展、招标、名牌认定、行业质量标准制定、价格协调和公信证明等工作。

（3）集聚技术资源，加速技术改造，构建多元化的技术合作方式。鼓励企业积极采用国家标准和国外先进标准，引导企业加强与高校、科研机构及中介服务组织的联合，建立利益共享、风险分担的长效机制。根据企业实际，制定内部人才培养模式，明确不同岗位的晋升路径，统筹精神和物质激励，适当引入人才竞争淘汰制度，实施岗位轮换的动态性、制度性调整。重点关注技术型、管理型、复合型人才的跟踪培养，创新培养方式，将人才的培养与企业自身的发展战略、技术升级、专利保护、品牌建设、成本节约、业务拓展结合起来。

（4）培育知名品牌，提升纺织服装产业集群品牌价值。引导企业通过技术创新和研发设计实现品质提升和工艺改善，鼓励企业之间进行品牌联创，组建品牌管理团队，明确品牌联创企业之间的责、权、利，从政府角度来讲，要积极联合行业协会制定品牌运营计划，加强对品牌的宣传和保护力度，综合使用经济、法律和行政手段打击品牌抄袭行为。

（5）转变经营方式和业务方向，着力提升企业的运营质量。鼓励企业之间形成经营联合体，从机制设计、组织结构、合作方式、权责分担、进退条件以及业务内容等方面培育企业联合体的竞争能力。加速经营方式转变，运用互联网对企业组织机体进行改造，提升企业内部运营和外部对接的信息化水平，从而增强对市场需求和竞争的响应能力，重塑企业的供应链体系和营销能力。调整业务方向，加快向"快时尚"模式的转变。

（6）加快专业纺织服装市场建设。引导和鼓励多元化投资，加快产业集群专业市场的建设和升级改造，重点培育形成全国性甚至国际性的产品交易中心，合理发展相关卫星市场。鼓励和推进现有的批发市场向专业市场转变，加快电子商务平台建设，增强市场综合服务功能。加快现代物流

第 九 章
新阶段普宁市经济发展新动力机制研究

平台建设,围绕重点产业集群建立区域性物流园区和物流配送中心,构建不同能级的现代物流圈。整合区域金融资源,畅通各种融资渠道。建立银企会商制度,鼓励商业银行创新培育产业集群、中小企业和个人创业的信贷品种和服务手段。完善促进纺织服装发展的政策扶持体系,优化对产业集群约束、激励和协调整合机制。

(二) 以平台经济为主导的大健康产业发展

随着中国居民收入水平的提高和对健康的日益关注,大健康产业将会迎来高速增长的历史机遇。尤其是经过长期的技术积淀,相关产业的融合和商业模式的创新成为未来大健康产业发展的强大动力。

在产业发展上,未来的5至10年大健康产业将出现三大趋势:一是产品的多样化,传统的健康产业仅仅是给病患提供包括诊疗和护理在内的服务,而未来的大健康产业拥有更为广阔的发展空间。二是新兴的产业形态和商业模式不断涌现,包括养老、保健、中高端医疗器械和可穿戴设备代表未来发展方向的新兴产业形态开始出现,聚集足够强大的产业技术力量和资本力量。三是新一代技术的应用会推动国内大健康产业的快速转型和发展,影响大健康产业发展的新一代技术主要指包括云计算、物联网、移动互联网等。

在大健康产业的发展上,普宁的产业基础优势明显,集中表现在三个方面:一是在医药产业的发展方向上,现有企业已经开始向大健康产业转型。例如,利泰向观光旅游农业、饮用水开发方面的拓展,泰宝功能敷料系列产品的研发和康美药业从医药流通转向中医药保健产品的开发。二是以康美为主体,利用其自身中药全产业链优势,拥有中药溯源系统及国内最先进的饮片生产线,结合互联网和物联网技术,已经初步形成了大健康产业发展的平台基础。三是"资本+技术"为普宁大健康产业的发展提供了持续的动力。在医药产业发展上,普宁的部分医药企业通过从包括纺织服装在内的其他产业的转型发展起来的,主要是运用雄厚的资本实力通过技术改造升级与企业收购的方式实现的。为使资本与技术实现更好地结合,使医药产业可持续发展,部分医药企业通过与高校合作,打造产、学、研优势,展示了引领医药健康产业发展的能力。例如,泰宝医疗与中山大学联合创办了"中山大学泰宝医用功能材料研究中心",与广东省医疗器械研究所联合创办"国家医疗保健器具工程技术研究中心泰宝功能敷料联合实验室",与广东药学院联合创办"广州医药健康产业研究院"。

图9-44对康美医药的平台化趋势进行了描述。从康美的发展趋势看,近年来通过中药材市场的收购,在中药材的流通领域康美走在了产业的前列。随着业务领域向供应链管理、金融服务、大数据分析和创业孵化等方面的拓展,康美将逐渐发展为以中医药大健康为主体的大健康平台企业。

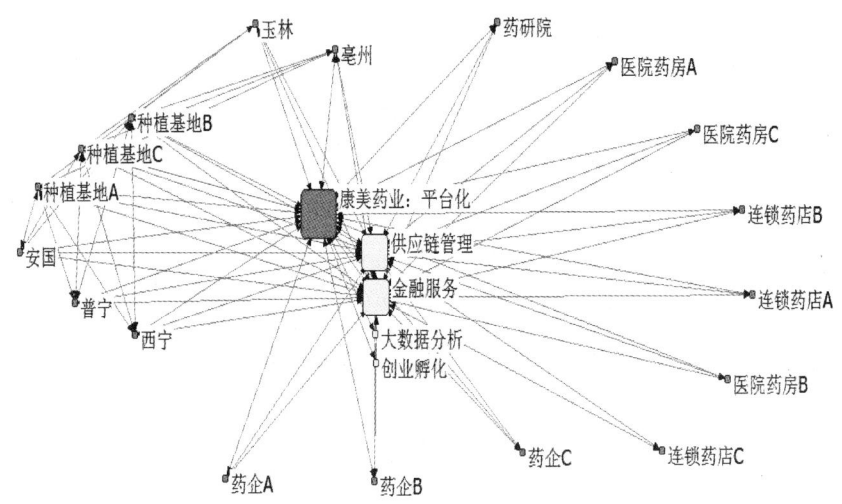

图9-44 康美药业的平台化与普宁市大健康产业的发展

从发展的趋势看,普宁大健康产业的发展要依托现有龙头企业探索"平台+资本+技术"的发展模式。平台的作用是集聚服务资源,为大健康产业的发展提供服务。"资本+技术"是指利用普宁现有的资金优势和浓厚的创业精神,通过技术创新和专利的收购,发展大健康科技型中小企业。"平台+资本+技术"的模式,能够推动普宁的大健康产业步入快速发展的轨道。

与纺织服装产业不同,大健康产业更强调平台主导。类似于阿里巴巴平台在杭州经济转型中的作用,以康美为主体,通过大健康产业发展平台的培育和建设,构建产业创新生态系统是普宁市大健康产业发展的基本路

第 九 章
新阶段普宁市经济发展新动力机制研究

径。在平台为主导的产业创新生态系统中,平台集聚服务资源,最终形成了包括大数据分析、互联网、云计算、科技金融在内的产业创新生态系统,成为普宁市经济结构调整的新引擎。

(三) 现代服务业集聚和发展

无论是纺织服装产业向快时尚的转型还是以平台为主导的大健康产业的发展,都依赖现代服务业的发展。因而,第三产业,尤其是生产型服务业的发展是普宁市经济和社会发展的新增长点。

从经济和社会发展的实际看,在现代服务业的发展上,普宁市重点发展的产业领域包括:

1. 研发和设计服务业。研发设计服务业是随着技术水平的不断提高和专业化分工加深而衍生、分化、独立出来的新型服务业态,是以知识的生产、应用和传播为主要特征的生产型服务业,具有高技术、高人力资本和高附加值等特征。

研发设计服务业多处于产业链前端,又位居价值链的高端,研发设计服务业的发展,不仅能够凝聚科技创新资源,加快科技成果转化,提高产业创新能力,而且能够改变服务业内部结构,带动普宁纺织服装业的转型和升级。

2. 新型会展服务业。会展服务业是会议业和展览业、节事活动的总称。作为一个新兴服务行业,影响面广,关联度高。会展经济逐步发展成为新的增长点,而且会展业是发展潜力大的行业之一。会展服务业的发展不仅能够助推现有产业的转型升级,而且能够带来包括软件、广告和大数据分析在内的新兴产业的发展。

3. 以平台为主导的创意孵化产业。以包括企业和产业孵化为内容的平台孵化器建设为目标,与信息网络技术相结合,大力发展各种类型的孵化器,形成特色鲜明的创意孵化产业体系。

(1) 发展包括各种类型的创业中心在内的科技企业孵化器,吸引国内外高科技人才创新创业,通过促进科技成果的产业化,培育科技型中小企业和战略性新兴产业。

(2) 积极引进大学和科研机构建设普宁虚拟大学园,把大学和科研院所的智力资源优势与普宁经济发展的实际需求相结合，成为高等学校和科研院所科技成果转化、高新技术企业孵化、创新创业人才培养、官产学研结合的平台和服务的机构。

（3）引进和集聚科技孵化服务资源，建立和完善科技孵化器公共技术服务平台。引进和集聚包括创业支持、咨询与培训、要素资源服务和信息化服务在内的服务体系，建立和完善包括公共实验室、中试车间、大型通用仪器和通用测试平台在内的技术创新和孵化条件，形成运转高效的孵化服务体系。

（4）引进和发展包括创意咖啡、创意工场和创意实验室在内的新型孵化形态，充分利用前沿网络信息技术，搭建创意思想、创意汇合和创意产业化的平台。

（5）引进和发展中小企业网络服务体系，通过云服务平台建设整合各类服务资源，满足中小企业共性需求的一般性服务与专业化服务相结合，推动中小企业的大发展。

4. 科技金融和专业服务业。适应产业升级和经济转型的需要，大力发展包括服务科技创新和成果转化的科技金融业在内的金融业，吸引金融机构在普宁的集聚和发展。围绕着创意孵化、总部经济、科技金融活动，积极发展包括法律、会计、检测及评估、投资银行、管理顾问及其信息咨询在内的各种专业服务业。

（1）大力发展风险投资和产业发展基金。重点引进国内外风险投资基金的落户，发展风险投资业务，大力发展有效促进高科技产业和企业快速孵化和成长的股权投资基金和产业发展基金。

（2）积极引进银行和保险等金融机构，构建服务科技型中小企业的金融体系。支持设立担保、再担保机构和为中小企业服务的金融机构，加快建立多领域、多层次融资方式相互配套的中小企业融资服务体系。支持设立融资租赁公司、消费金融公司以及小额贷款公司等有利于增强市场功能的金融机构。

（3）鼓励具有专长的专业性咨询机构和企业的引进和发展，大力发展市场调查、投资管理、鉴证评估、代理经纪等类型的咨询类企业。

（4）充分利用新数字媒体、电子出版等产业崛起的有利时机，发展新型广告业，促进广告企业与数字媒体、电子出版企业的联系和合作。积极推动会展业的发展，提升普宁市产业和经济发展的知名度和影响力。

5. 软件和信息服务业。加快经济社会信息化基础设施建设，构筑数字城市的总框架。随着普宁市产业的转型发展和城市进入智慧形态，软件和信息服务业将成为结构调整的重点领域。

（四）新城市功能区和老城区的更新改造

1. 新的城市功能区建设。从发展的实际看，普宁市新城市功能区建设的重点是，加速发展以现代服务业聚集区为主导的城市 CBD。与传统服务业集聚区不同，现代服务业集聚区是按照现代经营管理理念，以生产型服务业态为主体，相关产业相配套，特色鲜明、空间集中，具有资源集合、产业集群、功能集成以及管理、信息等共享平台的空间载体。

2. 老城区的更新改造。充分利用广东省的"三旧改造"政策，更新改造老城区，释放城市空间，引入新的增长元素，推动经济发展。对普宁而言，城市更新改造的重点是城中村的改造和开发。

（五）文化创意和旅游产业的发展

作为潮汕文化的代表，普宁市的文化旅游资源极为丰富。表9-23列出了普宁市现有的文化古迹。通过文化古迹和自然资源的开发，发展文化旅游产业不仅能够带动经济发展，而且能够提升普宁的文化品位，助推新的城市功能定位的形成和发展。

表9-23　　　　　　　　普宁市现有文化古迹一览表

古遗址	古建筑	石刻	其他
虎头埔古窑址、后山遗址、龟山遗址、花鼓岩遗址	马嘶岩（寺）、学宫文昌阁（林则徐病逝旧址）、培风塔、德安里	牛母池山墓记石刻、"朝阳石"石刻、"白云出岫"石刻、《马嘶岩记》碑、郑大进碑文碑、云落圩石碑、普宁县抗战殉难军民纪念碑	普宁博物馆、洪阳城隍庙、文昌阁、普宁七星洞天、莲花寺、盘龙阁、灵汇泉南岩古寺、玉佛国风景区摩天石庵、昆冈书院盘龙湾温泉度假村革命遗址与革命纪念建筑物

二、新发展阶段普宁市城市发展的战略定位和思路

（一）城市发展的功能定位

从近年来经济结构变革的趋势看，"十三五"期间普宁市的经济和社会发展将进入快速转型期。为了适应经济转型发展的需要，释放经济发展的潜力和活力，推动经济和社会发展进入可持续发展轨道，普宁市的城市功能定位应为：充满活力的新型国际商贸名城，快时尚和大健康产业之都、潮汕文化集中展示区和生态宜居城市。

1. 新型国际商贸名城。新型国际商贸名城包含两个方面的含义：一是国际化。随着经济全球化的进一步深化，包括服装在内的传统产业创新发展的方向是更高水平的国际化。更高水平的国际化，不仅表现为国际和国内两个市场的融合，而且表现为生产过程的全球资源整合。尤其是对于快时尚产业而言，只有更高水平的国际化，才能带动经济的新发展。二是数字化。随着电子商务的兴起，无论是国内还是国际贸易都广泛采用新型交易手段和方法，数字化是国际化的基本内涵。

2. 快时尚和大健康产业之都。在推动纺织服装产业以快时尚为导向和大健康产业平台化发展的过程中，加快引进和发展包括大数据、云计算和智慧产业在内的信息技术和物流产业的发展。在培育现代产业体系的同时，构建以产业国际竞争优势为导向的城市创新生态系统。

3. 潮汕文化集中展示和生态宜居新城区。潮汕文化集中展示和生态宜居新城区属于文化和生态文明建设的内容，主要包括两个方面：一是通过潮汕文化集中展示区的建设，在推动旅游业发展的同时，提升城市品位。二是通过生态环境的保护和开发，建设美丽普宁。文化和生态文明建设不仅要做到历史文化和生态的保护，而且要做到高效产出。与新型国际商贸名城和产业创新发展一起，共同构成普宁经济转型和发展的三大支柱。

（二）基本思路

围绕着新的城市功能定位，与工业化驱动的城市化道路根本不同，创新驱动的新型城市化需要不同的动力和机制。表9-24对两种不同的城市

第九章
新阶段普宁市经济发展新动力机制研究

化道路进行了比较。

表 9-24　　　　　　工业化与创新驱动的城市化的比较

	制造型城市	创新型城市
驱动因素	包括劳动力在内的资源和要素	包括设计和研发在内的创新要素
主导经济活动	制造	知识创造+制造
组织形态	生产网络+专业市场	平台+中小企业+生产型服务业
空间载体	工业园区/制造聚集区	CBD+TBD+制造聚集区
政策取向	放松管制和优化投资环境	构建创新和创业生态系统

工业化驱动的城市化道路的目标是建设制造型城市，主要依赖包括劳动力在内的资源和要素，经济活动的主要形态是"生产网络+专业市场"，空间载体是工业园区和制造业聚集区，政府主要推动经济发展的政策手段是放松管制和优化投资环境。而创新型城市发展的动力机制不再是原始的生产要素，而是包括设计和研发在内的创新要素，经济活动的主导者是"知识创造+制造"，组织形态表现为"平台+中小企业+生产型服务业"，空间载体不再是工业园区，而是"CBD+TBD+制造聚集区"，政策的重心是构建创新创业环境。

1. 从实际出发，普宁市走创新驱动的新型城市化道路的基本思路是：

（1）在未来的发展中，普宁市新型城市化的主要驱动因素不再是工业化的一般要素，而是创新。创新驱动的城市化紧紧围绕着新知识的创造及其产业化，产业的主导形态不是一般的制造业，而是包括设计研发、金融和平台经济在内的现代服务业。

（2）在服装产业快时尚和大健康产业的发展过程中，积极引入包括ICT、大数据和智慧在内的新兴产业，构建新型的现代产业体系。

（3）在推动产业创新发展的过程中，浓厚的创新创业氛围和优美的生态环境将发挥十分重要的作用。文化和生态不仅是城市环境的重要组织部分，文化的发掘和生态环境的保护和开发同时又是城市发展的重要驱动力量。

（4）在新型城市化的发展过程中，关键是科技创新服务和新兴产业聚集区城市功能的形成和发展。

(5) 在创新型新兴城市的环境建设中,最重要的不是硬件建设环节,而是软环境和文化软实力。在软环境建设中,最重要的是创新创业环境的构建。良好的创新创业环境有利于鼓励围绕新知识的创造及其商业化而展开的创业活动。创业者和创业精神是创新型新兴城市发展的关键支撑,为了鼓励创新创业,政府的政策取向不仅是简单放松管制和优化投资环境,而是在创新和试错中创造财富。

2. 普宁市经济转型和发展的路线图。在"十三五"期间,普宁市经济和社会发展的关键驱动因素是现有产业的转型升级和新兴产业的发展。围绕着产业结构的变革,创新创业、平台经济、生产型服务业和文化创意成为新知识创造的核心领域。新的知识创造则会推动科技型中小企业的发展、平台经济的形成和"CBD+TBD"功能的中心商务区的产生。在合适的战略选择和政策体系建设下,普宁市的经济发展将转型升级到一个新的经济系统。见图9-45。

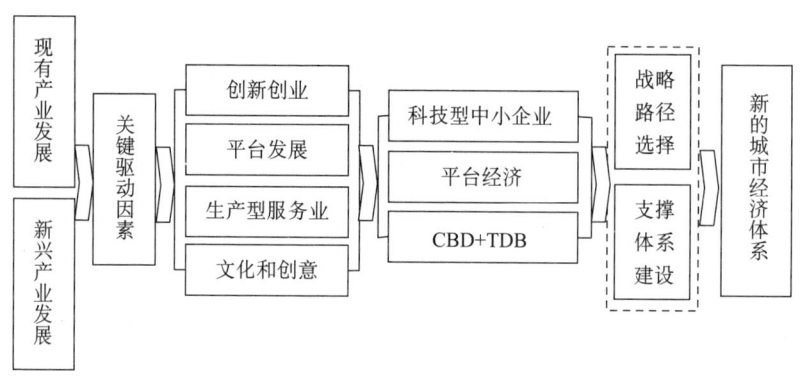

图9-45 普宁市新型城市化道路的路线图

根据经济转型发展的逻辑路线图,在未来的5至10年,普宁市经济发展战略包括如下基本点:

(1)"十三五"期间,普宁市产业结构调整的重点是推动以快时尚为导向的纺织服装产业转型升级和以平台化为主导的大健康产业的发展,带动包括ICT、大数据和智慧产业在内的新兴产业发展,最终形成适应新常态的现代产业体系。

(2)通过产业体系的创新发展,推动新型国际商贸名城建设。在国际

第九章
新阶段普宁市经济发展新动力机制研究

商贸名城建设中,"互联网+"是开拓国际和国内市场的重要手段,尤其是跨境电子商务的发展,为建设新型国际商贸名城的关键抓手。

(3)在企业结构调整中,在注重引进大项目和好项目的同时,高度关注科技型中小企业的引进和培育。依托现有的企业,大力发展"平台+科技型中小企业+生产型服务业"的产业发展模式。

(4)在城市功能建设上,加快包括"CBD+TBD"(商务中心区+科技商务服务区)的建设,形成优于制造城市的先进文化和生态及商务环境。

(5)依托新的城市功能区,加快创新资源的引进,重点发展包括设计研发、大数据、智慧、金融服务和专业服务在内的生产型服务业的集聚和发展。

三、政策体系的完善

基于经济发展的实际,在"十三五"期间,为了推动经济的转型和发展,普宁市政府需要推动的重点政策包括:

(一)培育和构建城市创新创业生态体系

构成创新创业生态系统的关键因素有三个:资本、技术专利和创业精神。三个关键因素缺一不可,但三者的结合方式不同,会带来不同的经济结果。例如,在拥有创业精神,而缺乏资本和专利的条件下,创新创业活动主要集中在传统行业,尤其是商贸环节。而仅有资本和专利的条件下,经济发展主要依赖大企业。只有在"资本+专利+创业精神"的条件下,经济发展才可能获得永续的动力来源。

对于普宁而言,不缺少资本和创业精神,目前最为缺乏的是技术和专利。因而,在城市创新创业生态系统的构建中,要把着力点放在技术和专利的引进上。在创新驱动的经济发展道路上,普宁应当探索"资本+专利"的路子,尤其是通过科技型中小企业支持计划,把专利技术和人才吸引到普宁市。

根据普宁市经济发展水平、阶段特征和产业分布,从激发创新创业活力、提升产业集群可持续竞争力、培育拥有自主知识产权的明星企业和积极适应经济新常态的角度,搭建城市创新创业生态系统的关键是处理好政府、企业、高校、科研机构(中介组织)和资本的关系。

1. 以纺织服装和大健康两大支柱产业为抓手,优化政策设计,加强规划引导。纺织服装和大健康两大产业是承载创新创业的主要阵地,基于普宁市积淀的产业基础、资源禀赋、商贸文化和企业家精神,依托产业集群中不同经济主体之间的链接和系统集成实现产业链条的拓展、整合和提升。充分发挥产业集群自组织、自适应机能,尊重企业和市场的主体地位,加快政府职能转变,将工作重点置于产业规划和政策设计方面,完善促进产业集群发展的约束、激励和协调整合机制。

2. 构建公共服务平台,营造良好创新创业环境。加快专业商品市场建设。引导和鼓励多元化投资,加快产业集群专业市场的建设和升级改造,重点培育形成全国性甚至国际性的产品交易中心。鼓励和推进现有批发市场向专业市场的转变,加快电子商务平台建设,增强市场综合服务功能。加快现代物流平台建设,围绕重点产业集群建立区域性物流园区和物流配送中心,构建不同能级的现代物流圈。整合现有物流资源,发展第三方物流,加快培养或引进物流人才,培育专业或综合性物流市场,鼓励企业采用"联合采购、集中管理、统一配送、分散经营生产"的物流管理模式。

搭建技术创新平台,集聚科技研发资源,从新材料、新产品、共性关键技术、制造工艺等方面提供前瞻性指导。重点扶持技术创新能力强、研发体系健全、辐射范围广、拥有独立知识产权和品牌竞争力的企业建立行业共性技术和关键技术研发中心、服务中心和产品检测检验中心,依法保护知识产权,促进新技术的广泛应用和成果共享。鼓励企业积极采用国家标准和国外先进标准,引导企业加强与高校、科研机构及中介服务组织的联合,建立利益共享、风险分担的长效机制。

大力培育、规范和发展行业协会,以行业自律、反倾销诉讼、产业信息、技术交流、品牌建设、对外协作、招商引资、职工技能培训和营销联盟为重点,积极支持行业协会开展统计、培训、会展、招标、名牌认定、行业质量标准制定、价格协调和公信证明等工作。

第 九 章
新阶段普宁市经济发展新动力机制研究

着手搭建创新创业金融支持服务平台。整合区域金融资源，畅通各种融资渠道。建立银企会商制度，鼓励商业银行创新培育产业集群、中小企业和个人创业的信贷品种和服务手段。推动建立银行与担保机构风险共担、利益共享的协作关系，完善中小企业和创业个人信用担保体系。探索建立科技创新风险投资机制，针对普宁市重点产业集群和创新创业特点建设孵化器，丰富众创空间的表现形式，吸引各类风险资本，为科技含量高、成长潜力大、市场竞争力较强的中小企业提供综合服务。

3. 嵌入互联网基因，推进互联网对创新创业和产业转型升级的支撑。伴随大数据、云计算和移动互联网的发展，互联网与创新创业的结合日益紧密，不断塑造着新的业态、新的交易方式和新的商业模式。"互联网+"行动计划给传统产业的转型升级带来了机遇和挑战，实现互联网与传统产业的无缝对接是一项复杂的系统工程。

成立"互联网+"行动计划推进小组，明确服务职能，完善管理体制机制，多方协同出台电子商务发展计划，加速资源整合，实现电子商务支持下的高效产出。鼓励互联网创业，设计引导、支持、加速互联网创业的政策包，实施涵盖创业培训、项目选择、网站建设与运营、办公场地、法律、工商、税收、创业补贴等方面的全生命周期保障。创立电商学院，搭建网络学习平台，定期邀请富有经验的行业人员、企业家代表、咨询机构专业人士、高校教师进行专题培训，鼓励创业人员通过网络学习窗口与专家交流解决经营难题。

鼓励产业集群内企业加速信息化改造，探索网络经济下新的企业运营体系，创新供应链管理体系，加快企业社会化营销体系建设，推动研发设计体系的社区化互动频率，全面提升产业集群的智能化和数字化水平。另外，加快综合信息咨询服务平台建设，依托社会化力量（如行业协会或商会）培育和引进有实力的信息服务机构和应用服务提供商，通过有形和无形的信息交流渠道，定期发布企业、产品、技术、市场等基本信息，建立起规范的数字信息引导机制。

4. 加快人力资源开发，鼓励技术创新和管理创新，提升企业经营管理水平。大力推动技术、研发、管理人才的培养和引进，营造尊重劳动、尊重知识、尊重创造的创业和兴业氛围，坚决破除阻碍复合型人才成长的组织及制度障碍，建立健全与工作业绩紧密联系、鼓励人才创新创造创业的分配制度、晋升制度和激励机制，鼓励有条件的企业实行期权、股权激励人才，探索建立人才资本及科研成果有偿转移制度。借助人力资源的开发，鼓励技术创新和管理创新，形成员工、企业和集群协同发展的良性格局。

5. 鼓励大学生和农民工回乡创业，营造容忍失败的创新创业氛围。大力支持大学生和返乡农民工创业，加强创业培训，除提供必要的支持创业的空间设施，给予一定的财政补贴或税收减免，更加要注重提供法律、工商注册、知识产权保护、专利申请、劳动安全等方面的服务。出台支持创新创业的扶持政策，搭建创业者与金融机构、风险资本的对接平台，完善融资体系，实现优秀创业项目的加速孵化和商业化。构建和完善以生产销售服务、科技服务、信息服务、金融服务和法律服务为主体的社会化服务体系，为创业者提供企业管理诊断和咨询服务、信息采集、技术开发与服务、对外贸易和法律等服务。营造鼓励创新、容忍失败的创新创业氛围，创业初期通过完备的扶持体系降低创业者的风险预期，消除创业者的畏难情绪；适时追踪创业过程，快速响应创业难题，通过体制机制设计，保证创业问题解决过程的流程化、制度化；追溯创业项目失败原因，积极与创业者共同剖析失败原因并形成一套行之有效的工作方法。

6. 改善集聚条件，科学建设产业园区。加快基础设施建设，将城市规划和产业发展结合起来，真正做到产城之间的互动发展。以主要交通路线和枢纽节点建设为重点，建设综合交通运输体系，建立工业园区快速便捷的交通运输网络。积极调整和优化产业园结构和布局，丰富工业园内的经济主体，明确工业园功能定位、产业形态，力争打造共生互补的生态产业园。

（二）科技型中小企业支持行动计划

无论从现有产业的转型和升级还是从新兴产业的发展看，科技型中小企业都是普宁市经济结构变革的主导力量。政府应当制定科技型中小企业支持行动计划，快速推动科技型中小企业的发展。

第九章
新阶段普宁市经济发展新动力机制研究

作为创新的主体，科技型中小企业的发展将会推动普宁市经济结构调整和经济发展方式转变。科技型中小企业支持计划是一个系统工程，主要内容包括：

1. 科技型中小企业的支持计划不仅包括现有的科技型中小企业，而且包括创业孵化、企业创新和加速在内的一系列政策体系。目前普宁市拥有19家高新技术企业和5家民营科技企业，其科技资源广泛涉及生物医药、新能源、新材料、电子信息、食品、服装以及玩具等领域，从整体上来看普宁市在医药、服装、食品等行业各有至少1家的科技型龙头企业，但科技型中小企业数量较少，并没有形成科技型企业的集聚现象。未来，普宁市应制定一系列行之有效的政策体系来推动本地区科技型中小企业孵化、创新及加速发展。首先，在创业孵化方面，应充分发挥本地科技型龙头企业的带头作用，以龙头企业为主轴发挥其潜在的孵化功能，加以实施优惠政策等措施，不断地吸引科技型中小企业发展和聚集；其次，在企业创新上应注重培养英歌山工业园区、广东（粤东）纺织产业生态园以及广东（普宁）生物医药产业科技园等园区的创新创业氛围，如英歌山工业园区中的高新技术园和医疗及医疗器械园，在巩固原有科技型企业孵化功能的基础上不断地培养创新创业氛围，鼓励创新行为及创业精神。最后，在加速企业发展方面，应着力引进设计研发平台和包括供应链管理在内的生产型服务业，通过平台的孵化功能和生产型服务业的管理服务功能加速科技型中小企业创新成果的产业化，不断促进科技型中小企业成长壮大。

2. 推动科技型中小企业开展产学研合作和科技中介机构发展，构建与产业创新发展相适应的产业创新生态系统。普宁市应积极制定有关的创新人才引进政策和创新创业人才计划，如领军型海外留学归国创业人才计划等，扶持科研人才开展创新创业活动，鼓励诸如技术团队创业、企业转型创业以及依靠国外市场创业的创新创业行为。另外，引进海外科技人才和科研院所，使区域集聚科技研发的力量；引进能够提供科技知识服务、生产知识服务以及两类知识融合服务的创新中介组织，如以供应链管理为代表的中介机构，一方面将创新型高端制造资源整合进其网络化的商业服务平台，另一方面联系拥有市场开拓能力或产品研发能力的科技型中小企业或个人并提供相应的金融服务，共同完成价值创造活动。同时，普宁市政府应激励区域内的主体与科技人才、大学、科研院所和科技企业建立创新创业活动的合作关系，推动自主创业、合作创业以及孵化创业等创新创业活动进一步发展。通过扶持政策的实施、科研力量的不断引入和合作关系的不断完善，使普宁市新兴产业提升到战略性高度，创新创业生态系统得到进一步完善。

3. 引导科技型中小企业集群发展。针对普宁市产业发展的实际，重点支持纺织服装和大健康产业科技型中小企业的发展。以工业园区为空间载体，努力承接"863计划"、"火炬计划"等国家级项目，建立拥有孵化功能的高新技术产业园如引进科技企业孵化器等措施，为科技型中小企业聚集和发展提供良好的平台。注重加快包括公共服务、公共研发以及公共检测功能在内的公共技术服务平台建设，通过聚集区域创新资源、培育科技创新型企业和推动高技术产业发展三个阶段推动区域科技型中小企业和高技术产业发展；同时，着力搭建市场化的生产型服务平台，引领整个产业实现转型升级和引致科技型中小企业快速涌现。加大对科技型中小企业创新创业行为的支持力度，如融资服务体系和融资服务平台的建立和完善，充分结合本地区原有产业优势逐步由生产型集群向创新型集群方向发展，形成以科技型中小企业为主体的开放式创新集群。

4. 通过科技型中小企业支持行动计划的实施，加快推动包括设计研发和金融服务在内的生产型服务业发展。一是结合自身产业优势尤其是纺织服装和大健康产业，搭建设计研发平台、金融服务平台以及供应链管理平台等生产型服务机构，通过将生产型服务供给平台化催生依托平台快速发展的科技型中小企业，构造适合科技型中小企业创业和成长的产业生态环境。二是应着力打造政策性公开技术平台，为科技新中小企业提供公共研发服务、技术转移、技术展示与撮合、技术孵化以及检测等服务。包括供应链在内的生产型服务业的平台化大大降低了新企业进入和中小企业转型升级的成本，而政策主导的公开技术平台则加速了中小企业的合法化过程。

（三）平台经济发展战略的要点

平台经济最初是基于电子信息技术提出和发展起来的新型生产组织方

第九章
新阶段普宁市经济发展新动力机制研究

式。随着包括阿里巴巴在内的一批平台型企业的快速发展,平台经济已经发展为知识经济的新引擎,是产业创新发展的重要推动力。

随着纺织服装产业向快时尚的转型升级和大健康产业的发展,平台经济是普宁市经济和社会发展的重要支撑。平台经济发展战略的要点包括:

1. 依托现有的龙头企业资源,分别在纺织服装和大健康产业推动平台经济发展。例如,分别在纺织服装和大健康产业筛选若干企业作为平台经济发展的样板。构建平台集聚资源,资源服务企业的模式,最终形成"平台+中小企业+生产型服务业"的经济发展新模式。

2. 结合当地各类专业市场优势,利用龙头企业平台发展,共享资源技术,发展子平台。通过这些平台企业的成功,演化出一种新的商业模式,并形成平台经济新形态。例如,医药产业依托康美药业搭建的大健康产业平台,通过创意孵化器,实现资源技术共享,降低小微企业平台化的难度和费用,使得当地粮食、蔬菜、水果、茶叶以及花木等专业市场从实体平台发展为网上平台,争取成为各自行业细分领域的标杆,使普宁在上述产业的平台化过程中凸显先发优势和引领效应。

3. 通过平台经济实现制造业与服务业的融合。平台经济通过沟通产业链上下游、生产者与消费者,实现了生产和交易的融合。例如,在纺织服装产业中,通过平台为生产企业提供包括产品展示、下单、快递运输、电子支付在内的服务,直接沟通了生产、消费、物流、支付等从生产到服务的链条。同时,平台企业本身也会衍生出各种服务,包括咨询、营销、会展等,实现制造业与服务业融合。从平台经济发展趋势来看,物流、金融、供应链管理、大宗商品交易等类型的生产性平台经济发展速度不断加快,正在成为新一轮平台经济发展的热点和焦点。

4. 逐渐培育起移动商务、物联网应用和信息增值服务等新形态,为平台经济发展提供了新增长点。电子信息技术的发展一方面催生出大量的电子类平台企业,另一方面通过互联网的发展,使人们的经济行为在很大程度上突破了空间限制,使平台企业可以快速发展壮大,推动平台经济的蓬勃兴起。当前,随着移动通信技术的迅速发展和推广,手机上网的速度和便利性大大提高,也促使手机平台成为平台企业发展的另一主要方向。

可以说，没有电子信息技术的快速发展，就不可能出现平台经济这种形态。而电子信息技术的发展方向也影响着平台经济的发展方向。

5. 着力产业融合，建立覆盖三大产业的平台创新生态系统，探索创新化发展之路。随着技术更新步伐的加快和"经济服务化"趋势的加深，产业融合作为提高产业生产率、竞争力的新兴发展模式和产业组织形式，正在给产业发展和经济转型注入新的动力。不同产业之间的企业通过技术、渠道、客户资源等方面的相互融合，能够有效改变原有产业产品的特征和市场需求，进而形成一个新型发展平台。例如，广源医药整合普宁医药产业资源，正在全力打造的中国普宁医药商务平台；利泰拓展医药物流、观光旅游农业、饮用水等产业融合的利泰大健康产业。

（四）以跨境电子商务为主导的电子商务支持政策体系

近年来，我国跨境电子商务快速发展，已经形成了一定的交易规模。支持跨境电子商务发展，有利于通过"互联网＋外贸"实现优进优出，发挥我国制造业大国优势，扩大海外营销渠道，合理增加进口，扩大国内消费，促进企业和外贸业务转型升级；有利于增加就业，推进大众创业、万众创新，打造新的经济增长点；有利于加快实施"一带一路"倡议，推动开放型经济发展升级。因此，发展跨境电子商务对于普宁市优势产业扩大国际市场份额、拓展外贸营销网络、转变外贸发展方式具有重要而深远的意义。

1. 支持本地企业更好地利用电子商务开展对外贸易。加快建立适应跨境电子商务特点的政策体系和监管体系，提高贸易各环节便利化水平。鼓励企业间贸易尽快实现全程在线交易，不断扩大可交易商品范围。支持跨境电子商务零售出口企业加强与境外企业合作，通过规范的"海外仓"、体验店和配送网店等模式，融入境外零售体系，逐步实现经营规范化、管理专业化、物流生产集约化和监管科学化。通过跨境电子商务，合理增加消费品进口。

2. 建立电子商务出口新型海关监管模式并进行专项统计。进一步完善跨境电子商务进出境货物、物品管理模式，优化跨境电子商务海关进出口通关作业流程。研究跨境电子商务出口商品简化归类的可行性，完善跨

第九章
新阶段普宁市经济发展新动力机制研究

境电子商务统计制度,如海关对经营主体的出口商品进行集中监管,并采取清单核放、汇总申报的方式办理通关手续,降低报关费用;允许经营主体可在网上提交相关电子文件,并在货物实际出境后,按照外汇和税务部门要求,向海关申请签发报关单证明联;将电子商务出口纳入海关统计等措施。

3. 建立电子商务出口检验监管模式。对电子商务出口企业及其产品进行检验检疫备案或准入管理,利用第三方检验鉴定机构进行产品质量安全的合格评定。实行全申报制度,以检疫监管为主,实施集中申报、集中办理相关检验检疫手续的便利措施。

4. 支持电子商务出口企业正常收结汇。允许经营主体申请设立外汇账户,凭海关报关信息办理货物出口收结汇业务。加强对银行和经营主体通过跨境电子商务收结汇的监管。

5. 完善电子商务支付结算管理。稳妥推进支付机构跨境外汇支付业务试点。鼓励境内银行、支付机构依法合规开展跨境电子支付业务,满足境内外企业及个人跨境电子支付需要。推动跨境电子商务活动中使用人民币计价结算。支持境内银行卡清算机构拓展境外业务。加强对电子商务大额在线交易的监测,防范金融风险。加强跨境支付国内与国际监管合作,推动建立合作监管机制和信息共享机制。

6. 实施适应电子商务出口的税收政策。对符合条件的电子商务出口货物实行增值税和消费税免税或退税政策,具体办法由财政部和国家税务总局商有关部门另行制订。

7. 提供积极财政金融支持。鼓励传统制造和商贸流通企业利用跨境电子商务平台开拓国际市场。利用现有财政政策,对符合条件的跨境电子商务企业走出去重点项目给予必要的资金支持。为跨境电子商务提供适合的信用保险服务。向跨境电子商务外贸综合服务企业提供有效的融资、保险支持。

8. 建设综合服务体系。支持各地创新发展跨境电子商务,引导本地跨境电子商务产业向规模化、标准化、集群化、规范化方向发展。鼓励外贸综合服务企业为跨境电子商务企业提供通关、物流、仓储、融资等全方位服务。支持企业建立全球物流供应链和境外物流服务体系。充分发挥各驻外经商机构作用，为企业开展跨境电子商务提供信息服务和必要的协助。

（五）启动和完善城市综合规划

由于普宁市的经济和社会发展已经进入新的发展阶段，对城市进行统筹规划迫在眉睫。与分散的专项规划不同，统筹规划是应对经济和社会发展不断增加的复杂性，从整体和系统性上把握经济和社会发展，使规划方案具有更强的科学性、可实施性和可操作性。

对于普宁市而言，统筹规划包括的内容为：

1. 前置规划。前置规划是需要先期展开的规划项目，主要目的是探索影响和决定普宁市未来发展的关键变量，明确未来5—10年普宁市城市功能定位和发展路径，重点发展的产业领域。

2. CBD的规划和建设。从"十三五"期间发展的实际看，CBD规划对普宁市的发展至关重要。尤其是在地区生产总值从600亿元至1000亿元的过程中，包括设计和研发在内的生产型服务业聚集区是城市经济和社会发展的关键支持力量。

对普宁而言，CBD规划选址有两个可选择的方案，一是以高铁站点为中心建设城市CBD；二是以国际商品城为中心建设城市CBD。从成熟条件看，以国际商品城为中心建设城市CBD更有利，但是发展空间有限。以高铁站为中心规划和建设城市CBD，拥有更大的发展空间。

3. 城中村更新改造规划。在普宁市的发展中，存在着土地资源紧张与浪费并存的现象，其中城中村是造成这一现象的关键因素。通过城中村的改造，提升城市经济载体功能，打造新的城市功能区是"十三五"期间普宁市城市发展的重要内容。

四、需要进一步研究的问题

本章是基于一个短期调研而撰写的，对普宁市今后5—10年经济发展的战略方向、思路和重点领域做出了初步的概括性研究。对关键领域的更加深入和系统的研究，还需要进一步的全面调查分析。希望普宁市能够组

第 九 章
新阶段普宁市经济发展新动力机制研究

织市委和市政府相关机构通过对如下问题展开更系统的调查研究,为新发展战略的制定提供更加充分的依据。需要进一步研究的问题包括:

（1）如何进行城市 CBD（CBD + TBD）的选址和布局？

（2）如何实现城中村改造与高效产出的有机结合？

（3）如何进行专业镇转型和发展研究？

（4）如何构建以快时尚化为方向的纺织服装产业创新生态系统？

（5）如何构建以平台化为导向的大健康产业发展思路和对策？

（6）科技型中小企业大发展的思路和对策是什么？

（7）平台经济战略研究。

（8）现代服务业体系的发展。

（9）文化创意产业和旅游业的发展。

（10）跨境电子商务发展思路和对策研究。

后记

南开经济研究所自 1927 年成立之后,就把系统的调查研究作为经济学学术中国化的立论之本。而对中国工业化,尤其是农村工业化的系统调查则使以何廉和方显廷为代表的南开经济研究所学人探索到了立国之本。

追随南开经济研究所先贤的脚步,2001 年开始,南开经济调查团队先后在天津、河北、山东、广东、江苏和山西等地展开农村工业化方面的调查研究。在调查研究中发现,在不同的发展阶段农村工业化表现出不同的方式和形态。在 20 世纪 30 年代的第一次农村工业化中,手工业是主体,而在 20 世纪 70 年代至 90 年代的第二次农村工业化中中小企业集群的网络化和柔性生产成为基本特征。随着包括互联网在内的新一代信息技术的发展,互联网平台和服务众包的在线化为农村工业化再次提供了机遇。随着国家乡村振兴战略的提出,第三次农村工业化正在拉开序幕。

多年的农村工业化调查中,博士生李强治、周建波、陈伟、崔鹏、洪卫、马犇、王宁、朱芸曦、张鹏、杜爽和刘捷参与了调查研究工作。同时,本书能够出版特别要感谢中国财政经济出版社的周桂元编审,在书稿的写作过程中他给出了很多中肯的建议,我们一直都把他视为南开经济调查团队的重要成员。还要感谢在调查研究中给予帮助的当地政府和企业,他们为我们的研究不仅贡献了思想和观点,而且提供了部分资金支持。

刘刚

2018 年 2 月 22 日于南开大学经济研究所